习近平新时代中国特色社会主义

思想的世界意义研究

习近平新时代中国特色社会主义思想的世界意义研究

石建国 著

學古房

一、研究依据

思想是时代的灯塔。本书以习近平为核心的中国共产党人的思想与行动为主轴，系统阐释面对中国之问、世界之问、人类之问、时代之问、现代化之问的中国答案与智慧，并揭示其世界意义。习近平新时代中国特色社会主义思想是新时代的旗帜与方向，具有广泛的世界意义。

习近平新时代中国特色社会主义思想立足于中国，又面向世界，是具有世界眼光与国际情怀的重要思想体系。不仅"意味着科学社会主义在二十一世纪的中国焕发出强大的生机与活力"，同时又"为解决人类问题贡献了中国智慧、中国方案"。党的十九届六中全会明确指出："习近平新时代中国特色社会主义思想是当代中国马克思主义、二十一世纪马克思主义"，进一步凝练了其时代与世界意义。因此，如何从全球视野阐释和探究习近平新时代中国特色社会主义思想的世界意义，研究总结新时代以崭新姿态"站在世界地图前"的中国，对人类社会发展与文明进步作出的重要贡献，具有十分重要的理论、实践和现实意义。

（一）国内相关研究梳理及研究动态

习近平新时代中国特色社会主义思想一经提出就引起了国内学者的高度重视。围绕习近平新时代中国特色社会主义思想的世界意义，诸多学者从世界社会主义的发展、世界发展中国家的现代化建设以及构建"人类命运共同体"等方面着手研究，已形成一定量的前期成果，2023年5月"第十届习近平新时代中国特色社会主义思想论坛"会议成果也显示，目前学术界的相关研究已达到很高的水准。

关于习近平新时代中国特色社会主义思想对世界社会主义发展史上的重大意义方面的研究。王晓广（2018）、顾海良、（2021）等认为，习近平新时代中国特色社会主义思想，马克思主义发展史上的又一座思想丰碑，让科学社会主义在21世纪的中国焕发出强大生机活力，在世界上高高举起了中国特色社会主义的伟大旗帜，使马克思主义中国化实现了新的飞跃。王义桅（2017）认为，中国以自身的"四个自信"带给国际社会政党自信、社会主义自信、全球化自信、人类自信"四个自信"。肖贵清（2017）认为，是人类文明发展进步的中国智慧和中国方案。胡昌明（2018）指出，在思想的指引下坚持走中国特色社会主义道路的中国，有力地回击了西方的"历史终结论"，彰显了社会主义的强大生机活力。李慎明（2018）认为，习近平新时代中国特色社会主义思想，为世界提供了中国自信。郑东芳等（2018）认为，为世界社会主义运动提供宝贵的思想资源，从而不断推动世界社会主义运动蓬勃发展。龚云（2020）、戴立兴等（2021）则认为，新时代中国特色社会主义引领世界社会主义从低谷到复苏，必然成为世界社会主义走向振兴的中流砥柱，开拓了在当代世界推进科学社会主义的新型路径。王金玉等（2023）认为，创造了现代文明叙事新话语。

关于习近平新时代中国特色社会主义思想为发展中国家现代化建设提供新道路方面。马云志（2017）认为，现代化的中国经验就是从本国国情出发，独立自主地解决本国发展面临的主要问题，习近平新时代中国特色社会主义思想拓展了发展中国家走向现代化的途径。齐卫平（2021）认为，习近平新时代中国特色社会主义思想为实现中国式现代化提供了强大思想武器。白晋博等（2022）认为，为其他发展中国家走向现代化提供了全新方案。

党的十九大报告正式提出"构建人类命运共同体"的概念。徐坡岭（2017）指出，基于国际局势变化和我国新时代国际身份与定位提出的构建人类文明共同体的重要思想，为国际治理提供了有效的方案。秦刚（2018）认为，习近平提出了牢固树立人类命运共同体意识，推动构建人类命运共同体思想，有利于在共商共建基础上推进全球治理，更好地实现世界各国的合作共赢。仲崇东等（2021）认为，构建人类命运共同体为全球治理体系提供了中国智慧和中国方案。乔茂林（2022）认为，构建人类命运共同体理念超越了支配现代发展理论的思维方式，为推动世界发展提供了中国方案，形成了一种新型现代发展理论。刘同舫（2023）则认为，人类命运共同体的文化建构对塑造全新的凝聚全人类共同利益与共同价值的世界文明体具有重要意义。

关于国外涉及该问题的研究，哥斯达黎加广大阵线副总书记罗西奥·阿尔法罗（2018）认为，习近平新时代中国特色社会主义思想，对其他国家找到正确的发展方向具有重要的借鉴意义。委内瑞拉统一社会主义党副主席亚当·查韦斯（2018）表示，中国共产党将习近平关于新时代中国特色社会主义的思想写进了《党章》，这是把马克思主义运用到当代中国的最好体现。孟加拉国共产党（马列）总书记巴鲁阿（2018）表示，习近平以苏共为鉴，高度重视建设一个知识型、服务型和创新型的马克思主义执政党，必将会帮助中共始终走在时代的最前沿，成为带领中国人民沿着中国特色社会主义道路稳步走向共同繁荣的重要强大力量。秘鲁民族团结党国际关系书记、前副议长帕切科（2018）认为，习近平的思想如同一个追求世界正义的实验室，富含中国近一个世纪的实践和探索经验，可供全世界学习和借鉴。中共中央对外联络部研究室（2021）则通过对170多个国家的600多个政党和政治组织等就中国共产党成立100周年发来的1500多封贺电贺函，展开系统梳理研究后指出，国际社会普遍认为，习近平新时代中国特色社会主义思想是中国共产党百年理论创新的集大成者，是21世纪的马克思主义，为社会主义发展开辟了新境界，为世界政党政治发展注入了新动力，为人类迈向现代化探寻了新路径，为国际关系发展指明了新方向。坦桑尼亚革命党中央委员会委员米曾戈·平达（2022）认为，中国不断以自身新发展为世界提供新机遇，为世界和平发展、人类文明进步贡献更多智慧和力量。保加利亚学者扎哈里耶夫（2022）认为，中国理念、中国主张、中国智慧正为全球发展持续注入信心和动力，中国方案让更多全球性问题的解决成为可能。中俄友好、和平与发展委员会专家理事会俄方主席尤里·塔夫罗夫斯基（2023）认为，习近平新时代中国特色社会主义思想是中国克服困难阻力、取得快速发展的重要原因，中国式现代化为当下复杂动荡的国际局势和经济复苏疲软等全球性挑战提供了一剂良方。

（二）学术研究存在不足

综上所述，国内外研究成果为进一步研究该问题奠定基础，但在薄弱环节仍需延伸突破。第一，文献是研究习近平新时代中国特色社会主义思想的重要基石，需要进一步发掘和寻找有价值的文献与数据，为论证习近平新时代中国特色社会主义思想的世界性意义提供依据。第二，基于以往研究的基础上，除对习近平新时代中国特色社会主义思想在世界社会发展史、为其他国家建设与治理提出中国方案的补充研究外，尚需拓展其对于世界的和平发展以及为解决世界问题提供中国经验等方面的研究。第三，在更为深层和宽泛的视角，习近平新时代中国特色社会主义思想是对美国为代表的西方资本主义文化与文明的超越，代表了一种新型的文明形态，将对人类社会发展产生重大引领作用，对此学术界的研究才刚刚展开，需要提供新的学术探索成果。

二、研究的独到学术价值和应用价值

（一）学术价值

一是具有世界视野、全球眼光和鲜明的问题意识，为习近平新时代中国特色社会主义思想世界意义的研究问题化、时代化、世界化建构新框架；二是建立宏大和长时段的纵向横向结合的阐释体系，使习近平新时代中国特色社会主义思想的世界意义在历史与理论、时代与现实、实践与世界的逻辑中得到合理阐释，以"六维"视角完善现有研究的不足；三是有助于为突破"碎片化"的研究范式提供依据，从而推动习近平新时代中国特色社会主义思想世界意义的研究向纵深发展。

（二）应用价值

为大学和研究机构教师和研究人员提供较有理论深度、观点新颖的教学与研究参考书；为国际社会了解习近平新时代中国特色社会主义思想的世界意义提供一本有启示性的读物，提升人们的认知水平。

三、研究内容

（一）研究对象

本书的研究对象是"习近平新时代中国特色社会主义思想的世界意义"，此思想立足中国，深刻回答新时代坚持和发展中国特色社会主义的一系列重大问题，是中国人民为实现中华民族伟大复兴而奋斗的行动指南；同时，又面向世界，积极探索关系人类前途命运的重大问题，贡献中国智慧和中国方案，具有深远的世界意义。

（二）总体框架

本研究立足习近平新时代中国特色社会主义理论指导下的实践，着眼于其对世界产生的重大影响，主要内容分为以下六个部分：

第一部分，开辟了世界社会主义发展的新境界。 首先，从历史逻辑即人类社会演化规律视角，阐明作为资本主义对立物社会主义出现的必然性，进而围绕列宁将马克思主义与俄国实际相结合，通过十月革命为人类历史开启新纪元的历史，深刻回答了社会主义为什么要取代资本主义、为什么能取代资本主义的历史之问。其次，围绕社会主义与中华民族伟大复兴主题，论述社会主义在中国的发展逻辑，阐述"中国梦"的历史逻辑和毛泽东的贡献；又从"马克思主义中国化"和中国特色社会主义的理论与实践结合的视角，从历史、理论、实践三重逻辑，阐明"中国特色社会主义理论体系"的丰富与发展，为"马克思主义中国化"开辟了新境界。再次，从世界社会主义发展与中国特色社会主义新时代为视角，梳理十月革命后的世界社会主义发展历史，阐明习近平新时代中国特色社会主义思想不仅将中国特色社会主义推进到新时代，而且是21世纪马克思主义；不仅深刻回答了中国特色社会主义向何处去的时代之问，而且深刻回答了世界社会主义向何处去、人类社会向何处去的历史之问。

第二部分，为发展中国家走向现代化提供了新道路。 首先，以西方现代化范式与发展中国家走向现代化为主题，通过西方现代化范式和苏联现代化范式的形成与历史演化过程，揭示西方现代化范式的缺陷与苏联现代化范式失败的根源。其次，论述中国式现代化新道路的深刻内涵与世界价值，认为中国始终坚持走自己的发展道路，取得巨大成功，充分证明西方现代化道路并非唯一途径。中国式现代化道路不仅推动中国实现中华民族伟大复兴的中国梦，而且打破了西式现代化神话，为人类走向现代化提供了"中国式"新道路。再次，围绕中国式现代化对发展中国家的意义，立足百年大变局环境，论述中国以习近平新时代中国特色社会主义思想为指导应变、谋变，为把我国建成社会主义现代化强国的目标制定了切实可行的步骤，在此目标指引下，中国式现代化从道路、理论、制度、文化与实践层面，为发展中国家充当榜样，贡献了中国智慧、中国方案，给发展中国家带来了方向、信心和希望。

第三部分，为世界各国政党执政提供了有益借鉴。 首先，从世界视野和长时段角度，阐述人类社会发展与世界政党政治发展的内在逻辑关系，并从政党执政范式和百年大变局下各国政党政治新变化，揭示政党执政的规律性。其次，围绕中国共产党与世界社会主义事业主题，论述中国共产党对于中国特色社会主义发展的意义，不仅深刻改变了中国历史发展轨迹，也为世界上其他社会主义国家共产党执政带来经验与启示。再次，围绕政党政治范式与中国共产党的贡献的主题，从世界主流政党政治范式、中国共产党对世界政党政治范式的创新与贡献两个层面，论述中国共产党成功走出中国特色政治发展道路和创立新型政党制度，证明世界各国可以而且必须结合自身国情走政党政治发展道路和形成符合自身特点的政党制度，不仅为揭示政党执政基本规律做出了巨大的贡献，而且为世界政党政治发展提供了经验与借鉴。

第四部分，贡献了世界实现和平繁荣的中国价值。首先，从"世界之问"的全球人类发展高度，阐述世界百年未有之大变局，勾勒中国发展与世界互动关系的面貌，从而揭示习近平新时代中国特色社会主义思想产生与发展的国际条件。其次，论述中国提出构建人类命运共同体的缘由；又阐述构建新型国际关系，是构建人类命运共同体坚实基础和前提；进而阐述"构建人类命运共同体"思想与"一带一路"的实践路径，揭示其内涵涉及国家与民族、经济与政治、社会与文化等多个层面，为从多层面构建人类命运共同体指明了方向。再次，围绕全球治理体系与中国共产党的主张与贡献，阐述新时代中国参与全球治理体系变革的理论逻辑与实践逻辑，论述中国积极推动国际秩序朝着更加公正合理的方向发展，并正在器物-制度-思想等多方面为全球治理体系变革贡献更多的中国智慧、力量与方案。

第五部分，为人类的文明进步注入强大正能量。首先，从人类社会文明形态发展与"人类之问"的视角，阐述百年大变局的现实状况，揭示资本主义文明形态是造成"世界之问、人类之问、时代之问"的根源。其次，从"霸道与公道：人类社会前途命运之争"的高度，论述习近平新时代中国特色社会主义思想为"百年未有之大变局"时代的国际社会注入了来自中国的强大力量，是维护世界公平与正义正能量。再次，从"中国式现代化道路：书写人类文明新形态"的视角，论述中国式现代化文明新道路不仅符合世界文明多样性的发展规律，更彰显自身独特的文明逻辑和始终坚持共产党全面领导、社会主义方向、以人民为中心、"五位一体"整体性、物质文明与精神文明相协调、共同富裕、人与自然和谐共生、和平主义等丰富特性，体现人类文明的先进性。中国式文明新形态回答了"人类现代化之问""社会主义向何处去""人类向何处去""世界向何处去"的世界之问与时代之问，为推动人类文明进程取得更大发展贡献了中国智慧、中国方案。

第六部分，为世界各国政党建设指明了方向。 首先，阐述资本主义政党建设的弊端与困局以及苏共的经验教训；又基于中国共产党自身建设实践，阐述中国共产党自身建设经验，为世界各国政党建设进一步明确了责任、使命与方向，贡献了智慧、提供了经验借鉴。其次，围绕中国共产党以"人民为中心"的建设观，阐述中国共产党何以能够成功？根本原因就是始终坚守"全心全意为人民服务"的初心与使命，强化了人民性的根本出发点和落脚点。再次，聚焦政党建设的根本途径问题，阐述中国共产党明确政党建设的根本途径是必须勇于自我革命，就为世界政党建设指明了方向，注入了强劲动力。

习近平新时代中国特色社会主义思想，交织着人类社会社会主义与资本主义较量的图谱，反映了人类思想发展的脉络和规律，诠释和勾勒了中国与世界发展的历史轨迹和脉络，揭示了当代中国与世界发展的历史逻辑、理论逻辑、实践逻辑与现实逻辑。

（三）重点难点

本书的重点是阐释习近平新时代中国特色社会主义思想对于世界社会主义、发展中国家实现现代化、世界政党制度、世界和平繁荣、人类文明进步、世界各国政党建设等具有的重大影响与意义。其难点：研究必须坚持宽广的全球视野，涉及国内外，内容庞大而复杂，通过对习近平新时代中国特色社会主义思想指导下的实践研究，包括经济、政治、法治、科技、文化、民生、民族、社会、国家安全、统一战线、外交、党的建设等各方面作出考察与理论分析，通过搜集和研读文献为探寻其世界意义奠定基础。

（四）主要目标

第一，总结习近平新时代中国特色社会主义思想对世界共产主义运动及社会主义发展、发展中国家实现现代化、世界政党制度以及世界各国政党建设的经验与启示。

第二，探究习近平新时代中国特色社会主义思想为国际治理和世界和平繁荣以及人类文明进步贡献的中国价值和中国方案。

四、思路方法

（一）研究思路

习近平新时代中国特色社会主义思想的世界意义的研究要用联系和发展的观点去看待，一方面认识到其思想对世界社会主义和人类社会的发展有重要意义，另一方面要认识到不仅对于坚持中国特色社会主义，实现中华民族的伟大复兴的中国梦，而且在推动世界繁荣发展，人类文明进步方面都有其重要意义。

(二) 具体研究方法

1. 坚持辩证唯物主义和历史唯物主义的方法论，运用文献分析法和文本解读法，将习近平新时代中国特色社会主义思想置于近现代中国乃至中华民族五千年文明史、人类社会主义500年史、世界现代化300多年史、中国共产党百年史中，从历史逻辑、理论逻辑、时代逻辑、实践逻辑结合视角对其在"六重维度"所呈现的世界意义进行梳理与阐释；

2. 采用比较分析法，将其置于世界政党制度、政党建设、世界现代化形态中进行横向的比较分析，呈现中国新型政党制度、中国式现代化新道路对于人类文明繁荣发展的普遍价值与世界意义；

3. 运用马克思主义与科学社会主义理论、哲学、历史学、政治经济学、现代化理论、文化学、社会学等学科交叉研究方法和学科知识，多方面进行逻辑分析、总结归纳、理论提升和规律性阐释，阐明习近平新时代中国特色社会主义思想世界意义的内生动力、规律遵循及其内在逻辑关系。

五、创新之处

(一) 学术思想特色和创新

扩大习近平新时代中国特色社会主义思想世界意义的研究视野，建立一个以世界社会主义发展、世界走向现代化、世界政党制度发展、世界和平繁荣发展、人类文明进步、世界各国政党建设的

"六重维度"认知新体系。既有历史的演化发展逻辑，又有理论逻辑、时代逻辑和实践逻辑的多维结合，以丰富的历史事实和大量的现实数据为证据，为学界从多个向度观照习近平新时代中国特色社会主义思想的世界意义及其实践形态提供新思路。

（二）学术观点的特色和创新

一是本书全面系统梳理和阐述习近平新时代中国特色社会主义思想的世界意义，将其置于近现代中国乃至中华民族五千年文明史、人类社会主义500年史、世界现代化300多年史、中国共产党百年史中，纵向横向比较，依此总思路和大框架，提出若干新观点。

二是在百年未有之大变局视域中，通过对资本主义与社会主义关系、构建人类命运共同体的现实逻辑和实践路径、中国共产党对世界政党政治范式、政党建设的创新与贡献，以及人类文明新形态的内涵、特征及意义等众多问题的研究中，从框架到观点都将是对以往研究的补充、突破和完善。

目录

第一章

开辟了世界社会主义发展的新境界

社会主义，一个神圣而伟大的字眼，自人世间呱呱坠地，就深刻影响和改变人类社会的面貌。500多年来，在先贤哲人、思想家、理论家及革命先驱的不懈努力下，社会主义犹如参天大树般茁壮成长，又如平地高楼般拔地而起，已巍然屹立于世界的广阔舞台上，庇护着全球的劳动者，持续推动他们实现自我解放，并坚定不移地向共产主义的伟大目标迈进。如今，社会主义的接力棒已历史性地传到中国共产党人身上。以习近平同志为核心的中国共产党人，勇挑重担，奋力将社会主义推进到中国特色社会主义新时代，正在书写人类社会主义历史的新篇章，创造社会主义发展的新辉煌。

　　回溯以往，2014年习近平曾指出："一切向前走，都不能忘记走过的路；走得再远、走到再光辉的未来，也不能忘记走过的过去，不能忘记为什么出发。"[1]2017年10月在党的十九大报告中，习近平就明确定位中国社会主义的历史方位："经过长期努力，中国特色社会主义进入了新时代"。[2]2018年又进一步阐释说："我们必须认识到，这个新时代是中国特色社会主义新时代，而不是别的什么新

---

[1]《习近平谈治国理政》第2卷，外文出版社，2017，第32页。
[2]《习近平谈治国理政》第3卷，外文出版社，2020，第3页。

时代。" 3)鲜明的问题意识和掷地有声的结论，都促使人们不断思考：习近平新时代中国特色社会主义思想引领下的中国特色社会主义新时代，对世界社会主义发展意味着什么？

第一节　人类社会演化进程与社会主义发展历程

在中国传统文化中，"道"和"名"至关重要，所谓"道可道，非常道；名可名，非常名"，又所谓"大道之行也，天下为公"，就道出了其中的真谛。社会主义，就是人类社会发展的"道"与"名"的体现，在《学生辞海》的词意阐释中，被认为是"作为一种思想，是一种反对资本主义剥削和压迫的政治主张，包括空想社会主义和科学社会主义。作为一种社会制度，是指共产主义的低级阶段，是以马列主义为指导，建立在生产资料公有制的基础上，实行无产阶级专政的社会。" 4)《不列颠简明百科全书》则释义为"私有财产和收入的分配受到社会控制的一种社会组织体系；也指将这类体系付诸实施的政治运动"。5)显然，无论何种阐释，社会主义已经是一种人类社会存在，并且随着人类社会的不断发展演进，已经发展到以中国为代表的中国特色社会主义新时代。而且，中国特色社会主义新时代并非平白无故出现，它是人类社会不断演进的结果，是社会主义之道在中国发展的结果，是不依人的意志为转移，更是中国人民不断接力奋斗的结果。

3)《以时不我待只争朝夕的精神投入工作，开创新时代中国特色社会主义事业新局面》，《光明日报》2018年1月6日第1版。
4) 盛平主编《学生辞海》，北京电子出版物出版中心，2001，第2705页。
5) 中国大百科全书出版社编译《不列颠简明百科全书》上，中国大百科全书出版社，2005，第1444页。

一、作为资本主义对立物社会主义出现的必然性

（一）社会主义是人类社会演化规律的产物

人类社会发展有无规律性即"天道"，自人类诞生以来就成为一代代思想家苦苦思索的问题，所谓"我们从哪里来，到哪里去"的原始追问，如屈原《天问》篇开首"曰：遂古之初，谁传道之？上下未形，何由考之？冥昭瞢暗，谁能极之？……"等种种疑问，也成为千千万万的各类思想家"仰望星空"的终极问题。要找寻"天道"，探究人类社会演化发展的规律，何其艰难，而且人的生命有限。尽管如此，屈原还是喊出了那个时代的最强音："路漫漫其修远兮，吾将上下而求索"，展现了非凡的探索精神。

1．世界历史进程中的历史循环论

概括而言，人类在生命延续、物种繁衍的自然规律和社会规律作用下，一路走来，由四大文明古国繁衍生息，文化和文明不断呈螺旋式延续发展，成为人类文化或文明的源头。时至今日，在历史的长河中，大浪淘沙，一些文明如古埃及、古印度文明消失或灭亡了，一些文明如中华文明则愈久弥坚，成为人类文化或文明的硕果仅存；一些文明如古希腊文明则在灭亡后，孕育出了新的文化或文明。从世界历史或全球史的视角，现如今，世界主流的文化或文明，就是延续绵延至今的古老中华文化或文明，新生的基督教文化或文明和伊斯兰教文化或文明，构成了整个世界的文化或文明的版图。

中华文明最是源远流长。迄今为止，有文字记载的历史已达5000多年，而且延续不断。这是世界唯一不曾中断历史记录的文化或文明。从世界史的视角，在探寻"天道"的过程中，中华文化或文明

至迟在春秋时期就形成了普遍的认识，人类社会是存在规律的，从中国历史的演变中，观察和认识后最终提出了"公羊三世说"的社会历史发展观。如《春秋公羊传》称，孔子著《春秋》，"所见异辞，所闻异辞，所传闻异辞"，西汉董仲舒继承加以发挥，将春秋十二公历史划分为"所见世"、"所闻世"、"所传闻世"；东汉何休据此明确提出"三世"的概念，认为孔子著《春秋》，是将社会治乱兴衰分为"衰乱—升平—太平三世"。至此，中国古代文化对于"天道"的认识完全成熟，这是一种历史循环论的社会历史发展观。19世纪末，在西方文化的严重冲击和影响下，康有为依据"三世说"做出了回应。他将"公羊三世说"与《礼记·礼运》篇中的"小康"、"大同"以及西方近代社会发展的进化论思想融合在一起，系统地提出了"三世"说历史进化论：人类社会是沿着据乱世—升平世—太平世的轨道，由君主专制到君主立宪，再到民主共和，一世比一世文明进步，进而达到"太平大同"这一人类最美满极乐的世界。由此可见，一直到19世纪末中华文化或文明对"天道"的认知，始终处于"三世说"的话语体系中，未能脱离历史循环论的窠臼。

西方文化则另有渊源。公元1世纪在中东兴起的基督教文化或文明是西方文化或文明的典型代表和集大成者。它是在继承古希腊文化或文明基础上的罗马帝国文化中孕育发展起来的，曾主宰了整个西方世界的文化传统和发展历史。在基督教的影响下，以《圣经》为中心的历史叙事，构成从最初的创造、经过历史的和解、到最终完成的历史运动过程，而历史的终结是以"天堂"与"地狱"二元对立为目的的。这一历史观认为人类历史有始有终，始终在追寻建立地上之国或地上之城，使之成为人类最后的伊甸园"天堂"。虽然不同于历史循环论，也不是线性的进步历史观，其发展的末日审判论，更是对人类社会发展持悲观心态的极端反应。当然，在基督教的世界里，认为自然界和人类社会的一切都是作为救世主的上帝所创造和主宰的。

与基督教文化一样，公元7世纪兴起的伊斯兰教文化同样起源于中东地区。它聚合东西贸易与交通要冲地利之力，博采各地文化优点，尤以基督教文化或犹太教文化为对立面，形成以《古兰经》为灵魂的教化体系。在宇宙观上，它认为"世界"或"宇宙"的万事万物都是由真主即安拉创造和主宰的，《古兰经》说"你们的主确是真主，他在六日内创造了天地万物"。[6]真主是独一无二的，其使命是给人类带来真正的"安拉之道"。在《古兰经》的影响下，以伊斯兰教为中心的历史叙事，主要围绕六大信仰（即指信真主、信天使、信经典、信先知、信后世、信前定）、五项宗教功课（即念、礼、斋、课、朝）、和善行（即《古兰经》指导规定的道德行为规范）展开。与基督教文化相似，伊斯兰教文化认为，社会历史运动就是"安拉之道"的传布过程，信仰真主和作善行者，就能居住和进入乐园或天国，否则就要进入火狱或地狱，真主安拉与魔鬼撒旦就是通往天堂或地狱的领路人。[7]因此，在社会历史观上，伊斯兰教文化认为，历史是开始、中间、终点三部分构成，也就是"生"、"长"和"死"三个阶段。[8]认为在今世和后世之间有一个世界末日，在世界末日来临之际，现世界要毁灭，真主将作"末日审判"，届时，所有的死人都要复活接受审判，罪人将下地狱，而义人将升入天堂。

6）马福德：《伊斯兰宇宙观》，《中国穆斯林》2001年第1期，第24-27页。

7）《古兰经——中阿文对照详注译本》，闪目氏·仝道章编译，译林出版社，1989，第91、101-102页。

8）《古兰经——中阿文对照详注译本》，闪目氏·仝道章编译，译林出版社，1989，第51页。

此外，伊斯兰教还信仰"前定"，认为世间的一切都是由安拉预先安排好的，任何人都不能变更，唯有顺从和忍耐才符合真主的意愿。由此可知，伊斯兰教文化某种程度上仍然是一种历史循环论。

从人类社会发展的历史进程看，上述三种最具代表性的文化或文明，虽产生于不同的时间，但却具有共同的历史特征，即都是一种历史循环论。显而易见，为何会出现历史循环论？背后的促动因素为何？进而言之，人类社会发展有无历史规律？历史循环论能否被打破？诸如此类问题都是时代需要回答的命题。

人类社会长久在历史循环论的泥沼中不能自拔，就如中国在近2000多年的封建王朝兴衰更替的历史遮蔽和笼罩下，难以挣脱，直到1840年英国不远万里以倾销鸦片为目的，发动鸦片战争，以外部侵略力量介入的方式，才逐步打破中国社会发展的进程。其根源何在？奥秘是什么？

在人类社会"我们从哪里来，到哪里去"的最本源问题上，东西方社会形成了不同的话语阐释体系。概括而言，在长久时期内，西方的基督教文化（包括中东的伊斯兰教文化）以《圣经》或《古兰经》构建的知识和信仰的框架，影响着世人的观念。在其视角下，宇宙最初是混沌世界，上帝或真主安拉作为造物主创造了人类和万事万物，人类最终的归宿和理想是进入和建立"天国"或"天堂"。将人类的社会理想浓缩在宗教文化的世界里，这是一种对人类社会规律探索的巨大成果和进步。

东方社会以中华文化或文明（以儒家文化为代表，吸收融合道教、佛教文化）为代表，相比西方是更加世俗化的，以"修身齐家治国平天下"为安身立命的根本和追求，所谓"溥天之下，莫非王土；率土之滨，莫非王臣"9)就是一种写照。对于理想社会，孔子系统阐述道："大道之行也，天下为公。选贤与能，讲信修睦，故人不独亲其亲，不独子其子，使老有所终，壮有所用，幼有所长，矜寡孤独废疾者，皆有所养。男有分，女有归。货恶其弃于地也，不必藏于己；力恶其不出于身也，不必为己。是故谋闭而不兴，盗窃乱贼而不作，故外户而不闭，是谓大同。"[10]一直到19世纪末，面对西方文化的冲击，康有为与时俱进，又总结历史、面向未来，著述《大同书》，最终完成了中华文化或文明对于人类理想社会的蓝图构想即建立"大同世界"。这是中华文化或文明对人类社会未来的绝响和集大成者。而整个中华文明的历史源流与发展，习近平如此做了清晰的概述，他指出："中华文明历史悠久，从先秦子学、两汉经学、魏晋玄学，到隋唐佛学、儒释道合流、宋明理学，经历了数个学术思想繁荣时期。在漫漫历史长河中，中华民族产生了儒、释、道、墨、名、法、阴阳、农、杂、兵等各家学说，涌现了老子、孔子、庄子、孟子、荀子、韩非子、董仲舒、王充、何晏、王弼、韩愈、周敦颐、程颢、程颐、朱熹、陆九渊、王守仁、李贽、黄宗羲、顾炎武、王夫之、康有为、梁启超、孙中山、鲁迅等一大批思想大家，留下了浩如烟海的文化遗产。中国古代大量鸿篇巨制中包含着丰富的哲学社会科学内容、治国理政智慧，为古人认识世界、改造世界提供了重要依据，也为中华文明提供了重要内容，为人类文明作出了重大贡献"。[11]

可见，无论是西方社会还是东方社会，都在试图勾勒和阐释未

---

9) 诗经·小雅·北山。程俊英、姜见元：《诗经注析》下册，中华书局，1999，第643页。

10)《礼记·礼运》。王文锦：《礼记译解》上册，中华书局，1991，第287页。

11) 习近平：《在哲学社会科学工作座谈会上的讲话》，《人民日报》2016年5月19日第2版。

来社会的理想模式和图景，并且取得了相应的代表性成果。只是，在人类社会生产力发展未达到突破自然力束缚的条件下，人们的视野和思想高度遇到了障碍和限制。

2．人类历史演进规律的发现

16世纪，随着工场手工业的发展和大航海时代的来临，西方社会逐步摆脱中世纪的束缚。以瓦特蒸汽机和珍妮纺织机的发明为标志，工业革命和由美洲等新世界的发现所准备好的世界市场，推动资本主义生产方式确立了统治地位，并迅速走上对外扩张侵略的道路。西方资本主义的发展最终也打破人类社会以往互相隔绝的状态，日益将世界划分为主权国家、殖民地和半殖民地国家等形式，并连接为一个相互融合联系的整体，正如马恩所总结的："过去那种地方的和民族的自给自足和闭关自守状态，被各民族的各方面的互相往来和各方面的互相依赖所代替了。物质的生产是如此，精神的生产也是如此。各民族的精神产品成了公共的财产。民族的片面性和局限性日益成为不可能，于是由许多种民族的和地方的文学形成了一种世界的文学"，[12]由此推动人类社会走向资本主义全球化时代。工业文明时代的来临，也为人类思想史的飞跃奠定了坚实基础。

西方社会在工业文明发展的推动下，在思想史的视角也出现飞跃式发展和突变。对此，习近平做了历史性的梳理和概述，认为："人类社会每一次重大跃进，人类文明每一次重大发展，都离不开哲学社会科学的知识变革和思想先导。从西方历史看，古代希腊、古代罗马时期，产生了苏格拉底、柏拉图、亚里士多德、西塞罗等人的

---

12)《马克思恩格斯文集》第2卷，人民出版社，2009，第35页。

思想学说。文艺复兴时期,产生了但丁、薄伽丘、达·芬奇、拉斐尔、哥白尼、布鲁诺、伽利略、莎士比亚、托马斯·莫尔、康帕内拉等一批文化和思想大家。他们中很多人是文艺巨匠,但他们的作品深刻反映了他们对社会构建的思想认识。英国资产阶级革命、法国资产阶级革命、美国独立战争前后,产生了霍布斯、洛克、伏尔泰、孟德斯鸠、卢梭、狄德罗、爱尔维修、潘恩、杰弗逊、汉密尔顿等一大批资产阶级思想家,形成了反映新兴资产阶级政治诉求的思想和观点。马克思主义的诞生是人类思想史上的一个伟大事件,而马克思主义则批判吸收了康德、黑格尔、费尔巴哈等人的哲学思想,圣西门、傅立叶、欧文等人的空想社会主义思想,亚当·斯密、大卫·李嘉图等人的古典政治经济学思想。可以说,没有18、19世纪欧洲哲学社会科学的发展,就没有马克思主义形成和发展。" [13] 习近平从思想历史渊源上讲清了马克思主义产生的历史脉络,揭示了西方社会发展与马克思主义产生的关系。

但是19世纪的全球化时代的人类社会却是由新生的资产阶级所主导的,而且在马克思、恩格斯看来"是一个长期发展过程的产物,是生产方式和交换方式的一系列变革的产物"。 [14] 那么,资本主义社会对人类意味着什么?对此,资本主义的发展催生的时代思想巨人马克思、恩格斯走上了历史舞台,他们吸收应用以往人类社会所取得的一切思想成果,对资本主义社会展开了深入研究和科学阐释,并从中最终发现和首次提出了人类社会演化的规律。在1848年撰写发表的《共产党宣言》中,他们阐述的理论和历史逻辑是:

---

13) 习近平:《在哲学社会科学工作座谈会上的讲话》,《人民日报》2016年5月19日第2版。
14)《马克思恩格斯文集》第2卷,人民出版社,2009,第33页。

由于生产力与生产关系、经济基础与上层建筑的两大社会基本矛盾的运动，每一历史时代主要的生产方式与交换方式及必然由此产生的社会结构，是该时代政治的和精神的历史所赖以确立的基础，并且只有从这一基础出发，历史才能得到说明；从原始社会解体以来，人类社会的全部历史都是阶级斗争的历史；迄今为止，人类社会经过原始社会、奴隶社会、封建社会、资本主义社会的发展阶段，已进入"推翻资产阶级的统治，由无产阶级夺取政权"建立共产主义社会的历史阶段，即无产阶级如果不同时使整个社会摆脱任何剥削、压迫以及阶级划分和阶级斗争，就不能使自己从资产阶级的剥削统治下解放出来；生产资料的资本主义私有制和社会化大生产的矛盾不可调和，因此，资本主义必然灭亡和社会主义必然胜利是一个客观规律，而无产阶级则肩负着作为资本主义掘墓人的世界历史使命。[15]此后，马克思、恩格斯又在此基础上，经过丰富和完善，在19世纪70年代末至80年代最后完成理论探索的过程。

考察马克思、恩格斯五种社会形态演化规律理论形成的过程，就可发现其整个贯穿在《德意志意识形态》、《共产党宣言》、《雇佣劳动与资本》、《1857-1858年经济学手稿》、《政治经济学批料序言》、《资本论》、《反杜林论》、《家庭、私有制和国家的起源》等一系列重要著作中。与此同时，马克思、恩格斯还从不同角度、运用不同标准提出过"三种社会形态"的理论，例如，根据生产资料所有制状况，把人类历史划分为原始公有制社会、私有制社会、共产主义公有制社会三大社会形态；根据社会有无阶级划分，把人类历史划分为原始无阶级社会、阶级社会、共产主义无阶级社会三大社会形态；以资本主义社会为中心，把人类历史划分为

---

15)《马克思恩格斯文集》第2卷，人民出版社，2009，第30-66页。

前资本主义社会、资本主义社会、共产主义社会三大社会形态；根据经济运行形式，把人类历史划分为自然经济社会、商品经济社会、产品经济社会三大社会形态；根据人的发展状况，把人类历史划分为人的依赖性社会、物的依赖性社会、人的自由全面发展的社会三大社会形态等等。[16]以上三大社会形态划分方式都是马克思、恩格斯依据研究对象的需要所提出来的，是对五种社会形态的人类历史演进规律的有益补充，并不互相矛盾和相互排斥。

自马克思、恩格斯揭示人类社会演化的五大规律后，就不断经受了实践的检验和考验。首先是生物学家达尔文(Charles Robert Darwin, 1809-1882)，在环球旅行考察的基础上，围绕物种起源问题，做了科学阐释，于1859年撰写出版《物种起源》一书，用大量资料证明了形形色色的生物都不是上帝创造的，而是在遗传、变异、生存斗争中和自然选择中，由简单到复杂，由低等到高等，不断发展变化的。这种变化是自然界内部矛盾斗争的结果。[17]既然生物是如此，那么人类呢？在达尔文发表《物种起源》一书后，英国博物学家、生物学家赫胥黎(Thomas Henry Huxley, 1825-1895)，竭力传播进化学说，并将达尔文进化论的生存竞争法则运用到社会历史领域，撰写出版《人类在自然界的位置》(Evidence as to man's Place in Nature, 1863）和《进化论和伦理学》(Evolution and Ethics, 1893)，探究人类起源的问题，他也是第一个提出人类起源问题的学者。[18]既然人类和生物一样都是"物竞天择，适者生存"，那最初的原始社会究竟是怎样

---

16) 参见赵家祥：《对质疑"五种社会形态理论"的质疑——与段忠桥教授商榷》，《北京大学学报（哲学社会科学版）》2006年第2期，第63页。

17) 参见【英】达尔文：《物种起源》，北京大学出版社，2005，第1-15页。

18) 方益昉：《进化与自然选择：迷失在技术与社会重构中的经典理论》，《中华读书报》2015年12月9日，第16版。

的？是否是马克思、恩格斯所说的社会形态？1877年美国著名历史与人类学家摩尔根，做了里程碑式的探索，在其所著的《古代社会》一书中，摩尔根以美国印第安人亲属制度、家庭生活为基础，展现混沌初开时期人类的存在面貌，并得出结论"种种事实表明，人类的某些观念、情感和愿望是逐渐形成而后来又有所发展的"。[19]就这样，在生物学、社会学、历史学等学科层层递进的研究探索中，验证了马克思、恩格斯对于人类早期的氏族制度与社会生活的理论观点，即人类最初的社会形态就是"原始社会"。

显然，人类就是在不断的思想探索和社会发展进步潮流的推动下，最终发现并验证了人类社会的五种社会形态演化发展规律，并揭示了其背后的奥秘是"两大社会基本矛盾"运动规律作用和阶级斗争推动的结果。

(二) 马克思主义使社会主义由空想变为科学

如前所述，习近平曾总结说空想社会主义是马克思主义产生的三大来源之一。那么，空想社会主义为什么会产生？它对马克思主义产生的积极意义是什么？马克思主义即科学社会主义为什么会取代空想社会主义？科学社会主义的人类社会图景是什么？诸如此类的问题，需要人们做出清晰的回答。

1．空想社会主义是资本主义发展的产物

15、16世纪，由于新航路的开辟，荷兰、葡萄牙、西班牙、英

---

19)【美】路易斯·亨利·摩尔根：《古代社会》，杨东莼、马雍、马巨译，中央编译出版社，2007，第5页。

国等西欧国家纷纷走上资本主义发展道路，殖民地市场和海外贸易，迅速推动资本主义进入高速发展阶段。资本主义的发展就为空想社会主义的产生奠定了基础。空想社会主义作为一种社会思潮，是伴随着资本主义生产方式的产生和发展而出现并逐步发展起来的。其产生发展的动力，一是在资本主义发展基础上，随着人类社会的不断进步，基督教陷入困境和遇到巨大挑战，促使人们对于"天堂"或"天国"的探索不断系统化，需要对新的社会现象予以概括、描绘和总结；二是资本主义取代封建主义是一种历史的进步，但却造成社会贫富两极分化加剧，诸如英国的"羊吃人"的"圈地运动"等，暴露出社会道德沦丧、混乱无序，无产阶级受奴役、剥削和压迫的严重弊端，促使一些有正义感的先进分子对社会现实展开研究，探索造成劳动群众贫苦悲惨境地的原因和消除社会弊病和混乱的途径，并在基督教的启示下幻想构建财产共有、废除私有制、义务劳动和平均主义的"乌托邦"、"太阳城"这样的理想社会。20)于是，以1516年托马斯·莫尔（Sir Thomas More，1478-1535）《乌托邦》和托马佐·康帕内拉（Tommaso Companella，1569-1638）《太阳城》（1602）两书问世为标志，近代空想社会主义产生并走上历史舞台。21)

此后，伴随着资本主义的不断发展，空想社会主义思潮也不断发展，并最终迎来了高潮。18世纪末西欧、北美相继发生资产阶级革命，在法国、美国等国确立了资本主义国家制度，进一步为资本主义的发展开辟了道路。资本主义的发展进一步促使社会分裂为对立

---

20) 【英】托马斯·莫尔：《乌托邦》，戴镏龄译，商务印书馆，1996，序言第3-4页；闫志民、王炳林、贺亚兰主编《社会主义500年编年史》（上），北京出版集团公司、北京人民出版社，2018，第2页。

21) 钱根禄：《第一讲：社会主义的由来和发展》，《唯实》1982年第2期，第22页。

的两大阶级，工业无产阶级已完全形成，并且开始以"罢工"和"打倒蒸汽机"的斗争等手段反对资产阶级的剥削压迫。无产阶级和资产阶级间日益尖锐的斗争和对立为空想社会主义的发展提供了历史的机遇，而历经300多年的发展，空想社会主义也终于发展到顶峰。以法国的克劳德·昂利·圣西门（Claude-Henri de Rouvroy, Comte de Saint-Simon, 1760-1825）、夏尔·傅立叶（Charles Fourier, 1772-1837）和英国的罗伯特·欧文（Robert Owen, 1771-1858）为代表，著书立说，系统阐述自己的观点。

作为空想社会主义发展的集大成者，无论是圣西门、傅立叶还是欧文，都超越了对资本主义社会谴责和批判的阶段，注重从理论上阐释和实践上验证对未来新社会的设想。圣西门在《新基督教》中，设想了新基督教的理想社会形式，设计了与其结合的"实业制度"，声称这是最完善的基督教，它的目标是使所有人都"为改进最穷苦阶级的精神和物质生活而工作"；22)傅立叶在《新世界》中，设计了"农业协作社"即"法郎吉"，并据此进行实验；欧文则通过著述《新社会观》和《人类思想和实践中的革命》，设计和试验"新和谐公社"。概括而言，圣西门、傅立叶和欧文为代表的空想社会主义者，其重大贡献：一是通过深刻分析各种社会矛盾和问题，无情揭露和深刻批判了资本主义社会制度尤其是私有制度的种种弊端；二是对未来理想社会提出了带有实践性的积极主张和天才性的设想；三是明确提出只有消灭资本主义剥削制度才能实现美好社会的设想或憧憬的观念。他们的上述努力就为后来科学社会主义的产生、发展开辟了道路，提供了良好的思路或发展方向。23)

---

22) 倪玉珍：《圣西门的新宗教：实业社会的道德守护者》，《学海》2017年第5期，第57页。

然而，空想社会主义者虽然提出"废除私有制和不平等的分配、组织计划生产、把合作社作为实现社会主义的途径"，[24]但是他们没能发现通向社会主义的钥匙，掌握和揭示社会发展的规律，没能揭示资本主义产生和发展的奥秘。而且其对于未来的社会的设想和设计在实践中都陷于失败，就导致在理论上无法令人信服。更具体来说，在哲学层面，圣西门等空想社会主义者时常倒向唯心主义和形而上学的阵营，无法为消灭资本主义剥削制度提供科学认识武器；在政治经济学视角，圣西门等空想社会主义者没有发现资本主义社会的基本矛盾和发展规律，忽视劳动人民在历史发展中的作用，因而找不到社会发展的真正动力和变革力量；在意识形态层面，没有赋予无产阶级明确的阶级意识。[25]正如马克思、恩格斯一针见血所指出的：圣西门等人"看不到无产阶级方面的任何历史主动性，看不到它所特有的任何政治运动"，"在他们的心目中，无产阶级只是一个受苦最深的阶级"。[26]由此可见，社会主义到19世纪40年代科学社会主义诞生之前，终归是空中楼阁，无法落地生根，成为人类思想的灯塔和时代的最强音。

2．马克思、恩格斯将社会主义由空想变为科学

18、19世纪由自动纺纱机、蒸汽机和电力为代表的科学技术发

---

23) 杜红娟、余涛：《空想社会主义的产生、发展、贡献与局限再论》，《湖北社会科学》2020年第3期，第14-16页。

24) 闫志民、王炳林、贺亚兰主编《社会主义500年编年史》（上），北京出版集团公司、北京人民出版社，2018，第6页。

25) 杜红娟、余涛：《空想社会主义的产生、发展、贡献与局限再论》，《湖北社会科学》2020年第3期，第16-18页。

26)《马克思恩格斯文集》第2卷，人民出版社，2009，第62-63页。

明，推动人类社会进入工业革命时代。工业革命使资本主义生产方式进入机器大生产阶段，机器大生产又使资本主义在大发展过程中充分暴露其固有的矛盾。一是生产的社会性和生产资料私人占有的矛盾日益凸显，最终导致人类社会于1825年发生第一次世界性资本主义经济危机，1836、1847年经济危机又相继发生。大约每隔10年就要发生经济危机，已成为资本主义社会的规律。二是无产阶级与资产阶级矛盾日益尖锐。1831年法国里昂工人两次发动武装起义；英国工人阶级于1836-1848年掀起宪章运动，争取政治权利；德国西里西亚纺织工人于1844年掀起起义。法、英、德为代表的三大工人运动，标志着工人阶级登上历史舞台，要求消灭资本主义剥削制度。三是资本主义国家间为争夺殖民地、世界市场和势力范围，频繁发动战争，威胁人类的生存与发展。上述矛盾和问题，归结起来就是资本主义怎么了，未来向何处去？诸如此类种种问题，需要得到科学阐释。

在此背景下，马克思、恩格斯作为人类思想巨匠，在充分吸收德国的古典哲学、英国的古典政治经济学和西欧空想社会主义思想资源的基础上，回答时代之问，最终使社会主义由空想变为科学。

首先，马克思、恩格斯将自身的理论思维活动和工人运动结合起来，找到了消灭资本主义、建立社会主义的正确道路和方法。在西欧工人运动广泛发展的基础上，登上历史舞台的工人阶级日益觉醒，开始创建自己的政党，以便开展反对资产阶级的斗争。1846年1月，在比利时成立布鲁塞尔共产主义通讯委员会，为创建共产党创造条件。马克思、恩格斯被选举为常务委员会委员，领导委员会的日常工作。[27]在同工人运动深入结合，并将理论贯穿于实践活动基

27）高放：《社会主义运动：从理论到实践的转变（1848-1917）》，北京师范大

础上，马克思、恩格斯推动正义者同盟于1847年6月在伦敦秘密召开共产主义者代表大会，使其成为载入史册的世界历史上第一个共产党的第一次代表大会。大会通过根据马克思、恩格斯意见起草的《共产主义者同盟章程》和恩格斯起早的第一个纲领性文件——《共产主义信条草案》，标志着第一个以科学社会主义为指导思想的国际无产阶级政党的成立。[28]11月，共产主义者同盟在伦敦秘密召开第二次代表大会，马克思、恩格斯作为代表，推动消除了纲领问题上的分歧，大会决定将纲领称为《共产主义宣言》，委托马、恩起草纲领并公之于众。[29]1848年2月，《共产党宣言》公开出版发行，标志着马克思主义即科学社会主义的诞生。《共产党宣言》立足唯物史观，阐述人类社会发展的规律，揭示资本主义必然灭亡和社会主义必然胜利的历史规律。《共产党宣言》科学评价资本主义和资产阶级的历史作用，揭示社会生产力的发展必然与资本主义私有制发生不可克服的矛盾，并要求实现共产主义公有制；《共产党宣言》提出阶级斗争的学说，论述无产阶级的历史使命是夺取政权消灭资本主义和实现共产主义；《共产党宣言》阐述共产党的性质、特点、基本纲领和策略原则，奠定无产阶级政党学说的基础；《共产党宣言》批判当时流行的各种社会主义流派，划清科学社会主义与其之间的界限；《共产党宣言》还设想了无产阶级夺取政权后改造社会的十大纲领，并提出"全世界无产者，联合起来"的战斗口号。[30]列宁就指出："这部著作以天才的透彻而鲜明的语言描述了新的世界

学出版社，2018，第56页。

28) 闫志民、王炳林、贺亚兰主编《社会主义500年编年史》（上），北京出版集团公司、北京人民出版社，2018，第63页。

29)《马克思恩格斯文集》第3卷，人民出版社，2009，第453页。

30)《马克思恩格斯文集》第3卷，人民出版社，2009，第30-66页。

观，即把社会生活领域也包括在内的彻底的唯物主义、作为最全面最深刻的发展学说的辩证法，以及关于阶级斗争和共产主义新社会创造者无产阶级肩负的世界历史性的革命使命的理论。"[31]

与空想社会主义不同，马、恩提出和揭示的唯物史观，提出了从经济关系和阶级关系中去寻找解决社会冲突的途径，指明了变革资本主义制度的正确道路，批判和纠正了空想社会主义者从头脑中构思社会改革的蓝图、寄希望于统治者发善心、以和平方式实现社会主义的幻想；马、恩提出和揭示的唯物史观，指出人民群众是历史的创造者，无产阶级和劳动群众是改造旧世界、建设新世界的社会主体和动力，能够而且必须依靠自己的力量，特别是组织自己的政党共产党去解放自己和全人类，就纠正了空想社会主义者把无产阶级仅仅看成一个受苦受难的人群，而把历史进步和社会更替的希望寄托在个别天才人物出现的理论局限性。马克思、恩格斯的理论探索，从而为社会主义奠定了坚实的科学基础。

其次，资本主义制度存在和剥削的奥秘是什么？社会主义为什么要取代和能够取代资本主义？马克思、恩格斯提出剩余价值学说，展开理论探索，揭示资本主义剥削的奥秘和资本主义制度的本质，阐明了资本主义存在的必然性和灭亡的必然性，为社会主义取代资本主义指明了方向。

以往的空想社会主义者固然批判了资本主义生产方式的罪恶，但是却无法深刻揭示和揭露这种罪恶的经济根源；他们虽然激烈地反对资产阶级对工人阶级的残酷剥削，却不能阐述清楚或搞不明白这种剥削到底是怎么回事，它是怎样产生和发展的。马克思运用唯物史观，撰写《资本论》，就通过分析资本主义生产关系和经济

---

[31] 《列宁选集》第2卷，人民出版社，1995，第416页。

运动的规律，发现剩余价值理论，从而彻底揭穿了资本主义剥削的实质。32)马克思发现，在资本主义制度下，工人通过出卖自己的劳动力创造出来的价值量，要比工人以工资形式从资本家那里得到的价值量大得多，这个多出来的部分就是被资本家无偿占有的剩余价值。随着资本主义的发展，资产阶级占有的剩余价值就越来越多，生产资料的私有制就造成资产阶级的财富不断积累增值，无产阶级则在被剥削中日益贫困化，因而无产阶级和资产阶级根本对立的矛盾日益尖锐激化，不可调和。而这种矛盾斗争必然导致无产阶级革命和无产阶级专政，其结果是资本主义的灭亡和社会主义的胜利是必然的。概而言之，剩余价值学说揭开了资本剥削劳动的秘密，阐明了无产阶级和资产阶级矛盾对立的经济根源，指明了资本主义制度的本质和必然灭亡的趋势，同时科学回答了无产阶级是推翻资本主义、实现社会主义这一伟大历史使命承担者的时代命题。恩格斯就指出，"这个问题的解决是马克思著作的划时代的功绩。它使明亮的阳光照进了经济学领域，而在这个领域中，从前社会主义者像资产阶级经济学家一样曾在深沉的黑暗中摸索。科学社会主义就是以此为起点，以此为中心发展起来的。"33)

　　从唯物史观到剩余价值学说，马克思主义学说不断发展，正如恩格斯所指出，唯物史观和剩余价值学说这两个伟大的发现，使社会主义奠定在坚实的科学理论基础之上，从而使社会主义由空想变成科学。34)

32)《马克思恩格斯选集》第3卷，人民出版社，1995，第740页。
33)《马克思恩格斯选集》第3卷，人民出版社，1995，第548页。
34)《马克思恩格斯文集》第3卷，人民出版社，2009，第545-546页。

3．马克思主义勾勒的科学社会主义图景

自科学社会主义诞生以后，西欧的无产阶级就拥有了斗争的科学理论武器。马克思曾精辟指出："批判的武器当然不能代替武器的批判，物质力量只能用物质力量来摧毁，但是理论一经掌握群众，也会变成物质力量。理论只要说服人，就能掌握群众；而理论只要彻底，就能说服人。所谓彻底，就是抓住事物的根本。但人的根本就是人本身。"35)为了无产阶级的彻底解放和实现自身的伟大使命，马克思、恩格斯不断结合工人阶级斗争的实践，面对新的时代问题及时做了探索和总结。

针对"如何砸碎旧世界、建立新世界"，马克思在《共产党宣言》中曾指出：共产党人的最近目的是"推翻资产阶级的统治，由无产阶级夺取政权"；在无产阶级建立政治统治之后，要夺取资产阶级的全部资本，"要废除资产阶级的所有制"，概而言之就是"消灭私有制"，"并尽可能快地增加生产力的总量"。为此设想提出了十大措施。36)

理论是在实践中丰富和发展的。1871年3月法国巴黎工人发动武装起义，建立世界上第一个无产阶级性质的政权——巴黎公社。虽然巴黎公社在内外敌人的破坏下失败了，但具有深远的历史意义与影响。马克思以革命理论家的视野及时作了总结，撰写《法兰西内战》，总结经验教训指出：无产阶级革命成功并保住胜利果实的首要条件是要有自己的革命武装；无产阶级必须打碎旧的国家机器，建立无产阶级的国家机器；无产阶级专政的国家，是为人民服务的机关，机关工作人员是人民的公仆；必须建立无产阶级的革命

---

35)《马克思恩格斯文集》第1卷，人民出版社，2009，第11页。
36)《马克思恩格斯文集》第2卷，人民出版社，2009，第44-45、52-53页。

政党，发挥党的政治领导作用等。[37]该文不仅是体现马克思主义的立场、观点、方法的光辉范例，而且更重要的是通过对19世纪科学社会主义运动最高成就——巴黎公社——实践经验的科学总结，丰富和发展了科学社会主义思想。

针对"如何建设新世界"，即勾勒科学社会主义的未来蓝图，马克思曾在《共产党宣言》中设想"代替那存在着阶级和阶级对立的资产阶级旧社会的，将是这样一个联合体，在那里，每个人的自由发展是一切人的自由发展的条件"。[38]这是对共产主义社会高度抽象的概括性描述，但具体应该是怎样的？需要在实践中找到答案和依据。而正是在对巴黎公社的实践总结中，马克思才有了进一步的阐释。他在《法兰西内战》结尾中指出："工人的巴黎及其公社将永远作为新社会的光辉先驱而为人所称颂"，[39]也就是说马克思将巴黎公社视为新社会、新国家、新秩序、新制度的新实验、新探索，[40]高度肯定了其价值："公社的原则是永存的，是消灭不了的；在工人阶级得到解放以前，这些原则将一再表现出来"。[41]

那么，马克思所说的巴黎公社原则又是如何体现和反映科学社会主义图景的？仔细研读《法兰西内战》，马克思并没有明确对此进行概述总结，其原则是蕴含在整个内容中，需要从中抽离出来。目前学术界提出马克思所称巴黎公社原则即是科学社会主义原则，包括：一是从资本主义社会发展到社会主义社会是客观的、必然的、

37) 闫志民、王炳林、贺亚兰主编《社会主义500年编年史》(上)，北京出版集团公司、北京人民出版社，2018，第53页。
38) 《马克思恩格斯文集》第2卷，人民出版社，2009，第53页。
39) 《马克思恩格斯文集》第3卷，人民出版社，2009，第181页。
40) 高放：《社会主义运动：从理论到实践的转变（1848-1917）》，北京师范大学出版社，2018，第209页。
41) 《马克思恩格斯全集》第17卷，人民出版社，1963，第677页。

渐进的历史过程；二是从资本主义社会发展到社会主义社会不会是自发的、自动的历史过程，必须经过工人阶级和人民大众自觉的、长期的斗争；三是实现社会主义必须要有以科学世界观为指导的社会主义政党的正确领导；四是实现社会主义，首先要由社会主义政党执掌政权，通往执政之路并非都要通过暴力革命，在实行议会民主和普选制的国家可能是较为和平、渐进之路；五是社会主义政党掌握国家政权后要逐步建设新社会、新国家，要经历一个较长的过渡时期；六是社会主义的长远目标是在坚持巴黎公社所揭示的"政权与财富公有"的前提下逐步提高科技与社会生产力水平，逐步扬弃资本主义私有制，实现社会主义社会公有制，逐步达到消灭阶级与阶级差别，消灭城乡本质差别，消灭脑力劳动与体力劳动本质差别，达到无产阶级和全人类的自由解放，达到每个人的自由发展。[42]

由此，科学社会主义揭示的发展路径就是资本主义社会经由社会主义社会，进而实现人类最崇高的理想——共产主义社会。据此，科学社会主义理论体系的特征日渐清晰，这就是：消灭私有制，实行公有制；大力发展生产力，创造极为丰富的社会物质财富；实行计划经济，消除商品生产和货币交换；实行按劳分配；消灭阶级和阶级差别，国家将逐步自行消亡，变成一个自由人的联合体。[43]

马克思主义正是在时代性与实践性的结合中，不断进行理论创新发展，从而使科学社会主义的图景日益清晰，成为人类社会发展的指路明灯。[44]

---

42) 高放：《社会主义运动：从理论到实践的转变（1848-1917）》，北京师范大学出版社，2018，第210-211页。
43)《习近平谈治国理政》，外文出版社，2014，第24页。
44) 石建国：《百年未有之大变局背景下对社会主义与资本主义关系的再思考》，

二、科学社会主义为人类历史开启新纪元

19世纪中叶以后，在第二次科技革命推动下，不仅使资本主义进入金融垄断的帝国主义时代，而人类社会迅速进入"电气时代"。第二次工业革命，且使得资本主义各国在经济、政治、文化、军事等发展不平衡规律作用下，争夺世界市场与势力范围和争夺世界霸权的斗争更加激烈。到20世纪初，更是形成了协约国与同盟国两大根本对立的帝国主义军事集团。1914年第一次世界大战爆发，帝国主义将人类社会推向相互毁灭的深渊。人类的前途与未来在哪里？社会主义能否取代资本主义、如何取代资本主义？成为马克思主义者必须回答的时代之问。

（一）列宁与马克思主义的继承与发展

科学社会主义理论自诞辰之后，在指导工人运动的实践中，就面临着同形形色色的社会思潮特别是社会主义思潮的挑战和斗争。这是因为：一方面是资本主义各国发展的状况不同，社会矛盾和政权形态存在差异；另一方面，各国工人阶级的组织程度、发展状况、理论思维状况、共产党的领导水平与能力等存在差异，这就导致在理解与运用马克思主义理论指导自身实践方面，必然出现差别。再加上资产阶级的恶意破坏和宣传，使得无产阶级在如何认识自身使命、如何认识帝国主义战争、如何实现社会主义胜利等种种问题上，出现复杂而尖锐的斗争。

首先，1895年恩格斯去世后，世界上第一个社会主义政党德国社会民主党内部，就出现伯恩施坦为代表的修正主义思潮。1899年

《中共青岛市委党校·青岛行政学院学报》2021年第4期，第43-50页。

伯恩施坦在其出版的《社会主义的前提与社会民主党的任务》一书中，直言不讳承认："人们读到我时，不是把我当作一般的修正主义者，而是当作'大修正主义者'。的确，我所提倡的是修正"，45)并在哲学、政治经济学和科学社会主义三个方面对马克思主义进行所谓的全面"批判"和"修正"，成为修正主义系统化、理论化的集大成者。哲学上，他用康德的唯心论修正唯物论，用"进化论"修正辩证法，否认人类社会发展的客观规律，进而反对依历史发展的客观规律来论证社会主义的必然性。在政治经济学上，他用奥地利经济学家伯姆—巴维克的边际效用论修正马克思的劳动价值论，认为剩余价值论是"基于假想的公式"，卡特尔、托拉斯等垄断组织可以减少危机，因而资本主义不会必然崩溃和灭亡。在科学社会主义上，他用阶级合作修正阶级斗争，用社会改良修正社会革命，鼓吹议会民主"已使危机和革命归于消灭"，反对无产阶级夺取政权和无产阶级专政，认为"只要在资本主义范围内参加议会斗争"，"自由主义原则的'完成就将是社会主义'"。46)在如何对待伯恩施坦修正主义问题上，欧洲最大和最活跃的无产阶级政党德国社会民主党分裂为左派、中派和右派。到1914年第一次世界大战爆发前，德国社会民主党内修正主义者已占据优势。伯恩施坦修正主义的出现，深刻表明马克思、恩格斯创立的科学社会主义遭遇到了巨大挑战。

其次，受修正主义思潮的影响和冲击，第二国际47)走向破产和

---

45) 【德】伯恩施坦：《一个社会主义者的发展过程》，殷叙彝编《伯恩施坦文选》，人民出版社，2008，第525页。

46) 参见吴雄丞：《科学社会主义的基本经典——恩格斯著〈社会主义从空想到科学的发展〉研读笔记》，《高校理论战线》2006年第4期，第23-29页；高放：《社会主义运动：从理论到实践的转变(1848-1917)》，北京师范大学出版社，2018，第263页。

47) 1889年7月，国际社会主义工人代表大会举行(即第二国际成立大会)，初期受

解体。1896年7月，由恩格斯主导创立的第二国际举行伦敦代表大会，大会拒绝无政府主义者参加，标志着马克思主义者在第二国际取得对无政府主义者的斗争胜利。但是，欧洲兴起的修正主义思潮开始成为第二国际的巨大挑战。1899年6月，法国工人阶级政党法国社会党人米勒兰，接受资产阶级统治集团瓦尔德克—卢梭内阁邀请，担任工商部长，史称"米勒兰入阁事件"。[48]工人阶级政党社会党人参加资产阶级政府，这在国际共运史上是首次，它立即在法国和国际社会主义者中引起激烈的争论和分歧。1900年9月，第二国际在巴黎举行代表大会集中讨论这一问题，经过激烈争论，通过由考茨基起草的"橡皮章"决议，认为入阁是一个策略问题，在一定的条件下社会党人可以采取，但这不是夺取政权的正常开端。[49]此举实际上是对米勒兰加入资产阶级政权行为的认可，此后各国工人党中的机会主义者纷纷仿效米勒兰，参加本国资产阶级政府。米勒兰入阁事件以及第二国际的相关决议表明，它是实践上的伯恩施坦主义，意味着国际社会主义运动的分裂已不可避免。

面对巨大挑战，科学社会主义者何去何从？如何解决自身的发展困境问题？在此关键时刻，列宁挺身而出，带领布尔什维克党人通过实践探索，为科学社会主义的发展指明了方向。

首先，列宁为俄国共产党确立了正确的组织路线。作为后起的资本主义国家，沙皇的残暴统治已使俄国成为世界矛盾的中心，1902年考茨基就认为世界革命的中心已从西欧转向俄国。[50]俄国仿照德

恩格斯影响，执行马克思主义，后期修正主义占据统治地位，1914年第一次世界大战爆发后瓦解。

48) 闫志民、王炳林、贺亚兰主编《社会主义500年编年史》（上），北京出版集团公司、北京人民出版社，2018，第197页。

49) 王觉非主编《欧洲历史大辞典》（上），上海辞书出版社，2007，第870页。

50) 高放：《社会主义运动：从理论到实践的转变(1848-1917)》，北京师范大学

国社会民主党的模式，于1898年建立了自己的无产阶级政党——俄国社会民主党。但是，德国社会民主党已成为修正主义泛滥的政党，只注重议会合法斗争，这与俄国的国情不符。于是，列宁1902年撰写完成《怎么办？我们运动中的迫切问题》一书，论证指出工人阶级是政治斗争、经济斗争、理论斗争的"先进战士"；强调了社会主义政党的历史价值，论证了社会主义政党进行理论斗争的重要意义，提出"没有革命的理论，就不会有革命的运动"的著名观点；阐述了社会主义政党建立统一性党组织的迫切性，强调要建立以职业革命家为核心的群众性的工人政党，秘密的革命家组织只能实行集中制，并规定党应当是科学社会主义理论与工人运动相结合的产物。[51] 在列宁《怎么办？》一书影响下，1903年俄国社会民主党第二次代表大会通过的党纲、党章，就吸纳了列宁的思想，也标志着以列宁为首的布尔什维克的诞生。[52] 为进一步解决与孟什维克在建党问题上的分歧，列宁于1904年撰写出版《进一步、退两步》，系统阐述工人阶级社会主义政党的组织原则，指出科学社会主义政党是工人阶级的先锋队、是工人阶级有组织的部队、必须要有严格的组织纪律、应建立以职业革命家组织为首位的包括多种多样工人组织的广泛组织体系、应成为工人阶级先进部队与最广大非党群众密切联系的体现、必须依照集中制原则来建党等。[53] 与软弱松散的德国社会民主党、法国社会党等不同，列宁总结经验教训，就为俄国

出版社，2018，第282页。

51) 高放：《社会主义运动：从理论到实践的转变(1848-1917)》，北京师范大学出版社，2018，第308-309页。

52) 闫志民、王炳林、贺亚兰主编《社会主义500年编年史》(上)，北京出版集团公司、北京人民出版社，2018，第199-200页。

53) 高放《社会主义运动：从理论到实践的转变(1848-1917)》，北京师范大学出版社，2018，第326-331页。

无产阶级政党的建设奠定了坚实的组织理论基础，指明了正确的发展方向。

其次，列宁为布尔什维克制定了正确的策略路线。俄国革命形势的发展，迫切需要制定正确的革命策略。1905年俄国社会民主党第三次代表大会在列宁领导下通过新党章，制定了党的策略路线，即俄国资产阶级民主革命必须由无产阶级领导，依靠工农联盟，孤立自由资产阶级，通过武装起义推翻沙皇政权，建立临时革命政府，实行工农民主专政，把资产阶级民主革命进行到底，并及时转变为社会主义革命。[54]但是，拒绝参会制造分裂的孟什维克也制定了策略路线。两种策略路线，如何认识、何去何从？列宁敏锐地认识到问题的严重性，立即着手撰写《社会民主党在民主革命中的两种策略》，围绕在民主革命中坚持无产阶级领导权问题，通过对比分析，从争取无产阶级及其政党领导权的必要性、可能性、竞争性、现实性、彻底性、前瞻性六个方面展开系统阐释，阐明了无产阶级在民主革命中的领导权、工农联盟、争取民主共和制的途径和方法、资产阶级民主革命同无产阶级社会主义革命的关系等问题。[55]

革命的理论当然需要在实践中进行检验。于是，在1905-1907年的俄国民主革命中，列宁的上述思想经受了历史的检验，虽然革命因多种原因最终失败，但正如列宁所指出的："没有1905年的'总演习'，就不可能有1917年十月革命的胜利"。[56]说明列宁领导布尔什维克的社会主义革命运动，已将马克思主义推进到新的发展阶段。

---

54) 闫志民、王炳林、贺亚兰主编《社会主义500年编年史》(上)，北京出版集团公司、北京人民出版社，2018，第202页。

55) 高放：《社会主义运动：从理论到实践的转变 (1848-1917)》，北京师范大学出版社，2018，第351-355页。

56)《列宁选集》第4卷，人民出版社，1995，第138页。

（二）十月革命与社会主义的理论与实践

1914年8月第一次世界大战爆发，这是世界分水岭性质的事件。如何对待这场战争，也就成为真假马克思主义者的试金石。战争爆发前，第二国际所属的各国社会党，反对军国主义和战争，呼吁普遍裁军，倡导各民族有自决权并保护它们不受战争侵略和暴力镇压等进步观点。但是，战争爆发后，欧洲大多数工人阶级社会主义政党诸如德国社会民主党、法国社会党、英国工党等却一反常态，纷纷站到本国政府一边，支持本国资产阶级政府发动的帝国主义战争。[57]与此相反，在此关键时刻，列宁领导的俄国社会民主党做出了正确的抉择，8月8日，发表反战宣言，公开揭露战争的帝国主义本质，号召各国人民应在无产阶级领导下掌握命运，结束战争。随后，列宁撰写《革命社会民主党在欧洲大战中的任务》，明确指出这是"资产阶级的、帝国主义的、王朝的战争"，社会民主党的任务是在军队和战场上全面宣传社会主义革命，把枪口对准各国反动政府和反动政党。11月，俄国社会民主党又发表列宁起草的宣言《战争和俄国社会民主党》，揭露第一次世界大战的帝国主义性质，谴责各国社会民主党领袖"背叛社会主义"的行为，明确提出"变当前的帝国主义战争为国内战争，是唯一正确的无产阶级口号"。[58]在列宁领导下，一场真正的无产阶级革命开始了。

首先，列宁提出了社会主义可能在一国首先胜利的新理论。马克思、恩格斯曾提出设想，英、法、德等资本主义国家同时爆发社会主义革命，进而使欧洲发展为社会主义联邦，社会主义才能取得

57）闫志民、王炳林、贺亚兰主编《社会主义500年编年史》（上），北京出版集团公司、北京人民出版社，2018，第194、211页。

58）《列宁选集》第2卷，人民出版社，1995，第403-409页。

胜利。列宁通过对战争形势的观察，敏锐意识到由于资本主义各国经济政治发展不平衡绝对规律的作用，欧洲各国革命条件成熟的状况是不同的，因而在《论欧洲联邦口号》、《无产阶级革命的军事纲领》等文章中，就正式提出和系统论证了"社会主义可能首先在少数甚至在单独一个资本主义国家内获得胜利"的新理论。59)在这一新理论的武装和指引下，俄国社会民主党人获得了强大的理论自信，从而增强了夺取社会主义革命首先胜利的信心。

其次，列宁提出了"帝国主义论"的新学说。1916年列宁撰写完成《帝国主义是资本主义的最高阶段》，论证了"帝国主义是资本主义的特殊阶段，即最高或最后阶段"，提出帝国主义是寄生的、腐朽的、垂死的资本主义，得出"帝国主义是无产阶级社会革命的前夜"的新论断。60)

再次，列宁为进行社会主义革命制定正确的步骤和纲领。1917年俄国革命进入新阶段，在布尔什维克领导下"二月革命"取得成功，但革命成果却落入资产阶级政权临时政府手中。如何推进革命形势向前发展？列宁撰写发表《四月提纲》，论述了从资产阶级民主革命向社会主义革命过渡的具体步骤，指出"俄国当前形势的特点是从革命的第一阶段向革命的第二阶段过渡，……第二阶段则应当使政权转到无产阶级和贫苦农民手中"，力争做到"全部政权归苏维埃"，实现社会主义，并制定了具体的政治、经济等纲领。61)5月，列宁主持召开俄国社会民主党第七次代表大会，通过《关于战争的决议》《关于临时政府态度的决议》《关于工兵代表苏维埃的

---

59)《列宁选集》第2卷，人民出版社，1995，第554、722页。
60)《列宁选集》第2卷，人民出版社，1995，第582页。
61)《列宁选集》第3卷，人民出版社，1995，第14-16页。

决议》等文件，确立了布尔什维克在战争和革命的一切基本问题上的路线。[62]8月，列宁完成《国家与革命》，系统阐述马克思主义的国家学说。9月，列宁以《布尔什维克应当夺取政权》《马克思主义和起义》为题致信俄国社会民主党中央，认为时机已成熟，应当制定武装起义的总计划夺取政权。

上述成果就为俄国的社会主义革命和革命胜利后的政权建设做好了理论准备，也为夺取十月革命的胜利奠定了实践的基础。

10月，列宁秘密回国后主持召开俄国社会民主党特别会议，做出了关于武装起义的决议，成立了以列宁为首的领导起义的中央政治局。11月7日，十月革命爆发，列宁领导俄国无产阶级成功夺取政权，把科学社会主义从理论变为现实。

十月革命的成功，表明列宁继承和发展马克思主义，把马克思主义创造性地与俄国的具体国情相结合，创立的列宁主义已经完全成熟，是科学社会主义发展的新成就。十月革命之后，列宁领导的苏联共产党带领苏联人民又走上探索社会主义建设道路的征程。列宁去世以后，在斯大林领导下，苏联人民在探索中形成了高度集中的社会主义建设发展模式，即实行社会主义公有制、计划经济、按劳分配、实行苏共一党领导的无产阶级专政、坚持马克思列宁主义在意识形态中的指导地位等为特征。到1936年，苏联工业总值跃居欧洲第一位，世界第二位，苏联宣布"基本实现了社会主义，建立了社会主义制度，即实现了马克思主义者又称为共产主义第一阶段或低级阶段的制度"。[63]

---

62) 闫志民、王炳林、贺亚兰主编《社会主义500年编年史》（上），北京出版集团公司、北京人民出版社，2018，第215-216页。

63) 闫志民、王炳林、贺亚兰主编《社会主义500年编年史》（上），北京出版集团公司、北京人民出版社，2018，第290页。

从十月革命的道路到苏联社会主义建设道路的探索，在实现从社会主义理论到实践，从社会主义革命到社会主义建设的历史进程中，苏联共产党都为科学社会主义的发展做出了重大的贡献。习近平将这一历史过程总结为是科学社会主义思想发展的第三、第四时段，即：第三时段是列宁领导十月革命取得胜利并实践社会主义，第四时段苏联社会主义模式逐步形成，[64]是合乎历史发展实际和事实的科学概括。

第二节 中国特色社会主义新时代开启中华民族伟大复兴新征程

由毛泽东到习近平，科学社会主义的参天大树扎根于中华大地，并在实现中华民族伟大复兴的伟大进程中，闪烁出耀眼的光芒。

一、社会主义在中国发展的历史逻辑

中国的社会主义大厦是由毛泽东为核心的中国共产党人领导中国人民砌筑而成的。其历史发展逻辑是：在以毛泽东为核心的中国共产党人领导下，中国人民经过两场紧密相继的伟大革命——新民主主义革命和社会主义革命，使中华民族摆脱半殖民地半封建社会的命运，赶上了人类社会发展的潮流，一举登上科学社会主义的时代列

---

[64]《毫不动摇坚持和发展中国特色社会主义，在实践中不断有所发现有所创造有所前进》，《人民日报》2013年1月6日第1版。

车。因此，"中国梦"就是中华民族的伟大复兴梦，更是社会主义革命与建设梦。这个伟大梦想的奠基者就是毛泽东，一座伟大的时代坐标。

1978年，中共十一届三中全会决定将全国工作重心转向"以经济建设为中心"，从此开创改革开放新局面。到2012年党的十八大，中国已发生翻天覆地的变化，经济社会发展取得了举世瞩目的成就，综合国力明显增强，已实现从站起来到富起来的伟大飞跃。1978年，中国GDP总量为3645.2亿元，世界排名第15位，进出口贸易总额355亿元 (206.4亿美元)，国家外汇储备1.67亿美元；到2012年，GDP总量、进出口总额分别达519470亿元、244160.2亿元 (38671.2亿美元)，均排名世界第二，国家外汇储备排名世界第一达33116亿美元。[65]沉甸甸的数字说明，1978年以来中国在改革开放的伟大实践中，开辟的中国特色社会主义道路是完全正确的。

理论是实践的先导。在破解"马克思主义中国化"时代命题中，以邓小平、江泽民、胡锦涛为代表的中国共产党人，对社会主义建设规律、人类社会发展规律、共产党执政规律有了新思考、新认识，理论上不断创新，把"马克思主义中国化"推进到新境界新水平，从而创立了中国特色社会主义理论体系。可以说，"马克思主义中国化"与中国特色社会主义理论和实践的丰富与发展密不可分，相互促进，不仅接续相承，更是一种共生关系。

毛泽东奠定的社会主义大厦，在邓小平、江泽民、胡锦涛为代表的中国共产党人接续奋斗中，理论上与时俱进中实现了由毛泽东思想到中国特色社会主义理论体系的飞跃。思想理论成果的不断累

---

65) 中华人民共和国国家统计局编 《中国统计年鉴：2013》，http://www.stats.gov.cn/sj/ndsj/2013/indexch.htm；《中华人民共和国2012年国民经济和社会发展统计公报 (2013-03-22)》，http://www.stats.gov.cn/tjsj/tjgb/ndtjgb/qgndtjgb/201302/t20130221_30027.html。

积，实践建设成就的不断叠加，就为实现新的时代飞跃奠定了坚实基础。

二、习近平新时代中国特色社会主义开启新征程

2012年中共十八大是一个承上启下的重要历史时间坐标。一是实现了党的中央领导集体的新老交替，保证了中国特色社会主义事业的航船有了坚强有力的掌舵者。二是以习近平同志为核心的党中央吹响了实现伟大民族复兴"中国梦"的集结号。在此后"极不平凡的十年"接力奋斗中，不仅克服世界经济复苏乏力、传统安全和非传统安全交织激荡等外部严峻环境与复杂矛盾冲击，而且成功应对国内经济发展从高速增长转为中高速增长为特征的新常态等一系列深刻变化影响后，取得了"改革开放和社会主义现代化建设的历史性成就"。其鲜明的特征就是中国特色社会主义进入了新时代，最突出的成就是创立了习近平新时代中国特色社会主义思想，实现了马克思主义中国化的又一次与时俱进和新飞跃。66)纵观新时代以来的十年，正如习近平在党的二十大报告中所总结的："党和国家事业取得举世瞩目的成就"，"在党史、新中国史、改革开放史、社会主义发展史、中华民族发展史上具有里程碑意义"，67)再次向世人彰显了中国特色社会主义的巨大优越性、强大生命力和世界影响力。

（一）中国特色社会主义新时代是伟大成就的产物

自党的十八大以来，以习近平同志为代表的中国共产党人，高

---

66)《习近平谈治国理政》第3卷，外文出版社，2020，第8、15页。
67) 习近平：《高举中国特色社会主义伟大旗帜，为全面建设社会主义现代化国家而团结奋斗》，人民出版社，2022，第14-15页。

举中国特色社会主义伟大旗帜，深刻把握国内外发展大势，团结带领全国各族人民为实现中华民族伟大复兴中国梦而努力奋斗，取得了举世瞩目的伟大成就，使中国特色社会主义展现出强大的生机与活力。在经济建设上，根据国家统计局发布的数据，2022年国内生产总值121.02万亿元，十年增加近70万亿元、年均增长6.2%（见图1），人均国内生产总值8.57万元，比2012年的51.9万亿、3.84万元分别增长133%、123%，人均GDP已连续三年超过1万美元，稳居中等偏上收入国家行列；粮食总产量连续8年稳居世界第一；制造业增加值连续13年居世界第一；高速铁路营运总里程达4.2万公里，高速公路里程超过17.7万公里；通信由2012年3G终端连接数2.3亿跃升至5G终端连接数已达5.61亿，均居世界第一。中国已成为世界上最为完整，也是全世界唯一拥有联合国产业分类中全部工业门类的国家，货物贸易额连续多年位居世界第一，已建成世界最大的高速铁路网、高速公路网，以及目前全球规模最大、技术领先的网络基础设施与世界级港口群。产业结构优化升级明显，2012年产业所占比重结构为：第一产业10.1%、第二产业45.3%、第三产业44.6%，2022年分别提升至7.3%、39.9%、52.8%。总体上，经济实力、科技实力、综合国力跃上新的历史性大台阶。[68]

68）中华人民共和国年鉴编辑部编《中华人民共和国年鉴2013年》，中华人民共和国年鉴社，2013，第368-373页；陆娅楠：《2.3%，了不起的正增长！》，《人民日报》2021年1月19日第2版；刘志强：《综合交通运输网络总里程超600万公里》，《人民日报》2023年2月27日第1版；李克强：《政府工作报告——2023年3月5日在第十四届全国人民代表大会第一次会议上》，《人民日报》2023年3月15日第1、5、6版。

图1：2013-2022年国内生产总值及其增长速度

在政治建设上，中国政治发展道路优势明显，社会主义协商民主成为中国民主政治的重要内容，新型政党制度不断巩固和发展，全面依法治国作为"四个全面"战略布局之一得到全面推进，中国民主政治发展道路越走越宽阔。十八大以来党中央开展诸如"三严三实"、"两学一做"等专题教育和学习教育，加强党的政治建设。持续推进反腐败斗争和自我革命，全面推进国家治理体系和治理能力现代化，促使许多领域实现"历史性变革、系统性重塑、整体性重构"，不仅中国特色社会主义制度"更加成熟更加定型"，而且国家治理体系和治理能力现代化水平显著提高。[69]

在文化建设上，社会主义文化强国建设的目标和任务获得扎实推进。一是社会主义文化日益繁荣兴盛；二是社会主义核心价值观已深入人心，"意识形态领域形势发生全局性、根本性转变"；三是中华优秀传统文化创造性转化、创新性发展取得重大成就；四是国家文化软实力大幅提升，不仅基本公共文化设施逐渐完善，"全党全

---

69) 习近平：《高举中国特色社会主义伟大旗帜，为全面建设社会主义现代化国家而团结奋斗》，人民出版社，2022，第9页。

国各族人民文化自信明显增强"，而且中华文化话语体系建设、国际传播能力建设等都取得重大进展，中国故事、中国声音已遍及全世界。

在社会建设上，共享发展理念深入人心，人民生活全方位改善。10年间，全国居民人均可支配收入由2012年的1.65万元提高到3.51万元，居民收入保持较快增长；2012年全国农村贫困人口为9899万人，2020年现行标准下已全部实现脱贫；城镇化率提高11.6个百分点，达到64.7%。在持续努力下，已建成世界上规模最大的教育体系、社会保障体系、医疗卫生体系，基本医疗保障覆盖已超13.46亿人，基本养老保障覆盖已达10.4亿人。[70]

在生态文明建设上，美丽中国建设取得举世瞩目成就，已成为新时代的显著标志。[71]十八大以来，党和国家高度重视环境治理，2012—2021年间累计完成造林9.6亿亩、防沙治沙2.78亿亩、种草改良6亿亩、新增和修复湿地1200多万亩，在全世界率先实现土地退化"零增长"、荒漠和沙化土地面积"双减少"。[72]2013—2022年十年间持续推进蓝天、碧水、净土保卫战，全国重点城市PM2.5平均浓度下降57%，全国地级以上城市空气质量优良天数比例2022年达86.5%，是全球大气质量改善速度最快的国家。[73]生态环境质量改善效果显著，总体上已实现历史性、转折性、全局性变化。[74]

---

70) 李正华：《具有里程碑意义的新时代十年》，《当代中国史研究》2022年第6期，第6页。

71) 《习近平在全国生态环境保护大会上强调，全面推进美丽中国建设，加快推进人与自然和谐共生的现代化》，《人民日报》2023年7月19日第1版。

72) 中华人民共和国国务院新闻办公室：《新时代的中国绿色发展（2023年1月）》，http://www.gov.cn/zhengce/2023-01/19/content_5737923.htm。

73) 刘毅、寇江泽：《生态环境质量改善目标顺利完成》，《人民日报》2023年2月19日第1版。

74) 习近平：《高举中国特色社会主义伟大旗帜，为全面建设社会主义现代化国不仅如此，以"五位一体"为主干，十八大以后迄今10年来，以习近平同志为核心的党中央领导全党和全国人民踔厉进取、奋发有为，在16个方面取得历史性的巨大成就，创造中华民族历史和人类历史发展的人间奇迹：（1）创立习近平新时代中国特色社会主义思想，明确未来前行的指路明灯和旗帜；（2）全面加强党的领导，在政治上与制度上进一步强化与明确中国共产党的核心领导地位与作用；（3）分"两步走"对2020年至2050年间中华民族伟大复兴的中国式现代化历史进程作出科学部署与全面战略规划；（4）打赢脱贫攻坚战，全面建成小康社会，历史性解决中华民族存在的绝对贫困问题；（5）提出新发展理念，推动高质量发展，使经济实力实现历史性跃升；（6）全面深化改革，使中国特色社会主义制度更加成熟更加定型，国家治理体系和治理能力现代化水平明显提高；（7）实行更加积极主动的开放战略，形成更大范围、更宽领域、更深层次对外开放格局；（8）全面发展全过程人民民主，社会主义民主政治制度化、规范化、程序化全面推进，法治中国建设开创新局面；（9）确立和坚持马克思主义在意识形态领域指导地位的根本制度，意识形态领域形势发生全局性、根本性转变；（10）深入贯彻以人民为中心的发展思想，人民生活全方位改善；（11）坚持绿水青山就是金山银山的理念，生态环境保护发生历史性、转折性、全局性变化；（12）贯彻总体国家安全观，国家安全得到全面加强，平安中国建设迈向更高水平；（13）确立和贯彻党在新时代的强军目标和强军思想，人民军队体制一新、结构一新、格局一新、面貌一新，现代化水平和实战能力显著提升；（14）全面准确推进"一国两制"实践，提出新时代解决台湾问题总体方略，使香港、澳门保持长期稳

家而团结奋斗》，人民出版社，2022，第11页。

定发展良好态势，并牢牢把握两岸关系主导权和主动权；（15）全面推进中国特色大国外交，使我国国际影响力、感召力、塑造力显著提升；（16）深入推进全面从严治党，找到了自我革命这一跳出治乱兴衰历史周期率的第二个答案，确保党永远不变质、不变色、不变味。[75]

“五位一体”建设取得的巨大成果，以及16个方面取得的伟大历史性成就，充分彰显了习近平为核心的党中央治国理政的政治智慧和思想引领力。在认识与实践的螺旋式发展中，习近平新时代中国特色社会主义思想应运而生，成为引领新时代中国特色社会主义事业的思想武器。作为实践成就的产物，中国特色社会主义进入新时代，不仅意味着科学社会主义在二十一世纪的中国焕发出强大生机活力，[76]而且意味着中国特色社会主义这面旗帜在世界上更加鲜艳夺目，已成为引领21世纪科学社会主义发展的伟大旗帜、振兴世界社会主义的中流砥柱。[77]标志着国际共产主义运动和世界社会主义事业已由低潮走向勃兴，并重新焕发出认识世界和改造世界的伟力。

（二）中国特色社会主义新时代是科学社会主义理论逻辑和中国社会发展历史逻辑结合的成果

马克思主义的科学社会主义，与空想社会主义思想的演绎方式不同，其科学理论逻辑是蕴藏于资本主义经济发展的历史逻辑之中。马克思从来不从一种理想的原则来谈社会主义的实现，而是将

75）习近平：《高举中国特色社会主义伟大旗帜，为全面建设社会主义现代化国家而团结奋斗》，人民出版社，2022，第6-14页。
76）习近平：《习近平谈治国理政》第3卷，外文出版社，2020，第8页。
77）中共中央宣传部编《习近平新时代中国特色社会主义思想三十讲》，学习出版社，2018，第60页。

社会主义看做是一种历史活动，它的实现与否取决于社会发展的程度。科学社会主义的任务不是"构想出一个尽可能完善的社会主义制度，而是研究经济社会运动的现实展开过程，在现存经济社会关系中找出解决矛盾的途径与手段"。[78]

中国共产党人创造性地把马克思主义的普遍原理与中国革命、建设与改革的具体实际相结合，在实践中成功获得了两次历史性思想飞跃及其理论成果。第一次飞跃的理论成果是毛泽东思想，第二次飞跃的理论成果是中国特色社会主义理论体系。第一次历史性飞跃的实践成果是在中华大地牢固矗立起社会主义的大厦，第二次历史性飞跃的实践成果是找到了中国特色社会主义的正确发展道路，开辟了社会主义发展的光明前景。就这样，在中国共产党领导下，不断推进和实现马克思主义基本原理与中国社会发展现实相结合的与时俱进，由此中国特色社会主义不仅是理论逻辑和历史逻辑统一的产物，而且彰显了科学社会主义的本质。

党的十八大以来，以习近平同志为核心的党中央立足社会主义初级阶段这个最大实际，准确把握我国发展的阶段性特征和社会主要矛盾的新变化，提出一系列新理念新思想新战略，推出一系列重大举措，推进一系列重大工作，推动党和国家事业取得历史性变革。党的十九大进而作出了中国特色社会主义进入新时代的重大判断，标定了中国发展新的历史方位。[79]习近平从理论逻辑和历史逻辑结合的视角，进一步对中国特色社会主义做了科学阐释，他指出："中国特色社会主义，是科学社会主义理论逻辑和中国社会发展

---

78) 颜晓峰：《中国特色社会主义：理论逻辑与历史逻辑的辩证统一》，《中国特色社会主义研究》2013年第2期，第9页。

79) 中共中央宣传部编《习近平新时代中国特色社会主义思想三十讲》，学习出版社，2018，第52页。

历史逻辑的辩证统一，是根植于中国大地、反映中国人民意愿、适应中国和时代发展进步要求的科学社会主义"。[80]因此，习近平清晰回答了坚持和发展什么样的中国特色社会主义、如何坚持和发展中国特色社会主义的时代命题，概括起来就是遵循科学社会主义的基本原则，依据中国社会发展的历史实践，并将其有机统一于新时代中国特色社会主义发展的历史实践进程中。

回顾历史，结论是显而易见的。新中国成立以后，以毛泽东为主要代表的中国共产党人，在新民主主义革命的基础上，开始了对社会主义革命和建设道路的探索和实践。尽管马克思主义是中国共产党人的行动指南，但是不可能对中国社会主义建设中遇到的所有问题给出具体答案，因此，在中国社会主义建设过程中，取得的经验教训就是不能脱离具体实际和国情。党的十一届三中全会以后，以邓小平为主要代表的中国共产党人，深刻总结了中国社会主义建设中的正反两方面经验教训，立足于现实具体国情，通过改革开放，把对社会主义的认识推进到新的历史高度，从而开创了中国特色社会主义道路。党的十三届四中全会以后，以江泽民为主要代表的中国共产党人，面对国内外复杂形势和推进改革开放事业的艰巨任务，坚决捍卫中国特色社会主义发展道路，成功将中国特色社会主义伟大事业推向21世纪。在新世纪新阶段，以胡锦涛为主要代表的中国共产党人，不断推进理论逻辑与历史逻辑相结合，在全面建设小康社会进程中，把中国特色社会主义推进到新阶段，引领中国发展实践取得一系列新成就，历史性地迈上新台阶。党的十八大以来，以习近平同志为核心的党中央，坚持中国特色社会主义发展道路，用中国梦引领中国道路，用中国道路实现中国梦。中国梦的

---

80)《习近平谈治国理政》，外文出版社，2014，第21页。

内涵是中华民族的伟大复兴，而中国道路的发展则是中国特色社会主义伟大实践的推进，因此实现中国梦与中国道路的结合，从而全面推进科学社会主义理论逻辑与中国历史发展逻辑的辩证统一，[81] 实现中国特色社会主义进入新时代的伟大飞跃，并结出习近平新时代中国特色社会主义思想的丰硕成果。

习近平新时代中国特色社会主义思想的形成、发展和成熟，又必然地揭示了它毫无疑问是马克思主义基本原理与中国实际、中华优秀传统文化相结合的产物，"两个结合"蕴含的是科学社会主义理论逻辑和中国社会发展历史逻辑结合的规律性真理、历史性真理、实践性真理的逻辑统一。

（三）中国特色社会主义新时代是历史新定位的体现

中国特色社会主义进入新时代，是党的十九大对中国发展新的历史方位的重大政治论断。党的十九大报告坚持辩证唯物主义与历史唯物主义基本观点，从历史与现实、理论与实践、国内与国际多方面相结合，对中国社会发展的历史方位做出重大的历史性判断，这一历史方位是认识中国具体国情的基础，也是一切工作的出发点和落脚点。[82]

中国特色社会主义进入新时代具有特定的内涵，是基于中国自身发展的角度，[83] 同时在新的国内外背景下，通过继承和发展马克

81）参见苏伟：《论科学社会主义理论逻辑和中国社会发展历史逻辑的内涵及其辩证统一》，《探索》2015年第10期，第122页。

82）中共中央宣传部编《习近平新时代中国特色社会主义思想三十讲》，学习出版社，2018，第53-54页。

83）李慎明：《习近平新时代中国特色社会主义思想的世界意义》，《世界社会主义研究》2018年第1期，第18页。

思主义与中国特色社会主义理论的基础上，在新的历史条件下夺取中国特色社会主义伟大胜利的时代，是决胜全面建成小康社会、全面建设社会主义现代化强国的时代，是中国人民团结奋斗、逐步实现全体人民共同富裕的时代，是全体中华儿女奋力实现中华民族伟大复兴中国梦的时代，是中国不断为人类做出更大贡献的时代。[84] 实现"强起来"的新时代，"强"不仅包括经济、军事等硬实力，还包括政治制度、文化建设、社会治理、价值观等软实力。[85] 从横向看，新时代中国特色社会主义为世界发展贡献出中国智慧与中国方案，表明了中国承担大国责任的信心和担当；从纵向看，新时代中国特色社会主义不仅是对中国发展的历史进程和实践探索的概括与总结，而且是对马克思主义中国化时代化的继承与发展。

事实上，中国特色社会主义进入新时代，不是一个现象性判断，而是一个本质性的价值判断，是用唯物辩证法的矛盾论来分析中国主要矛盾变化得出的结论。[86] 在中国社会生产力不断进步、社会发展水平显著提高的背景下，人民对美好生活的需要日益增长，经济、政治、文化、社会、生态"五位一体"发展不协调、不平衡、不充分问题越发突出。以习近平同志为核心的党中央敏锐把握这一变化，提出社会主要矛盾已经转化为人民日益增长的美好生活需要和不平衡不充分发展之间的矛盾。这也是判断我国发展新历史方位的根本基础和内在依据。与此同时，中国特色社会主义迈向新

---

84)《中共中央关于党的百年奋斗重大历史成就和历史经验的决议》，人民出版社，2021，第23页。

85)【法】魏柳南：《时代之问：中国共产党如何领导新的社会革命》，池宗华译，党建读物出版社，2021，第4页。

86) 顾保国：《准确把握习近平新时代中国特色社会主义思想的历史定位》，《今日海南》2018年第1期，第11页。

时代，社会主要矛盾虽然改变，但从系统论、整体论的视角看，社会主要矛盾只是社会发展长时段的一个阶段性变化，而当前我国的社会主义发展还处于初级阶段，这是最大的实际和国情。因此，贯彻习近平新时代中国特色社会主义思想，要遵循规律性，一方面要重视社会主要矛盾变化的现实，对经济、政治、文化、社会、生态"五位一体"发展做好统筹协调，在推进变革与调整中实现发展；另一方面坚守社会主义初级阶段没有改变，认识到初级阶段的长期性，坚持以人民为中心的发展理念，继续为发展新时代中国特色社会主义注入新活力。

正是立足新时代这一新的历史方位的科学认识与准确判断，习近平系统回答了新时代坚持和发展什么样的中国特色社会主义、怎样坚持和发展中国特色社会主义的一系列基本问题。在理论与实践相互交织推动的历史进程中，又围绕建设什么样的社会主义现代化强国、怎样建设社会主义现代化强国，建设什么样的长期执政的马克思主义政党、怎样建设长期执政的马克思主义政党等重大时代课题，着眼于解决新时代改革开放和社会主义现代化建设面临的国内外实际问题与挑战，深刻回答了"中国之问、世界之问、人民之问、时代之问"，从而实现了马克思主义中国化时代化的新飞跃。[87]

因此，新时代这一历史方位，既是习近平新时代中国特色社会主义思想形成与发展的土壤和根基，又是习近平新时代中国特色社会主义思想结出的果实，更是新时代的旗帜与方向。

87)《中共中央关于党的百年奋斗重大历史成就和历史经验的决议》，人民出版社，2021，第23页。

三、习近平新时代中国特色社会主义思想开辟世界社会主义发展的新境界

习近平新时代中国特色社会主义思想，向世界展示了中国特色社会主义的光明发展前景，开启了人类社会主义事业发展的新时代，使科学社会主义焕发出强大生机和活力，也必将推动当代世界社会主义事业和人类进步事业的发展，开辟世界社会主义发展的新境界。

（一）习近平新时代中国特色社会主义思想坚持和发展了马克思主义

习近平新时代中国特色社会主义思想坚持和继承马克思主义。习近平号召全党必须坚定不移坚持马克思主义，他强调："马克思主义是我们党的指导思想，共产主义是我们党的远大理想。没有马克思主义信仰、共产主义理想，就没有中国共产党，就没有中国特色社会主义。"[88]在推进马克思主义中国化时代化进程中，习近平始终以科学态度坚持马克思主义基本原理。他指出："时代在变化，社会在发展，但马克思主义基本原理依然是科学真理。尽管我们所处的时代同马克思主义所处的时代相比发生了巨大而深刻的变化，但从世界社会主义500年的大视野来看，我们依然处在马克思主义所指明的历史时代。这是我们对马克思主义保持坚定信心、对社会主义保持必胜信念的科学依据，"[89]并且不断强调：实践发展永无止境，理论创新永无止境。推进理论创新，必须坚持马克思主义

---

88)《习近平谈治国理政》第2卷，外文出版社，2014，第326页。
89)《习近平主持中共中央政治局第四十三次集体学习》，http://www.gov.cn/xinwen/2017-09/29/content_5228629.htm。

基本原理不动摇。这是发展马克思主义的基础和出发点，否则就会迷失方向走上歧途。[90]

习近平新时代中国特色社会主义思想丰富和发展马克思主义。习近平强调："马克思主义揭示了人类社会发展的客观规律，是认识世界、改造世界的强大思想武器。马克思主义不是教条，只有正确运用于实践并在实践中不断发展才具有强大的生命力。"[91]党的十八大以来，国内外形势和我国各项事业发展对党和国家工作提出了许多新的要求，以习近平同志为核心的党中央审时度势，以巨大的理论勇气对马克思主义哲学、马克思主义政治经济学、科学社会主义理论的发展作出了巨大的原创性贡献，提出了一系列治国理政新理念新思想新战略，科学回答了中国之问、世界之问、人民之问、时代之问，[92]实现第一个百年奋斗目标，并成功开启第二个百年奋斗目标。正是在时代化的理论与实践创新进程中，习近平新时代中国特色社会主义思想成长丰富起来，发展了马克思主义，开辟了马克思主义发展的新境界。

（二）习近平新时代中国特色社会主义思想为发展中国家现代化提供了中国经验

习近平在党的十九大报告中指出，中国特色社会主义进入了新时代。中国特色社会主义进入新时代，"意味着中国特色社会主义道

90)《习近平谈治国理政》第2卷，外文出版社，2014，第33页。

91) 习近平：《在纪念马克思诞辰200周年大会上的讲话（2018年5月4日）》，《光明日报》2018年5月5日第2版。

92) 习近平：《高举中国特色社会主义伟大旗帜，为全面建设社会主义现代化国家而团结奋斗——在中国共产党第二十次全国代表大会上的报告（2022年10月16日）》，人民出版社，2022，第17页。

路、理论、制度、文化不断发展，拓展了发展中国家走向现代化的途径，给世界上那些既希望加快发展又希望保持自身独立性的国家和民族提供了全新选择，为解决人类问题贡献了中国智慧和中国方案"。[93]

习近平新时代中国特色社会主义思想坚持以人民为中心，坚持"五位一体"总体布局、"四个全面"战略布局，坚持人与自然和谐共生，推动构建人类命运共同体，坚定实施科教兴国战略、人才强国战略、创新驱动发展战略、乡村振兴战略、区域协调发展战略、可持续发展战略、军民融合发展战略。它所贯穿的科学精神、求实精神、人文精神、创新精神，所倡导的统筹原则、协调原则、和谐原则、效益原则、可持续原则、公平正义原则，在推动世界经济社会发展中具有普遍的真理性。

中国作为新兴的发展中国家，在习近平新时代中国特色社会主义思想的指导下，取得了巨大的成就，从中国和人类社会发展的历史进程看，其具有重大历史性影响的突出成就：一是全面建成小康社会，实现中国社会历史性的巨大进步。二是全面摆脱绝对贫困，树立中国历史发展和人类减贫事业的伟大坐标。[94]中国的进步与成就，一定对其他新兴国家产生极大的激励作用。而且中国作为新兴经济体，所实践的不同于先工业化国家和发达国家的发展模式，是对传统发展道路的创新，开辟了人类追求文明进步的新道路，这一创新对于其他新兴经济体、发展中国家，乃至发达国家都有众多的借鉴意义。

---

93)《习近平谈治国理政》第3卷，外文出版社，2020，第8-9页。
94) 习近平：《在庆祝中国共产党成立100周年大会上的讲话（2021年7月1日）》，《人民日报》2021年7月2日第2版。

（三）习近平新时代中国特色社会主义思想为科学社会主义事业注入了中国活力

从空想社会主义到科学社会主义，再到列宁把科学社会主义运用到本国革命实践，社会主义事业风起云涌，并在二战后由一国发展到多国，从而在二十世纪发展壮大起来。然而，随着东欧剧变、苏联解体，固化单一的发展模式最终使世界社会主义事业遭受重大挫折，严重影响世界各国社会主义实践的发展进程。在世界社会主义事业何去何从的关键时刻，中国共产党人面对各方面的挑战与压力，始终坚持社会主义方向和道路，创造性地把马克思主义基本原理同本国具体实际相结合，不断深化对共产党执政规律、社会主义建设规律、人类社会发展规律的认识和实践，成功把中国引上蓬勃发展之路，成为世界上社会主义发展的旗帜。历史已雄辩地证明，只有社会主义才能救中国，只有中国特色社会主义才能发展中国。95)

在中国共产党人接续发展社会主义事业的历史进程中，社会主义的必然性追问从一般到特殊，从列宁、毛泽东到邓小平、江泽民、胡锦涛、习近平，由《共产党宣言》宣言的"社会主义的必然性"，在"十月革命的合理性""社会主义救中国""中国特色社会主义发展中国"到"坚持和发展中国特色社会主义"的历史演进逻辑中，实现了历史与现实的统一。96)中国特色社会主义进入新时代，就是以习近平同志为核心的党中央，高瞻远瞩，抓住社会主义的必然性这一科学社会主义的基本问题和核心关键，及时提出和回

---

95) 习近平：《在纪念马克思诞辰200周年大会上的讲话（2018年5月4日）》，《人民日报》2018年5月5日第2版。
96) 胡振良：《开创科学社会主义理论的新境界——从《共产党宣言》到习近平新时代中国特色社会主义思想》，《马克思主义与现实》2018年第3期，第7-8页。

答了坚持和发展中国特色社会主义问题，进而围绕"怎样坚持和发展中国特色社会主义"问题，提出"十个明确"和"十四个方略"，系统勾勒中国特色社会主义的全新发展图景，从而丰富和发展了中国特色社会主义，并进一步向国际社会证明了社会主义强大的生命力。由此创立的习近平新时代中国特色社会主义思想，丰富和发展了科学社会主义理论。中国共产党人勇于探索，高举中国特色社会主义的大旗，"把马克思主义基本原理同新时代中国具体实际结合起来，团结带领人民进行伟大斗争、建设伟大工程、推进伟大事业、实现伟大梦想，推动党和国家事业取得全方位、开创性历史成就，发生深层次、根本性历史变革，中华民族迎来了从富起来到强起来的伟大飞跃"，[97]开辟了中国特色社会主义新篇章，开辟了世界社会主义运动的新境界。

新时代中国特色社会主义的发展，进一步彰显中国特色社会主义制度的显著优势，党的十九届四中全会概括归纳为13个方面的显著特征，即："坚持党的集中统一领导，坚持党的科学理论，保持政治稳定，确保国家始终沿着社会主义方向前进的显著优势；坚持人民当家作主，发展人民民主，密切联系群众，紧紧依靠人民推动国家发展的显著优势；坚持全面依法治国，建设社会主义法治国家，切实保障社会公平正义和人民权利的显著优势；坚持全国一盘棋，调动各方面积极性，集中力量办大事的显著优势；坚持各民族一律平等，铸牢中华民族共同体意识，实现共同团结奋斗、共同繁荣发展的显著优势；坚持公有制为主体、多种所有制经济共同发展和按劳分配为主体、多种分配方式并存，把社会主义制度和市场经济有机结

97）习近平：《在纪念马克思诞辰200周年大会上的讲话（2018年5月4日）》，《光明日报》2018年5月5日第2版。

合起来，不断解放和发展社会生产力的显著优势；坚持共同的理想信念、价值理念、道德观念，弘扬中华优秀传统文化、革命文化、社会主义先进文化，促进全体人民在思想上精神上紧紧团结在一起的显著优势；坚持以人民为中心的发展思想，不断保障和改善民生、增进人民福祉，走共同富裕道路的显著优势；坚持改革创新、与时俱进，善于自我完善、自我发展，使社会充满生机活力的显著优势；坚持德才兼备、选贤任能，聚天下英才而用之，培养造就更多更优秀人才的显著优势；坚持党指挥枪，确保人民军队绝对忠诚于党和人民，有力保障国家主权、安全、发展利益的显著优势；坚持"一国两制"，保持香港、澳门长期繁荣稳定，促进祖国和平统一的显著优势；坚持独立自主和对外开放相统一，积极参与全球治理，为构建人类命运共同体不断作出贡献的显著优势"。[98]上述特点为人类社会揭示和展现了科学社会主义在21世纪存在与发展的具体样貌，凸显了科学社会主义优于资本主义的优势，弘扬了其真理性的力量，体现了科学社会主义的科学性与先进性，使中国人民在发展中国特色社会主义事业的过程中日益走进世界舞台中央，使科学社会主义在二十一世纪不断焕发出新的生机和活力。

中国特色社会主义在改革开放的发展中成功融入了世界发展的潮流当中，取得的成就举世瞩目，深刻改变了世界经济政治格局，国际影响力、感召力、塑造力进一步提高，促进了世界的多极化发展和百年未有之大变局的加速演进。习近平新时代中国特色社会主义思想，高举中国特色社会主义伟大旗帜，使中国的社会主义事业呈现出蓬勃的朝气和旺盛的活力，以前所未有的姿态引起国际社会的广泛关注，对克服"信仰危机"、对引领人民坚持马克思主义、

98)《中共十九届四中全会在京举行》，《人民日报》2019年11月1日第1、2版。

坚持科学社会主义、坚定"四个自信"具有十分重要的影响。

第三节　世界社会主义发展与中国特色社会主义新时代

人类社会主义历史已有500年，无论是从理论还是实践都取得了极大的历史成就。而纵观历史，真正使社会主义从理论走向实践，并创造性形成世界社会主义的发展模式，并进而影响全世界的是俄国的十月革命。中国走上社会主义发展道路，是十月革命影响的结果，正如毛泽东所精确概括的"十月革命一声炮响，给我们送来了马克思列宁主义"。[99]经过100多年的奋斗，中国已成为世界上最大的社会主义国家，并成功将马克思主义和科学社会主义推进到21世纪，形成富有时代特色的习近平新时代中国特色社会主义思想。中国特色社会主义新时代，就成为世界社会主义运动发展的新坐标。

一、从全球发展的视角审视十月革命的意义

（一）十月革命掀起国际性的革命浪潮

十月革命后，社会主义制度在苏联建立，给各国人民的解放事业开辟了现实道路，给那些渴望推翻压迫制度的民族带来希望，激发起各国无产阶级革命运动，推动各民族解放运动出现高潮。

在十月革命胜利消息的鼓舞下，1918年的芬兰发生了人民起义，芬兰无产阶级推翻资产阶级政府，建立了人民全权委员会，宣

---

99)《毛泽东选集》第4卷，人民出版社，1991，第1471页。

告了芬兰社会主义工人共和国的诞生。100)俄国十月革命的胜利，更加促进了德国革命时机的成熟。在1918年到1919年期间，德国各地相继爆发革命，许多地方建立工人、士兵、农民代表苏维埃。柏林工人与士兵起义后，威廉二世逃往荷兰，君主政权被推翻，加速了第一次世界大战结束的进程。101)随后，1919年3月在东欧的匈牙利、捷克斯洛伐克发生革命，先后建立为时短暂的匈牙利苏维埃共和国、斯洛伐克苏维埃共和国。而在南斯拉夫、罗马尼亚、保加利亚，工人阶级也进行了一次次战斗和起义。102)在十月革命影响下，无产阶级革命运动在1920年达到高潮，奥、英、法、意、美等国也都爆发波澜壮阔的大罢工和游行运动，尽管先后遭到失败，但所有这些革命斗争都冲击了资本主义制度，从人类社会发展进程看，是十月革命开启世界历史新纪元的组成部分。

与此同时，在东方殖民地、半殖民地掀起的民族解放运动更是方兴未艾。在十月革命影响下，许多国家都爆发了无产阶级反帝反封建的民族民主运动，有的国家还建立起了无产阶级政党。反响最大的莫过于被列宁称为"先进亚洲的代表"——中国。十月革命胜利的消息传到半殖民地中国，使饱尝帝国主义欺凌的中国人民倍感振奋。李大钊当时就表示"我们劳苦的民众，在二重乃至数重压迫下，忽然听到十月革命喊出的'颠覆世界的帝国主义'的呼声。这种声音在我们的耳鼓里，格外沉痛，格外严重，格外有意义。" 103)他满

100) 天津师院国际共产主义运动史教学大纲编写组：《国际共产主义运动史教学大纲（征求意见稿）》，《天津师院学报》1979年第1期。
101) 王双金、孙秀艳：《列宁与德国十一月革命》，《齐齐哈尔师范学院学报（哲学社会科学版）》1994年第4期。
102) 王志连、姬文刚：《十月革命道路与东欧国家的社会主义选择》，《当代世界与社会主义》2007年第6期，第181-182页。
103)《李大钊全集》第4卷，人民出版社，2006，第99页。

怀豪情地指出"一九一七年的俄国革命，是二十世纪中世界革命的先声"，"试看将来的环球，必是赤旗的胜利！"104)"五四运动"后中国无产阶级登上政治舞台，引起十月革命后成立的共产国际对中国革命的关注与重视，并积极帮助中国建立中国共产党，而处于极端困苦状态下的中国人民，迫切期望改变现状。于是，中国人民在中国共产党领导下走上了推翻三座大山的革命道路。而同样位于东亚的朝鲜人民受到十月革命的影响，掀起全国性的有组织的"三一运动"，并发展为长期的反日复国独立运动。105)日本则在十月革命的第二年，爆发了"米骚动"事件，1922年又成立日本共产党，领导社会主义革命运动。106)十月革命的胜利促使各国人民觉醒，印尼、越南、伊朗、埃及、土耳其、印度等国家都先后发生民族民主运动，107)这些都是十月革命掀起的无产阶级冲击资本主义革命高潮的组成部分。十月革命对拉丁美洲的共产主义运动也产生了不容忽视的影响，促使拉美各国如阿根廷、巴西、哥伦比亚、乌拉圭、古巴、智利、秘鲁、厄瓜多尔、委内瑞拉等国先后建立共产党组织，开展民族民主运动，为争取民族独立、人民民主、世界和平以及反对独裁统治的斗争做出了积极贡献。108)

104) 《李大钊选集》，人民出版社，1959，第111、118页。

105) 参见石建国：《中国境内韩国反日复国独立运动研究》，浙江大学出版社，2014，第20-34页。

106) 【日】山边健太郎、竹村英辅：《十月革命对日本的影响》，《历史教学》1958年6月号，第18、25页。

107) 陈永宁：《略论十月革命对土耳其的影响》，《湘潮》2012年第3期；王泽壮、喻方洲：《略论十月革命对伊朗革命的影响》，《苏州科技学院学报（社会科学版）》2013年第1期；王泽壮、郁慧：《十月革命对埃及早期共产主义运动的影响》，《安徽史学》2014年第4期；金永丽：《十月革命对印度民族运动影响评析》，《世界历史》2007年第5期。

108) 徐世澄：《十月革命后拉美共产主义运动发展》，《唯实》2017年第5期，第18-19页；关达：《第二次世界大战后拉丁美洲政治》，中国社会科学出版社，1987，第在十月革命推动下，东西方革命的高涨，沉重打击了帝国主义的气焰，有力地支援了社会主义的苏俄。同时，社会主义也成为东西方社会进步的因素扎根于民众中，不断推动历史的车轮向公平正义的进步方向前进。

(二) 苏联为世界反法西斯战争和人类和平解放事业做出巨大贡献

20世纪30年代，以德意日为代表的法西斯势力崛起，它们对内实行专制独裁统治，对外疯狂侵略扩张，最终挑起第二次世界大战，严重威胁人类的前途和命运。作为社会主义国家的苏联，在二战全面爆发前，努力争取建立反法西斯统一战线，为被法西斯侵略的国家如中国提供了物资支援，大战爆发后，又为建立世界反法西斯联盟作出了可贵的贡献。苏德战争爆发后，在苏、美、英等国的努力下，世界反法西斯同盟建立。为加强和巩固这一联盟，在苏美英三大国首脑参加的德黑兰会议、雅尔塔会议和波茨坦会议上，苏联采取了坚定而又灵活的立场，保证了反法西斯国际统一战线的团结统一。在这场战争中，苏联红军还承担着抗击德国反法西斯军队的主要重担。苏德开战之时，德军总兵力约850万人左右，其中用于侵略苏联的大概460万人，整个大战中，德国武装力量共损失1360万人，其中1000万人损失在苏德战场。按照比例计算的话，德国军队在同苏军作战中损失全部官兵的73%，飞机、坦克和自行火炮的75%。因此，我们可以得出结论，苏联是消灭希特勒军队最主要的力量，法西斯德国最终失败投降的命运是在苏德战场上决定的。[109]

109页。

109) 彭训厚：《苏德战场是打败德国法西斯的主战场》，《世界历史》1995年第4

1945年5月苏联红军攻占德国首都柏林，促使德国法西斯宣布投降，为反法西斯战争欧洲战场的胜利和结束做出巨大贡献。同时，苏联红军完全解放中东欧地区，支持中东欧各国人民建立劳动人民自己的政权，为社会主义阵营的形成创造了条件。二战中，苏联为世界反法西斯战争的胜利和争取人类和平进步事业做出的卓越贡献，一方面显示了社会主义的优越性，另一方面推动了社会主义运动在全世界的兴盛与发展。

(三) 推动世界许多国家仿照苏联模式走社会主义道路

　　马克思主义自产生以后，逐步与工人运动相结合，指导无产阶级政党的革命斗争，并在这个过程中不断完善和发展。在这种理论与实践的互动中，社会主义从理论变为现实。列宁在"一国胜利论"这一理论基础上，对俄国国内革命形势和国际状况进行分析，进一步得出了社会主义可能在经济文化相对落后的俄国首先取得胜利的结论，并将这一理论付诸实践，在革命形势成熟的条件下领导了十月革命，将马克思主义关于无产阶级革命的理论变为现实，开启了无产阶级革命的新时代，建立了世界上第一个社会主义国家。而对"怎样建设社会主义"这一命题，俄国无产阶级政党针对俄国经济落后，以及国内外形势严峻的国情，找到了在落后国家进行社会主义建设的道路。1936年，斯大林领导苏联建立起了对当时和后世影响深远的社会主义模式——苏联模式。权力高度集中的计划经济体制模式适应了当时苏联国际和国内的形势，对苏联的发展起到了积极的作用。

　　期，第38页；胡德坤、罗志刚：《第二次世界大战与战后世界性社会进步》，湖北人民出版社，1993，第106页。

二战前，亚洲及东欧等许多经济文化比较落后的国家，为苏联社会主义建设取得的世界瞩目成就所吸引，纷纷开始效仿苏联模式。据统计从1920年到1943年，就有中国、越南、伊拉克等18个国家建立了共产党，探索社会主义革命道路。二战后，世界纷纷掀起学习苏联模式的热潮，东欧的捷克斯洛伐克、匈牙利、罗马尼亚、保加利亚、波兰、德意志、阿尔巴尼亚、南斯拉夫都建立人民共和国，走上社会主义道路。[110]在亚洲，越南、朝鲜、中国在十月革命道路的指引下，新民主主义革命取得胜利和社会主义改造获得成功，无产阶级专政国家建立，率先走上社会主义道路。与此同时，民族社会主义运动也掀起高潮，20世纪40年代末，印尼、缅甸、斯里兰卡、巴基斯坦等获得独立后，都宣布要建设符合自己国情的"社会主义国家"，[111]从而为经济文化比较落后的国家走上或探索社会主义道路开辟了新的路径。

(四) 十月革命推进了西方国家福利化

十月革命胜利后，建立了世界上第一个社会主义国家，开创了"一球两制"的新局面，将资本主义一统天下的旧世界，打开了一个缺口，共产主义阵营的存在以及计划经济的影响迫使资本主义实行内部改造。20世纪30年代，西方发生席卷全球的资本主义危机，众多资本主义国家陷入困境。受创最重的美国为摆脱困境，罗斯福采用"凯恩斯主义"进行"新政"改革。凯恩斯被誉为资本主义经济危机中的"拯救者"，[112]他曾多次访问苏联，因此对苏联经济有着比

---

110) 王志连、姬文刚：《十月革命道路与东欧国家的社会主义选择》，《当代世界与社会主义》2007年第6期，第183页。
111) 黄宗良、孔寒冰主编《世界社会主义史论》，北京大学出版社，2004，第360页。

较深入的了解，表示苏联的创新，可以借用到西方经济制度中去。[113]罗斯福新政用实践证明了国家干预的必要性与可行性。霍布斯鲍姆在《极端年代》中，就曾指出20世纪最大的历史讽刺之一，"以推翻世界资本为目标的十月革命最深远的结果是它在战时和战后都挽救了其敌人"。[114]他论述苏联红军打败了希特勒德国从而拯救了西方民主，认为从一定程度上看，凯恩斯主义的一度盛行、福利国家的发展，甚至社会民主党入阁参政都是对布尔什维克主义的回应。许多西方学者也都认识到"十月革命"和苏联的出现对资本主义实现内部改革产生了依稀作用，而这些作用主要表现在二战后，西方的国家福利化。

"福利国家"是二战后出现的术语，它是"国家机器在20世纪干预社会，并且为此又干预经济、计划经济、强化行政、管理社会而形成的一种国家形态"。[115]1948年英国首先宣布建成了"福利国家"之后，社会福利制度在发达国家不断扩展。20世纪50-70年代，北欧等发达国家，效仿英国的做法，完善了其社会福利制度，使社会福利涉及大多数人，甚至是社会全体成员。正如英国学者研究后所指出的：社会主义运动"在迫使资本主义自身改革以及提高其民众生活条件方面取得成功"。[116]从一定意义上看，十月革命这一历史事

---

112) Robert Skidelsky, John Maynard Keynes, *The Economist As Saviour，1920~1937*, Philadelphia:Trans-Atlantic Publications，1994.

113) John Maynard Keynes, *Collected Writings of John Maynard Keynes*, New York:Palgrave Macmillan，2000，pp.333-334.

114)【英】霍布斯鲍姆：《极端的年代》，郑明萱译，江苏人民出版社，1999，第79页。

115) 周弘：《福利国家向何处去》，《中国社会科学》2001年第3期，第98页。

116)【英】唐纳德·萨松：《欧洲社会主义百年史—— 二十世纪的西欧左翼》（上），姜辉、于海青、庞晓明译，社会科学文献出版社、重庆出版社，2017，第220页。

件，虽然没有导致西方发达资本主义世界的崩塌，却间接地引发了其进行社会制度完善的深刻改造，推动西方社会向更公平正义的方向发展。

（五）推动中东、非洲、拉美的民族解放独立运动和民权运动

二战后，在欧洲、亚洲的社会主义运动高潮推动下，中东地区、非洲大陆人民日益觉醒，迎来民族解放和独立运动的高潮。从20世纪40年代末开始，带有鲜明的反帝、反殖、反资本主义和反犹太复国主义色彩的"阿拉伯社会主义"，在中东广泛流行起来。在50-70年代，阿拉伯社会主义在叙利亚、也门、伊拉克等国付诸实践。[117)] 而在非洲，1957年埃及执政党领导人纳赛尔正式宣布在全国建立一个"民主、合作的社会主义"社会，[118)] 揭开非洲建设民族社会主义的序幕。随后，1959年加纳领导人恩克鲁玛正式把"非洲社会主义"确立为国家建设的目标。在此影响下，随着大批非洲国家赢得民族解放和独立，从北非到南非的一大批国家——突尼斯、阿尔及利亚、苏丹、利比亚、几内亚、马里、塞内加尔、刚果、坦桑尼亚、赞比亚以及马达加斯加等国独立后，都相继宣布实行"阿拉伯社会主义"或者"非洲社会主义"，非洲的民族社会主义步入发展的辉煌阶段。尽管从科学社会主义的视角，非洲的"社会主义国家"都是带有社会主义元素和色彩或挂社会主义招牌的民族主义国家，但不可否认，在社会主义运动影响下，非洲民族独立运动蓬勃发展达到

---

117) 王新刚：《阿拉伯复兴社会党及其理论与实践》，《西北大学学报（哲学社会科学版）》2002年第3期，第135-137页。

118) 周丽娅：《文明交往视角下的纳赛尔社会主义》，《宁夏大学学报（人文社会科学版）》2013年第2期，第164页。

高潮，是人类进步事业的巨大成就。

受非洲大陆民族解放独立运动和民族社会主义运动影响，20世纪五六十年代，美国爆发声势浩大的黑人民权运动。这一运动迫使美国政府颁布一系列法令和法规，废除了事实上的种族隔离制度，使美国黑人获得与白人同等的权利与地位。而且，在黑人民权运动的推动和影响下，美国社会又先后掀起妇女人权运动、反战运动、新左派运动和其他族裔争取选举权与被选举权等权利的斗争。美国学者就认为，社会主义与资本主义之间的"冷战在提高美国黑人地位方面发挥了积极作用"，119) 承认"亚洲和非洲民族自决运动的开展培育了美国争取平等的斗争"。120)

在拉美地区最具有代表性的成就就是古巴革命。1959年初，卡斯特罗领导古巴共产党发动武装起义夺取政权，古巴革命斗争取得胜利，成为拉美武装斗争胜利的样板。受此鼓舞，至60年代约有20个拉美国家出现反政府游击队，开展推翻独裁政府的游击战。121)

无论是中东、非洲，还是拉美，上述进步事业都与十月革命开创的世界革命运动与民族解放独立运动的影响是分不开的，在很大程度上影响了20世纪非殖民化运动和人类社会进步的进程和方向。

上述事实说明，"十月革命"的果实是如此丰厚，除了将社会主义事业从一国引向多国，开辟了人类社会主义的新纪元，还在另一个广阔的领域发挥了影响，特别是却始料未及地推动了民族解放运动的兴起和发展，并为它们提供了革命建国的样板和模式。其次，

---

119) Mary L.Duziak, *Cold War Civil Rights: Race and the Image of American Democracy*, Princeton University Press, 2000.

120) Thomas Borstelmann, *The Cold War and the Cold Line: American Race Relations in the Global Arena*, Cambridge Press, 2002.

121) 徐世澄：《十月革命后拉美共产主义运动发展》，《唯实》2017年第5期，第19页。

"十月革命"这一历史事件，从历史纵深的发展进程，一个世纪后的今天，社会主义运动在20世纪90年代遭受挫折后，以中国为代表的社会主义国家经过改革调整，又重新焕发新生，使社会主义制度更加完善，不仅再一次印证了黑格尔和马克思所说的"历史的狡智"，122)而且让西方的"历史终结论"再次破产。

二、中国特色社会主义将十月革命开辟的人类进步正义事业推进到新时代

（一）从苏联模式到中国模式

毛泽东同志在《论人民民主专政》中说到"十月革命的一声炮响，给中国送来了马克思列宁主义。十月革命帮助了全世界的也帮助了中国的先进分子，用无产阶级的宇宙观作为观察国家命运的工具，重新考虑自己的问题。走俄国人的路——这就是结论"。123)十月革命后，中国先进的知识分子选择了一条正确的革命道路，在中国社会广泛传播马克思主义，创立无产阶级政党——中国共产党，深入发动广大人民群众建立统一战线，开展新民主主义革命。由于敌强我弱，中国共产党人创造性将马克思主义的基本原理与中国革命实际结合起来，探索走出"农村包围城市，武装夺取政权"的中国革命独特道路，总结形成"统一战线、武装斗争、党的建设"的中国革命"三大法宝"。在领导中国革命的过程中，经过反复实践检验，中国共产党人实现了马克思主义中国化的第一次飞跃，形成了

122) Georg Hegel, *Lectures on the Philosophy of World History:Introduction*, translated by H.B.Nisbet, Cambridge:Cambridge University Press, 1975, p.38.
123) 《毛泽东选集》第4卷，人民出版社，1991年，第1471页。

中国化的马克思主义理论成果——毛泽东思想。经过艰苦卓绝的斗争，中国共产党领导中国人民历史性地推翻"帝国主义、封建主义、官僚资本主义"三座大山，创建了中华人民共和国。

　　新中国的建立标志着在十月革命道路的指引下，中国新民主主义革命取得完全胜利。建国后，"以俄为师"，仿照苏联模式，建设新政权；又根据苏联经验教训，结合自己国情，推动社会主义三大改造，取得社会主义革命的胜利，走上社会主义道路，从而为经济文化比较落后的国家走上社会主义道路开辟了新的路径。与此同时，在以俄为师进行社会主义革命和建设的过程中，毛泽东发现苏联模式存在弊端和缺陷，于是，提出以苏为戒，走中国式的工业化道路，开始艰辛探索自己的发展道路。但是，由于当时的中国经济文化十分落后，中国共产党人对于走出一条适合中国国情的社会主义道路还缺乏规律性认识，再加上当时复杂的国际环境，使毛泽东在探索社会主义建设中发生了"文化大革命"这样严重的失误，付出了沉痛的代价。1978年十一届三中全会后，以邓小平为代表的中国共产党人经过反思，得出结论：建设社会主义"要根据自己的特点，自己国家的情况，走自己的路。我们既不能照搬西方资本主义国家的做法，也不能照搬其他社会主义国家的做法。"[124]于是，中国共产党人又开始了全新的探索，以马列主义、毛泽东思想为指导，开启了改革开放的历史进程，走建设有中国特色社会主义的发展道路。

　　事实上，当代世界社会主义国家都产生于经济文化比较落后的国家。建国后，他们都走着大体与苏联相同的道路，又面临大体相同的历史任务与相似的国家建设环境。20世纪70年代末，经济全球

---

[124]《坚持实事求是，一切从实际出发——〈邓小平年谱（1975－1997）〉摘登》，《党的文献》2004年第6期，第52页。

化和第3次科技革命迅猛发展，权力高度集中的苏联计划经济模式难以适应这种变化和挑战，促使社会主义国家纷纷走上改革的道路。但是，由于执政党的错误，导致东欧剧变、苏联解体，人类社会主义事业遭受巨大挫折。中国共产党人不信邪，在改革开放过程中，科学正确地判断自己的国情，坚持把马克思主义的基本原理同中国具体实际和时代特征结合起来，坚持在实践中检验真理与发展真理，制定了"一个中心，两个基本点"的基本路线，以"中国特色社会主义"为实践主题，围绕"什么是社会主义、怎样建设社会主义"，"建设什么样的党、怎样建设党"，"实现什么样的发展、怎样发展"等时代课题，接续开展理论和实践探索，实现了马克思主义中国化的第二次飞跃，形成了中国特色社会主义理论体系。在第二次飞跃理论成果指导下，到2012年党的十八大，党和国家面貌发生历史性巨变，综合实力跃居世界第二，中国特色社会主义优越性进一步得到体现。

（二）中国特色社会主义进入新时代

2012年中共十八大之后，在习近平为核心的党中央坚强领导下，经过10年奋发有为的拼搏，统筹推进"五位一体"总体布局、协调推进"四个全面"战略布局，各项事业全面开创新局面，GDP总量从51.9万亿增长到121万亿元，稳居世界第二，对世界经济增长贡献率超过百分之三十，占世界经济总量的比重达18.5%。[125]这些成就是"全方位的、开创性的"，全社会发生深层次的、根本性的变革，其

---

125)《习近平著作选读》第1卷，人民出版社，2023，第7页；中华人民共和国年鉴编辑部《中华人民共和国年鉴2013》，中华人民共和国年鉴社，2013，第368页。

结果就是"中国特色社会主义进入了新时代"。在党的十九大报告中，习近平满怀豪情地指出：中国特色社会主义进入新时代，"意味着科学社会主义在二十一世纪的中国焕发出强大生机活力，在世界上高高举起了中国特色社会主义伟大旗帜；意味着中国特色社会主义道路、理论、制度、文化不断发展，拓展了发展中国家走向现代化的途径，给世界上那些既希望加快发展又希望保持自身独立性的国家和民族提供了全新选择，为解决人类问题贡献了中国智慧和中国方案。"[126]

20世纪90年代初，东欧剧变、苏联解体，社会主义阵营彻底瓦解，震惊世界。社会主义还有没有生命力？世人纷纷质疑。西方则由学者福山抛出了"历史终结论"，认为共产主义已经终结，自由民主制度是"人类意识形态发展的终点"和"人类最后一种统治形式"。[127]1991年10月邓小平的回应是："中国是大国，也可以说中国的社会主义事业不垮，世界的社会主义事业就垮不了"。[128]32年后的今天，历史已经给出了答案，毫无疑问邓小平胜利了，中国用自己的理论与实践再次证明社会主义是科学，只有社会主义才能救中国、发展中国。今日中国的经济实力、科技实力、国防实力、综合国力都已进入世界前列，我国国际影响力、感召力、塑造力进一步提高，正在为世界和平与发展作出重大贡献。

相反，福山眼中的"历史终结者"的西方世界，却经济持续低迷，社会动荡不安，知识精英陷入社会制度自我怀疑困境中无法自

---

126)《习近平谈治国理政》第3卷，外文出版社，2020，第8-9页。
127)【美】福山：《历史的终结及最后之人》，黄胜强、许铭原译，中国社会科学出版社，2003，第1-2页。
128)《坚持实事求是，一切从实际出发——《邓小平年谱（1975－1997）》摘登》，《党的文献》2004年第6期，第56页。

拔。历史是如此吊诡，十月革命开辟的人类社会主义道路，在苏联自我否定之后，却由社会主义的中国接过接力棒，将之推向蓬勃发展的高峰。中共十九大已向世人清晰描绘了未来中国发展的光明前景，到本世纪中叶，中国实现第二个百年奋斗目标时，将成为世界"综合国力和国际影响力领先的国家"。[129]在党的二十大上，中国共产党人再次向世界宣告将"以中国式现代化全面推进中华民族伟大复兴"，"把我国建设成为综合国力和国际影响力领先的社会主义现代化强国"。[130]中国共产党已成功把中国特色社会主义推向新时代，向世界充分证明了社会主义的优越性，给当代世界的社会主义运动带来新的活力与希望。前述阐述的13个方面特征，极大丰富和发展了科学社会主义的基本原理，

总之，从宏观和整体史的视角思考人类的历史命运，这是东西方社会历史演进和发展的趋势和结果。从哲学的高度，以中国为中心的传统东方社会，形成"三世说"（乱世、升平世、太平世）、和"统分说"（天下大势，合久必分，分久必合）历史哲学观。近代以来的西方，以英法德为代表的资本主义国家借助坚船利炮，殖民全世界，于是，"欧洲中心论"（历史终结论）一度成为东西方书写历史的底色。而随着东西方交融发展和时代变迁，以及全球化时代来临，"全球史观"随之兴起，为人类观察和思考历史提供了新的视角。

从一个世纪的世界历史风云来回溯十月革命这一历史性的事件，是"全球史观"最突出的优点，在时间与空间的交错中，无论是东西方的历史发展，欧洲视野和非欧洲尤其是亚洲的视野的解释与

---

129) 习近平：《决胜全面建成小康社会，夺取新时代中国特色社会主义伟大胜利》，人民出版社，2017，第29页。
130) 《习近平著作选读》第1卷，人民出版社，2023，第18-21页。

评价，还是社会主义与资本主义的博弈，第三世界摆脱殖民地半殖民地枷锁走上独立发展之路，发达国家民权进步与福利制度发展，社会主义的曲折发展，到中国探索的社会主义道路迈入新时代，种种进步与变化反映的是十月革命开辟的社会主义道路已越走越宽。

从更宏大的历史视野看，"全球史观"是马克思主义历史观在当代的体现与反映。马克思主义早就科学揭示人类社会演进发展的五大社会形态客观规律。十月革命是整个人类社会主义进程中的第一声号角，世界各地此起彼伏的回应正是新事物与旧事物博弈的过程，体现的是历史的复杂性。社会主义是人类通向未来的必由之路，历史将证明并且正在证明，"人类历史新纪元"，将由中国续写，世界社会主义正义事业一定会迎来辉煌的发展时代。[131]

纵观全球，科学社会主义不仅是一个原理问题，更是一个实践问题。人类21世纪的科学社会主义究竟怎样了？其样貌为何？在历史与现实、理论与实践、继承与发展中，习近平新时代中国特色社会主义思想引领下的中国特色社会主义新时代就是开辟的人类科学社会主义新境界，就是高扬在21世纪的旗帜和矗立的人类社会灯塔。

---

131) 参见石建国：《马克思主义中国化理论发展新境界与中国发展变革研究》，上海三联书店，2019，第145-159页。

第二章

为发展中国家走向现代化提供新道路

实现现代化是世界上每一个国家的梦想。但是，纵观人类现代化历史，其历程却极为坎坷，犹如"鲤鱼跃龙门"般艰难，堪称一项需跨越重重难关的"卡夫丁峡谷"式的世界性挑战。2023年3月15日，习近平创造性地将这一难题概括为"现代化之问"，不仅凸显了中国的问题意识，更深刻揭示了"中国式现代化"的世界意义与时代价值。[1]当今世界，"俄乌冲突"、"巴以冲突"使世界百年大变局骤然加速，充分暴露了人类现代化之路存在的弊端。世界现代化路在何方？自习近平为代表的中国共产党人在二十大报告中全面阐述"中国式现代化道路"的内涵与特征，[2]就向世界昭示，中国已为世界上的广大发展中国家实现现代化找到了一条新路。而且中国式现代化道路，恰恰是对人类现代化历程的总结与借鉴中走出来的。

1) 习近平：《携手同行现代化之路——在中国共产党与世界政党高层对话会上的主旨讲话（2023年3月15日）》，《人民日报》2023年3月16日第2版。
2) 习近平：《高举中国特色社会主义伟大旗帜，为全面建设社会主义现代化国家而团结奋斗——在中国共产党第二十次全国代表大会上的讲话（2022年10月16日）》，人民出版社，2022，第22-24页。

第一节　西方现代化范式与发展中国家走向现代化

一、西方现代化范式的形成与历史演化过程

现代化，一个迄今延续近500多年的世界进程和发展趋势。最初在15世纪末哥伦布发现新大陆等海外殖民探险活动刺激下，欧洲社会发生巨大变化。18世纪中叶，欧洲人就发明了一个新词"现代化"来概括和指称这种变化。自此以后，这种源自于西欧的现代化，就是指实现现代化之后的状态，而且通常指世界先进水平。从这个意义上来说，最新、最好和最先进的就是现代化的。历史上来说，实现现代化的就是发达国家。[3]

（一）世界现代化演化的历史阶段

实际上，欧洲的现代化是与资本主义的发展息息相关，而且是在科技革命推动下进行的。从民族国家的视角，最先由西欧开始的现代化，随着资本主义的全球发展进程，在科技革命的推动下，如表1所示，迄今呈现出四个发展阶段。

表1：18世纪以来世界现代化演化过程的阶段[4]

阶段	大致时间	经济现代化	社会现代化
第一次	1763-1870	第一次产业革命、机械化	城市化、社会分化流动
第二次	1870-1945	第二次产业革命、电气化	电器化、普及义务教育
第三次	1945-1970	第三次产业革命、自动化	福利化、普及中等教育
第四次	1970-2020	第四次产业革命、信息化	网络化、普及高等教育

3）参见何传启：《从世界历史发展进程看现代化（历史轨迹）》，《人民日报》2016年1月17日第5版。

4）何传启：《现代化科学：国家发达的科学原理》，科学出版社，2010，第69页。

具体来说，其发展路径和发展状况可概括为：

第一个阶段：第一次科技革命推动下的现代化。

15世纪末，在世界航海大发现刺激下，西欧国家疯狂走上海外扩张的殖民道路。商路和海外市场的发现和拓展，为西欧资本主义的发展注入强劲的动力。在争夺海外资源、市场和商业革命的推动下，以瓦特蒸汽机和珍妮纺织机的发明和运用为标志的第一次技术革命发生，从而催生了人类历史上的第一次工业革命和"蒸汽时代"的来临。工业革命将人类社会带入了与以往的历史阶段完全不同的现代社会——工业资本主义社会，因此，工业革命既是世界工业化和工业现代化的起点，也是人类社会资本主义现代化的开端。在工业革命的推动下，城市和乡村的分离加剧了社会的变革，于是以工业化、城市化为主要特征的经典现代化浪潮，席卷英、法为代表的西欧资本主义国家，工业革命发源地的英国就成为人类第一个实现现代化的国家。[5]

第二个阶段：第二次科技革命推动下的现代化。

19世纪后半叶，作为后起的资本主义国家，美国承继西欧工业革命的果实，以电力的发明和应用为标志，迅速掀起新一轮的科技革命浪潮——第二次科技革命。电力的广泛使用，更高效的钢铁冶炼法和合金、流水线生产方式带来了人类历史上的第二次工业革命。技术革命不仅是技术范式的转变，而且引发生产方式和人类生活方式的革命性变化。于是，在电力和运输革命推动下，人类社会进入更高级的资本主义现代化阶段，即所谓"电气时代"。美国、德国、俄国、日本等为代表，在第二波现代化潮流中，成为受益的国家。

---

5) 吴汉勋、孙来斌：《现代化道路的中国逻辑及其世界意义》，《湘潭大学学报（哲学社会科学版）》2021年第1期，第164页。

第三个阶段：第三次科技革命推动下的现代化。

20世纪中期，在第二次世界大战引发的技术革命浪潮推动下，美国率先走上新科技革命的道路。以电子技术的发明和应用和实现自动化为标志，人类迎来第三次科技革命的时代和现代化的新阶段，即电子化和自动化时代。美国等西方国家先后进入电子化和自动化阶段，继续升级现代化水平，保持在世界上的发达国家地位与身份。

第四个阶段：第四次科技革命推动下的现代化。

20世纪70年代，人类社会进入科技加速发展的阶段。在电子化、自动化发展的基础上，以计算机技术的广泛发明和应用为标志，人类社会进入现代化的第四阶段，即"信息化"时代。美国等西方发达资本主义国家，既是信息化时代的弄潮儿，更是信息化时代的最大受益者。[6]

现如今，随着互联网、人工智能、数字化等技术的发展，正在"赋能"现代化，第四波现代化来势凶猛，新型"现代化"正以排山倒海之势深刻影响和重塑人类社会，人类现代化进程骤然加速。显而易见，当今世界联合国193个成员国，并不是同时都经历过上述四个阶段的发展过程，实现现代化的水平与程度自然就存在差异。如何衡量世界各国实现现代化的水平与程度？如图2所示，中国学术界提出了一个衡量标准，即"世界现代化指数"。[7]

---

6) 参见钱时惕：《科技革命的历史、现状与未来》，广东教育出版社，2007，第
37-42、107-136页。

7) 何传启主编《中国现代化报告2020——世界现代化的度量衡》，北京大学出版社，2020，第ⅩⅩ页。

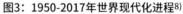

図2：世界現代化指数

第一次現代化指数	第二次現代化指数	第三次現代化指数
反映第一次現代化的実現程度。第一次現代化是从農業社会向工業社会，从農業経済向工業経済的転変。	反映第二次現代化的実際進展。第二次現代化是从工業社会向知識社会，从工業経済向知識経済的転変。	反映綜合現代化的進展和国際相対水平，綜合現代化是从半工業社会向知識社会，从半工業経済向知識経済的転変。

依据上述衡量标准，如图3所示，2017年全世界实现第二次现代化的是美国等28个国家，属于发达国家；中国、俄罗斯等46个国家已实现第一次现代化，属于中等发达国家。

图3：1950-2017年世界现代化进程[8]

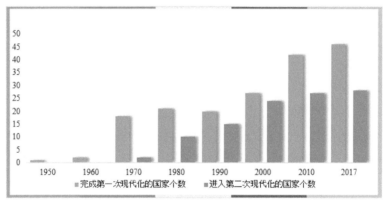

其结果是，并联式串联式甚至迭代式现代化现象频繁出现，传统的西方现代化衡量标准已然过时。这是西方社会面临的巨大挑战，也是世界百年未有之大变局呈现的事实和内涵。例如，依据中

8）何传启主编《中国现代化报告2020——世界现代化的度量衡》，北京大学出版社，2020，第ⅩⅩ页。

国学者提出的衡量标准，目前美西方眼中的许多现代化国家正在"原形毕露"，已在第四波人类现代化浪潮中成为落伍者。这意味着西方主导的现代化标准遇到了挑战，这是世界变局的体现。笔者在此无意于探讨衡量标准和辨别现代化水平与程度问题，而是聚焦和着眼于人类现代化的历史进程，从历史逻辑视角为中国式现代化的成因和特色提供注脚和历史合理性的阐释。

（二）西方现代化范式的形成及其特征

概括而言，迄今为止已实现现代化的国家，虽然因评判标准不一，存在差异，但综合联合国开发计划署、世界银行、国际货币基金组织、美国中央情报局等机构发布的资料，被贴上发达国家标签的是：美国、加拿大、澳大利亚、新西兰、日本、韩国、以色列、新加坡、塞浦路斯、奥地利、比利时、捷克、丹麦、爱沙尼亚、芬兰、法国、德国、希腊、冰岛、爱尔兰、意大利、拉脱维亚、立陶宛、卢森堡、马耳他、荷兰、挪威、葡萄牙、圣马力诺、斯洛伐克、斯洛文尼亚、西班牙、瑞典、瑞士、英国等35个国家。其中，1990年以前进入发达国家行列的是：美国、加拿大、澳大利亚、新西兰、日本、奥地利、比利时、丹麦、芬兰、法国、德国、希腊、冰岛、爱尔兰、意大利、卢森堡、荷兰、挪威、葡萄牙、西班牙、瑞典、瑞士、英国等23个国家。[9]应该说23国的名单更具有指标性意义，加拿大、澳大利亚、新西兰是英国殖民地，在二战前后

---

9) 发达国家（Developed Country），又称已开发国家和先进国家。是指那些经济和社会发展水准较高，人民生活水准较高的国家，又称作高经济开发国家（MEDC）。发达国家的普遍特征是较高的人类发展指数、人均国民生产总值、工业化水准和生活品质。——https://baike.so.com/doc/3696130-3884303.html。

获得独立国家地位，其余20个国家是在近250年间才实现现代化，进入发展发达国家行列，可见跻身之路的艰难和残酷。

无论是23个国家，还是35个国家，都有一些共同特征：一是英国、美国是世界现代化的先驱和主导国，其他国家均在英美影响与带动下实现现代化；二是现代化就是西方化、资本主义化，就是欧美化，甚至美国化。换言之，英美从自己的经验出发，形成了现代化的欧美范式，即政治上的多党制、三权分立、自由选举，经济上的私有制和市场经济，文化上倡导自由民主等资本主义核心价值观为主要内容与特征的现代化。[10]1989年，美国学者弗朗西斯·福山提出"历史终结论"，就以狂妄的心态将美国的制度和范式吹捧为世界上最好的制度和范式，认为已形成"人类意识形态进步的终点"与"人类统治的最后形态"，提出美国式的资本主义"已无可匹敌"、"已走向完成"，终结了人类历史进程。[11]时至今日，尽管这一论点已被事实所粉碎，已沦为历史的谬论和笑柄。[12]但毫无疑问，一直到整个20世纪结束，西方现代化道路是唯一被实践证明最成功的模式，却是不争的历史事实。

与此同时，针对拉美国家陷入债务危机所面临的问题，1990年美国政府、国际货币基金组织、世界银行和拉美国家代表在华盛顿共同为拉美经济调整和改革开出"药方"，即达成"华盛顿共识"[13]，其

---

10) 参见付成双、张聚国、陈志坚、丁见民：《北美现代化模式简论》，载《现代化的特征与前途——第九期中国现代化研究论坛论文集》（未刊稿），2011年8月5日，第56-74页。
11) 【美】弗朗西斯·福山：《历史的终结》，本书翻译组译，远方出版社，1998，序言·第1页；刘仁营、裴白莲：《评福山的"历史终结论"》，《红旗文稿》2009年第18期，第17-20页。
12) 程恩富、谢长安：《"历史终结论"评析》，《政治学研究》2015年第5期，第23-31页。
13) 该共识包括十项政策措施：（1）加强财政纪律，压缩财政赤字，降低通货膨胀率，稳定宏观经济形势；（2）把政府开支的重点转向经济效益高的领域和

基本原则是市场化、快速私有化和自由化。该共识实际上是美国经验的外化，但更是美国精英的"误导"。历史与现实都已证明，"虽然美国精英号称美国政府执行的经济政策是'华盛顿共识'政策，但其实际实行的政策是相反的"。换言之，"华盛顿共识"是谎言和别有用心的欺骗，是"颜色革命"的代名词。而且本质上，"拉美陷阱"、亚洲金融危机、中东颜色革命等，就是"华盛顿共识"推行的恶果。[14]

　　进入21世纪以后，欧美现代化范式不断遭遇挑战，一是众多发展中国家依据"华盛顿共识"治国理政，却未能解决"拉美陷阱"等问题；二是苏东极少数国家如捷克、波罗的海三国等成功转型升级为发达国家，可以视为实现了现代化，但却不具有普适性；三是2008年由美国爆发的金融危机波及全世界特别是欧美发达国家，金融危机刺破经济发展泡沫，靠债务会计数据造假等跻身发达国家的希腊，以及意大利、葡萄牙、西班牙、爱尔兰等，露出真容变身为"欧猪国家"，使世人对发达国家的成色和含金量充满质疑；[15]四是在2020年突如其来的人类最大的疫情危机——新冠肺炎（COVID-19）冲击下，欧美社会再次暴露出虚弱不堪和丑陋的面目，其制度和体制

有利于改善收入分配的领域（如文教卫生和基础设施）；（3）开展税制改革，降低边际税率，扩大税基；（4）实施利率市场化；（5）采用一种具有竞争的汇率制度；（6）实施贸易自由化，开放市场；（7）放松对外资的限制；（8）对国有企业实施私有化；（9）放松政府的管制；（10）保护私人财产权。
　　——《华盛顿共识》，360百科，https://baike.so.com/doc/6478924-6692627.html。
14) 黄卫东：《美国精英是如何治理国家的——美国政府执行"华盛顿共识"政策状况研究》，载程恩富、刘灿主编《外国经济学说与中国研究报告（2016）》，西南财经大学出版社，2016，第379-386页；李珍：《"华盛顿共识"与发展中国家"新自由主义"改革》，《世界经济与政治》2002年第5期，第74页；何秉孟、李千：《新自由主义评析》，社会科学文献出版社，2012，第64-89页。
15) 【德】阿尔伯特·施魏因贝格尔、孙彦红：《欧债危机：一个德国视角的评估》，《欧洲研究》2012年第3期，第116-152、162页。

遭遇质疑，欧美的现代化范式或美国主导的现代化范式已濒临破产。16)历史已留下了迷思，西方资本主义现代化国家的未来在哪里？

二、发展中国家走向现代化的曲折艰难经历

　　1945年第二次世界大战结束，这是人类历史发展的重要分水岭。二战之前，世界上真正独立的国家只有39个（欧美22国，拉美17国），大部分地区都是英国、法国、意大利、荷兰、比利时、德国、日本等国的殖民地或半殖民地。二战中日益觉醒的各国人民，在战后纷纷掀起争取民族解放国家独立的斗争，先后有印度尼西亚、越南、叙利亚、约旦、菲律宾、新西兰、印度、巴基斯坦、缅甸、斯里兰卡、以色列、朝鲜、韩国、中国等14个国家获得独立地位。50、60年代，在苏联、中国等社会主义阵营国家的影响和支持下，亚洲、非洲、拉丁美洲一大批国家摆脱殖民地或半殖民地地位，成为独立的国家。在亚洲，2002年东帝汶成为最后独立的国家。在非洲，1990年纳米比亚的独立和1994年南非白人种族主义统治的结束，标志着非洲大陆所有国家都摆脱了殖民主义和种族主义的枷锁。在拉丁美洲，1981年安提瓜和巴布达摆脱英国殖民统治宣布独立，成为34个拉美国家中的新成员。广大的亚非拉新成立和独立的国家，构成了庞大的发展中国家群体，成为国际上一支重要的力量，毛泽东形象地称之为"第三世界"。

　　实现国家独立并不意味着摆脱落后地位，战后新独立或成立

16) 张维为：《西方真的认为他们的"自由民主"可以"护体"吗？》，https://www.guancha.cn/ZhangWeiWei/2020_12_30_576208.shtml；张维为、李波：《〈这就是中国〉第86集：心胜2020》，https://www.guancha.cn/ZhangWeiWei/2021_01_10_577352.shtm。

的亚非拉国家更大的挑战是如何赶上先进国家，实现现代化。从国家选择的建设发展道路看，战后独立的国家中，除中国、越南、朝鲜、古巴、老挝等少数外，绝大多数受英美等国影响，选择了走资本主义道路，通过发展资本主义实现自身的现代化梦想。然而，现实非常残酷，自二战后联合国154个走资本主义道路的众多发展中国家中，除去原苏联、东欧社会主义国家解体转型为资本主义国家的捷克、爱沙尼亚、拉脱维亚、立陶宛、斯洛伐克、斯洛文尼亚外，只有韩国、新加坡、以色列3个国家于1997年成功实现了现代化，跻身为发达国家，其后另有塞浦路斯、马耳他、圣马力诺在21世纪初跻身发达国家行列。分析其成功的原因，一是背靠欧美，依靠美国、欧盟力量的大力扶持；二是地处交通要冲，地缘战略地位极为重要；三是走欧美资本主义的发展道路，成为欧美现代化范式的好学生。

显然，实现现代化是广大的发展中国家的梦想，但是走欧美资本主义现代化的发展道路是如此艰难，"拉美陷阱"、"中等收入国家陷阱"等一个个拦路虎，使众多发展中国家折戟沉沙，最终徘徊在发达国家门槛前望而却步。难道通往现代化的道路就只有欧美现代化范式一条？如何才能最终冲破最后的障碍实现现代化的梦想，就成为众多国家思考和探索的主题。如今，面对新冠肺炎疫情影响的冲击，西方发达国家深陷困境，自顾不暇，仅靠借债印钞度日，已难以为发展中国家提供指路明灯和各种援助。甚至，发展中国家已成为欧美发达国家转嫁危机和解决自身困境的目标。发展基础和条件本就十分薄弱和恶劣，在百年未有之大变局、新冠肺炎疫情、经济社会危机等多种挑战交织巨大压力下，如何应对挑战，实现现代化的出路到底在哪里？发展中国家又处在选择的重大历史关头。

三、苏联现代化范式的探索、失败及其影响

（一）苏联现代化范式——斯大林模式的形成及其结局

在欧美资本主义现代化的范式大行其道时，伴随着人类社会的发展进步，作为资本主义对立物的社会主义也不断成长发展起来。1917年10月革命之后，苏联建立了世界上第一个社会主义国家。与西方通过"血与火"、"剑与枪"的残酷殖民手段开拓资本主义现代化道路不同，苏联是在"用与西欧其他一切国家不同的方法来创造发展文明"，[17)]开启了通过社会主义道路实现现代化的新探索。

总体上而言，苏联的现代化道路极为曲折，经过了以下几个阶段。

初步探索的阶段：列宁提出新经济政策。作为第一个社会主义国家，苏联成立后立即遭遇帝国主义国家及其支持的反动势力的武装干涉和武装叛乱，为赢得胜利采取了战时共产主义政策。但是配给制的战时共产主义政策不利于经济恢复活力，列宁及时作出调整，提出并实施了部分恢复市场经济的新经济政策。

成型阶段：斯大林时期。列宁去世后，继任者的斯大林面对如何应对帝国主义的威胁、苏联一国如何建设社会主义的问题，他抛弃了列宁的新经济政策，转而采取高度集中的计划经济的政策，从而形成了独特的现代化建设道路，即著名的"斯大林模式"。该模式可以概括为两个方面：一是体现为社会主义的根本制度和基本制度，诸如经济上实行社会主义公有制和按劳分配；政治上维护共产党的领导地位，坚持无产阶级专政和劳动者代表苏维埃制度；意识形态上坚持马列主义的思想指导地位。二是体现在社会主义体制机制方面的最主要特征就是高度集中。诸如：在经济上实行指令性计

---

17)《列宁选集》第4卷，人民出版社，1995，第777页。

划体制，强调高积累、低消费，优先发展重工业，排斥市场经济，忽视农业和轻工业；在政治上，把权力过度集中于苏共中央和总书记个人，实行立法权、行政权、司法权三权合一；在思想文化方面，形成苏共中央和党的领袖言论的一言堂等。[18]

固化与强化阶段：赫鲁晓夫和勃列日涅夫时期。斯大林去世后，继任者赫鲁晓夫以苏共"二十大"为起点，大肆诋毁斯大林，批判斯大林的个人崇拜。不过，在国家现代化的建设道路上只是修修补补，并未调整和改变斯大林模式。随即，勃列日涅夫通过政变取代赫鲁晓夫，但是他仍然实行"赫鲁晓夫主义"，[19]尤其在体制机制上不仅没有得到适时的改革，反而在发展中使斯大林模式越来越得到固化和强化。

改革和颠覆阶段：从安德罗波夫到戈尔巴乔夫时期。1982年勃列日涅夫去世，经安德罗波夫、契尔年科短暂过渡，1985年戈尔巴乔夫继任为苏共最高领导人。面对美苏冷战争霸对峙中苏方处于不利地位的局面，戈尔巴乔夫打着改革的旗号，提出"加速战略"和实行"彻底改革"的方针，开始改变斯大林模式。在经济上，放弃计划经济，转向市场经济，放弃公有制，承认各种所有制形式平等；政治上，废除苏共的领导地位，实行多党制，废除无产阶级专政和苏维埃制度，实行议会制的人民代表大会制和总统制；意识形态上，放弃马列主义的思想指导地位，实行言论自由和社会舆论公开化、多元化等，从而彻底颠覆和摒弃了斯大林模式。

---

18) 贺新元：《从现代化路径视角比较"苏联道路"与"中国道路"——谨以此文纪念伟大的俄国十月革命胜利100周年》，《中国矿业大学学报（社会科学版）》2017年第5期，第13-14页；刘博：《苏联的现代化发展模式及其启示》，《知识经济》2011年第2期，第63页。
19)《毛泽东年谱（1949-1976）》第5卷，中央文献出版社，1997，第535页。

然而，历史的吊诡之处在于，当戈尔巴乔夫积极倡导"改革新思维"，在西方的配合下全力推动改革，全面推翻和摒弃"斯大林模式"，并积极向西方现代化范式靠拢的过程，就是颠覆苏联社会主义制度和社会的过程。1991年，苏共解散、苏联解体，第一个社会主义国家苏联最终成为历史的名词。

（二）斯大林模式的影响

一些学者因为苏联解体，据此不仅全面否定斯大林模式，而且认为苏联没有进行过工业化、现代化，因而否定斯大林模式就是苏联式的现代化。[20]对此问题应运用马克思辩证唯物主义和历史唯物主义的立场、观点与方法，实事求是进行科学分析与研究。首先，苏联的现代化是完全不同于西方欧美现代化的新道路。社会主义的苏联走的不是对外侵略扩展和内外剥削的道路，而是依靠自身的制度与体制优势，集中各种资源，迅速扭转了落后的面貌，在第二个五年计划末工业总产量就已跃居欧洲第一位、世界第二位，占世界工业生产的比重也已达到13.7%，1937年工业在国民经济生产总值中已占77.4%。[21]正是因为有了强大的工业体系，苏联在第二次世界大战中才能扭转乾坤，战胜法西斯势力，取得巨大的胜利。战后，更是在与美国为首的西方资本主义阵营的冷战对峙中，苏联的实力不断上升，到1985年以前，它的工业产值大约已达到美国的85%，城乡居民所占比例达到80∶20，已完全实现城市化。因此，"斯大林模式"是"以社会主义旗帜相号召，以现代化目标为奋斗方

20）闻一：《苏联有过现代化吗？》，《社会科学论坛》1999年第Z1期，第48-52页。

21）【俄】B.B.阿列克谢耶夫：《关于20世纪俄国现代化问题的若干思考》，《吉林大学社会科学学报》2005年第5期，第57页。

向"，符合苏联国情的现代化道路。[22]当然，特别需要指出的是，自1956年苏共二十大之后，苏联新任领导人赫鲁晓夫打着"否定斯大林"的旗号，修正"斯大林模式"，并且逐步走上与美国争夺全球霸权的道路。一方面，大国沙文主义思潮泛滥，大搞"老子党"；[23]另一方面，粗暴干涉他国内政，企图控制其他社会主义国家为苏联利益服务。[24]此后，勃涅日涅夫更是变本加厉，全面扩军备战，走上对外侵略扩张的社会帝国主义道路。1979年全面入侵阿富汗，充分暴露了其帝国主义心态。[25]因此，自赫鲁晓夫之后的苏联共产党，已逐步走上邪路，抛弃了科学社会主义的一些原则，这与"斯大林模式"并不存在必然的关系，也并不能据此否定"斯大林模式"作为"社会主义现代化范式"探索的价值与意义。[26]抛开其他因素不论，如表2所示，从苏联与美国发展成就的数据比较，也可看出"斯大林模式"是相当成功的。

22) 【俄】B.B.阿列克谢耶夫：《关于20世纪俄国现代化问题的若干思考》，《吉林大学社会科学学报》2005年第5期，第59、61页。

23) 参见阎明复：《邓小平与反对苏共老子党作风的斗争（一）》、《邓小平与反对苏共老子党作风的斗争（二）》，《百年潮》2009年第8期、第9期。

24) 参见吴跃农：《中苏关系风云突变之时（之一）——毛泽东拒绝赫鲁晓夫关于中苏共管"长波电台"》、《中苏关系风云突变之时（之二）——毛泽东断然拒绝"联合舰队"内幕》，《党史文汇》2011年第2期、第3期。

25) 王红雨：《苏联20世纪70年代外交政策的失误——兼评入侵阿富汗事件》，《江西社会科学》2003年第6期，第94-95页。

26) 李燕：《苏联解体不能归因于社会主义经济制度》，《历史评论》2021年第6期，第43-46页。

表2：20世纪80年中期苏联、美国实力对照表27)

国家	类别	数量	类别	数量
苏联	面积	2240 万平方公里	粮食产量	1.9 亿吨，是美国 67%
	人口	2.79 亿	对外贸易	2359.4 亿美元，是美国 41%
	GDP	2.7 万亿美元，人均 9407	军事力量	人数 500 万，坦克 5.3 万辆，各种作战飞机 12490 架，各种作战舰艇 300 多艘，14800 枚核弹头，航母 1 艘
	钢铁产量	2.65 亿吨，是美国 331%	汽车产量	1985 年产量 217.3 万辆
	发电量	1.54 万亿度，是美国 60%	交通	铁路 14.49 万公里，硬面公路 81.2 万公里
美国	面积	936 万平方公里	粮食产量	2.83 亿吨
	人口	2.44 亿	对外贸易	5747 亿美元
	GDP	4.68 万亿美元，人均约 1.99 万美元	军事力量	人数 216.9 万，坦克 1.3 万辆，作战飞机 2.4 万架，各种作战舰艇 570 多艘，战略导弹 1650 枚，航母 14 艘
	钢铁产量	8000 万吨	轿车拥有量	1.77 亿辆，1988 年产量 1000 万辆
	发电量	2.55 万亿度	交通	500 万公里硬质公路（高速公路 7 万公里），20 万公里铁路

27) 表中所列数据苏联为1985年、美国为1986年。参见徐葵主编《苏联概览》，中国社会科学出版社，1989年；朱锡炎编著：《美国概况》，旅游教育出版社，1990年；巫本立：《1986年美国国际贸易状况统计表》，《国际商务研究》1987年第5期，第85页；丁垣：《美国电力工业的现状》，《发电设备》1987年第9期，第45页；李植谷主编《美国军事战略概论》，国防大学出版社，1989年，第55-56页。

实际上，以当时苏联自己的统计数据，1985年工业产值约占世界工业总产值的1/5，发电量占16%，石油占22.3%，天然气占36.3%，煤占17%，钢占21.7%，国民收入、工业产值和农业产值已达到美国的66%、80%和85%。[28]

其次，"斯大林模式"深刻影响了二战后走上社会主义道路的中国、越南、朝鲜等社会主义国家的现代化建设事业。上述社会主义国家最初都完全仿照苏联现代化范式，开启了自身的现代化国家建设进程，并在苏联模式的基础上，不断探索完善进而创新发展形成了符合自身国情的现代化建设道路，而且取得巨大的成就。从这个意义上，斯大林模式并不必然导致苏东剧变、苏联解体。换言之，把"苏联解体"导致的社会主义现代化探索道路的失败，归罪为实践"斯大林模式"的结果，是既不公平，也不正确，更不科学。

再次，"斯大林模式"的结局表明，世界上每一个国家实现现代化的道路都不会一帆风顺，现代化是一个长期的过程和多方面的建设进程，每个国家因历史、文化与传统等国情不同，现代化会呈现出不同的面相。

概而言之，尽管苏联的社会主义现代化范式失败了，但这只是国家围绕现代化道路选择时展开的尖锐政治斗争中苏联领导人的失败，并不是社会主义和资本主义对抗中社会主义的失败。斯大林模式曾经的辉煌成就和在其他社会主义国家取得的成功，已预示着其仍拥有强大的生命力和改革创新的可能性。

28）徐葵主编《苏联概览》，中国社会科学出版社，1989年，第137-138页。

四、人类现代化历史进程带来的启示

迄今为止，人类现代化之路已走过了300多年的历程，形成了西方资本主义范式的现代化道路和中国特色社会主义现代化范式的现代化道路。目前，随着世界百年大变局的加速演进，西方资本主义现代化范式日渐走下神坛，呈现出日薄西山的景象。而中国式现代化范式，正蓬勃发展，展现出光明的前景。"东升西降"，这正是人类现代化图景的现实写照。这种发展趋势，给人类社会实现现代化带来巨大的启示。概而言之，主要体现为：

一是没有工业化就没有现代化。工业化是现代化的根基与基础，现代化是工业化的结果和发展状态。在科学技术推动下，尤其要以制造业为本发展实体经济，创造更多物质财富。

英国之所以成为人类历史上第一个实现现代化的国家，就是因为其借助于蒸汽机、纺织机的技术进步，通过"工业革命"，引领了工业化的潮流。棉纺织机与蒸汽机的大量使用导致对铁、钢、煤更大的需求，又引发矿产与冶炼、交通和通信技术的进步，这种协同和连锁效应的进一步放大，最终形成为一场广泛而深刻的产业革命，从而在与荷兰、西班牙、葡萄牙的竞争中，脱颖而出。自此之后，英国彻底实现了对其他国家的技术赶超，并成为工业主义主导的国家。1851年，英国在伦敦海德公园举行世界上第一次国际工业博览会，标志着其"世界工厂"地位的确立。此时的英国以不到法国一半的人口，生产的煤炭却占世界产量的2/3，钢铁与棉布已超过世界产量的1/2。借助于强大的工业和无可匹敌的制造实力，英国一跃而成为世界上最强大的国家，成为"名副其实的世界工厂和日不落帝国"。[29]继英国而成为世界霸主的美国，同样其崛起的最重要法宝就是工业化。以棉纺织业为例，1831年美国棉纺织业工厂只有795

家，到1859年已增至1091家，数量上已仅次于英国。30)作为国力最重要标志的钢铁，美国的钢材产量在1870年不足7万吨，1890年钢铁产量猛增到427.7万吨，总产量已超越英国，成为世界第一钢铁产量大国。而到了1918年，美国的钢铁产量已达到世界总产量的60%。31)1945年二战结束时，美国工业生产、外贸、黄金储备已占西方世界的54.3%、32.4%、74.5%，已取代英国成为名副其实的世界霸主。

苏联的崛起更是工业化的典范。1929年由美国爆发的经济危机席卷全世界，苏联工业产值平均每年增长率却达20%左右。32)在帝国主义国家围堵的背景下，1925-1937年间，苏联迅速建立了重工业主导、门类齐全的工业体系，1937年工业水平由1913年的欧洲第四位、世界第五位跃升为欧洲第一位、世界第二位，创造了"工业化奇迹"，也凸显了"斯大林模式"的优越性。二战中，面对德国法西斯的疯狂进攻，苏联顶住了压力，并转守为攻，成为世界反法西斯战争的中流砥柱，依托的就是强大的工业生产能力。33)因此，历史事实一再说明，没有工业化就没有现代化，也不可能有国家的崛起与物质财富的极大丰富。

二是以资本为中心，还是以人民为中心，历史已给出了答案。

29) 张海丰、陈雁：《欧美发达国家早期的工业化道路：一段隐匿的经济政策史》，《演化与创新经济学评论》2019第2辑，第71-73、77页；刘成：《顶峰辉煌岁月》，《历史教学（上半月刊）》2021年第8期，第3-6页。

30) 张海丰、陈雁：《欧美发达国家早期的工业化道路：一段隐匿的经济政策史》，《演化与创新经济学评论》2019第2辑，第75页。

31) 贾根良：《战略性新兴产业与美国经济的崛起——19世纪下半叶美国钢铁业发展的历史经验及对我国的启示》，《经济理论与经济管理》2012年第1期，第97-110。

32) 【苏】鲍·尼·波诺马辽夫主编《苏联共产党历史》，人民出版社，1960，第462页。

33) 李慎明主编《居安思危——苏共亡党二十年的思考》，社会科学文献出版，2011，第79、82页。

只有以人民为中心的现代化，才是人间正道。

无论是英国的现代化还是美国的现代化，都有一个最突出的特征，即都是资本主导下的现代化。前者在长达两个世纪实现现代化的过程中，不仅在国内造成了残酷的"羊吃人运动"，还在频繁的海外殖民侵略掠夺战争中，将无数的殖民地半殖民地人民推入贫穷、死亡的深渊，更制造了骇人听闻、惨绝人寰的"贩奴贸易"。欧美共同参与的贩奴行为，使非洲约1500万人被贩卖美洲充当奴隶，共造成非洲约1亿人口损失。[34]后者在崛起和实现现代化的过程中，为掠夺土地等财富而大肆屠杀印第安人，使美洲大陆原住民的印第安人近乎种族灭绝。[35]以对华关系而言，英美法等西方列强为攫取利益，公然贩卖毒品"鸦片"，并明火执仗发动侵略战争为鸦片贸易"保驾护航"，种下中华民族亡国灭种的祸根。世界殖民地半殖民地人民的苦难血泪史，充分暴露了西方现代化的自私自利、残暴无道本性。现实中，2020年以来持续3年多的新冠肺炎疫情，美西方国家放任疫情肆虐的种种行径，再次向世人充分证明资本主导的邪恶本性。

与此同时，自1949年新中国成立后，中国共产党人充分践行为人民服务的宗旨，带领全国各族人民，经过75年艰苦卓绝的不懈奋斗，走出了一条举世瞩目的中国式现代化之路，并成功打赢脱贫攻坚战，一举在世界上首次解决绝对贫困问题，创了人类历史的奇迹；2020年面对来势汹汹的疫情，中国秉承"人民至上、生命至上"，全力打赢疫情防控战，又创造了疫情防控的世界奇迹。中国的成功实

---

34)《查韦斯总统认为，欧美应为贩奴行为向非洲道歉》，《人民日报》2006年7月4日第3版；《布莱尔打算为英国近200年贩奴贸易道歉》，《新华每日电讯》2006年11月27日第5版。

35) 张青仁：《熙攘皆为白人利：美国印第安人问题产生的根源》，《世界知识》2017年第9期，第64-66页。

践，已充分说明践行以人民为中心的发展思想不是梦想，而是可以真正实现的愿望。它也证明人类社会还有另一条不同于西方的现代化新路，它虽然肇始于了苏联的探索，却在中国人民的持续不懈奋斗中走出来了，不仅走得通，而且走得好，让人民的利益得到实现、发展和维护，人民的获得感、幸福感、安全感不断增强。历史和实践证明，以人民为中心的现代化道路是人间正道，也是人类"现代化之问"的最好答案。

三是走以强凌弱，殖民掠夺的现代化道路，还是平等协作、合作共赢、和平发展的现代化道路，中国的成功探索给出了答案。只有坚持公平正义，构建人类命运共同体，走实现共同富裕的现代化道路，才是王道和世界现代化的前途所在。

无数历史事实证明，迄今美西方三百多年的现代化之路，就是一部对外侵略扩张殖民掠夺的历史。人类第一个实现现代化的英国，其从英伦三岛起家，却发展为横跨全球的日不落帝国，将世界上众多国家变成其殖民地和半殖民地，并从中掠夺了巨量的财富从而支撑起其现代化的大厦。[36]继英国而成为霸权国家的美国，和众多实现现代化的西方国家一样，曾经是英国殖民掠夺的"帮凶"和伙伴。美国自1776年建国，就走上对外扩张之路，使其领土扩大了10倍多。还利用第一次世界大战、第二次世界大战等大发战争之财，实现了建立人类现代化"灯塔"的梦想。现如今，随着世界百年大变局的骤然加速，不断衰落的美国正跌落神坛，已赤裸裸变成霸权、霸道、霸凌的典型代表，是"世界最大乱源"，[37]也充分暴露了

36) 刘俊俊：《浅析英国工业化的教训及其对我国的启示》，《经济研究导刊》2013年第35期，第78页。
37) 柳丝：《斑斑劣迹！美国是二战后国际和平环境的最大破坏者》，《人民日报》2021年9月17日第17版。

西方现代化的自私自利本性。而且，自二战后美国策动的众多战争，诸如中国周边的朝鲜战争、越南战争、印巴战争、阿富汗战争等，以及目前美国策动的南海争端等，无数事实无不充分验证了列宁的著名论断——"帝国主义战争是绝对不可避免的"、"资本主义已成为极少数'先进'国对世界上绝大多数居民实行殖民压迫和金融扼杀的世界体系"[38]）。

与美西方的现代化道路不同，新中国自立国之日起，就不断塑造了中国式现代化的独有品格。一是提出并践行"和平共处五项原则"，走和平发展道路；二是坚持大小国家一律平等，反对霸权主义和强权政治；三是坚持独立自主的和平外交政策，主张构建公正合理的国际新秩序。经过70多年的奋斗，进入新时代的中国以更加昂扬的姿态走向世界舞台中央。中国提出并实践国与国发展"相互尊重、公平正义、合作共赢"的新型国际关系理念，架设起"一带一路"构建人类命运共同体的机遇之桥，以"共商共建共享"的全球治理观，为破解人类"现代化之问"提供了方案与方向。而且，面对世界之问、时代之问、历史之问、人类之问的拷问，中国与美西方已做出不同的选择。美西方忙于"脱钩断链"，推动"逆全球化"和"贸易战"，鼓吹"丛林法则"和"要么在餐桌上，要么在菜单上"的"餐桌菜单论"，策动和支持地区冲突与战争，严重威胁世界和平与合作发展的局面。与之相反，中国立足全球，分别于2021年、2022年、2023年相继提出全球发展倡议、全球安全倡议、全球文明倡议，旨在维护世界和平、促进共同发展，同舟共济应对挑战。显然，孰优孰劣，一目了然。时代潮流与人民意愿不可抗拒，历史已站在着力

---

38) 中共中央马克思、恩格斯、列宁、斯大林著作编译局编《列宁专题文集：论资本主义》，人民出版社，2011，第101-102页。

推动构建人类命运共同体、走共同富裕的中国式现代化道路的正确一面，已为人类社会指明了前进的方向与道路。

四是要坚持共产党领导，走社会主义的现代化道路。这是前苏联探索而半途而废，中国共产党接续探索，并最终成功走出了有别于资本主义的中国特色社会主义现代化道路，并创造了人类文明新形态的根本原因。

自1848年马、恩《共产党宣言》发表后，就宣告了人类社会走向社会主义的新图景。随着人类历史上第一个社会主义国家——苏联——的建立和建设，社会主义作为有别于资本主义的现代化新道路和人类文明新形态，面对资本主义新面目的帝国主义国家的封锁、围堵与战争威胁，不断展现出强大的生命力和独特的优势。二战后，苏联在世界反法西斯战争中厥功至伟，实力跃居为仅次于美国的世界第二强国。在苏联推动和影响下，社会主义也由一国发展到多国，并成功构建了以苏联为首的社会主义阵营。因此，1957年参加庆祝十月革命四十周年和莫斯科共产党和工人党代表会议的中共中央主席毛泽东，就兴高采烈地在大会发言中宣告现在是"东风压倒西风，也就是说，社会主义的力量对于帝国主义的力量占了压倒的优势"。[39]

然而，历史发展的吊诡之处就在于后继的苏联领导人却自掘坟墓，最终颠覆了苏联社会主义大厦。1985年以"改革新思维"上台的苏共领导人戈尔巴乔夫，在美西方和平演变的不断攻势下，节节败退，最终走上背叛马列主义的道路。如前文所述，1990年，苏共放弃共产党的领导地位，结果1991年苏联解体、苏共垮台，走社会主

---

39) 中共中央党史和文献研究院编《毛泽东年谱（1956.10-1959.03）》第6卷，中央文献出版社，2023，第251页。

义道路的苏联不复存在，人类社会主义的前途被蒙上阴影。[40]

与苏共不同，中国共产党始终坚持党的领导，坚信马克思列宁主义的科学真理性，并在实践中不断推进马克思主义中国化的进程，创立了毛泽东思想、中国特色社会主义理论体系、习近平新时代中国特色社会主义思想，实现了指导思想的历史性飞跃和与时俱进，从而为中国式现代化注入了灵魂和确立了行动指南。仅仅75年的时间，中国就走过了西方国家300多年的现代化进程。中国式现代化建设取得的位居世界第二的GDP规模、位居世界第一的工业制造能力与规模、位居世界第一的外汇储备、位居世界第一的贸易规模，并实现经济保持高速增长、社会保持长期稳定两大"历史性奇迹"等众多骄人成就，无不向世界证明中国已成功走出了中国特色社会主义现代化道路。二战后发展中国家咸有独立自主实现现代化的历史，以及苏共失败和中共成功的经验与教训已表明，党的领导和走社会主义现代化道路是根本保证，[41]就为人类实现现代化指明了方向。

五是要走物质文明和精神文明相协调发展的现代化之路，为实现人的全面发展开辟道路。以往的现代化模式，过度追求物质现代化，忽视精神文明建设，人的"物化"与"异化"取代了"人"的现代化和全面发展，这是西方现代化走入死胡同、苏联"斯大林模式"的现代化为西方所"和平演变"的根源。

40）李慎明主编《居安思危——苏共亡党二十年的思考》，社会科学文献出版，2011，第107、115-116页。

41）习近平：《高举中国特色社会主义伟大旗帜，为全面建设社会主义现代化国家而团结奋斗——在中国共产党第二十次全国代表大会上的讲话（2022年10月16日）》，人民出版社，2022，第22页；《中共二十届三中全会在京举行》，《人民日报》2024年7月19日第1版。

纵观英美式西方现代化的历史，其突出特点是在资本追逐利润的不断驱使下，社会发展追求物质利益，不仅造成贫富差距的极度扩大，而且将劳动者彻底"异化"，变成"单向度"的"物化人"，成为孤立化的极度个人主义的"原子人"。在人类第一个实现现代化的英国，曾经其首相本杰明·迪斯雷利（Benjamin Disraeli）就惊呼："英国可以分为两个民族：穷人和富人，他们之间拥有一条巨大的鸿沟"。[42]于是，整个美西方社会充斥着无法治愈的社会病。以美国为例，一是贫富两极分化。据2023年第三季度统计数据，美国10%的高收入者占据社会总财富的66.6%，而50%的低收入者却只拥有总财富的2.6%，由此出现2022年约有13%的美国家庭为食物短缺所困扰的景象；二是枪支泛滥。2023年美国约有4.3万人死于枪支暴力；三是无家可归者剧增。2023年美国已有无家可归者超过65万人；四是犯罪率居高不下。美国囚犯数量已占全球的25%，已成为臭名昭著的"监狱国家"；五是毒品泛滥。截止2023年11月，美国已有24个州通过立法使吸食大麻合法化，据2022年调查数据，已有6190万人吸食大麻。[43]美国社会日益病态化的发展趋势，日益表明美式资本主义已走入死胡同，无法解决日趋严重的社会病问题。

与之形成鲜明对比的是，中国式现代化始终注重物质文明与精神文明"两手都要抓，两手都要硬"的发展理念与思路。[44]在实现现代化的进程中，随着国力的不断增强，始终践行以人民为中心的发展思想，以不断实现好、维护好、发展好人民群众的根本利益为目的和归宿。中国式现代化"五位一体"的整体发展布局，就充分体现

---

42) Hampden Jacson, *England Since the Industrial Revolution*. London，1975，p.114.

43) 中华人民共和国国务院新闻办公室：《2023年美国侵犯人权报告（2024年5月）》，http://www.qstheory.cn/qshyjx/2024-05/30/c_1130154202.htm.

44)《邓小平文选》第3卷，人民出版社，1993，第156页。

了社会主义实现"人的全面发展"的具体实践与要求。正如习近平总书记所指出的："人民对美好生活的向往，就是我们的奋斗目标"，[45]就深刻揭示了中国式现代化的丰富意蕴和发展内涵。中国之所以能够避免苏联悲剧的重演，根本原因就在于中国共产党始终不忘初心和使命，注重培根铸魂，以"自我革命"引领"社会革命"，推动中国社会实现了物质文明与精神文明的协调发展。中国的成功经验，无疑对人类社会发展具有重要的历史和现实意义。

六是要摒弃破坏生态环境、制造生态危机的旧式的现代化之路，走人与自然和谐共生的现代化之路，实现"天人合一"的人类永续发展的"世界大同"梦想。

1838年狄更斯一本具像化的写实小说《雾都孤儿》问世，立刻风靡世界。小说背景的"雾都伦敦"，将英国现代化的后遗症"污染问题"暴露在世界面前。实际上，整个西方现代化的发展历史表明，欧美走的是一条先污染后治理的道路。换言之，在资本逻辑主导下的西方现代化，其奉行的是人与自然对立的观念，必然导致人与自然关系恶化。例如，英国著名的泰晤士河因污染而导致"鱼类绝迹"，成为闻名于世的"臭河"，此种状况一直持续到20世纪80年代中后期；[46]在美国中北部地区的密执安、威斯康星和明尼苏达等地，森林覆盖率曾经在19世纪80年代高达50%，但是由于过渡砍伐使森林资源到了20世纪初就几乎枯竭了。生态环境恶化还导致沙尘暴肆虐，1935年至1975年间，美国大平原地区每年高达4000至6000平方公里土地遭沙尘暴破坏。[47]英美等发达国家在实现现代化过程中

45)《习近平著作选读》第1卷，人民出版社，2023，第60页。

46) 黄光耀、刘金源：《成功的代价——论英国工业化的历史教训》，《求是学刊》2003年第4期，第119页。

47) 张准、周密、宗建亮：《美国西进运动对环境的破坏及其对我国西部开发的

造成的环境问题，并非孤例，而是具有普遍性，著名的世界八大公害事件[48]就是典型反映。资本主义工业文明必然造成生态危机，而且无法彻底根治，究其根源就在于资本趋利性的价值逻辑本性与观念。目前，人类活动导致的全球气候变暖问题已严重威胁赖以生存与发展的唯一家园——地球，但美国却连续两次公然推翻签署的《京都议定书》和《巴黎协定》国际行动方案，使全球应对生态危机的目标化为泡影。

人类如何破解发展与环境保护的矛盾问题？中国共产党人从理论、历史、实践三个层面的结合中找出了答案。首先，在理论上中国共产党人继承马克思主义和中华优秀传统文化，历来"尊重自然、保护自然"。[49]其次，在历史逻辑方面，建国初期，毛泽东就提出"植树造林、绿化祖国"口号，20世纪80年代中国共产党人又将保护环境确立为基本国策。[50]进入新时代，习近平进一步提出"绿水青山就是金山银山"的"两山论"，倡导"山水林田湖草沙构成相依共存、有机关联的生命共同体"和"绿色发展"的理念，并贯穿于"五位一体"的"生态文明"建设中，"推动建设人与自然和谐共生的现代化"。[51]再次，在实践中着力推动"打好污染防治攻坚战"，践行"碳达峰、碳中和"的行动方案，致力于建设美丽中国和清洁美丽

　　启示》，《生产力研究》2008年第22期，第108页。
48) 世界"八大公害事件"：1930年比利时马斯河谷事件；1940年代初美国洛杉矶烟雾事件；1984年美国多诺拉事件；1952年英国伦敦烟雾事件；1953-1968年日本水俣病事件；1961年日本四日市哮喘事件；1968年日本爱知糠油事件；1955-1972年日本富山疼痛病事件。——《世界八大著名公害事件》，《中国城市经济》2008年第3期，第21页。
49) 习近平：《推动我国生态文明建设迈上新台阶》，《求是》2019年第3期，第4页。
50) 王彬彬、雒田梦：《人与自然和谐共生的现代化的生成逻辑、发展历程与实践进路》，《南昌大学学报（人文社会科学版）》，2023年第6期，第5页。
51)《习近平谈治国理政》第4卷，外文出版社，2022，第360页。

的世界。迄今，中国已打赢"污染防治攻坚战"，绿色发展取得历史性成就。归根结底，就是因为中国找到了打破旧式工业文明窠臼的钥匙，这就是走人与自然和谐共生的现代化之路，以实现"世界大同"的梦想。因此，中国基于"以人民为中心"的人本发展逻辑，超越了"资本至上"的西式现代化逻辑，不仅摆脱资本的束缚与控制，破解了资本逻辑的困局，而且使发展的人的目的性与主体性得到彰显，就为人类破解"生态危机"难题找到了出路与答案。

综上所述，人类历史发展到今天，致力于实现现代化已经是东西方国家共同的奋斗目标。首先由西方昭示并通过殖民路径实现现代化的"西方范式"，是建立在对广大的非西方国家的殖民地半殖民地化奴役与剥削基础上，呈现出资本主义残酷与血腥的面目；二战后纷纷独立的殖民地半殖民地国家，其实现现代化的艰难探索，迄今鲜有能保持国家独立自主地位而不依附美国的成功范例；曾经的世界上第一个社会主义国家苏联，在一度成功之后，也因种种失误最终崩溃瓦解，似乎也在证明现代化的探索之路只有西方资本主义的一条道路。但在回答"现代化之问"的历史进程也表明，现代化并没有统一的发展模式，其所蕴含的深刻内涵也是随着时代的演变不断丰富。人类现代化的历史实践，也深刻揭示世界上存在着两种现代化道路，即英美式西方现代化道路与中国式现代化道路。人类在追寻"现代化之问"的终极答案中，是资本至上为逻辑、还是以人民为中心为逻辑，是其根本"原点"。在此基础上，人类现代化进程留下的深刻启示，已经成为世界现代化的风向标，正在为世界之问、时代之问、历史之问、人类之问指明方向与道路。

第二节 中国式现代化新道路的鲜明特征和世界价值

人类历史发展到今天，致力于实现现代化已经是东西方国家共同的奋斗目标。现代化并没有统一的发展模式，其所蕴含的深刻内涵也是随着时代的演变不断丰富。中国共产党自1921年成立之日起，就将实现现代化作为孜孜以求的奋斗方向。历经100多年探索，中国式现代化道路已经呈现出了清晰的发展轮廓，开创了人类历史上具有重大影响力的现代化发展之路。

一、中国式现代化道路的形成过程

中国共产党坚持以马克思主义为理论指引，立足于中国实际，以百折不挠的奋斗精神，在经历了新民主主义革命、社会主义革命和建设、改革开放的百年艰辛探索后，开辟了一条中国式的现代化道路。回顾这段百年历程，对于理解中国式现代化道路的形成过程具有重要意义。

（一）新民主主义革命的胜利为探索中国式现代化道路提供了根本前提

自1840年在西方资本主义列强坚船利炮侵略中沦为半殖民地半封建社会后，中华民族的仁人志士一直都在不屈不挠地探索中华民族复兴之路。实践证明，太平天国运动、洋务运动、戊戌变法、辛亥革命等运动都无法使中国社会摆脱西方奴役的命运，实现现代化国家的目标。马克思主义传入中国，用马克思主义武装起来的先进知识分子，创立了中国共产党，从此中国革命的面貌焕然一新。以毛泽东为代表的中国共产党人立足于中国国情，创造性地将马克思主义基本原理与中国实际相结合，在实践中探索出了一条独特的中国革命道路——农村包围城市，武装夺取政权。沿着这条道路，党带领人民经历了28年的艰苦卓绝斗争，最终推翻了帝国主义、封建主义、官僚资本主义"三座大山"，打碎了旧中国，建立了工农联盟为基础的人民民主专政的新中国——中华人民共和国。总体来说，在新民主主义革命时期，党领导人民推翻了阻碍中国进行现代化建设的各种反动力量、寻找到了进行现代化建设的根本指导思想——马克思主义毛泽东思想、建立了领导中国进行现代化建设的根本力量——中国共产党、探索出了推进中国式现代化的正确道路——农村包围城市武装夺取政权，以及进行现代化建设的根本方法——坚持实事求是，从中国国情出发，这就为中国式现代化道路的形成奠定了根本前提。

(二) 社会主义革命和建设为现代化建设奠定了制度基础

新中国成立后，如何集中力量进行现代化建设，实现国家富强和人民幸福成为党和人民关注的问题。然而在中国这样经济文化落后的国家，如何实现现代化，探索之路极为艰辛。成立之初的新中国社会经济基础十分薄弱，中国共产党为尽快改变国家"一穷二白"的面貌，领导人民进行了三年的战后生产和经济恢复调整期，在国民经济全面恢复并获得初步发展的基础上，又创造性地制定了社会主义改造的路线，并以和平有序的方式完成了"三大改造"，最终确立了社会主义基本制度。正如邓小平所指出的"我国资本主义工商业社会主义改造的胜利完成，是我国和世界社会主义历史上最光辉的胜利之一"，52)成功实现了中国历史上最深刻最伟大的社会变革，为

---

52)《邓小平文选》第2卷，人民出版社，1994，第186页。

中国稳步推进现代化建设奠定了根本政治前提和制度基础。在"以俄为师"进行社会主义革命和建设的过程中，毛泽东发现以高度集中与优先发展重工业为特征的苏联模式，并不符合我国国情，其弊端导致我国各方面关系紧张。以毛泽东的《论十大关系》为标志，中国共产党人开始从"以俄为师"向"以苏为戒"转变，走中国式的工业化道路，开始艰辛探索自己的发展道路。[53]

概而言之，在政治上建立了人民代表大会制度、中国共产党领导的多党合作和政治协商制度、民族区域自治制度；在经济上，确立了全民所有制与集体所有制和按劳分配的经济制度；在现代化内涵上，提出了分"两步走"实现工业、农业、国防和科学技术的四个现代化的奋斗目标。

(三) 改革开放进程中提出了中国式现代化道路

"大跃进"和"文化大革命"的发生，使社会主义建设事业遭受重大损失和严重破坏。以"十一届三中全会"为标志，邓小平为核心的党中央深刻总结以往的经验教训，对中国能否实现以及如何实现现代化的问题进行了深刻思考，明确全党今后的工作重点是要坚定不移、一心一意搞农业、工业、国防和科学技术的现代化，开启了中国现代化建设的新时期。对于这个现代化，1979年12月，邓小平同日本首相大平正芳谈话时表示"我们要实现的四个现代化，是中国式的四个现代化。我们的四个现代化的概念，不是像你们那样的现代化的概念，而是'小康之家'"。[54]后来多次在会议或座谈会

---

53) 参见宋婷婷：《历程・特征・价值：论中国式现代化道路》，《黑龙江工业学院学报（综合版）》2022年第5期，第21-22页。——该文由石建国指导撰写，特此说明。

中，邓小平解释："我们搞的四个现代化有个名字，就是社会主义四个现代化。"[55]为实现这一目标，中国共产党坚持以改革开放作为推动中国现代化建设的动力，带领人民建设有中国特色的社会主义，注重学习和借鉴资本主义国家的先进技术与经验，利用其先进文明成果来加快发展社会主义社会生产力，并根据时代演进的新特点、新要求、新情况，制定了一系列符合国情的方针政策。[56]在这一时期，党基于全党和全国人民的共同利益，创造性地把社会主义与市场经济结合起来，积极稳妥地推进经济、政治、文化、民生等各方面建设。经过二十多年不懈奋斗，我国经济获得蓬勃发展，成功使国民经济翻了两番，实现了"三步走战略"前两步奋斗目标，人民生活达到了小康水平，在其他诸多方面都取得举世公认的成就，为在21世纪加速推进现代化建设奠定了坚实基础。

十六大之后，在"新三步走战略"引领下，中国共产党人紧紧抓住重要战略机遇期，以全面建设小康社会为目标，将"和谐社会"、"生态文明"建设纳入中国特色社会主义事业建设布局中，最终形成"五位一体"总体布局，使现代化建设的蓝图和路径更为清晰。十年的励精图治，经济总量从世界第六跃升到世界第二位，"社会生产力、经济实力、科技实力迈上一个大台阶，人民生活水平、居民收入水平、社会保障水平迈上一个大台阶，综合国力、国际竞争力、国际影响力迈上一个大台阶，国家面貌发生新的历史性变化"，[57]从而为中国式现代化建设奠定了更加坚实的基础。

54)《邓小平文选》第2卷，人民出版社，1994，第237-238页。
55)《邓小平文选》第3卷，人民出版社，1993，第181页。
56) 宋婷婷：《历程·特征·价值：论中国式现代化道路》，《黑龙江工业学院学报（综合版）》2022年第5期，第22页。
57)《胡锦涛文选》第3卷，人民出版社，2016，第617页。

总之，在邓小平、江泽民、胡锦涛的接续探索中，中国式现代化道路的轮廓日渐清晰，形成了以社会主义初级阶段基本路线为核心的中国式现代化的基本纲领和战略布局，奠定了中国式现代化事业飞跃发展的根本基石。

(四) 新时代中国式现代化道路的形成与创造

党的十八大以来，以习近平同志为核心的党中央，着眼于时代本质、特征，全面聚焦如何建设和实现现代化的重大问题，在原有建设成就的基础上继续完善国家根本制度体系，注重顶层设计和实践探索相结合，统筹推进"五位一体"总体布局、协调推进"四个全面"战略布局，持续深化改革，扩大对外开放，推动现代化建设进程迈上了新台阶。从2013-2022年间，以习近平同志为核心的中国共产党人带领人民攻坚克难、开拓进取，在经济、政治、文化、民生、生态、国防、外交、党的建设等各方面都取得了一系列重大成就，党的二十大报告称其是"伟大变革"的十年，而且得出结论："中国式现代化为人类实现现代化提供了新的选择"。[58]基于中国发展取得的新成就，早在党的十九大报告中就针对如何实现和建设现代化强国的问题给出了答案——"两步走"，明确将以往在本世纪中叶实现现代化"国家"的目标提高至"强国"的新高度，这是对现代化建设目标与内涵的进一步深化发展。面对世界百年大变局波谲云诡的国际形势，中国共产党精准把握时代脉搏，充分发挥中国特色社会主义制度的显著优势和巨大的治理效能，有效战胜了各类国际国内的风险挑战，实现了第一个百年奋斗目标，全面建成小康社会，将

---

58)《习近平著作选读》第1卷，人民出版社，2023，第13页。

实现建设现代化强国的目标向前推进了一大步。如今的中国，已站在现代化建设的新起点，沿着开辟的中国式现代化道路，按照"两步走"战略规划，正意气风发迈向第二个百年奋斗目标，最终实现中华民族复兴的伟大梦想。

历史充分证明，中国共产党人历经百年奋斗，已成功开辟了一条符合中国国情的现代化道路，其清晰的发展轮廓和丰硕辉煌的发展成果，都向世界表明其现实可行性。[59]因此，习近平精辟概括指出：是"创造了中国式现代化新道路，创造了人类文明新形态"。[60]

二、中国式现代化道路的主要特征

实现现代化是东西方国家共同致力于实现的目标，中国共产党团结带领中国人民经历了百年征程，探索出了有别于"西方范式"和"苏联模式"的"中国式现代化道路"。那么，中国式现代化道路为何与众不同，其独创性就体现在其特征上。

（一）坚持主体性与独立自主性，致力于开辟符合中国国情的现代化道路

新中国成立后，我们"以俄为师"，仿照"苏联模式"，建设新政权；根据苏联经验教训，结合自己国情，推动社会主义三大改造，取得社会主义革命的胜利。在以俄为师进行社会主义革命和建

---

59) 参见宋婷婷：《历程·特征·价值：论中国式现代化道路》，《黑龙江工业学院学报（综合版）》2022年第5期，第23页。——该文由石建国指导撰写，特此说明。
60)《习近平著作选读》第2卷，人民出版社，2023，第483页。

设的过程中，毛泽东发现苏联模式存在弊端和缺陷，于是，提出"以苏为戒"，走中国式的工业化道路，开始探索自己的发展道路。1957年3月，毛泽东首次明确提出要将我国建设成为"一个具有现代工业、现代农业和现代科学文化的社会主义国家"。[61]在此基础上，1964年12月底，周恩来在三届全国人大一次会议上正式宣布"把我国建设成为一个具有现代农业、现代工业、现代国防和现代科学技术的社会主义强国"，同时正式提出"分两步""实现四个现代化"。[62]由此，分两步走和实现四个现代化就构成了中国式现代化的初步成果。在毛泽东的领导下，沿着这条道路，我国初步建立了比较独立、完整的工业体系和国民经济体系，为国民经济的进一步发展打下了坚实基础。但是，由于当时的中国经济文化十分落后，中国共产党人对于走出一条适合中国国情的社会主义道路还缺乏规律性认识，再加上复杂的国际环境，使毛泽东在探索社会主义建设中发生了"文化大革命"这样严重的失误，付出了沉痛代价。

1978年十一届三中全会后，以邓小平为代表的中国共产党人经过反思，得出结论："我们的现代化建设，必须从中国实际出发"，"要根据自己的特点，自己国家的情况，走自己的路。我们既不能照搬西方资本主义国家的做法，也不能照搬其他社会主义国家的做法。"[63]于是，中国共产党人又开始了全新探索，以马列主义、毛泽东思想为指导，开启了改革开放的历史进程，走上建设有中国特色的社会主义发展道路。此后，党沿着开辟的中国特色社会主义道路，领导人民推进现代化建设，并不断推进理论创新，形成中国特

---

61) 《毛泽东文集》第7卷，人民出版社，1999，第268页。

62) 《周恩来选集》（下），人民出版社，1984，第439页。

63) 《邓小平文选》第2卷，人民出版社，1994，第164页；《坚持实事求是，一切从实际出发——〈邓小平年谱（1975-1997）〉摘登》，《党的文献》2004年第6期，第52页。

色社会主义理论体系和马克思主义中国化时代化的最新成果——习近平新时代中国特色社会主义思想，以此作为中国式现代化道路的引领旗帜，保障了在中国这样的人口规模巨大的国家，现代化建设的航船不偏离航道。在此过程中，一代代中国共产党人不仅不断吸收世界上积极有益的现代性因素，同时又深深植根于中国现实国情，由邓小平率先提出的"三步走发展战略"、江泽民一脉相承又与时俱进提出"新三步走发展战略"，到新时代习近平又承上启下提出了"两步走发展战略"，在接续奋斗的历史进程中，将"中国特色社会主义现代化道路"越走越宽广，成功创造了有别于"西方范式"和"苏联模式"的中国式现代化道路。

从"以俄为师"到"以苏为鉴"，从提出到形成"中国特色社会主义现代化道路"，再到党的二十大系统阐述中国式现代化的具体特征及其本质，皆彰显了人口规模巨大的中国道路的主体性和独立自主性，从理论和实践上为中国式现代化奠定了坚实基础，开辟了人类现代化道路的新境界。[64]

(二) 坚持以人民为中心，致力于实现共同富裕的现代化道路

"人的自由而全面发展"是马克思主义的最高理想和对人的终极关怀。[65]要实现这一理想，一是生产力的发展为前提条件，二是"生产将以所有的人富裕为目的"。[66]从人类历史看，在已实现现代

---

64) 参见宋婷婷：《历程·特征·价值：论中国式现代化道路》，《黑龙江工业学院学报（综合版）》2022年第5期，第23页。——该文由石建国指导撰写，特此说明。

65) 李娉：《新时代"人的自由而全面发展"的理想与现实》，《天中学刊》2020年第6期，第1页。

66)《马克思恩格斯选集》第2卷，人民出版社，2012，第787页。

化的西方社会中，富裕却只是少数资本家特有的现象，大多数无产阶级因受资本家的剥削和压迫而陷入贫穷。由于私有制的存在，西方发达国家很难破解"共同富裕"的难题。正如习近平所言："一些发达国家工业化搞了几百年，但由于社会制度原因，到现在共同富裕问题仍未解决，贫富悬殊问题反而越来越严重"。[67]中国共产党将实现共同富裕视为始终不变的执政理念，并作为社会主义现代化的一个重要目标。[68]多年来，中国共产党坚持以人民为中心，扎实推进区域平衡协调发展、逐步改善居民收入分配格局、着力解决绝对贫困问题、提升人民生活水平等，特别是打赢"脱贫攻坚战"，推动共同富裕的目标取得了实质性进展，彰显了党全心全意为人民服务的"人民性"立场。因此，中国式现代化道路就是一条坚持以人民为中心，致力于实现全体人民共同富裕的现代化道路。值得一提的是，实现共同富裕不可能一蹴而就，也不可能一帆风顺，是一个充满荆棘挑战、十分漫长的过程。但只要一代代中国共产党人在新发展征程上继续走好中国式现代化道路，坚持脚踏实地、久久为功，随着中华民族伟大复兴"中国梦"的实现，共同富裕一定能够成为中国人民"看得见、摸得着"的目标。

（三）坚持物质文明与精神文明协调发展，致力于实现人的全面发展的现代化道路

社会主义、共产主义之所以打动人心，最根本的就在于致力于实现人的全面发展，为人的全面解放准备条件。中国共产党百年以

---

67) 习近平：《扎实推进共同富裕》，《求是》2021年第20期，http://www.qstheory.cn/dukan/qs/2021-10/15/c_1127959365.htm。

68) 习近平：《准确全面贯彻新发展理念，确保"十四五时期我国发展开好局起好步"》，《人民日报》2021年1月30日第1版。

来领导中国人民进行革命、建设和改革的历史进程，本质上就是不断解放和发展生产力，实现现代化的过程。由于近代以来积贫积弱的半殖民半封建社会的国情，中国的现代化极为不易，走过了"站起来"、"富起来"到"强起来"的艰难历程，如今最终大踏步赶上了时代，并在长期探索和实践基础上，成功走出了物质文明与精神文明协调发展的现代化之路。中国共产党秉持"物质贫困不是社会主义，精神贫乏也不是社会主义"的理念与方针，[69]坚持"两手都要硬"，以"三步走"、"新三步走"和"两步走"战略为抓手，规划和引领中国的现代化建设道路，围绕物质文明、政治文明、精神文明、社会文明、生态文明"五位一体"协调发展，全面建设社会主义现代化强国。在物质文明建设方面，实现经济持续性飞跃发展，成功跃居世界第二，彻底解决"绝对贫困"问题，创造人类历史的奇迹。在精神文明建设方面，以习近平新时代中国特色社会主义思想为代表的先进文化引领时代，社会主义核心价值观深入人心，中华文明创造性转化创新性发展成果显著。物质文明与精神文明相互促进、协调发展，中国人民、中华民族的面貌发生巨大改变，"四个自信"就全面彰显了人的现代化在当代中国发展和取得的历史性进步与成就。

（四）坚持绿色发展，致力于实现人与自然和谐共生的现代化道路

人与自然之间的关系是马克思主义经典作家一直不断思考和关注的问题。环顾人类历史，欧美等资本主义国家在实现现代化的过

---

69)《习近平著作选读》第1卷，人民出版社，2023，第19页。

程中，资产阶级为超额利润驱使，过度掠取自然资源，破坏生态环境，造成人与自然关系极为紧张。诸如二十世纪发生的世界"八大公害事件"，就极大破坏了人与自然之间的和谐关系。近年来，伴随着生产力的高速发展，诸如日本福岛核泄漏事件、美国火车脱轨毒气泄漏事件、加拿大山火事件等生态环境灾异事件在世界范围内大规模频繁发生，已然成为制约人类社会发展的桎梏。中国在推进现代化的进程中并没有承袭西方"先污染，后治理"的现代化老路，而是探索出了一条坚持经济增长与生态环境保护并重，走绿色发展，致力于实现人与自然和谐共生的现代化道路。党的十八以来，以习近平同志为核心的党中央为实现"美丽中国"的现代化强国目标提出了如"两山"理论、"绿色"新发展理念、低碳循环可持续发展等诸多新思想新理念新战略，为实现人与自然的和谐共生擘画了发展蓝图与实践路径。总之，中国在推进现代化的进程中坚持物质文明与生态文明协调发展，在创造出巨多财富的同时，也为满足人民对优美生态环境的需要提供了多种优质生态产品，是中国式现代化道路的一个重要特征。

(五) 坚持合作共赢，致力于以和平方式实现发展的现代化道路

西方发达国家在实现现代化的过程中，在世界上制造出了压迫民族与被压迫民族，宗主国与殖民地、半殖民地的矛盾，呈现出了资本主义残酷与血腥的面目。中国在1840年鸦片战争时还处在封建社会，正是资本主义的扩张将中国强行拖入半殖民地的漩涡，被迫走上了近代化的艰难转型道路。新中国诞生后，中国现代化开启了划时代序幕。由于中国独特的历史背景、文化传统与社会制度，因此，中国现代化与西方国家有着本质的区别，走的是和平发展道

路。经过多年奋斗，与新中国成立之初相比，如今的中国不再是世界文明的"远东"和"边缘"，而是世界上现代化规模最大的国家，具有世界性影响力和塑造力的强大力量。[70]在这一历史进程中，中国一如既往地保持"绝不会称霸、绝不会搞扩张"的和平本色，秉持一贯的"仁者爱人"、"和合太和"的理念，从未主动挑起与别国的冲突与战争，更没有占领别国的一寸土地。当前百年变局与传统和非传统安全交织，世界性危机、风险和冲突频发，一些国家以邻为壑，丛林原则大行其道，制造冲突拱火浇油，中国却从未借"疫"生乱、制造冲突与乱局牟"利"，始终秉持人类命运共同体理念参与全球抗疫、劝和促谈，以积极有效的行动不断为人类和平与稳定作出贡献，彰显出中国式现代化的独特魅力与价值。[71]

中国式现代化彰显的上述五方面特征，是阶段性成就的反映与体现，并不是中国式现代化模式的全部。随着时间与实践的推移，中国式现代化将日渐丰富和发展，展现出更多方面的特质，从而为推进人类现代化进程做出更大的贡献。

三、中国式现代化道路的世界价值

中国式现代化道路具有极为鲜明的中国特色、中国风格和中国气派，其产生的伟大意义绝不仅限于推动中国实现"中国梦"，它还为解决人类社会发展难题贡献了中国智慧，"中国式现代化蕴含的独特世界观、价值观、历史观、文明观、民主观、生态观等及其伟

70) 王公龙：《构建人类命运共同体思想研究》，人民出版社，2019，第56页。
71) 参见宋婷婷：《历程·特征·价值：论中国式现代化道路》，《黑龙江工业学院学报（综合版）》2022年第5期，第23-24页。——该文由石建国指导撰写，特此说明。

大实践，是对世界现代化理论和实践的重大创新"。为众多发展中国家走向现代化树立了典范、贡献了中国经验、提供了全新选择。[72]

（一）为实现中华民族伟大复兴的中国梦注入了强劲动力

鸦片战争后中国开始沦为半殖民地半封建社会，这就决定了党今后团结带领全国各族人民一切奋斗、牺牲、创造的主题是为了实现民族振兴的历史重任。正如邓小平所言："我们集中力量搞四个现代化，是着眼于振兴中华民族。没有四个现代化，中国在世界上就没有应有的地位。"[73]100多年前，中华民族向世界呈现出衰败的景象。100多年后，在中国共产党的领导下，已成功走出了一条有别于西方的现代化道路。中国作为世界上最大的发展中国家，经济实力、国际影响力、文化软实力、科技创新力等迈上了新台阶，拥有了超大规模的消费市场、无限的消费潜力和完整的工业体系，已经成为世界第二大经济体、第一大工业国、第一大货物贸易国、第一大外汇储备国，[74]比以往任何一个历史阶段都更接近实现建设社会主义现代化强国的目标。目前，中国已步入新发展阶段，开启了全面建设社会主义现代化强国的新征程。在新起点上，以习近平为代表的中国共产党人通过"二十大"为未来设计了蓝图和施工图，只要继续沿着"中国道路"稳步前进，相信其必将以更富生机活力的中国式现代化发展态势推进中华民族振兴的历史进程。

占人类五分之一人口的中国，以中国式现代化实现中华民族伟

---

72)《习近平在学习贯彻党的二十大精神研讨班开班式上发表重要讲话，强调正确理解和大力推进中国式现代化》，《人民日报》2023年2月8日第1版。

73)《邓小平文选》第3卷，人民出版社，1993，第357版。

74) 习近平：《把握新发展阶段，贯彻新发展理念，构建新发展格局》，《求是》2021年第9期，第15页。

大复兴，将是人类现代化进程中最伟大的成就，是对人类发展进步最伟大的贡献。而且，14多亿中国人民在实现中华民族伟大复兴进程中，实现现代化的梦想，本身就是最伟大的人间奇迹，创造了彪炳史册的世界现代化的历史奇观。

（二）向世界提供了新型的世界观、价值观、历史观、民主观、文明观和生态观

人类现代化的历史进程昭示世界，西方现代化蕴含着独特的发展逻辑，已形成特有的世界观、价值观、历史观、民主观、文明观和生态观。与之相对应，中国能够突破西方的藩篱与围堵，成功探索出中国式现代化道路，其中就蕴含新型的世界观、价值观、历史观、民主观、文明观和生态观，从而给世界指明了新的发展方向和贡献了力量。

西方现代化的世界观，奉行强权逻辑、丛林法则和赢者通吃的对抗性的零和博弈思维，导致严重的贫富两极分化问题，从而形成富裕的西方发达国家为中心、广大贫穷的发展中国家为附庸的二元对立世界。基于中国现代化的历史进程，以中国式现代化的世界观，全面扬弃西方中心主义的世界观，摒弃国强必霸思维，走共建共享共赢之路和和平、合作与发展人间正道，构建人类命运共同体，彰显了让现代化成果更多更公平惠及各国人民的世界观特质。

西方现代化的价值观，基于资本增殖扩展掠夺的资本主义发展逻辑，形成资本就是西方现代社会和西方现代化发展的轴心，从而决定了西方现代化的价值追求就是以资本为中心。中国式现代化的价值观则不同，基于马克思主义共产主义社会和人的全面自由发展的最高价值追求，奉行以人民为中心的发展思想，倡导弘扬和平、

发展、公平、正义、民主、自由的全人类共同价值，与各国合作共赢，是为人类谋进步、为世界谋大同的现代化，彰显以人民为中心的鲜明价值观。

西方现代化的历史观，是"西方中心论"的线性历史观，凸显西方现代化范式的先验性与普世性，将其强加于世界各国，从而客观上成为世界现代化的阻遏因素。中国式现代化的历史观则不同，是与中华民族伟大复兴的历史进程紧密联系，基于历史使命与独立自主探索的自主意识，遵循世界现代化历史规律，既吸收人类现代化的一切有益成分，又基于自己的发展实际开拓创新，在普遍性与特殊性的结合中实现了超越，形成蕴含独特历史观的中国式现代化道路。

西方现代化的民主观，打着民主、自由、人权的旗号，实行"三权分立"的代议制民主，其实质是为实现资本家的利益服务的，民主本质上就是私有制下资本的民主，由此必然带来的结果是少数人的民主和多数人的不民主。中国式现代化的民主观，打破了西方代议制民主的弊端，奉行全过程人民民主，以实现人民当家作主为本质和核心，充分发挥协商民主优势，是全链条、全方位、全覆盖的民主，也是最广泛的、最真实的、最管用的民主。中国式现代化的民主观，更具说服力、吸引力、引领力，为世界民主观的发展注入强劲动力。

西方现代化的文明观，是传统与现代二元对立的文明观，奉行倚强凌弱的霸权强权逻辑，宣扬"文明优越论""文明冲突论"，造成西方为中心、唯我独尊，从而封堵世界文明交流互鉴之路。中国式现代化文明观，倡导"尊重世界文明多样性，以文明交流超越文明隔阂、文明互鉴超越文明冲突、文明共存超越文明优越"，主张通过和而不同、兼容并包实现现代性和传统性的有机结合，从而探索创造具有包容性的人类文明新形态。

西方现代化的生态观，基于以资本为中心追求利润最大化，秉持人类中心主义的生态观，造成全球性生态环境问题愈演愈烈，延缓甚至阻滞世界现代化进程。中国式现代化生态观，汲取西方生态观的教训，顺应人类只有一个地球的现实，提出绿水青山就是金山银山的理念，形成人与自然和谐共生的生态观，从而超越了人与自然对立的西方生态观。[75]

上述中国式现代化蕴含的观念，揭示了西方现代化的弊端与局限性，极大丰富和发展了世界现代化的理论，也将成为人类现代化的镜鉴。

(三) 为发展中国家走向现代化贡献了中国经验

世界上每个国家和地区都存在着不同的历史传统、文化理念、社会制度和发展道路，其现代化建设应从自身实际出发，选择符合国情的现代化道路。世界现代化的历史已表明，广大的发展中国家倘若在推进现代化进程中一味模仿或者照搬照抄别国发展模式，就会因"水土不服"引发各类问题与矛盾，对其处理不当，甚至导致政治动荡、国家分裂。中国式现代化道路的成功开辟，从根本上证明西方国家的现代化道路并不是通往现代化的唯一模式。一代代中国共产党人始终立足于中国实际，在吸收借鉴其他现代化文明基础上，既遵循现代化建设的一般规律，也注重"走自己的路"，最终开拓创造了中国式现代化道路。党的十八大以来，以习近平为代表的中国共产党人领导中国人民不断推进理论和实践创新，成功推进和拓展了中国式现代化，"为中国式现代化提供了更为完善的制度保

---

75) 张怡恬、何民捷、赵渊杰：《深入研究中国式现代化蕴含的世界观、价值观、历史观、文明观、民主观、生态观》，《人民日报》2023年3月27日第9版。

证、更为坚实的物质基础、更为主动的精神力量"，党的二十大概括阐述了中国式现代化的理论，成为科学社会主义的最新重大成果。[76]中国共产党带领人民团结奋斗的百年历程向世人昭示，现代化既没有放之四海而皆准的标准，也没有统一的发展模式，中国式现代化道路就为世界上的广大发展中国家推进现代化提供一定的经验参考。实际上，早在1956年毛泽东就指出"中国的经验只能提供作为参考，各国应根据自己国家的特点决定方针、政策，把马克思主义同本国特点结合起来。"[77]因此，发展中国家在推进现代化建设中应从本国国情出发，将世界上一些已经走上现代化道路国家的成功经验和有益成果融入到自身发展的具体实践中，从而形成独具本国特色和风格的现代化发展之路。

(四) 为人类破解全球性难题贡献了中国智慧和中国方案

伴随着全球化的进程，国与国之间的联系日趋紧密，人类相互依存度日益提升。然而，随着百年大变局骤然加速，恐怖主义、气候变化、重大传染性疾病等非传统安全威胁接连不断，与传统安全威胁相互交织，对人类社会发展构成了巨大威胁。在此背景下，各国不再是孤舟独桨，唯有全人类团结合作，才能成功应对风险、战胜挑战。中国共产党在带领人民推进现代化的进程中，始终将中国与世界的前途命运联系在一起，据此思考和定位中国的责任与担当，高瞻远瞩地提出了构建人类命运共同体的伟大倡议。这一倡议传承和平、和睦、和谐的中华优秀传统文化，顺应了"和平与发展"

---

76)《习近平在学习贯彻党的二十大精神研讨班开班式上发表重要讲话，强调正确理解和大力推进中国式现代化》，《人民日报》2023年2月8日第1版。

77)《毛泽东文集》第7卷，人民出版社，1999，第64页。

的时代潮流，超越了不同国家、民族和意识形态的偏见，主张人类社会共存共在、共生共享、共赢共荣，是中国共产党为人类破解全球性难题，促进人类文明进步发展所贡献的中国智慧和中国方案。以消除绝对贫困为例，这是已实现现代化的西方国家都未能实现的目标，而14多亿中国人民在现代化进程中却实现了，这本身就是对西方现代化范式的极大讽刺。

实现现代化是近代以来东西方国家共同的伟大梦想。首先由西方昭示并通过殖民路径实现现代化的"西方范式"，是建立在对广大的非西方国家的殖民地半殖民地化奴役与剥削基础上，呈现出资本主义残酷与血腥的面目；二战后纷纷独立的殖民地半殖民地国家，其实现现代化的艰难探索，迄今鲜有能保持国家独立自主地位而不依附美国的成功范例；曾经的世界上第一个社会主义国家苏联，在一度成功之后，也因种种失误最终崩溃瓦解，似乎也在证明现代化的探索之路只有西方资本主义的一条道路。中国共产党人不信邪，在创立时选择信仰和高举马克思主义的旗帜，以实现社会主义、共产主义为奋斗目标，走上实现现代化的探索之路。经过中国共产党人的长期探索，中国式现代化道路已经呈现出清晰的发展轮廓，并以显著成效呈现其现实可行性，其鲜明的"中国式"现代化特征在世界上大放异彩。由此，人类历史上出现了有别于"西方范式"的"中国特色社会主义现代化道路"。中国式现代化道路不仅是中国成功跻身世界强国之林的有力武器，更昭示了曾经的殖民地半殖民地等落后国家只要选择道路正确，一样可以实现现代化的梦想，就为广大发展中国家走向现代化提供了全新的选择。中国式现代化道路正在成为人类社会新的指路明灯，未来中国共产党人只要继续保持高度的历史自觉与使命担当，持续推进中国式现代化道路向前发展，坚定维护世界和平发展的局面，以自身积淀的经验为解决人类共有难题贡献中国力量、智慧和方案，不断推动构建人类命运共同体的目标取得实质性进展，那么，人类通向共产主义的大同之路将不再是遥不可及的梦想。[78]

第三节　中国式现代化对发展中国家的意义

当今世界正处于百年未有之大变局之中。从时间维度来看，百年是一个长时段的跨度；从空间维度来看，大变局不仅限于中国，还是世界之变、全球之变；从关键点来看，百年未有之大变局，"变"是其核心，变什么、如何变、变到哪里，都是值得关注和研考的问题。马克思说："观念的东西不外是移入人的头脑并在人的头脑中改造过的物质的东西而已。"[79]中国作为百年大变局的推动力量，不仅注重自身的发展，还强调对世界的责任与贡献。中国式现代化，就呈现的是自身在国际事务中发挥的作用与影响力，特别是为广大发展中国家实现现代化指明了方向。

一、"百年未有之大变局"，是对当今国际政治经济格局深刻变化的强有力揭示

2018年6月，习近平在中央外事工作会议上指出："当前中国处于近代以来最好的发展时期，世界处于百年未有之大变局，两者同

---

78) 参见宋婷婷：《历程·特征·价值：论中国式现代化道路》，《黑龙江工业学院学报（综合版）》2022年第5期，第24-25页。——该文由石建国指导撰写，特此说明。

79)《马克思恩格斯选集》第2卷，人民出版社，1995，第217页。

步交织、相互激荡。"80)所谓"大变局",绝非用"量变"可以分析概括的,确切表述应为"质变",再具体一点可以形容为"渐进性质变"。从更宏观的视角观察当今世界政治经济格局的变化趋势,可以发现其主要表现在:政治中心"东升西降"、经济实力"南盛北衰"以及全球治理体系的"新老更替",这是进入21世纪以来世界演进和发展的趋势和结果。

(一) 政治中心"东升西降",发展中国家正实现群体性崛起

进入21世纪,特别是2008年国际金融危机爆发后,国际格局加快演变,新问题、新挑战层出不穷,以美国为首的西方发达国家的国际影响力日趋衰弱,广大发展中国家则积极求变、应变,强起来的势头日趋明显。世界政治中心正面临周期性转移,其主要表现为发展中国家群体性崛起。政治中心转移从侧面证明霸权国家、单边行径、保护主义、"美国优先"等错误思潮正日暮西山。随着中国为代表的发展中国家群体性崛起,不仅改变了既有的国际结构性关系,加剧了西方国家的焦虑感、紧迫感、危机感。而且,在政治中心发生"东升西降"转变的过程中,中国在其中扮演着举足轻重的角色,成为推动发展中国家经济增长的主要动力,同时也是百年大变局的重要参与者、实践者、引领者。

2017年12月,习近平首次提出"放眼世界,我们面对的是百年未有之大变局。"81)2018年7月,习近平出席金砖国家峰会时再次指出:"当今世界正面临百年未有之大变局"。82)由此"百年未有之大变局"这一重大论断正式进入国际视野。该论断主要凸显出世界政

80) 习近平:《论坚持推动构建人类命运共同体》,中央文献出版社,2018,第539页。
81)《习近平谈治国理政》第3卷,外文出版社,2020,第421页。
82)《习近平谈治国理政》第3卷,外文出版社,2020,第444页。

治中心的变化，特别是发展中国家群体性崛起所导致的"东升西降"的变化。应当警醒的是，"东升西降"并非是要一味"唱衰西方，抬高东方"，也不是单一地凸显新兴经济体不可逆转的崛起。因为"大变局"最终的结果，也有可能是大失败抑或大倒退，危机感将促使各国在宏阔的时空维度中更有耐心、眼光，寻求稳定和发展。

（二）经济实力"南盛北衰"，南北力量对比呈现均衡性发展

习近平之所以提出"百年未有之大变局"的重要论断，重点在于中国重新成为世界经济增长的主要动力。而抓住这个关键变量，是理解百年大变局的核心之一。[83]根据世界银行2017年公布的数据，2016年发展中国家的经济总量已占到世界经济总量的54%，占全球经济增长的65%以上。如图4所示，2008年发展中国家经济总量首次超过发达国家，这一趋势不断扩大。其中，中国经济2021年GDP总额为17.7万亿美元，印度自2015年以来连续3年取得7%以上的经济增长，成为全球增长最快的主要经济体，2021年印度GDP达到约3.2万亿美元；此外，巴西、俄罗斯、印尼、土耳其等国家由于受政治、经济等多方面影响，经济增长虽有所起伏，但从中长期发展看增长潜力巨大。[84]总体上，新兴市场国家和发展中国家与发达经济体的差距正逐渐缩小，"南盛北衰"的势头正逐渐显现。

---

83) 钟飞腾：《大变局中的周边格局》，载张蕴岭主编《百年大变局：世界与中国》，中共中央党校出版社，2020，第171页。

84) 参见世界银行数据库，https://data.worldbank.org.cn/country/china?view=chart、https://data.worldbank.org.cn/country/india?view=chart。

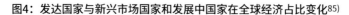

图4：发达国家与新兴市场国家和发展中国家在全球经济占比变化[85]

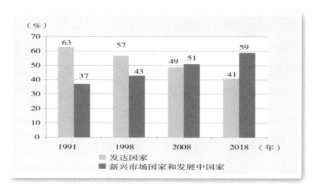

客观来看，尽管各发展中国家的国内生产总值总量高，但由于新兴经济体国家的人口基数大，人均国民收入同发达经济体之间仍有不小差距。从表3数据可清晰发现，新兴经济体中仅有极少数国家人均国民收入超过1万美元，而发达经济体国家则均在4万美元以上，二者差距明显。然而从总量上看，发展中国家相对于发达国家的经济增长优势，无疑将进一步扭转发达国家长期主导世界的格局，对以西方为中心的国际秩序形成挑战。[86]普华永道报告预测，预计全球经济总量在2042年会比2016年增加2倍，同时全球年均经济增长率为2.5%，其中发达经济体为1.6%，而发展中经济体为3.3%，其中，中、印、印尼、俄、巴西、墨、土耳其七国能达到3.5%。[87]预计2050年，这7个新兴经济体经济总量将占全球GDP近一

85) 中华人民共和国国务院新闻办公室：《新时代的中国与世界（白皮书）》，人民出版社，2019，第40页。

86) 沈铭辉、秦升：《大变局中的世界经济》，载张蕴岭主编《百年大变局：世界与中国》，中共中央党校出版社，2020，第83页。

87) 传统G7国家：G7产生于东西方对峙的冷战时代，自1973年倡议创始的G5（法国、美国英国、联邦德国和日本），1975年意大利参会变为G6，1976年又吸收加拿大加入，从而正式形成一年一度的定期会晤机制G7。冷战结束

半，而传统G7国家的占比将缩减至20%。基于历史经验、国家现实和世界情势，发展中经济体只要善于把握时代大势、紧跟发展潮流、凝聚共识、积极行动、经受考验、共同发展，就能以"变局"之机谋国家发展之机遇，实现共同繁荣。

表3：2019-2021年发达经济体和新兴经济体GDP及人均国民总收入统计表[88]

类别 \ 项目	国家	2019年国内生产总值（单位：亿美元）	2019年人均国民总收入（单位：美元/人）	2020年国内生产总值（单位：亿美元）	2020年人均国民总收入（单位：美元/人）	2021年国内生产总值（单位：亿美元）	2021年人均国民总收入（单位：美元/人）
发达经济体	美国	214277	65280	209366	63028	229961	69288
	英国	28271	42354	27077	41098	31869	47334
	法国	27155	40380	26030	39037	29375	43519
	德国	38456	46468	38061	46253	42231	50802
	日本	50818	40113	50487	39918	49374	39285
	加拿大	17364	46327	16434	4325	19908	52051
	意大利	20012	33567	18864	31835	20999	35551
新兴经济体	中国	143429	10217	147227	10409	177341	12556
	印度	28751	2101	26230	1933	31734	2277
	巴西	18398	8897	14447	6815	16090	7519
	俄罗斯	16999	11498	14835	10162	17758	12173
	墨西哥	12583	9946	10762	84320	12930	9926
	印尼	11192	4135	10584	3871	11861	4292
	土耳其	7544	9127	7201	8536	8153	9587

以后，G7自1991年起吸收俄罗斯参与G7峰会，至1997年正式被接纳，G7由此变为八大工业国集团（G8），但因2014年乌克兰危机中俄罗斯"收回克里米亚半岛"，遂被冻结会籍至今，G8因而也恢复为G7。——转引自石建国：《马克思主义中国化理论发展新境界与中国发展变革研究》，上海三联书店，2019，第161页。

[88] 参见国家统计局编《中国统计年鉴2020》，http://www.stats.gov.cn/sj/ndsj/2020/indexch.htm；国家统计局编《中国统计年鉴2021》，http://www.stats.gov.cn/sj/ndsj/2021/indexch.htm；中华人民共和国年鉴编辑部编《中华人民共和国年鉴2022》，中华人民共和国年鉴社，2022，第1082页。

(三) 治理体系"新老更替"，全球治理格局加速重组与变革

如何理解全球治理体系的"新老更替"？在百年大变局中，全球治理体系正朝着何种态势重组与改革？实际上，重组与变革的过程就是中国参与国际治理体系"新老更替"，并与世界积极互动的过程。中国共产党人密切关注全球治理方向，积极做全球治理体系改革的参与者、推动者，并根据世界形势不断进行自我调整，在实践中逐渐形成了独具中国特色的全球治理观。早在2015年9月，习近平在接受美国《华尔街日报》书面采访时就强调："全球治理体系是由全球共建共享的，不可能由哪一个国家独自掌握。"89)从全局性、历史性双重角度来看，美国实际上并未真正进入到所谓的"霸权衰退期"，而新型大国也仍未达到可取美国而代之的程度和高度。国际上普遍预测，2030年前后中国经济总量将超越美国，替代美国长期以来世界第一大经济体的地位。这样一来，受角色、地位转变的影响，世界势必会出现不小的波动。中国通过联合国、G20、亚太经合组织、金砖国家组织、上海合作组织等平台积极推动构建新型国际新秩序，推进全球治理体系的重构与变革。正如习近平在世界经济论坛"达沃斯议程"对话会中所言："世界正在经历百年未有之大变局，既是大发展的时代，也是大变革的时代。"面对百年未有之大变局，对于大国和崛起国，特别是对发展中国家而言，全球治理格局加速变革、治理体系不断转型和创新，机遇大于挑战。概言之，"21世纪的多边主义要守正出新、面向未来，……在广泛协商、凝聚共识基础上改革和完善全球治理体系。"90)

---

89)《习近平接受〈华尔街日报〉采访：坚持构建中美新型大国关系正确方向，促使亚太地区和世界和平稳定发展》，《人民日报》2015年9月23日第1版。
90)《习近平谈治国理政》第4卷，外文出版社，2022，第463页。

二、"百年未有之大变局"，为发展中国家实现跨越式发展提供重大历史机遇

习近平认为"当今世界正经历百年未有之大变局，世界多极化、经济全球化处于深刻变化之中，各国相互联系、相互依存、相互影响更加密切"，[91]深刻揭示"大变局"体现出的全局性、阶段性、动态性三大特征。广大发展中国家要着眼于世界发展趋势，紧抓百年大变局提供的历史机遇，运用新思维寻找新方式，乘势而上，实现历史性的跨越发展。

（一）从全局性来看，和平发展的时代主题提供了总体发展有利的国际环境

中国共产党人历经百年征程，实现了从站起来—富起来—强起来的伟大跨越，用中国发展取得的显著成就向世人昭示——"当今世界，殖民主义、霸权主义的老路不仅走不通，而且一定会碰得头破血流。所以，中国坚定不移走和平发展道路，多次公开宣示，中国反对各种形式的霸权主义和强权政治，不干涉别国内政，永远不称霸，永远不搞扩张。"[92]对此，通过2020年习近平同外国领导人的会见就能清晰地感知其中传递的讯息——只有争取到和平的环境，才能顺利地发展。此外，2020年初至2022年底，习近平同外国领导人的数百条函电，"和平与发展"的主旨始终贯穿其中，而这清晰反映了中国对当前世界变化的看法，也有利于中国同其他国家、地区关系的健康发展。正如习近平所说：当今世界，开放包容、多元互鉴是

---

91)《习近平谈治国理政》第4卷，外文出版社，2022，第424页。
92)《习近平总书记系列重要讲话读本》，学习出版社、人民出版社，2014，第149页。

主基调，相互联系、相互依存是大潮流，和平、发展、合作、共赢是主旋律。93)尽管当前世界存在诸多矛盾与挑战，但和平与发展仍是时代主题，就为发展中国家的和平崛起提供了良好的外部环境。

任何时代主题都是特定历史环境的产物。疫情带来的冲击与挑战，无疑使"和平与发展"的时代主题继续深刻影响未来的国际大环境与大格局，也会逐渐消融国与国发展中的不和谐音调，意味着"每一个毛孔都带着血和肮脏的东西"94)的时代终将消失在历史长河中。

（二）从阶段性来看，经济全球化大势为加强中国同发展中国家的深度互动提供了重要契机

"历史同认识一样，永远不会在人类的一种完美的理想状态中最终结束，……一切一次更替的历史状态都只是人类社会由低级到高级的无穷发展进程中的暂时阶段。"95)从世界近百年来的发展历程看，每一个阶段都具有必然性，而历史发展往往有许多惊人之处，中国同发展中国家的深度互动就是如此。虽然目前世界上欧美多国呈现出"逆全球化"趋向，但随着时代发展，人类命运与共，你中有我、我中有你，世界已然高度凝聚成一个整体，"反全球化"现象终将消弭。而顺应全球化趋势的发展中国家，无疑将会成为时代的主角，中国则注定在其中扮演执牛耳的角色。正如罗素在《中国问题》中所谈到的："中国的人口占到全世界的四分之一，所发生的问题即使对中国以外的任何人没有影响，本身也具有深远的重要

---

93) 参见习近平：《共倡开放包容共促和平发展——在伦敦金融城市长晚宴上的演讲（2015年10月21日，伦敦）》，《人民日报》2015年10月23日第2版。

94)《马克思恩格斯文集》第5卷，人民出版社，2009，第871页。

95)《马克思恩格斯文集》第4卷，人民出版社，2009，第270页。

性，事实上，在未来的两个世纪里，无论中国朝好的方向发展，还是朝坏的方向发展，都将对世界的局势产生决定性的影响。"96)伴随着中国"一带一路"倡议的深入推进，亚非拉等国家和地区的经济潜力逐渐被激活，全球经济重心则由发达经济体逐渐向发展中经济体倾移。如表4所示，中国在2018-2022年的五年间，GDP全球占比始终是呈上升趋势，其他发展中国家也有所上升；而美、欧盟、日、英等发达经济体则是除美国外，总体衰落，并不稳定。从侧面反映出，中国同发展中国家的经济发展是循序渐进，不断取得进展的，而这也有助于提升发展中国家的国际影响力。

表4：若干经济体2017-2022年GDP全球占比数据统计表97)

	2017	2018	2019	2020	2021	2022
中国	15.1370%	16.0925%	16.2999%	17.3811%	18.3720%	17.8628%
美国	24.0302%	23.8719%	24.4650%	24.7170%	24.1538%	25.3204%
欧盟地区	18.1096%	18.4803%	17.8454%	17.9359%	17.7954%	16.5484%
日本	5.9843%	5.7385%	5.7813%	/	5.1186%	4.2075%
德国	4.5170%	4.5885%	4.4073%	4.4933%	4.4132%	4.0494%
英国	3.2738%	3.3092%	3.2312%	3.1967%	3.2440%	3.0535%
印度	3.2603%	3.1283%	3.2765%	3.0966%	3.2906%	3.3662%
法国	3.1831%	3.2272%	3.0996%	3.0730%	3.0643%	2.7674%
意大利	2.4063%	2.4219%	2.2885%	2.2271%	2.1835%	1.9992%
加拿大	2.0280%	1.9942%	1.9879%	1.9401%	2.0599%	2.1279%
俄罗斯	1.9356%	1.9195%	1.9261%	1.7514%	1.8428%	2.2279%
巴西	2.5373%	2.2201%	2.1434%	1.7056%	1.6669%	1.9094%

96) 【英】罗素：《中国问题》，秦悦译，学林出版社，1996，第1页。
97) 根据"快易理财网"数据整理，https://www.kylc.com/stats/global/yearly_overview/g_gdp.html。

意大利学者洛丽塔·纳波利奥尼提出："当今世界，中国无疑是在金融危机狂潮中飘摇的世界经济之舟的船锚，使危机不至于发展为第二次'大萧条'"。[98]国际货币基金组织2019年预计，2024年发达经济体GDP占全球比重将降至56.2%，新兴市场和发展中经济体GDP占全球比重将升至43.8%。[99]那么，对于发展中国家下一步"如何推进"？习近平强调，团结协作，拆墙不筑墙、开放不隔绝、融合不脱钩，则是引导经济全球化向"开放融通、共建共赢"方向发展的关键所在。[100]而经济全球化的积极影响，以及国际金融危机后发达国家实力的下降，势必加强中国同发展中国家的深度互动，并将引领世界经济的前途命运，使发展中国家的影响力得到高度体现。

（三）从动态性来看，正在变化着的国际体系和国际秩序制约西方国家危害世界

从全球趋势看，未来新兴国家和发展中国家快速发展的趋势将会持续，世界多极化将有望实现，发展中国家的发展模式将会呈现多样化，或将出现400年或500年未见之大变局——现代资本主义体系已不能成为世界唯一或者主流的经济体，以中国为代表的非西方发展模式将会在世界上具有更大的影响力和吸引力。[101]那么，以中国为代表的发展中国家出现群体性崛起，究竟会给世界带来什么样

98) 【意】洛丽塔·纳波利奥尼：《中国道路：一位西方学者眼中的中国模式》，孙豫宁译，中信出版社，2013，第3页。

99) 参见杨长湧、刘栩鹏、陈大鹏、张一婷：《百年未有大变局下的世界经济中长期走势》，《宏观经济研究》2020年第8期，第6页。

100) 参见习近平：《团结合作抗疫引领经济复苏——在亚太经合组织领导人非正式会议上的讲话（2021年7月16日，北京）》，2021年7月17日第2版。

101) 任晶晶：《大变局下的中国外交》，载张蕴岭主编《百年大变局：世界与中国》，中共中央党校出版社，2020，第226页。

的影响？国际体系和世界秩序将会发生什么样的变化？换言之，中国崛起是对21世纪国际体系影响最为重大的事件。如果中国在未来几年在经济总量方面超越美国，那么强大之后的中国是否会取美国而代之、挑战既定的世界秩序？毫无疑问，这些都是百年大变局境遇下绕不开的话题。

伴随中美总体经济实力差距的进一步缩小，中美之间的结构性矛盾则更加凸显。加之美国疫情防控、应对经济滞胀的严重失策，导致自顾不暇、危机重重，从而或将转嫁危机，导致竞争性与对抗性加剧。因此，国际体系和国际秩序的演变是必然的。在百年大变局中，中国作为促进国际体系演进的重要推动力量，其本身也是国际体系的组成部分，要实现与国际体系的共同进化，构建新型国际关系和国际秩序，危与机是并存的。慕尼黑安全会议主席沃尔夫冈·伊申格尔一针见血指出："危机就在于旧世界正在死亡，而新世界无法诞生，在这个过渡期，各种各样的病态症状就会层出不穷"。[102) 对美西方世界而言，当"霸道"、"退群"、"筑墙"、"本国优先"成为"口头禅"，那此等"倒行逆施"的行径俨然成为既有世界秩序的敌人，西方世界也就成为全球治理的逆行者，宛如"闯入晚宴的烂醉者"，注定是不受欢迎、不得人心的。与之而来的必定是"政治衰败"，而这无疑使西方世界本就破烂不堪的政治局面雪上加霜，也注定引发国际体系的大变革。如前所述，国际体系的"深层"变化终将影响西方世界一个时期的发展，这种影响也将是震撼寰宇、不可逆转的。

---

102) 参见安娜·卡瓦霍萨：《世界秩序紊乱开启全球不稳定的新时代》，转引自《参考消息》2019年2月18日第10版。

三、中国式现代化为发展中国家贡献"中国智慧"与"中国方案"

党的十九大报告指出，"中国共产党是为中国人民谋幸福的政党，也是为人类进步事业而奋斗的政党。中国共产党始终把为人类作出新的更大的贡献作为自己的使命"。[103]经过改革开放40余年的发展，中国已经发生翻天覆地的变化，经济社会发展取得了举世瞩目的成就，综合国力显著增强。中国共产党人注重自身发展的同时，还以高度的历史自觉与使命担当，竭力维护世界和平发展的局面，加强与发展中国家的联系，期望以自身积淀的经验为发展中国家走向繁荣富强贡献中国力量、智慧和方案，不断推动实现人类命运共同体的目标。

（一）中国式现代化道路拓展了发展中国家走向现代化的途径

现代化源于实践和运动，并不是空想出来的。只有结合中国、中华民族的实际和特色，积极探索并解决实际问题，才能激活中国式现代化道路独特的生命力和创造力。皮沃瓦洛娃认为，中国的改革是渐进式的、有序的改革，没有像俄罗斯和东欧某些国家那样采取暴风骤雨式的改革。[104]中国的成功实践向世界证明了一个道理：治理一个国家，推动一个国家实现现代化，并非仅有一个选择——西方制度模式，各国完全可以走出自己的现代化道路来。而中国也用不容置喙的事实有力回击了"历史终结论"，宣告了各国最终都要

---

103) 习近平：《决胜全面建成小康社会，夺取新时代中国特色社会主义伟大胜利——在中国共产党第十九次全国代表大会上的报告》，人民出版社，2017，第57-58页。

104) 参见【俄】Э.П.皮沃瓦洛娃、李铁军：《中国的趋同性混合经济体制是对社会主义的重大发展》，《国外理论动态》2012年第7期，第61-66页。

以西方制度模式为归宿的单线式历史观彻底破产。[105]具有中国特色的现代化道路，是充分把握了中国国情的现代化探索之路，"在世界近代以来后兴大国崛起的历史上是一条前所未有的全新战略道路，在世界现实社会主义的历史上是一条前所未有的全新战略道路，在马克思主义发展史上也是一条前所未有的全新战略道路。"[106]世界上既不存在唯一的现代化模式，也不存在放之四海而皆准的现代化标准，邓小平曾明言："世界上的问题不可能都用一个模式解决，中国有中国自己的模式，莫桑比克应该有莫桑比克自己的模式"。[107]正如英国著名学者马丁·雅克（Martin Jacques）所言，中国发展道路与西方本就存在着根本性差异，中国特色现代化道路的崛起无疑也是一种新"现代化模式"的崛起，西方现代化的世界"唯一性"则是一种不攻自破的谬论。[108]此外，中国式现代化道路的创新运用和成功实践也验证了一个事实：发展中国家现代化转型，正确且强有力的国家权威是必要的。同时，应当对发展中国家"发展"理念和现代化理论重新解读，拓展发展中国家实现现代化的路径选择，丰富人类对未来世界的美好向往。

(二) 中国特色减贫经验为推动发展中国家消除贫困贡献力量

"消除贫困是中国共产党最为非凡的成就之一。"[109]2017年以

---

105) 方松华、马丽雅：《社会主义现代化强国目标及建设方略研究》，人民出版社，2019，第101页。

106) 郑必坚：《思考的历程》，中共中央党校出版社，2006，第98页。

107)《邓小平文选》第3卷，人民出版社，1993，第261页。

108)【英】马丁·雅克：《西化不是现代化的唯一标准》，http://k.sina.com.cn/article_3262984432_c27d30f0001013o2m.html。

109) 参见《百年大党，致力于为人类作出更大贡献》，《人民日报》2021年7月27日第18版。

来，中国实现了现行标准下9899万农村贫困人口全部脱贫，比《联合国2030年可持续发展议程》制定的减贫目标还早了10年，完成消除绝对贫困的根本性任务。[110]按照世界银行2011年确定的极端贫困标准，中国贫困人口比例（按每天1.90美元衡量）从1990年的66.2%降至0.5%。[111]也就是说，按照国际赤贫标准（见表5），中国事实上在2016年就已经基本消除了绝对贫困，贫困差距（按每天1.90美元衡量）也从24.1%降至0。这意味着，作为曾经世界上最大规模绝对贫困人口的国家，历史性地消除了绝对贫困，为中国经济"腾飞"减轻阻力。那么，"如何像中国一样从根本上消除绝对贫困，在社会、经济、科技等各领域实现质的飞跃，提高人民的生活水平，是很多国家密切关注的话题。"[112]习近平指出：事实充分证明，精准扶贫是打赢脱贫攻坚战的制胜法宝，开发式扶贫方针是中国特色减贫道路的鲜明特征。"推动建立以合作共赢为核心的新型国际减贫交流合作关系，是消除贫困的重要保障。"[113]

110) 中华人民共和国国务院新闻办公室：《人类减贫的中国实践（2021年4月）》，中华人民共和国中央人民政府www.gov.cn/zhengce/2021-04-06/content_5597952.htm。

111) 参见李小云、徐进：《消除贫困：中国扶贫新实践的社会学研究》，《社会学研究》2020年第6期，第20-43、242页。

112) 参见《百年大党，不断取得新的成就》，《人民日报》2021年7月23日第17版。

113) 参见习近平：《在东西部扶贫协作座谈会上强调：认清形势聚焦精准深化帮扶确保实效，切实做好新形势下东西部扶贫协作工作》，《人民日报》2016年7月22日第1版。

表5：1900-2020年间贫困人口比例与贫困差距统计表[114]

年份	贫困人口比例，按国家贫困线衡量的（占人口百分比）	贫困人口比例，按每天 1.90 美元衡量的占人口百分比	贫困差距，按每天 1.90 美元衡量的百分比
1990		72	28.3
1996		48.1	15.9
2000	49.8		
2005	30.2	22.1	6.2
2010	17.2	13.9	3.6
2012	10.2	8.5	2
2015	5.7	1.2	0.2
2018	1.7	0.4	0.1
2019	0.6	0.1	0

回顾历史，"我国在很困难的时候勒紧裤腰带援助发展中国家，事实证明，那时的付出为今天积累了宝贵资源。在这个问题上一定不能算小账。在国际减贫领域积极作为，树立负责任大国的形象，这是大账。"[115]中国特色的减贫经验源自中国人民在改革开放之后扶贫开发实践中探索、积累的经验、智慧，同时立足中国国情，诞生于中国的减贫实践中。具体而言，就是政府应当成为扶贫开发的核心主体，做好扶贫开发顶层设计。同时，扶贫开发需要政府发挥主导作用，为市场、社会两大重要参与主体创造良好环境和充足的保障，从而引导、激励市场与社会的积极参与。概言之，作为世界上最大的发展中国家，中国突破利益栅锁，有责任、有义务给

---

114) 参见世界银行数据库https://data.worldbank.org.cn/indicator/SI.POV.NAHC?locations=CN；https://data.worldbank.org.cn/indicator/SI.POV.DDAY?end=2019&locations=CN&start=1990&view=chart；https://data.worldbank.org.cn/indicator/SI.POV.GAPS?locations=CN。

115) 习近平：《携手消除贫困，促进共同发展》，载中共中央研究室编《十八大以来重要文献选编》（中），中央文献出版社，2016，第722页。

予贫穷国家以力所能及的援助和帮扶，以"义"为重、以"利"为轻，继而寻求合作共赢、共同发展。习近平就指出："积极开展国际减贫合作，履行减贫国际责任，为发展中国家提供力所能及的帮助，做世界减贫事业的有力推动者。"[116]中国言行一致，目前正在周边国家、非洲、拉美、太平洋岛国等卓有成效开展扶贫工作，传授扶贫经验，帮助众多发展中国家实现脱贫目标。

（三）中国式现代化给发展中国家带来重要启示

中国式现代化打破了"现代化=西方化"的迷思，创造了人类文明新形态，也给世界各国特别是广大发展中国家带来重要启示。对于发展中国家而言，中国经验带来的启示主要体现在五个方面。

一是独立自主。世界上众多的非西方的发展中国家同中国有着相似的命运，都曾经是西方的殖民地或半殖民地，在经过革命等不同形式的斗争，实现了独立建国，并走上了探索实现现代化的道路。但是，现代化是一个复杂的工程，迄今为止，真正实现现代化又能保持国家独立自主地位的国家、尤其是大国，只有中国。曾经最有希望、最接近实现现代化的拉美国家，却最终陷入"拉美陷阱"不能自拔，贫穷化、两极化、衰败化已成为拉美国家的代名词或标签。其中最深刻的教训，就是拉美国家信奉"华盛顿共识"，将现代化视为西方化或美国化，放弃了独立自主探索实现现代化的道路。其结果就成为美西方洗劫或操纵的对象和棋子，最终与现代化渐行渐远。中国现代化的成功，已经充分证明实现现代化不是只有一条西方式现代化道路，但是一定要独立自主选择自己的道路，将命运

---

116)《习近平谈治国理政》第4卷，外文出版社，2022，第130-131页。

牢牢掌握在自己手里，不能受制于人。独立自主，这是中国的经验，也是拉美等发展中国家失败的教训中获得的启示。

二是人民至上。西方式现代化是"资本至上"，资本的逐利性就决定了其发展具有掠夺性、血腥性。早期西方资本主义国家，正是依靠海外殖民、掠夺等剥夺方式，实现了现代化。二战后，挣脱西方枷锁实现独立的发展中国家，生产力不发达，经济社会极端贫困落后，这是西方实现现代化遗留下的祸根。人类社会文明进步发展的历史和国家的状况，又决定了发展中国家无法通过殖民掠夺实现资本积累，逐步实现经济、政治、文化、社会与生态五个文明协调发展的现代化，而且其中任何一项单向度的发展又都是一个浩大工程和复杂问题。于是，实现现代化依靠谁、为了谁？就成为一个无法回避的终极命题。中国式现代化贯彻"为了人民而发展，发展才有意义；依靠人民而发展，发展才有动力"的核心理念，[117]依靠的是人民，走的是全体人民共同富裕的现代化之路，凸显的是"人民至上"的价值观。中国主张"世界上所有国家、所有民族都应该享有平等的发展机会和权利"，[118]与西方式现代化道路形成鲜明比照。"人民至上"犹如灯塔，将照亮广大发展中国家通向现代化的前行之路。

三是和平发展。"万物各得其和以生，各得其养以成"。[119]二战后，众多发展中国家实现独立后，都走上了探索实现现代化的道路。中国实现现代化，为人类成功探索出了一条和平发展之路。中国不靠战争、殖民、掠夺，坚持走"和平发展、公平正义、合作共赢"的人间正道，奉行和倡导"和平、发展、公平、正义、民主、自

---

117) 《习近平谈治国理政》第4卷，外文出版社，2022，第476页。
118) 《习近平谈治国理政》第4卷，外文出版社，2022，第425页。
119) 参见《荀子·天论》。

由的全人类共同价值"，坚持人与自然和谐共生，共建和平、安宁、繁荣、美丽、友好家园。[120]中国的和平之路，不仅有别于西式现代化，而且符合人类长远利益和文明进步的精神价值追求，向发展中国家昭示了未来的发展方向。

四是开放包容。著名学者费孝通曾就人类未来文明之路提出了16字箴言："各美其美，美人之美，美美与共，天下大同"，[121]道出了古语"万物并育而不相害，道并行而不相悖"[122]的真谛，人类的现代化就是如此。其中的逻辑，正如习近平所言："世界上没有两片完全相同的树叶，也没有完全相同的历史文化和社会制度"，"一个和平发展的世界应该承载不同形态的文明，必须兼容走向现代化的多样道路"。既然国情不同，实现现代化的道路就存在"多样性"，因而就不应孤芳自赏，否定甚至排斥他人的现代化之路，而应开放包容，百花齐放，尊重各国走符合自己国情的现代化道路，彼此交流互鉴，共同"走和平共处、互利共赢之路"，为人类文明发展进步注入动力。[123]

五是团结奋斗。中国是世界上人口最多的发展中国家，拥有56个民族，东西南北差异极大。新中国成立后，在中国共产党领导下，56个民族团结如一家、14亿中国人民团结一心，持之以恒探索实现现代化的道路。最终，中国人民的团结奋斗结出了硕果，成功走出了一条中国式现代化的崭新道路。中国发展的成功经验充分证明，国家如果四分五裂、一盘散沙就没有现代化；政党纷争、只说

---

120)《习近平谈治国理政》第4卷，外文出版社，2022，第450、443页。
121) 费孝通：《开创学术新风气——在北京大学重点学科汇报会上的讲话》，费宗惠、张荣华编《费孝通论文化自觉》，内蒙古人民出版社，2009，第6页。
122)《礼记·中庸》。
123)《习近平谈治国理政》第4卷，外文出版社，2022，第460、469-470页。

不做、朝令夕改同样没有现代化。只有团结奋斗，一张蓝图绘到底，而且要咬定青山不放松，才能有实现现代化的光明前景。[124]

"大道之行也，天下为公"。[125]人类社会演化到今天，又到了质变的十字路口。世界往哪里去？人类社会往哪里发展？正成为博弈的焦点。实现现代化的发达国家，与众多渴望实现现代化的发展中国家之间，日益加剧的两极分化的局面，再也不能维持下去了。中国式现代化进程，是世界和平、正义、进步力量的壮大。中国作为发展中国家，以中国式现代化为世界发展注入和平、正义的正能量，提供了榜样，指明了发展方向和道路，带来了启示。世界百年未有之大局将不再以西方为"形"，而将以中国为"神"，这是人类和众多发展中国家的福音。

124)《本报评论员：中国式现代化是中国共产党领导的社会主义现代化——论深入学习领会习近平总书记在学习贯彻党的二十大精神研讨班开班式上重要讲话》，《人民日报》2023年2月10日第1版。
125)《礼记·礼运》。

第三章

为世界各国政党执政提供了有益借鉴

世界百年大变局时代是政党政治面临发展、调整和变革的时代。人类社会如何发展？世界格局走向如何？各国政党如何发挥可及性作用？已成为百年变局与世纪疫情交织凸显的重大命题。政党政治发展与政党制度建设之间密切相关，美国政治学家塞缪尔·亨廷顿就曾在其著作《变革社会中的政治秩序》中充分肯定了政党与政党制度对政治发展的推动作用。在他看来，"一个没有政党的国家也就没有产生持久变革和化解变革所带来的冲击的制度化手段，其在推行政治、经济、社会现代化方面的能力也就受到极大的限制。"[1]因此，政党政治的好坏，政党制度的优劣，直接关系着国家政治、经济、社会等多方面的发展。中国共产党在严峻复杂的国际形势中领导人民团结奋斗，取得了举世瞩目的发展成就，充分彰显出中国特色社会主义政党政治道路与政党制度的巨大优势，对人类社会发展以及政党政治与制度范式的深度变革都起到积极推动作用，并为世界各国政党执政提供有益借鉴。

---

1)【美】塞缪尔·P·亨廷顿：《变化社会中的政治秩序》，王冠华等译，生活·读书·新知三联书店，1989，第372页。

第一节　人类社会发展与世界政党政治发展

人类社会发展，归根结底是"人"的发展。当今世界已普遍建立由政党行使国家政权形式的政党政治，成为衡量"人"的发展程度的尺度之一。[2]正如习近平所言，解决好"人的问题，是检验一个政党、一个政权性质的试金石"。[3]显然，人的全面发展与社会的持续进步，离不开一套契合世情、国情、党情及社情的政党政治体系，就如列宁所指出的："一切民族都将走向社会主义，这是不可避免的，但是一切民族的走法却不完全一样，在民主的这种或那种形式上，在无产阶级专政的这种或那种形态上，在社会生活各方面的社会主义改造的速度上，每个民族都会有自己的特点。"[4]具体而言，就需要从多维度剖析现阶段人类社会发展的实际，探寻合理的政党政治范式，是如何在推进人类社会发展的同时充分发挥政党制度的优越性，继而提升国家治理效能，最终实现人的全面自由发展。

一、政党发展的历史与现实

（一）政党的源起与勃兴

何谓政党？中外学者争议纷纷，莫衷一是。西方学者有谓：政党是选举工具；政党是人民控制政府的团体；政党是一种权力组织；政党是谋求公职的工具；政党是有组织的意见表达；政党是人

---

2) 徐锋、高国升：《正谊明道：中国新型政党制度何以为新》，人民出版社，2021，第8-9页。
3) 习近平：《决胜全面建成小康社会，夺取新时代中国特色社会主义伟大胜利——在中国共产党第十九次全国代表大会上的报告》，人民出版社，2017，第44页。
4)《列宁选集》第2卷，人民出版社，1995，第261页。

民利益的表达渠道，等等。5)中国的马克思主义学者则认为，政党本质上是特定阶级利益代表者，是为夺取、影响和巩固政权而开展活动的政治团体，它们拥有自己的章程、纲领和组织机构，明确规定了党员的权利、义务及党的纪律，从而构成了一种结构健全的政治组织。6)无论何种观点，基于观察视角和研究对象的不同，从行为模式、活动范围、产生的结果以及追求的目的等多个维度来定义政党，能够得出多样化的观点与看法，这既符合研究的实际需求，也契合历史事实。但有一点是毋庸置疑的，即政党产生的逻辑是人类社会生活自然演进规律的结果与产物。从历史进程看，人类在社会性组织生活基础上，必然带来社会组织与结构的变化和发展，进而带来国家的形成和发展。最普遍的规律，人以类聚，由社会而国家，人们的行动受动机驱使，相同利益诉求和志趣相投的人们，必然结成自己的组织，并力图通过掌握国家政权来实现自己的利益和要求，由此就转换为政党或结为政党。7)概而言之，以政治为核心组建的团体就是政党。

从中国历史文化的视角，在传统的农业文明时代，基于家天下的专制统治需要，统治者本质上对社会结党行为十分警惕，所以孔子留下了"君子群而不党"的言论，反对"结党营私"。8)故世人多以

5) 参见【英】艾伦·韦尔：《政党与政党制度》，谢峰译，北京大学出版社，2011，导言第7-11页。【美】理查德·S.卡茨、威廉·克罗蒂编《政党政治指南》上册，吴辉译，江苏人民出版社，2021，第11-16页。
6) 参见高放：《.政治学与政治体制改革》，中国书籍出版社，2002，第351页；周淑真：《.政党和政党制度比较研究》，人民出版社，2004，第6页；沈云锁、潘强恩主编《共产党通史》第1卷，人民出版社，2011，总序·第1页。
7) 林尚立：《政党、政党制度与现代国家——对中国政党制度的理论反思》，《中国延安干部学院学报》2009年第5期，第5-6页；【美】哈维·C.曼斯菲尔德：《政治家才能与政党政府》，朱欣译，生活·读书·新知三联书店，2022，第1页。
8) 孔子：《论语·卫灵公》，参见何晏集解、皇侃义疏、高尚榘点校：《论语

"党"为戒，后汉时期并明令"党禁"。从词源学角度，中文语境中的"政党"一词始于宋朝。宋仁宗庆历4年（1044年），欧阳修著《朋党论》上奏宋仁宗，公开为朋党正名，"谓惟君子有朋；盖已明于君子执政，必多集同志以行其政策，不必以朋党为讳矣"。据此有人认为，宋神宗时期出现的新旧党争意味着中国古代有政党，就是中国式古代政党形成的标志。[9]另一种主流学术观点则认为，政党"源自西方"，完全否定古代中国社会存在政党的历史事实。[10]与碎片化、分散性的农业生产相适应，"结党营私"就是对传统社会朋党行为的写照。[11]不过，一直到明代东林党人的活动，就是中国独有的政党现象。对此，学术界形成两种截然对立的观点，一种观点否定东林是"党"，不认为是政党团体；[12]一种观点则认为"考察东林是否可以称作'东林党'，不应脱离我国传统政治文化中'党'的观念"，尽管这种观念"与近代、现代政党观念差异显著"，但已经具备了"近代政党的雏形"，表明它已越出传统'朋党'的范畴，传递出向近代政党转化的信息。[13]笔者认为，东林党是不容忽视的独特的政党行为，它是政党在中国古代政治发展中的一个高峰。仁者见智，根源还在于对政党本质与根本属性的认知存在差异。毫无疑问，不能用

义疏》，中华书局，2013，第406页。

9) 柳诒徵：《中国文化史》（下），中国文史出版社，2015，第618-619页。

10) 林勋健：《〈西方政党政治译丛〉总序》，参见【英】艾伦·韦尔：《政党与政党制度》，谢峰译，北京大学出版社，2011，总序第1-5页；沈云锁、潘强恩主编《共产党通史》第1卷，人民出版社，2011，总序·第1-2页。

11) 朱子彦、陈生民：《朋党政治研究》，华东师范大学出版社，1992，第3页。

12) 参见赵承中：《东林是党非党问题研究综述》，《南京晓庄学院学报》2009年第1期，第110-115页。

13) 李圣华：《晚明诗歌研究》，人民文学出版社，2002，第283-284页；李书增、岑青、孙玉杰、任金鉴：《中国明代哲学》，河南人民出版社，2002，第304-305页；张宪博：《从依附到参与的政治文化嬗变》，载《东林书院重修400周年全国学术研讨会论文集》，时代文艺出版社，2004，第26页。

现代政党的概念和定义来衡量、框定中国政党现象。事实上，朋党与政党也是两个完全截然不同的概念，中国古代的朋党并不是严格意义上的近现代政党。

因此，从中国古代的政治经验而言，政党是古老的政治现象，是人类政治智慧和人类社会政治文明发展的产物。与市场经济一样，并不存在特定的社会制度属性，而取决于它与何种社会制度结合。而从形成历史看，都有一个萌芽、雏形，古代政党、近现代政党，到当代政党的发展过程。

如果说古代政党以中国东林党为发展标志的话，那么，近现代政党则是在西方资本主义生产方式发展过程中催生的。

1640年，英国资产阶级革命开始后，资产阶级登上历史舞台，为争夺本阶级的利益，政党行为公开化、正当化，于1679年成立了世界上最早的资产阶级政党辉格党和托利党，标志着近现代政党的雏形最早在英国应运而生。[14]这意味着与资本主义生产方式相结合的政党，跨入了其发展的近现代阶段。在资产阶级上升为统治阶级后，由于商业资本、工业资本、金融资本等发展利益不同，从而出现形形色色的资产阶级政党。在资产阶级统治政党化的过程中，因政党之间围绕统治权力进行争夺与分配，又形成不同形式的政党制度和国家政权统治模式。例如，在英国议会制度下，最初辉格党代表新兴工商业资产阶级的利益，而托利党则代表封建地主阶级的利益。由于英国工业革命影响的不断加深和拓展，社会阶级结构随之发生深刻的变化，引发英国政党发生变化。到19世纪六七十年代，托利党和辉格党的阶级基础日益接近，托利党主要代表中上层资产阶级的利益，发展成为"保守党"；而辉格党主要反映中下层

---

14) 阎照祥:《英国政治制度史》，人民出版社，1999，第188页。

资产阶级的观点，演化成为"自由党"。两党在议会的博弈，就奠定了英国事实上的两党制的政党制度。[15]美国的政党发展则形成自己的特色。在1776年通过独立战争摆脱英国殖民统治，走上资本主义发展道路之后，由18世纪90年代成立的联邦党到1828年杰斐逊和麦迪逊的民主共和党（早期民主党），再到1860年的新共和党，最终到19世纪90年代事实上形成共和党与民主党两党制的总统制统治秩序。[16]1789年欧洲另一大强国法国爆发资产阶级革命，在反反复复的斗争较量中，法国资产阶级最终登上政治舞台。1879年建立最早的政党——雅各宾俱乐部，1901年正式宣告成立第一个现代政党"激进党"。[17]可以说，资本主义将政党由古老政治状态推进到近现代状态，是人类政治文明发展的重要成果。

　　人类政党发展的第三个重要历史性阶段或实现的历史性飞跃，就是马克思主义政党的产生与发展。不同于剥削阶级的政党，马克思主义政党作为劳动者即无产阶级的政党，第一次将劳动者的完全解放与幸福作为自己的奋斗目标，这是人类政治文明发展的重要标志。

　　资本主义作为人类历史上的最后一个阶级剥削与压迫的社会阶段，在生产力发展的推动下，为追逐利润和榨取剩余价值，社会迅速分化和撕裂为两大对抗阶级——资产阶级与无产阶级或工人阶级。资产阶级的残酷剥削和奴役压迫，迫使无产阶级觉醒并组织起

15) 史志钦：《英国保守党何以老而不衰？》，《当代世界》2013年第9期，第39页；阎照祥：《英国三大政党演变脉络》，《历史教学（中学版）》2012年第4期，第67-69页；【英】Robert Blake, *The Conseroative Party from Peel to Thatcher*, Masson Company, 1985, p.6.
16) 【美】理查德·S.卡茨、威廉·克罗蒂编《政党政治指南》上册，吴辉译，江苏人民出版社，2021，第61-62页。
17) 安少康：《法国政党简介及综析》，《法国研究》1997年第1期，第134页。

来。工厂化的同质化社会环境，也为无产阶级组织自己的政党创造了条件。1836年，在首先完成工业革命的英国，工人阶级由松散的自发斗争，开始向自为的斗争方向转化，在英国宪章运动中成立了第一个工人政治团体——伦敦工人协会。这是无产阶级政党化的最初尝试。随即在马克思和恩格斯领导下，1847年6月在伦敦由正义者同盟改组而创立了国际化的组织——共产主义者同盟，这是无产阶级政党——共产党——的最初形态。马克思、恩格斯受托为该组织起草纲领，也由此宣告马克思主义诞生的历史性文献——《共产党宣言》，于1848年2月公开发行，横空出世。在《共产党宣言》中，马克思、恩格斯科学地提出了建立无产阶级政党的命题，从此揭开了无产阶级成立自己政党的历史大幕。[18]

19世纪60年代到20世纪初，在两次工业革命发展推动下，欧美无产阶级队伍迅速壮大和成长起来。在无产阶级自己的科学理论——马克思主义——启蒙与指导下，一大批诸如德国社会民主工党（1869年）、德国社会主义工人党（1875年）、法国工人党（1879年）、俄国社会民主工党（1898年）、法国社会党（1905年）等工人阶级政党纷纷成立，登上历史舞台。世纪之交，在欧洲大陆"马克思主义成为工人运动的主导"，社会主义政党形成和迅速发展，[19]这是世界政治文明史上的重大事件，为人类政党发展注入了强劲的动力，谱写了政党发展史的新篇章。

18）郇雷：《共产主义者同盟与马克思恩格斯建党实践》，《科学社会主义》2021年第5期，第57页。
19）【英】唐纳德·萨松：《欧洲社会主义百年史：二十世纪的西欧左翼》（上），姜辉、于海青、庞晓明译，社会科学文献出版社、重庆出版社，2017，第5、12页。

(二) 政党的世界化发展

世界历史发展到19世纪90年代，在两次工业革命的推动下，欧美等西方发达资本主义国家由自由竞争的资本主义进入垄断资本主义即帝国主义时代。围绕殖民地瓜分和海外市场的争夺，加之资本主义固有社会矛盾带来的周期性经济危机频繁发生，以及各国经济政治发展不平衡规律的作用，各资本主义强国间的矛盾与争夺日趋尖锐激烈。帝国主义时代的主要矛盾如何解决？列宁精辟概括指出唯一的办法就只有"战争"。[20]

于是，1894年中日甲午战争、1895年意大利埃塞俄比亚战争、1898年美西战争、1899—1902年英布战争、1900年八国联军侵华战争、1904—1905年日俄战争、1911—1912年意土战争、1912—1913年巴尔干战争、1914—1918年第一次世界大战、1931—1945年日本侵华战争、1936—1939年西班牙内战、1939—1945年第二次世界大战等等，接踵而至。帝国主义策划和操纵的战争频繁发生，极大损害各国人民的根本利益。日益觉醒的各国人民也不断探索反对"帝国主义战争"的方法，其中最主要的经验就是"革命"，诸如1902年沙俄二月革命、1911年中国辛亥革命、1917年俄国十月革命、1918年德国革命、1919年朝鲜三一运动与中国五四运动、1919—1922年土耳其凯末尔革命、1924—1927年中国国民大革命、1927—1937年中国土地革命、1937—1945年中国人民抗日战争等，其目的都是要推翻腐朽、落后的反动统治制度，赶上时代发展步伐，最终消除战争的因素。正是在战争与革命的时代主题交织中，政党发展迎来重大的世界性转折时期。

---

[20] 列宁：《帝国主义是资本主义的最高阶段（1916年1-6月）》，载《列宁专题文集：论资本主义》，人民出版社，2011，第175、185页。

1．社会主义运动与共产党的发展

欧洲社会主义运动和工人阶级政党的蓬勃兴起，为马克思主义科学理论实践和政党建设奠定了坚实基础。1917年十月革命爆发，俄国布尔什维克领导无产阶级夺取政权，建立了世界第一个无产阶级专政的社会主义国家——苏联，实现了变帝国主义战争为无产阶级革命战争的奋斗目标。苏联共产党实现了划时代的历史巨变，开启了人类社会主义革命与建设、共产党发展的历史新纪元。

在苏联十月革命影响和苏联共产党推动下，尤其是1919年成立的共产国际（又称第三国际）[21]直接推动下，各国共产党雨后春笋般纷纷建立，诸如乌克兰共产党（1918年）、立陶宛共产党（1918年）、德国共产党（1918年）、白俄罗斯共产党（1918年）、匈牙利共产党（1918年）、奥地利共产党（1918年）、荷兰共产党（1918年）、芬兰共产党（1918年）、美国共产党（1919年）、拉脱维亚共产党（1919年）、法国共产党（1920年）、英国共产党（1920年）、意大利共产党（1921年）、瑞士共产党（1921年）、葡萄牙共产党（1921年）、爱尔兰共产党（1921年）、瑞典共产党（1921年）、卢森堡共产党（1921年）、中国共产党（1921年）、日本共产党（1922年）、挪威共产党（1923年）、希腊共产党（1924年）、朝鲜共产党（1925年）等先后创立。[22]特别值得一提的是，为了对抗帝国主义

---

21) 共产国际又名第三国际，于1919年3月在列宁领导下创建，1943年5月宣告解散，总部位于莫斯科，是一个共产党和共产主义组织的国际组织。第三国际为自己规定的任务是团结工人阶级和劳动群众，推翻资本主义和帝国主义统治，确立世界范围的无产阶级专政，建立世界苏维埃社会主义共和国联盟，彻底消灭阶级，实现社会主义和共产主义，第三国际把马克思列宁主义作为自己的理论基础，组织原则是民主集中制。成员最多时包括70多个国家和地区的共产党组织、400多万党员，召开过7次代表大会、13次执行委员会全体会议。

企图瓜分远东的罪恶阴谋，揭露1921年11月12日至1922年2月6日在美国举行的华盛顿会议的侵略实质，促进远东殖民地、半殖民地国家民族解放运动进一步向前发展，共产国际于1922年1月21日至2月2日在伊尔库茨克与莫斯科召开远东各国共产党及民族革命团体代表大会，中国、朝鲜、日本、蒙古、爪哇等国代表出席大会。大会加强了远东被压迫民族之间的联系和团结，用列宁主义武装了远东各国人民的头脑，极大地推动了其反帝反封建的革命斗争。[23]由此形成全世界共产党发展和社会主义运动的第一次高潮。在苏联共产党强有力领导下，如前所述，苏联在世界上第一个建成了社会主义国家，迅速实现工业化成为世界强国，而成为人类社会发展的灯塔。在第二次世界大战中，社会主义的苏联又发挥中流砥柱作用，在世界反法西斯战争中成为击败德日的主力军，并在解放东欧国家的过程中，将社会主义由一国发展到多国，并最终推动形成以苏联为首的12个社会主义国家[24]阵营。

苏联和各社会主义国家的伟大建设成就产生了巨大的影响力，极大提高了共产党的声望。1957年11月为庆祝十月革命四十周年，共有64国共产党和工人党在莫斯科举行会议，创造了共产党发展的历史纪录。[25]到1960年12月，在莫斯科举行的八十一国共产党和工人党[26]代表会议，明确宣告世界上共有87个国家中有共产党在

22) 参见【苏】A・季维尔编《共产国际的五年（决议和数字）》，谷松译，载《国际共运史研究资料》1982年第2期，第240-280页。
23) 黄修荣：《远东各国共产党及民族革命团体第一次代表大会及其对我国革命的影响》，《上海师范大学学报（哲学社会科学版）》1983年第3期，第12-14页。
24) 包括苏联、中国、阿尔巴尼亚、保加利亚、匈牙利、越南、德意志民主共和国、朝鲜、蒙古、波兰、罗马尼亚、捷克斯洛伐克12个社会主义国家。
25)《和平宣言》，《人民日报》1957年11月23日第1版。
26) 参加会议的八十一个共产党和工人党的代表团：澳大利亚共产党、奥地利共产党、阿尔巴尼亚劳动党、阿尔及利亚共产党、阿根廷共产党、比利时共产

活动，党员人数达到三千六百多万人。这是马克思列宁主义的辉煌胜利，是工人阶级的巨大成就，[27]也是人类政党发展和政治文明史上的一个重要里程碑和一次重大的历史性飞跃。

2．资本主义的全球化及其政党发展

与此同时，在经受共产党和社会主义运动蓬勃发展的考验中，资本主义各国政党也在调整。在西方著名的政党史学者迪韦尔热看来，"严格意义的政党"产生于19世纪的欧美。他认为："事实上，真正的政党存在至今还不足一个世纪。在1850年，（除美国外）还没有一个国家有现代意义的政党。我们可以找到各种思潮、大众俱乐部、学术团体、议员集团等，但仍然找不到真正的政党。

党、缅甸共产党、保加利亚共产党、玻利维亚共产党、巴西共产党、英国共产党、匈牙利社会主义工人党、委内瑞拉共产党、越南劳动党、海地人民统一党、瓜德罗普共产党、危地马拉劳动党、德国统一社会党、德国共产党、洪都拉斯共产党、希腊共产党、丹麦共产党、多米尼加人民社会党、以色列共产党、印度共产党、印度尼西亚共产党、约旦共产党、伊拉克共产党、伊朗人民党、爱尔兰工人联盟、北爱尔兰共产党、西班牙共产党、意大利共产党、加拿大共产党、塞浦路斯劳动人民进步党、中国共产党、哥伦比亚共产党、朝鲜劳动党、哥斯达黎加人民先锋党、古巴人民社会党、黎巴嫩共产党、卢森堡共产党、马来亚共产党、摩洛哥共产党、马提尼克共产党、墨西哥共产党、蒙古人民革命党、尼泊尔共产党、荷兰共产党、尼加拉瓜社会主义党、新西兰共产党、挪威共产党、巴拿马人民党、巴拉圭共产党、秘鲁共产党、波兰统一工人党、葡萄牙共产党、留尼汪共产党、罗马尼亚工人党、萨尔瓦多共产党、圣马力诺共产党、叙利亚共产党、苏联共产党、苏丹共产党、泰国共产党、突尼斯共产党、土耳其共产党、乌拉圭共产党、芬兰共产党、法国共产党、锡兰共产党、捷克斯洛伐克共产党、智利共产党、瑞士劳动党、瑞典共产党、厄瓜多尔共产党、南非联邦共产党、日本共产党和其它党。——《各国共产党和工人党代表会议公报》，《人民日报》1960年12月6日第1版。

27)《各国共产党和工人党代表会议声明》，《人民日报》1960年12月6日第1-4版。

162

到了1950年，政党却已在大部分文明国家中活动了。"[28]他这里所指的"文明国家"就是发达资本主义国家。

学术界的研究表明，发达资本主义国家的政党出现明显的新陈代谢，例如意大利，二战后活跃政坛的天民党、共产党、社会党、社会民主党、共和党、自由党等主要政党，到20世纪80年代末和90年代初，政党格局发生重大调整和改变，已经全部消失。代之而起的是民主党、意大利力量党、五星运动、中间联盟、北方联盟和左翼生态自由党等新生的政党。[29]英国则是奠定两党制的自由党完全沦落，其地位为工党所完全取代。[30]德国虽然较为稳定，由影响广泛的全民党即联盟党（基民盟/基社盟）和社民党，联合长期参与执政的第三支政治力量"自民党"，在战后构成的"两个半"政党格局，到20世纪90年代经过调整，逐渐形成联盟党、社民党、自民党、绿党和左翼党五大主要政党"三足鼎立"之势。[31]由此可见，不仅政党在变化、数量在增加，而且政党制度在调整中逐渐趋于稳定（见表6）。

28) 转引自林勋健：《西方政党政治的历史与发展——〈西方政党政治译丛〉简介》，《当代世界与社会主义》2007年第4期，第160页。

29) 徐剑锋：《试析意大利的政党制度》，《广州社会主义学院学报》2015年第2期，第31页。

30) 陈晓律：《关于英国自由党百年沉浮的几点思考》，《世界历史》2004年第5期，第77页。

31) 伍慧萍：《德国政党体制的变迁》，《德国研究》2008年第1期，第12-13页。

表6：1958—1990年发达国家政党制度分类[32]

一党独大制 （有一个以上相关政党存在，但从来只有一个政党控制立法机关）	两党制	3-5 个政党的制度	5 个以上政党的制度
日本	英国	澳大利亚	比利时
	新西兰	奥地利	丹麦
	美国	加拿大	芬兰
		法国	以色列
		德国	意大利
		冰岛	瑞士
		爱尔兰	
		卢森堡	
		荷兰	
		挪威	
		瑞典	

*相关政党被界定为一次选举后获得立法机关 3%或超过 3%席位的政党。每个国家所引政党数目是 1958 年至 1990 年间相关政党的平均数。

与发达资本主义国家的调整相关联，二战后引人注目的重大变化就是民族主义国家的出现与发展壮大。实际上，第二次世界大战后，在社会主义国家和共产党影响下，殖民地半殖民地国家民族解放运动风起云涌，形成了三波潮流。第一波潮流（1945年至50年代初），亚洲北非民族解放运动高涨并取得胜利，以印度尼西亚、叙利亚、约旦、越南、老挝、菲律宾、印度、巴基斯坦、缅甸、朝鲜、中国、柬埔寨、埃及、马来西亚、也门等一系列国家实现独立为标志。当然，在共产党领导下，中国、朝鲜、越南选择走上了社会主义道路。

第二波潮流（50年代中至60年代末），民族解放独立运动在非洲和拉美广泛展开。在非洲，阿尔及利亚、突尼斯、摩洛哥、肯尼

---

32)【英】艾伦·韦尔：《政党与政党制度》，谢峰译，北京大学出版社，2011，第145页。

亚、坦桑尼亚等国人民，赢得反对帝国主义、殖民主义斗争胜利，宣告独立；在拉丁美洲，古巴推翻依附美国的独裁政权赢得独立，走上社会主义发展道路。这一波潮流中，最重要的成果之一就是新独立国家走上联合自强的道路，于1964年成立"77国集团"，至1998年已有132个成员国。[33] 它标志着第三世界崛起，已发展成为国际政治舞台上的重要力量之一。

第三波潮流（70年代初至今），全球民族解放运动向纵深发展，最后一些殖民地国家获得独立，世界殖民体系彻底瓦解。对此，美国学者亨廷顿另有观察认识，他将始自1974年葡萄牙、西班牙的民主改革，随后遍及东亚、南美、东欧的一系列政治变革，称之为民主化的

---

33) 截止到1998年，77国集团共有132个成员国：阿富汗、阿尔及利亚、安哥拉、安提瓜和巴布达、阿根廷、巴哈马、巴林、孟加拉国、巴巴多斯、伯利兹、贝宁、不丹、玻利维亚、波斯尼亚和黑塞哥维那、博茨瓦纳、巴西、文莱、布基纳法索、布隆迪、柬埔寨、喀麦隆、佛得角、中非共和国、乍得、智利、哥伦比亚、科摩罗、刚果（布）、哥斯达黎加、科特迪瓦、古巴、塞浦路斯、朝鲜、刚果（金）、吉布提、多米尼克、多米尼加、厄瓜多尔、埃及、萨尔瓦多、赤道几内亚、厄立特里亚、埃塞俄比亚、斐济、加蓬、冈比亚、加纳、格林纳达、危地马拉、几内亚、几内亚比绍、圭亚那、海地、洪都拉斯、印度、印度尼西亚、伊朗、伊拉克、牙买加、约旦、肯尼亚、科威特、老挝、黎巴嫩、莱索托、利比里亚、利比亚、马达加斯加、马拉维、马来西亚、马尔代夫、马里、马耳他、马绍尔群岛、毛里塔尼亚、毛里求斯、密克罗尼西亚联邦、蒙古、摩洛哥、莫桑比克、缅甸、纳米比亚、尼泊尔、尼加拉瓜、尼日尔、尼日利亚、阿曼、巴基斯坦、巴勒斯坦、巴拿马、巴布亚—新几内亚、巴拉圭、秘鲁、菲律宾、卡塔尔、罗马尼亚、圣基茨和尼维斯、圣卢西亚、圣文森特和格林纳丁斯、萨摩亚群岛、圣多美和普林西比、沙特阿拉伯、塞内加尔、塞舌尔、塞拉利昂、新加坡、所罗门群岛、索马里、南非、斯里兰卡、苏丹、苏里南、斯威士兰、叙利亚、泰国、多哥、汤加、特立尼达和多巴哥、突尼斯、土库曼、乌干达、阿拉伯联合酋长国、坦桑尼亚、乌拉圭、瓦努阿图、委内瑞拉、越南、也门、南斯拉夫、赞比亚、津巴布韦。——丁丽莉：《77国集团》，《国际资料信息》2001年第4期，第29页。

"第三波"。34)观察与认识虽然有所不同，但都反映了历史发展的趋势与潮流。

不可否认，由于历史上与宗主国的紧密联系和宗主国各方面的影响，以及资本主义阵营的巨大影响力，独立后的各国政府大都深受美国等西方国家推动的资本主义全球化的影响，建立了西方式的资本主义政党和政党制度，凸显了政党的重要作用。

概而言之，伴随着资本主义生产方式在全球的扩张，世界上的众多国家相继进入资本主义工业文明时代，建立起资本主义的国家制度，资本主义政党制度也随之扩展到全世界，成为全球化的政治现象。时至今日，全世界绝大多数国家都是资本主义国家，实行的是资本主义政党制度。

（三）两种对立的政党发展观

在现代政党兴起与发展过程中，曾有两种政党观发生尖锐碰撞，影响深远。

1．修正主义政党观与列宁主义政党观

最先出现的一种是围绕工人阶级政党发展方向问题产生的碰撞。如前所述，在19世纪60年代至20世纪初，工人阶级政党纷纷建立，无产阶级政党发展进入兴盛期。然而，在无产阶级政党发展至关重要的道路选择问题上，却出现一股逆流，打着修正主义旗号，反对马克思主义科学理论指导，从而出现了马克思主义政党观与非马克思主义政党观的碰撞。

---

34) 赵卫涛：《正确评估"第三波民主化"》，《红旗文稿》2015年第23期，第33页。

修正主义思潮是伴随着工人阶级政党的发展而产生的。1875年，德国社会民主工党和"全德工人联合会"联合成立德国社会主义工人党，实现了德国工人阶级运动的统一，并通过具有错误思想的行动纲领《哥达纲领》。为此，马克思专门撰写著名的《哥达纲领批判》予以纠正。这次合并的重要后果是使一些资产阶级和小资产阶级代表人物混进党内，反马克思主义思想开始在党内流行起来。[35]1872年加入德国社会民主工党的伯恩施坦就是著名的代表人物。1895年恩格斯逝世后，伯恩施坦的修正主义思想逐渐形成体系，并公开系统地发表出来。

伯恩施坦的修正主义观点主要为：一是怀疑乃至否认马克思主义关于"资本主义的内在矛盾必然导致巨大的经济和社会危机，使无产阶级能作为自觉的革命阶级掌握政权，按社会主义原则实行社会的全面改造"的革命理论，甚至认为"很有可能将来不会发生过去那种成为社会变革前奏的经济危机"。二是认为"在发达资本主义国家，工人阶级及其政党已能运用民主对国家和地方政府直接或间接施加影响，并且按民主精神修改企业领导的决策，使有特权的少数人的利益服从公共利益。另一方面，某些生产部门已成熟到这样的程度，不适于听任它们被私人用来进行剥削，因此工人政党不能把一切都推迟到资本主义飞跃到社会主义以后才做，不能划清'这边是资本主义，那边是社会主义'的界线，而是可以考虑'社会的长入社会主义'"。三是"承认一切唯物主义都是有条件的。……关于未来发展的全部理论，即使是十分唯物主义的，归根到底也一定带有空论的色彩。道德观念等等尽管只存在于人的头脑中，也是绝对实在的东西，是一个能起创造作用的力量。"四是伯恩施坦公开声明："我

35）古林：《几经曲折的德国工人阶级政党》，《世界知识》1990年第12期，第22页。

对于人们通常所理解的'社会主义的最终目的'非常缺乏爱好和兴趣。这个目的无论是什么，对我来说都是毫不足道的，运动就是一切"。他最终的结论就是"放弃由在政治上和经济上组织起来的无产阶级夺取政权"。[36]概括而言，最根本的就是否定马克思主义的科学合理性，主张无产阶级放弃通过暴力革命夺取政权实现社会主义的革命道路，走议会合法斗争实现向社会主义和平过渡的道路。伯恩施坦修正主义实践的最突出后果，就是使德国社会民主党日益与资产阶级政党趋同，失去了自己无产阶级政党的身份特征。[37]

伯恩施坦修正主义的出笼和泛滥，使第二国际各国党内逐渐形成了左、中、右三派，造成了国际共产主义运动的大分裂。如何对待伯恩施坦修正主义，成为无产阶级政党必须面对的课题。在批判右派头子伯恩施坦过程中，考茨基以"中派"面目，大搞折中主义，由此逐步滑进修正主义的泥潭，成为继伯恩施坦之后修正主义的又一著名代表人物。

在第一次世界大战前夕，作为修正主义理论的考茨基主义最终成形。具体来说，其核心观点体现为：在时代问题上，考茨基认为"资本主义已经进入了一个新的阶段——'超帝国主义'阶段"，"资本主义国家走上帝国主义的道路的结果不一定就意味着战争，而很可能会给世界带来持久的和平"。在战争与和平问题上，考茨基否定战争的阶级性，否定第一次世界大战是帝国主义政策的继续，是帝国主义的战争，打着"保卫祖国"的旗号公然支持本国资产阶级政府进行掠夺战争，宣扬帝国主义能"带来世界和平"，"甚至能保障和

36）殷叙彝：《伯恩施坦的生平和思想发展过程》，《当代世界社会主义问题》2005年第1期，第7-8页。
37）沈丹：《伯恩施坦的功与过——对伯恩施坦的总体评价》，《理论界》2014年第5期，第98页。

平"。在无产阶级革命和无产阶级专政问题上，考茨基宣称"'谈论资本主义的完全的最终的破产'还'为时过早'，无产阶级只有等到帝国主义结成'国家联盟'"才能夺得权力'"，"鼓吹议会道路，反对暴力革命"；攻击无产阶级专政是"独裁"、"专横"、"毁灭民主"，是"无产阶级政党的专政"。[38]

伯恩施坦、考茨基之流作为工人阶级政党的一员却背弃马克思主义，宣言修正主义，具有必然性。19世纪90年代，欧美发达资本主义国家面对汹涌澎湃的无产阶级政党发展潮流，采取了"胡萝卜"加"大棒"的应对策略，通过开放"党禁"吸引工人阶级政党参加议会选举的方式，分化瓦解工人阶级政党对资产阶级统治的威胁。而伯恩施坦、考茨基之流的修正主义言论，正是对资产阶级统治手法变换的回应，也是帝国主义政策和资产阶级思想影响的直接产物。[39]他们背弃无产阶级利益和无产阶级政党使命，甘愿与资产阶级合作，走议会发展道路，实际上成为资本主义社会与制度的同路人与维护者，不再是真正的马克思主义者，而是机会主义者，其理论逻辑的落脚点就是企图把马克思主义革命党变为修正主义改良党。

对于世界上伯恩施坦、考茨基为代表的形形色色修正主义观点，以列宁为代表的马克思主义者进行了坚决的斗争，驳斥其错误言论，坚决捍卫马克思主义的科学真理地位，阐述马克思主义的正确观点和科学认识，不仅有效地克服了马克思主义的发展危机，而

---

38) 郑群：《马克思列宁主义同考茨基主义的斗争——国际共运两条路线斗争历史资料之五》，《北京大学学报（哲学社会科学版）》1975年第5期，第88-92页；陈学明：《评卡尔·考茨基的主要理论观点》，《马克思主义与现实》2008年第4期，第23-33页。
39) 郑群：《马克思列宁主义同伯恩施坦主义的斗争——国际共运两条路线斗争历史资料之四》，《北京大学学报（哲学社会科学版）》1975年第4期，第79页。

且在实践中有力推动了世界工人阶级政党的建设和无产阶级革命运动的发展。

首先，在无产阶级政党发展方向和革命问题上，针对修正主义思想严重麻痹无产阶级及其政党革命斗志，误导工人阶级以及无产阶级政党革命方向的挑战，列宁等马克思主义者科学分析时代主题帝国主义问题，认为帝国主义是"资本主义发展的最高阶段"，是"无产阶级社会革命的前夜"，[40]并通过资本主义经济政治发展不平衡规律，得出"社会主义革命可能在一国或几国首先获得胜利"的结论。[41]由此用马克思主义理论武装了俄国和世界无产阶级政党，同时驱散了修正主义谬论带来的迷雾，为夺取十月革命的胜利奠定了理论基础和指明了方向。

其次，在对待帝国主义战争问题上，列宁和布尔什维克坚持无产阶级国际主义，坚决反对帝国主义战争，提出"变帝国主义战争为国内战争"，"使'本国'政府在帝国主义战争中失败"的革命口号，[42]为俄国无产阶级政党夺取革命胜利制定了正确的行动路线。

再次，在无产阶级政党观问题上，在揭露修正主义改良党、议会党、全民党的本质与危害后，系统阐述了列宁主义的政党发展观，指出新型无产阶级政党——共产党是"革命党"，应是以马克思主义科学理论为指导的"无产阶级的先进部队"；以民主集中制为原则的有组织、有纪律的"无产阶级有组织的部队"；是无产阶级组织

---

40) 列宁：《帝国主义是资本主义的最高阶段（1916年1-6月）》，载中共中央马克思恩格斯列宁斯大林著作编译局编《列宁专题文集：论资本主义》，人民出版社，2011，第105页。

41)《列宁选集》第2卷，人民出版社，1995，第327、522页。

42) 列宁：《社会主义与战争》，《列宁选集》第2卷，人民出版社，1995，第681、683页。

的最高形式，必须在政治上领导无产阶级以及全体劳动群众。43)

正是在无产阶级反对资产阶级、马克思主义反对修正主义的尖锐斗争中，列宁为首的布尔什维克党人把马克思主义基本原理与苏俄实际相结合，实现了无产阶级政党指导思想的与时俱进，成功将马克思主义推进到20世纪，从而创造性地形成俄国化的马克思主义——列宁主义。这是马克思主义发展的重要里程碑，也是无产阶级政党发展的重要里程碑。

此次碰撞之后，诸如德国社会民主工党等一些西欧工人阶级政党走上议会发展道路，蜕变为实质上的资本主义政党，成为资产阶级统治的帮凶。列宁领导的苏联共产党，则成为无产阶级革命的坚强堡垒，坚定推动社会主义革命和建设，为人类开辟了历史新纪元。

2．法西斯主义政党观与资产阶级宪政民主政党观

20世纪上半叶，法西斯主义政党在世界上崛起，成为世界政党发展的突出现象。法西斯主义政党对帝国主义阶段的世界资本主义政党带来巨大挑战，极大冲击了资本主义国家的政党发展观。

法西斯主义政党最先出现在意大利，并带动形成第一波法西斯主义运动浪潮。1919年3月，墨索里尼在意大利建立"战斗的意大利法西斯"组织，1921年11月将其改称"意大利国家法西斯党"，成为世界上第一个成立的法西斯政党。与此同时，希特勒于1920年2月在德国宣布将"德意志工人党"更名为"民族社会主义德意志工人党"（简称纳粹党），成为继意大利之后成立的又一个法西斯主义政党。44)意大利和德国之所以成为法西斯主义政党发展的温床，原因

43）蔡永飞：《论革命党、建设党、执政党》，《中国延安干部学院学报》2010年第3期，第6-7页。

之一是意大利、德意志都是19世纪中期之后，由封建统治阶级的上层采用自上而下的方式通过武力完成国家统一，并在统一过程中实现向帝国主义国家的过渡，从而在政治上保留了浓厚的封建军事专制主义的残余；原因之二是由于受第一次世界大战和十月革命的冲击，意大利和德国陷入频繁的政治经济社会危机，为法西斯政党的崛起创造了契机。1922年10月，意大利法西斯党发起"向罗马进军"的夺权行动，建立了世界上第一个法西斯政党的国家政权。45) 这意味着法西斯政党作为一种政治势力在国际舞台上正式崛起。在其影响下，诸如，1924年，英国"不列颠法西斯蒂"、比利时瓦隆人"民族运动"、瑞典"瑞典民族社会主义自由同盟"；1925年，法国"束棒"组织、瑞典"民族统一运动"；1926年，瑞典"瑞典法西斯主义战斗组织"；1927年，法国"火十字团"，奥地利"卫国军"，罗马尼亚"天使长米勒军团"等法西斯组织纷纷建立。46)

　　第二波法西斯运动浪潮是由德国法西斯政党的上台执政掀起的，它直接的催生背景是1929—1933年爆发的世界经济危机。德国作为一战的罪魁祸首，遭受战争破坏，又承担巨额战争赔款，深陷经济危机泥潭，社会动荡不宁，人民生活处于水深火热之中，对战胜国充满仇视的民族主义情绪。1929年的世界经济危机，使德国雪上加霜，各种危机和社会矛盾加剧，导致号称世界资本主义民主共和

44) 郑寅达：《20世纪的法西斯》，《华东师范大学学报（哲学社会科学版）》1998年第5期，第84页。

45) 国洪梅：《德意法西斯政党上台的共同因素》，《牡丹江师范学院学报（哲学社会科学版）》1999年第2期，第60页；李宗耀：《东、西方法西斯主义评述——德、意、日法西斯主义的比较》，《延边大学学报（社会科学版）》1990年第3期，第106-108页。

46) 参见郑寅达：《20世纪的法西斯》，《华东师范大学学报（哲学社会科学版）》1998年第5期，第84页。

制最好试验田的魏玛共和国议会民主制失灵，发生严重政治危机。为克服危机，垄断资产阶级扶持希特勒登上舞台，为法西斯政党夺取政权铺平了道路。1933年1月，希特勒出任德国总理，通过排挤、打击共产党和社会民主党议员，控制国会制定"授权法"，取缔除纳粹党以外的所有政党，实现纳粹统治"一体化"，最终于1934年夏确立法西斯体制，即纳粹党在国家至高无上的地位与权威。[47]

由德国法西斯纳粹党的活跃和上台执政掀起的世界法西斯主义政党运动，也迅速波及全球。诸如，1929年南斯拉夫克罗地亚地区"乌斯塔莎"组织；1930年，丹麦"丹麦民族社会主义工人党"，瑞典"瑞典民族社会主义党"；1931年，匈牙利"镰刀十字党"，西班牙"民族工团主义进攻团体"和"西班牙长枪党"（1934年合并为"西班牙传统派长枪党和民族工团主义进攻会"），荷兰"民族社会主义运动"；1932年，匈牙利"匈牙利民族社会主义农业劳动者与工人党"，英国"英国法西斯主义者联盟"，芬兰"人民爱国运动"，比利时"雷克斯运动"，巴西"整体主义行动党"；1935年，捷克斯洛伐克"苏台德德意志人党"，匈牙利"箭十字党"等。东方的日本，在二三十年代曾出现500多个民间法西斯团体，尽管没有一个以法西斯运动为核心的法西斯政党。但日本法西斯体制，有自己的特点，即由日本军部内1930年秘密组织"樱会"为依托，"爱国社"、"天剑党"、"血盟团"也极为活跃，通过暗杀活动以建立以天皇为中心的"天皇制专政"。[48]

47) 吴友法：《德国法西斯的兴起与第二次世界大战》，《历史教学》1998年第7期，第21-22页。
48) 参见郑寅达：《20世纪的法西斯》，《华东师范大学学报（哲学社会科学版）》1998年第5期，第84、86页；李宗耀：《东、西方法西斯主义评述——德、意、日法西斯主义的比较》，《延边大学学报（社会科学版）》1990年第显而易见，出现在资本主义国家的法西斯主义运动和法西斯政党，对资本主义政党发展和政党体制构成严重挑战和巨大威胁。它是"资本主义总危机条件下取代资产阶级议会民主制的统治制度"，是"最反动、最富于侵略性的垄断资本的专政"。[49]在实践中，由意大利墨索里尼最先确立、希特勒全面发展之极致的法西斯政党观，概括起来最核心的理念就是极权主义。以德国为例，1933年12月希特勒颁布实施《党和国家统一法》，规定"纳粹党是德意志思想的体现者，是国家的领导和推动力量"；[50]1934年8月颁布《德国国家元首法》，全面实施以"纳粹党和国家领袖（元首），享有至高无上的绝对权威与无限的全权"为核心的"领袖原则"；意识形态宣传突出"种族价值、领袖原则、生存欲望"；党组织军事化，总体上就是强调"领袖主宰"、"一党专政"、"党国体制"，建立一党独裁的政党体制。[51]可以说，纳粹主义乃至纳粹党是封建专制主义、军国主义、极端民族主义、种族主义思想之集大成者，[52]法西斯独裁政权则是对资产阶级议会民主制的直接否定。

法西斯政党另一大显著特征，就是对外发动侵略扩张战争。作为资本主义社会矛盾畸形发展后果的法西斯政党，应对和解决经济政治社会危机和矛盾的办法，充分揭示了列宁帝国主义就意味着战争观点的科学真理性。1931年日本发动"九一八"事变，发起侵华战

3期，第113页。

49) 邸文：《希特勒上台至德国法西斯政权的全面确立》，《世界历史》1990年第4期，第103页。

50) 参见朱庭光主编《法西斯体制研究》，上海人民出版社，1995，第111页。

51) 王长江主编《世界政党比较概论》，中共中央党校出版社，2003，第216、224、226页。

52) 参见吴友法：《德国法西斯的兴起与第二次世界大战》，《历史教学》1998年第7期，第22页；周以光：《法西斯主义运动在法国——与德、意法西斯主义运动的比较研究》，《世界历史》1987年第4期，第22页。

争，成为远东地区的战争策源地；1935年意大利发动对埃塞俄比亚的侵略战争；1936年以后德国以夺取"生存空间"和民族复仇为幌子，发动扩张战争，意大利、德国法西斯成为欧洲战争策源地。其丧心病狂挑起和发动第二次世界大战，将世界61个国家约20亿人口先后卷入战争，占当时世界人口总数的96%。战争中死亡人数高达约5500万，约有3500万人负伤，4500万人被捕或放逐，2600万人被关进集中营，造成超过4万亿美元的经济损失。[53]

法西斯政党的反动统治，严重威胁人类的生存与发展，激起世界人民正义的呼声。于是，各国人民结成了广泛的世界反法西斯统一战线——反法西斯联盟，其中核心是主张社会主义的苏联共产党、主张社会民主主义的欧美各社会民主党和主张自由主义的各资产阶级政党。[54]最终，在世界反法西斯联盟的共同努力下，1945年反法西斯战争取得胜利，彻底埋葬法西斯政党的独裁统治。

当然，二战反法西斯战争的胜利，也标志着西方资产阶级宪政民主政党观战胜了法西斯主义政党观，维护了西方资产阶级宪政民主政党观的历史地位，维护了资产阶级政党制度的秩序，并在世界上进一步扩大了其影响力。

二、百年变局中世界政党政治新发展新变化

如果说2019年的世界政党政治形势是"分野中峰变，阴晴众壑

---

53) 隋学芳：《第二次世界大战的人员损失》，《国防》1988年第7期，第28页；郑寅达：《20世纪的法西斯》，《华东师范大学学报（哲学社会科学版）》1998年第5期，第83页。

54) 郭春生：《论反法西斯战争与世界社会主义运动的互动发展》，《中国特色社会主义研究》2015年第4期，第25页。

殊"，那么2020年，世界政党政治的发展则可以用"天上浮云如白衣，斯须改变如苍狗"来形容，"乱"与"斗"俨然成为世界政党政治在变局时代的突出特点。2020年，世界政党政治形势依旧处于深刻调整重塑阶段，加之疫情的强负面化影响，部分国家的政治极化现象疾如旋踵，导致"否决政治"盛行。此外，国际秩序再度失衡，多种政治制度博弈日趋激烈，世界政党政治的发展过程面临前所未有的风险挑战。美国著名政治学家塞缪尔·亨廷顿认为，政治发展与整个社会的现代化进程环环相扣、紧密相连，且是一个广泛而复杂的持续变化着、不会停歇的过程。[55]而现实的政治发展是国家政治体制伴随国家经济进入高质量发展状态，继而走向民主化、法治化、现代化的过程，是政党制度强有力转化并融入国家治理的最新成果，而政治发展最核心的变量之一就是政党的发展，二者的关联是与生俱来、难以割裂的。

(一) 国外社会主义国家共产党执政地位日益巩固

2021年朝鲜劳动党第八次代表大会正式确立了金正恩治国理念，重新树立起劳动党的执政权威，明确了党的领导的唯一性，密切了治党治国理念、制度化建构等因素之间的联系。同时，在党章中作出修改，"'把人民群众第一主义确立为党的基本政治方式'，恢复总书记（金正恩的党内职务因此由委员长改为总书记）、书记局（此前称政务局）建制，突出了最高领导人的"绝对权威"。[56]尽管朝鲜面临应对韩美两国的外部压力、国内发展经济的繁重任务，但

---

55) 参见【美】塞缪尔·亨廷顿：《变化社会中的政治秩序》，王冠华译，上海人民出版社，2008，第25-27页。

56) 参见朴东勋：《解读朝鲜劳动党八大》，《世界知识》2021年第3期，第25-28页。

政局稳定是其最大优势。社会主义国家执政党的老挝人民革命党、越南共产党、古巴共产党，面临着新冠肺炎疫情带来的负面影响以及国家财政危机等巨大挑战，但都经受住了考验，确保了党执政地位的稳固与坚强。老挝人民革命党认识到在世界进入动荡变革期背景下，需要加强政治引领，维稳国家经济，不断改善民生，继而推进老挝的社会主义道路不断向前发展。越南共产党坚持革新开放路线，着力推进国家工业化和现代化。[57]近年则把越南未来整体发展重点目标放在新型政党政治体系建设上，注重强化廉洁治党，发挥党建引领作用，树立国家自信、制度自信，推进国家系统性、战略性突破。[58]古巴共产党成功实现新老接替，党的执政地位日益巩固，社会主义发展呈现了诸多新态势：对内全面加强党的建设，推进经济模式"更新"、民生和社会治理工程；对外深化与中国的传统友好关系，不断拓展多边外交关系。[59]国外社会主义国家共产党已走上政局稳定，各方面事业全面发展的新阶段，这是世界政党政治发展的新气象。

（二）西方欧美发达国家政党政治呈现出治理无能化特征

近年来，英国"脱欧"、德国出现"六党格局"、特朗普连任失败等等现象，均已表明西方政党政治呈现出"衰败、散乱、极化"的

---

57) 孔寒冰、项佐涛：《世界社会主义：理论、运动和制度》，北京大学出版社，2017，第368页。

58) 参见徐秦法、左云天：《老挝人民革命党引领国家治理的逻辑理路》，《科学社会主义》2021年第4期，第130-135页；郑玉琳：《越南共产党如何领导国家治理》，《社会主义论坛》2022年第7期，第51-52页。

59) 徐小涵、袁群：《古巴共产党第八次代表大会以来古巴社会主义发展的新态势及其前景》，《西南科技大学学报（哲学社会科学版）》2022年第5期，第1-10页。

特征，朝野不睦、党内斗争已显常态。西方（以西欧为主）资本主义国家，传统政党"失宠"，民粹主义和极端政党陆续进入政府、议会，持续削弱国家的政治功能，长期以来主流社会应对民粹主义和极端政党的局面已是日薄西山。在不少国家，以往的主流政党只有拧在一起方能遏制民粹主义政党发展势头，更有甚者，部分执政党的民众支持率跌入低谷。此外，值得注意的是，西班牙、希腊等国的执政党因未能在变革期及时发挥政党效能，难以回应社会需求，从而被民众所抛弃。

受疫情应对危机以及总统大选的双重因素影响，美国的国内秩序表现为持续性的政治衰败，而美国的两党关系则趋于"极化"态势。以2020年的美国大选为例，此次大选将两党关系"极化"态势表现得淋漓尽致，其中竞选资金的空前投入以及更具党派性质的选民投票模式等反映政治极化加剧的现象。此次大选不仅事关美国国内形势变化，也牵动中美关系乃至国际形势演变。从美国国内形势来看，持续走低的疫情防控形势、灾难性的经济困境、严峻的种族矛盾以及民众对政府的失望，不断削弱特朗普政府在选民中的支持率，最终造成特朗普连任失败。特朗普败选的因素复杂多样，除疫情因素以外，独特的候选人优势、正确的竞选策略、衰退的经济形势以及激化的种族矛盾都属于拜登击败特朗普的决胜因素。[60]正如美国政治学者理查德·本塞尔（Richard Bensel）声称的那样，社会力量在美国政治的发展过程中发挥着根本作用。[61]从中美关系发展来看，特朗普时期美国政府对中国发起贸易战、科技战，频频打压中

60) 参见孙冰岩：《2020年美国大选：决胜因素、选举特点与政治困局》，《国际关系研究》2021年第1期，第82-109页。

61) Richard Bensel：*Sectionalism and American Political Development，1889-1990*，Madison: University of Wisconsin Press，1984，p.7.

国企业，试图遏制中国发展，维持自己的霸主地位；甚至部分政客颠倒黑白、毫无底线、混淆视听、歪曲历史，恶意攻讦中国政治制度，蓄意制造意识形态对立，鼓动"新冷战"，大搞"甩锅外交"，最终导致中美关系降至两国建交后的"冰点"。为重构中美关系、促其重回正轨，习近平与美国新总统拜登通话时强调，"中美合则两利、斗则俱伤"，两国应相互理解尊重、重建对话机制、管控理念分歧、明确政策边界、慎重行事，共担大国责任，为疫情防控以及经济复苏贡献力量。[62]然而，拜登政府并未相向而行，而是继续沿袭特朗普恶化中美关系的路径，于是造成目前中美中断高层互访的局面。

(三) 非洲、拉美、中东等地区政党格局各有不同、政治特征各异

2020年新冠肺炎疫情在全球性的恐怖蔓延及对政党执政能力的冲击，加快了非洲、拉美、中东等地区的政治多元化进程，各地区的政治生态发展在表现出多元化特征的同时，也传承着本土最原始的政党色彩。诸如在南非，以南非共产党（简称"南非共"）、南非工会大会（简称"南非工"）为主导的非洲人国民大会、最大反对党民主联盟以及极端政党三方力量之间的竞逐态势加剧，多种力量间的矛盾再露锋芒，一些政治痼疾难以彻底消除，进一步成为牵动国家政党格局的主要变数。虽然对于非洲来说，西式政体范式与非洲的政治文化之间抵牾始终存在，但非洲"逢选必乱"的现象已经明显减弱。非洲国家政变发生频次目前降到20世纪60年代以来的最低水平，2015-2019年基本没有发生过成功的军事政变（见表7）。[63]此

---

62)《习近平同美国总统拜登通电话》，《人民日报》2021年2月12日，第1版。

63) 2019年4月，苏丹军队让总统巴希尔下台虽被非盟认定为政变，但和以往非洲国家政变不同，苏丹军队并不是主动想推翻巴希尔，只是在内外压力之下的退让，以保证军人集团继续执政。——http://www.oneafrica.cn/?p=6056。

外，政党机制运作趋于科学化，不少非洲政党开始认同"以党领政"理念。当然非洲政局并不是一湾净水，除政党矛盾外，贫富差距逐渐拉大、安全环境受到威胁、地缘政治博弈激烈等等，都成为搅动这潭静水的负面因素。尤为突出的是2019年的阿尔及利亚与苏丹两国领导政权被推翻，主要表现为国家输入性安全风险持续高企，社会隐匿的不稳定性增加，民生问题难以得到缓解。但不容否认的是，非洲政治正在平稳、有序转型，"非洲正在成为世界政治舞台上重要的一极"。[64]然而，疫情加剧百年大变局使世界进入动荡变革期，在外部势力介入下，以2023年4月15日爆发的苏丹内部冲突为例，[65]非洲再次出现动荡的现象。

表7：1990—2019年（30年间）非洲发生政变情况对比[66]

内容 　　　　　　　　时间间隔	1990-1999 年	2000-2019 年
政变总次数	15	15
政变危机持续月份	23.7	19
两年内恢复宪法秩序的比例（%）	67	73

不同于非洲"静争相衬"的政治体态，拉美的政党政治出现了"新老交替"局面。在拉美地区，以右翼政党执政的国家（秘鲁、智利等）以及部分左翼政党执政的国家（墨西哥、委内瑞拉等），都在

64) 李克强：《开创中非合作更加美好的未来——在非盟会议中心的演讲》，http://www.gov.cn/guowuyuan/2014-05/05/content-2671998.htm。

65)《中国驻苏丹使馆：在苏中国公民尚无伤亡》，https://www.guancha.cn/internation/2023_04_16_688576.shtml。

66) 数据来源：南非比勒陀利亚大学官网，该数据整理结合了近年来非洲政变新情况，并参照 "Laurie Nathan，Trends in Mediating in Africa Coups" ——https://www.up.ac.za/media/shared/237/PDFs/Publications/trends-in-mediating-in-african-coups.zp84166.pdf。

疫情期间遭受不同程度的政治威胁和经济冲击。但就整体发展而言，拉美左右两翼政党一度呈"势均力敌、左右互搏"的态势。"我们共同创造历史"联盟、"普埃布拉集团"[67]以及美洲玻利瓦尔联盟都强调，左翼政党应团结一切可团结的力量，以遏制右翼发展势头，"反对新自由主义"。此外，拉美共产党在疫情期间也充分发挥出其举足轻重的政党功能，中拉两地共产党于2020年6月9日跨过太平洋的重重阻隔，以"从抗疫看共产党'人民至上'的理念优势"为主旨，就促进中拉在疫情防控等方面的合作展开视频沟通，并取得突破性成果。[68]2022年以来，拉美再度出现左翼化浪潮，以巴西卢拉再度当选总统为代表的拉美左翼政党纷纷上台执政，这是拉美政党政治发展的新动向。[69]

相较于非洲、拉美地区，中东的政党格局简单直接，不同政党背后都有域外国家的身影，特朗普上台之后尤为重视美以关系的发

---

67) 据"普埃布拉集团"（Grupo de Puebla）网站，该集团的创始人有43人，主要有：阿根廷总统费尔南德斯（集团成立时为总统候选人）、现外长费利佩·索拉，巴西前总统卢拉、罗塞夫，前外长阿莫林，乌拉圭前总统穆希卡、广泛阵线前总统候选人马丁内斯，玻利维亚前总统莫拉莱斯、前副总统加西亚·利内拉，玻利维亚副总统候选人、美洲玻利瓦尔联盟秘书长、前外长乔克瓦卡，厄瓜多尔前总统科雷亚，巴拉圭前总统卢戈，多米尼加共和国前总统莱昂内尔·费尔南德斯，墨西哥前总统候选人、民主革命党创始人卡德纳斯，智利社会党众议员、前总统候选人马尔科·恩利克斯-奥米纳米，智利社会党参议员、前外长因苏萨，智利共产党众议员、大学生运动领导人卡里奥拉，秘鲁前总统候选人、新秘鲁运动主席维罗妮卡·门多萨，哥伦比亚前总统桑佩尔，哥伦比亚前总统候选人、前替代民主中心主席克拉拉·洛佩斯，巴拿马前总统托里霍斯，西班牙前首相萨帕特罗等。引人注目的是，古巴、委内瑞拉和尼加拉瓜这3个左翼政党执政的国家没有人参加"普埃布拉集团"。——https://www.grupodepuebla.org/fundadores/。

68) 《中共中央对外联络部同拉美多国共产党举行视频会议》，https://www.guancha.cn/politics/2020_06_10_553599.shtml。

69) 徐蕾：《秘鲁爆发致命示威，谁"政变"了谁？拉美左翼盟友站队》，https://www.guancha.cn/internation/2022_12_16_671647_s.shtml。

展，并加大了对以色列的支持力度，以凸显其更稳固的地缘政治战略。

(四) 柬、缅、新等东南亚国家呈现政党格局多元化趋势

柬埔寨的政党政治发展，多借鉴于西方的政党制度，其政党制度和政党发展之间存在明显张力，且内阁内部的抵牾深根固柢，对此洪森在2020年初对内阁进行了初步调整，旨在强化人民党的治理效能；此外，柬埔寨强人政治形成的政治体系依赖于洪森的个人政治表现，在此期间洪森政权架构起"一党主政、多党议政"的政治格局，强有力地维护了人民党的独立执政及其他政党参政议政的积极性。[70]缅甸是复杂动荡的一类。其国内政治始终存在根深蒂固的认同分歧，并逐渐形成"军强政弱"的政治格局，然而国家"双头政治"[71]格局并未随后军人时代的到来发生根本性变化；此外，国内族群割裂现象长期存在，国家呈现出"军、政、族"三者间互为利用与制衡的不对等博弈局面，政党政治发展面临未有穷期的压力。[72]新加坡随着2020年全国大选，李显龙带领的人民行动党再次获得胜利，意味着"后李显龙时代"新加坡人民行动党"一党主政"的强势局面将持续下去，新加坡依旧呈现出"民主威权"的政党特征。泰国正处于"红黄对立"转向代际分化的政治摇摆期，不过"挺巴育"阵营在2020年泰国不信任案表决结束后获得显著的政治优势，巴育涉险

---

70) 参见顾佳赟：《柬埔寨政党政治演进与洪森政权长期执政》，《东南亚研究》2020年第3期，第58-78页。

71) "双头政治"(dyarchy或diarchy)，源于古希腊语，意为两个统治者统治，有两套权力中心，与"君主统治"(monarchy)"寡头政治"(oligarchy)"多头政治"(polyarchy) 等词同质，是从权力主体的多少来定义政体的一种方式。

72) 张添：《缅甸政治"轮回"：合法性竞争与政治共识的瓦解》，《东南亚研究》2022年第5期，第1-30页。

过关，但是2014年政变上台的巴育政治前景仍存在"变数"，是泰国政党政治的隐患。[73]印尼属于政党政治竞争异常激烈的一类。目前已逐渐成为"总统制＋多党制"的复合型国家，而"激烈的政党斗争毫无疑问地将印尼经济民族主义推向了新高度"，其政党政治未来面临"民粹主义冲击民主制度、宗教力量侵蚀世俗体制的双重挑战"。[74]

从上述内容不难看出，东南亚处于东西方政治理念的交汇点，疫情虽对不同国家的政党政治发展产生诸多负面影响。但从侧面而言，疫情带来的考验既提升了政党的执政能力，又推动了国家治理能力的进一步上升。一言以贯之，东南亚国家的政党格局总体稳定，呈现出多元化发展的态势。

（五）大变局时代的国外共产党仍处于积蓄力量、力图发展的阶段

近几年，国外资本主义国家一些共产党抓住大变局时代带来的机遇，同时利用民众对政府面对疫情突袭处置不力以及国家经济持续衰退等境况，积极宣传自己的理念主张，赢得了部分民众的支持，但各国共产党未能成功壮大力量、拓宽政党影响力，也未能破解反共力量、民粹主义及极右翼势力多方刁难与挤压的局面。从整体来看，目前国外资本主义国家共产党依旧处于困境状态，欧美主

---

73) 余海秋：《巴育与泰国的政治运程》，《世界知识》2022年第19期，第34-35页。
74) Yoga Rusmana, Viriya Singgih and Eko Listiyorin, "*Economic Nationalism Is Back in Indonesia as Election Nears*", *Bloomberg*.——https://www.bloomberg.com/news/articles/2018-09-16/economic-nationalism-is-back-in-indonesia-as-election-appr oaches；夏方波：《政治转型、权力结构与政党制度化发展——以印度尼西亚为例》，《东南亚研究》2021年第2期，第115页。

要国家共产党普遍规模较小，在各自国内影响力非常有限，虽然各国共产党力量下滑态势有所缓解，但仍需要继续积蓄力量以谋求发展。[75]

以印度共产党、印度共产党（马克思主义）为主要政治力量的印度议会左翼，因印度人民党以及其他政治力量的重重阻挠，已失去了曾经的光辉色彩，从而步入低谷。而其最直接的表现，即是在2004年至2019年的四次印度全国性大选中，印共（马）的席位由44个暴跌至3个，而印共的席位则由之前的11个跌至2个；对印度议会左翼而言，喀拉拉邦已成为其当前唯一的执政地。尽管印度议会左翼当前遭遇了巨大挫折，但不应否认的是其前期取得的成功，特别是其地方执政的实践经验丰富和创新了社会主义理论，以及对国际共产主义运动的发展，都作出了独特贡献。[76]日本共产党的发展历程则不同，在发展规模方面更是印共（马）、印共所难以匹敌的，目前日本共产党的党员人数已达30余万，占据众参两院席位25个，已成为日本国第二大政治力量。然而伴随世情及日本国情的深刻变革，日共于2019年8月提出了"建设市民视角的新左翼政党"这一全新构想，"这与当前欧洲各国回归激进左翼政党的大趋势背道而驰。"[77]但不容忽视的是，其为普遍衰退的西方共产党提供了新的政党活动样板。此外，以希腊共产党、葡萄牙共产党等为主要代表的欧洲极左翼政党，已经初步具有了一定的区域影响力、组织力及号

75) 参见李淑清：《21世纪初期发达资本主义国家共产党的现状、问题与前景》，《国外社会科学》2016年3期，第18-26页。
76) 参见张淑兰、黄靖嫒：《印度议会左翼：发展历程、衰落原因与前景展望》，《当代世界》2021年第2期，第66-72页。
77) 参见王聪聪：《激进左翼政治的回归：德国左翼党的政治发展与走向》，《社会主义研究》2019年第4期，第137-146页。

召力，试图扩大区域性"共产党朋友圈"，并力求解决政党自身的生存发展问题。[78]

由上述内容可知，各国的政党体制（无论是朝鲜、越南、老挝、古巴为代表的共产党一党执政，英美为代表的两党制，还是非洲、拉美、东南亚等国的多党制，等等）都是人类社会在其发展进程中所产生的政党政治发展范式，体现着各自的国情特点，或存相似，但各国的政党理论和实践规则都无绝对相同的可能。所以，按图索骥是荒唐的，拟规画圆是迂曲的。纵观大变局时代世界政党政治的现状与发展，可以看出，政党体制的形成是一个长期、自然的历史过程，应当将其置于相对合适的历史视野进行考察，而不是盲目、笼统、不问青红皂白地反对某一政党体制。因为，作为一种政党体制，其本身无所谓优劣。[79]

第二节　中国共产党与世界社会主义事业发展

习近平曾深刻指出："每个时代总有属于它自己的问题，只要科学地认识、准确地把握、正确地解决这些问题，就能够把我们的社会不断推向前进。"[80]新时代，中国共产党以建设"伟大工程"为政治引领，以实现"伟大梦想"为使命担当，以进行"伟大斗争"为战略谋划，以推进"伟大事业"为目标任务，体现出新时代中国共产党高度的思想自觉和强烈的责任担当，在推动实现中国特色社会主义

---

78) 郭业洲主编《当代世界政党形势（2017）》，党建读物出版社，2018，第7页。
79) 中共中央对外联络部研究室：《当今世界政党政治研究报告（2013年）》，中央编译出版社，2014，第5页。
80) 习近平：《之江新语》，浙江人民出版社，2007，第235页。

现代化的阶段性目标中，充分展现自身独特的品格与优势，并为其他社会主义国家实现现代化提供了经验与借鉴。

一、中国共产党领导是中国特色社会主义最本质特征

中国共产党领导是中国特色社会主义最本质的特征，是中国特色社会主义制度的最大优势。[81]这是历史逻辑、理论逻辑和实践逻辑结合中得出的科学结论，正是"党中央的权威和集中统一领导，保证了革命、建设、改革顺利推进，保证了党的执政地位巩固和国家长治久安。"[82]无论时代如何变迁、世界如何发展、中国如何进步，中国特色社会主义的最大时代特质就是坚持"中国共产党领导"。作为中国特色社会主义事业的领导核心，党要领导人民，完整实现民族复兴两个百年奋斗目标、系统性实现社会全面进步以及人的发展的全面性，则必须加强自身建设，并在经济建设、政治建设、文化建设、社会建设、生态文明建设以及党的建设，以及推进改革发展稳定、内政外交国防、治党治国治军、祖国统一等各个方面发挥全面的领导作用。特别是在新时代，中华民族迎来强起来的历史性飞跃，其最根本的就是始终坚持党的全面的、系统的、整体的领导。

81)《中共中央关于党的百年奋斗重大成就和历史经验的决议》，人民出版社，2021，第24页。

82) 中共中央宣传部：《中国共产党的历史使命与行动价值》，《人民日报》2021年8月27日，第1版。

（一）无产阶级政党领导是科学社会主义原则的内在要求

改革开放以来，社会上存在质疑中国特色社会主义是否还是科学社会主义的杂音。对此，习近平旗帜鲜明表示："中国特色社会主义是社会主义而不是其他什么主义，科学社会主义基本原则不能丢，丢了就不是社会主义。"[83]这一科学认识，对两个相互关联的问题给出了清晰的答案，又揭示了问题的实质，即判断科学社会主义的基本依据，是是否坚持科学社会主义的基本原则。中国特色社会主义之所以是社会主义，而不是其他主义，就是因为始终毫不动摇坚持科学社会主义基本原则；始终毫不动摇坚持体现科学社会主义的党的基本路线和中国特色社会主义制度。科学社会主义是中国特色社会主义的本质规定和方向指引，悖离其基本原则就是改旗易帜；如果缺乏时代创新就会导致封闭僵化，而中国特色社会主义是科学社会主义在中国时代化的产物，是在当代世界发展的最新形态。

按照马恩社会形态演变的规律，社会主义、共产主义社会必然要替代资本主义社会，但这一历史进程不会自然出现，需要有相应的阶级力量即无产阶级来承担和完成这一使命。马克思认为，无产阶级革命有一个从自发到自觉的过程，要进行自觉的、彻底的革命，就必须有代表无产阶级、拥有科学理论武装的无产阶级政党从中产生，必须有无产阶级政党的领导。[84]恩格斯也指出，无产阶级政党的作用就在于，其能够保证社会主义革命获得胜利；同时，只有无产阶级政党的领导，革命才会有思想，政治、组织才能有保

---

83) 参见习近平：《关于坚持和发展中国特色社会主义的几个问题》，《求是》2019年第7期，第56页。

84) 参见《马克思恩格斯文集》第2卷，人民出版社，2009，第44页；《马克思恩格斯文集》第3卷，人民出版社，2009，第92、228-229页。

障，才会沿着社会主义方向前进。[85]可见，无产阶级政党的性质决定了它的领导地位不是靠强制力量达成的，而是因与人民利益的一致性和自身的先进性实现的，也只有通过无产阶级政党领导才能实现阶级解放和人类解放的历史任务。1917年，列宁领导的布尔什维克践行科学社会主义原则，俄国十月革命取得成功，创建人类第一个社会主义国家——苏联。苏联的建立，掀起世界各国无产阶级革命的浪潮，在各国共产党领导下，社会主义从一国发展到多国。然而，20世纪末却发生东欧剧变、苏联解体的悲剧。究其本质，根本原因就是放弃了党的领导，这一深刻教训再次证明了无产阶级政党领导的极端重要性。

世界社会主义运动的理论和实践表明，没有无产阶级政党领导就没有工人运动的蓬勃发展，也就没有无产阶级革命的胜利，更不会建立社会主义国家，中国特色社会主义也就根本无从谈起。换言之，没有无产阶级政党的领导，科学社会主义就无法从理论走向实践，其基本原则只能停留于理论层面而难以发挥其蕴含的生命力和活力。由此不难发现，"无产阶级政党的领导"是科学社会主义基本原则中的一条核心原则。[86]

（二）中国共产党领导贯穿中国特色社会主义发展全过程

"中国共产党是按照民主集中制原则组织起来的马克思主义政党。"[87]这是俄国十月革命给中国送来马克思列宁主义的结果。中

---

85) 参见《马克思恩格斯文集》第2卷，人民出版社，2009，第414-415页；《马克思恩格斯文集》第10卷，人民出版社，2009，第578-579页。
86) 郭从伦、刘超：《略论中国共产党领导是中国特色社会主义基本质特征》，《中共四川省委党校学报》2020年第4期，第33-34页。
87) 中共中央宣传部：《中国共产党的历史使命与行动价值》，《人民日报》2021

国共产党依照科学社会主义原则，在历经新民主主义革命、社会主义革命和建设、改革开放和社会主义现代化建设、中国特色社会主义新时代等时期和阶段，一以贯之坚持党的领导，实现了马克思主义中国化时代化的历史性飞跃，走出了中国特色社会主义发展道路。

习近平曾指出："中国特色社会主义是在改革开放历史新时期开创的，但也是在新中国已经建立起社会主义制度并进行了20多年建设的基础上开创的。"[88] 社会主义建设时期，以毛泽东为代表的中国共产党人，团结带领中国人民进行了社会主义的不懈探索，为中国特色社会主义的创立提供了正反两方面的经验。进入改革开放新时期，以邓小平为代表的中国共产党人，充分吸取正反两方面的经验，领导人民探索中国特色社会主义道路，并明确提出立国之本的"四项基本原则"，强调其核心是坚持中国共产党的领导。[89] 20世纪80年代末，以江泽民为代表的中国共产党人，成功应对国内外复杂形势与挑战，始终坚持"四项基本原则"，将"邓小平理论"写入党章，创立"三个代表"重要思想并写入党章，把中国特色社会主义推向21世纪。新世纪新阶段，以胡锦涛为代表的中国共产党人，开启全面建设小康社会的新征程，党的十七大创造性地提出并深刻阐述中国特色社会主义理论体系，将科学发展观写入党章，进一步丰富和发展中国特色社会主义的理论和实践。

党的十八大之后，以习近平为代表的中国共产党人统揽伟大斗争、伟大工程、伟大事业、伟大梦想，经过10年奋发有为的拼搏，统筹推进"五位一体"总体布局、协调推进"四个全面"战略布

年8月27日第1版。
88) 参见习近平：《关于坚持和发展中国特色社会主义的几个问题》，《求是》2019年第7期，第56页。
89)《邓小平文选》第2卷，人民出版社，1994，第341-342页。

局，各项事业取得全方位、历史性、开创性的成就，并成功实现马克思主义中国化时代化新飞跃，创立习近平新时代中国特色社会主义思想，进一步深化了对中国特色社会主义建设规律的认识。90)围绕中国特色社会主义"是什么"的问题，习近平提出了"十个明确"91)的重要论断，指出中国特色社会主义进入新时代，"意味着科学社会主义在二十一世纪的中国焕发出强大生机活力，在世界上高高

90) 郭从伦、刘超：《略论中国共产党领导是中国特色社会主义最本质特征》，《中共四川省委党校学报》2020年第4期，第35-36页。

91) "十个明确"：（1）明确中国特色社会主义最本质的特征是中国共产党领导，中国特色社会主义制度的最大优势是中国共产党领导，中国共产党是最高政治领导力量，全党必须增强"四个意识"、坚定"四个自信"、做到"两个维护"；（2）明确坚持和发展中国特色社会主义，总任务是实现社会主义现代化和中华民族伟大复兴，在全面建成小康社会的基础上，分两步走在本世纪中叶建成富强民主文明和谐美丽的社会主义现代化强国，以中国式现代化推进中华民族伟大复兴；（3）明确新时代我国社会主要矛盾是人民日益增长的美好生活需要和不平衡不充分的发展之间的矛盾，必须坚持以人民为中心的发展思想，发展全过程人民民主，推动人的全面发展、全体人民共同富裕取得更为明显的实质性进展；（4）明确中国特色社会主义事业总体布局是经济建设、政治建设、文化建设、社会建设、生态文明建设五位一体，战略布局是全面建设社会主义现代化国家、全面深化改革、全面依法治国、全面从严治党四个全面；（5）明确全面深化改革总目标是完善和发展中国特色社会主义制度、推进国家治理体系和治理能力现代化；（6）明确全面推进依法治国总目标是建设中国特色社会主义法治体系、建设社会主义法治国家；（7）明确必须坚持和完善社会主义基本经济制度，使市场在资源配置中起决定性作用，更好发挥政府作用，把握新发展阶段，贯彻创新、协调、绿色、开放、共享的新发展理念，加快构建以国内大循环为主体、国内国际双循环相互促进的新发展格局，推动高质量发展，统筹发展和安全；（8）明确党在新时代的强军目标是建设一支听党指挥、能打胜仗、作风优良的人民军队，把人民军队建设成为世界一流军队；（9）明确中国特色大国外交要服务民族复兴、促进人类进步，推动建设新型国际关系，推动构建人类命运共同体；（10）明确全面从严治党的战略方针，提出新时代党的建设总要求，全面推进党的政治建设、思想建设、组织建设、作风建设、纪律建设，把制度建设贯穿其中，深入推进反腐败斗争，落实管党治党政治责任，以伟大自我革命引领伟大社会革命。

举起了中国特色社会主义伟大旗帜"；92)围绕中国特色社会主义"在哪儿"的问题，明确中国特色社会主义仍处于并将长期处于社会主义初级阶段，但是进入了新时代的历史方位；围绕中国特色社会主义"走向何处"的问题，一是提出"十四个坚持"93)的基本方略，明确了中国特色社会主义的行动指南与行动纲领；二是在知行合一的成果层面全面概括了历史性的"十三个方面成就"94)。上述内容是十八大以来对中国特色社会主义内涵和外延的极大拓展，其中都突出强调和贯穿党的领导作用。95)

历史事实充分证明，中国共产党的坚强领导，是中国特色社会主义创立、发展和完善的根本逻辑。离开中国共产党的领导，就不会有中国特色社会主义。因此，党的领导与中国特色社会主义是一而二、二而一的关系，合则两利、分则两害。96)

92) 习近平：《决胜全面建成小康社会，夺取新时代中国特色社会主义伟大胜利——在中国共产党第十九次全国代表大会上的报告（2017年10月18日）》，人民出版社，2017，第10页。

93) "十四个坚持"：（1）坚持党对一切工作的领导；（2）坚持以人民为中心；（3）坚持全面深化改革；（4）坚持新发展理念；（5）坚持人民当家作主；（6）坚持全面依法治国；（7）坚持社会主义核心价值体系；（8）坚持在发展中保障和改善民生；（9）坚持人与自然和谐共生；（10）坚持总体国家安全观；（11）坚持党对人民军队的绝对领导；（12）坚持"一国两制"和推进祖国统一；（13）坚持推动构建人类命运共同体；（14）坚持全面从严治党。

94) "十三个方面成就"：（1）在坚持党的全面领导上；（2）在全面从严治党上；（3）在经济建设上；（4）在全面深化改革开放上；（5）在政治建设上；（6）在全面依法治国上；（7）在文化建设上；（8）在社会建设上；（9）在生态文明建设上；（10）在国防和军队建设上；（11）在维护国家安全上；（12）在坚持"一国两制"和推进祖国统一上；（13）在外交工作上。

95)《习近平著作选读》第1卷，人民出版社，2023，第14页。

96) 曾峻等：《坚持和加强党的全面领导研究》，人民出版社，2019，第67页。

（三）中国共产党领导是中国特色社会主义事业的本质要求

中国共产党党章开宗明义指出："中国共产党是中国工人阶级的先锋队，同时是中国人民和中华民族的先锋队，是中国特色社会主义事业的领导核心。"[97]习近平又进一步明确指出"中国共产党的领导是中国特色社会主义最本质的特征。"[98]这是历史逻辑、理论逻辑和实践逻辑结合与发展的产物和结论。

首先，中国共产党使中国走上社会主义道路。新中国成立后，中国共产党不忘初心使命，在带领人民实现新民主主义革命任务的基础上，进行社会主义改造，消灭了剥削制度和剥削阶级，实现伟大的社会变革，从此中国迈入社会主义社会。没有中国共产党的领导，社会主义社会新形态就不可能在中国建立和发展起来。其次，中国共产党是中国特色社会主义事业的开创者、推动者、引领者。1978年中国共产党果断实行改革开放，团结带领人民开辟了中国特色社会主义道路。历经四十余年，中国特色社会主义已发展为经济、政治、文化、社会、生态"五位一体"的伟大事业，创造了举世瞩目、彪炳史册的伟大成就，奠定了道路、理论、制度、文化"四个自信"的强大根基。可以说没有中国共产党的领导，中国特色社会主义就不可能产生和发展。再次，中国共产党始终坚持工人阶级先锋队的宗旨不动摇。统计数据表明，2022年底，全国就业人员已超过7.3亿人，其中城镇就业人员约4.6亿人，并且全国农民工总量也已达近3亿人。[99]与此同时，互联网、大数据、人工智能时代的到

---

97)《中国共产党章程》，人民出版社，2017，第1页。

98)《习近平著作选读》第1卷，人民出版社，2023，第191页。

99) 国家统计局：《中华人民共和国2022年国民经济和社会发展统计公报（2023年2月28日）》，http://www.stats.gov.cn/sj/zxfb/202302/t20230228_1919011.html。

来，中国特色社会主义事业的可持续发展越来越依靠科技和人才的力量，进一步强化科学技术是第一生产力的属性，随之出现的新职业群体为工人阶级队伍注入了新活力。[100]中国共产党顺应趋势，牢记初心使命，不断与时俱进，代表先进生产力的发展要求、先进文化的前进方向、最广大人民的根本利益，党员队伍结构不断发生变化。如下表所示，截至2022年12月31日中国共产党总数达9804.1万名的队伍构成，也反映了上述发展趋势（见表8）。与2021年数据相比，净增132.9万名，出现的一个较明显的变化是党政机关工作人员与学生党员人数下降，分别减少约2万人和15万人，体现了从严治党的动向。[101]历史和现实表明，随着时代的发展进步，中国共产党的阶级基础十分雄厚，力量源源不竭，毫无疑问是中国特色社会主义事业的坚强领导核心。

表8：2022年12月31日中国共产党党员队伍构成一览表[102]

职业	人数(万名)	职业	人数(万名)
工人（工勤技能人员）	664.9	党政机关工作人员	778.4
农牧渔民	2603.2	学生	290.1
企事业单位、社会组织专业技术人员	1589.8	其他职业人员	764.5
企事业单位、社会组织管理人员	1126.5	离退休人员	1986.7

因此，历史和实践证明，没有中国共产党的领导，就不可能有

100) 李培林、尉建文：《随着社会结构深层次变化，中国出现了一些"新职业群体"——为工人阶级队伍注入新活力》，《北京日报》2021年11月22日第10版。

101) 中共中央组织部：《中国共产党党内统计公报》，《人民日报》2022年6月30日第3版。

102) 中共中央组织部：《中国共产党党内统计公报》，《人民日报》2023年7月1日第2版。

社会主义的中国。中国特色社会主义事业如果没有代表先进生产力的阶级和政党来领导和发挥推动作用，也难以获得长远快速可持续发展。中国共产党的领导，为科学社会主义在中国的发展注入强劲动力和发挥核心作用，这一本质特征也将随着中国特色社会主义事业的发展愈加彰显。中国共产党的自身实践，也为世界上的社会主义国家坚持和巩固党的领导、推动社会主义事业发展带来重要的经验与启示。

二、中国共产党为推进世界社会主义运动发展作出了重大贡献

从世界社会主义运动发展的维度看，中国共产党引领的中国特色社会主义现代化，以有别于西方资本主义现代化的独特范式，有力地充实和丰富了人类社会发展的规律，同时极大地丰富和发展了世界社会主义自身发展的规律。中国作为共建清洁美丽美好世界的参与者、贡献者、引领者，在推动中国历史达到新高度的同时，正引领世界社会主义的前进方向，推进世界社会主义运动不断向前发展。

（一）中国共产党将中国历史推向新高度

自1921年至2022年的100多年间，中国共产党带领中国人民终结半殖民地半封建社会的屈辱历史，建立了人民当家做主的新中国；引领中国走上社会主义的康光大道，奠定社会主义的基本制度；吹响改革开放的号角，成功开辟了走向繁荣强盛的中国特色社会主义道路，使中国这个世界上最大的社会主义国家充满活力，大踏步赶上时代；在持之以恒的持续探索中，找到了具有中国特色、符合中国独特历史命运的政党政治发展道路，形成了独具特色的政党制

度。特别是2012年十八大以来，经过十年的不懈努力，各方面的制度更加成熟定型，为中国特色社会主义事业的蓬勃发展提供了强有力的保障。

在短短几十年间，中国就取得令世界震惊的成就。世界银行统计数据显示，2020年全球遭受疫情严重冲击，中国却成为世界上唯一实现正增长的主要经济体。自2010年中国GDP超越世界第二大经济体日本后，已将其远远甩在身后，并不断接近世界第一的美国（见图5）。此外，中国对外贸易总额从2011年超过美国，已连续十年位居世界第一。103)毋庸置疑，中国创造经济多年保持高速发展和社会长期保持稳定两大奇迹，实现从站起来、富起来到强起来的历史性飞跃，是中国共产党领导的结果，不仅体现了中国特色社会主义制度的优越性，也充分证明中国坚持走社会主义道路的正确性。历史已经并将继续证明，中国特色社会主义不仅为中国的快速发展提供了科学思想指南和根本政治保障，也在世界上树立了独立自强、良政善治、稳定繁荣的生动范本，为世界各国克服道路选择之惑、思想治理之困、国家发展之难，消除和平赤字、信任赤字、发展赤字、治理赤字等提供了新的视角和宝贵启示。104)

---

103) 倪峰、魏南枝、齐皓：《大变局中的美国》，载于张蕴岭主编《百年大变局：世界与中国》，中共中央党校出版社，2020，第18页。
104) 习近平：《决胜全面建成小康社会，夺取新时代中国特色社会主义伟大胜利——在中国共产党第十九次全国代表大会上的报告》，人民出版社，2017，第28页。

图5：2007-2022年中、美、日三国国内生产总值（GDP）发展趋势[105]

年份	2007	2008	2009	2010	2011	2012	2013	2014	2015	2016	2017	2018	2019	2020	2021	2022
中国	3.55	4.59	5.1	6.09	7.55	8.53	9.57	10.4	11.0	11.2	12.3	13.8	14.2	14.6	17.7	18
美国	14.4	14.7	14.4	15.0	15.6	16.2	16.8	17.5	18.2	18.7	19.4	20.5	21.3	21.0	23.3	25.4
日本	4.58	5.11	5.29	5.76	6.23	6.27	5.21	4.9	4.44	5	4.93	5.04	5.12	5.04	4.94	4.23

（二）中国共产党是实现中国梦的坚强领导核心

自1840年中国沦为半殖民地半封建社会以来，中国仁人志士就抛头颅洒热血，意图挽救中华民族于危难之中。但一切努力终归失败，直到中国共产党诞生，才找到正确的道路和方向。100多年来，中国共产党坚守初心和使命，秉持党的性质和宗旨，一代接着一代持续奋斗，在中国历史和世界历史上写下辉煌的篇章，创造了无数的人间奇迹。2012年，习近平将这一历史进程概括为"中国梦"。他明确表示"继续为实现中华民族伟大复兴而努力奋斗"、实现"人民对美好生活的向往"、"使我们党始终成为中国特色社会主义事业的坚强领导核心"，这是他对民族、人民和党肩负的"重大责任"。[106] 2016年10月，在回顾党的长征历史后还指出："我们要始终把人民立场作为根本政治立场，把人民利益摆在至高无上的地位，不断把为人民造福事业推向前进。"[107]习近平的话语掷地有声，旗帜鲜明地彰

105) 根据世界银行公开数据中、美、日三国具体数据汇总后绘制，https://data.worldbank.org.cn/。

106)《习近平著作选读》第1卷，人民出版社，2023，第59-61页。

107)《习近平谈治国理政》第2卷，外文出版社，2017，第52页。

显了党的性质、宗旨和中国梦的实现是并行不悖的。而且中国共产党言行一致，始终为绝大多数人谋利益，坚持人民利益至上的根本价值立场和价值取向。以中国社会发展最薄弱的农村情况来看，如表9所示，依据2012-2019年农村居民国内旅游数据（受疫情影响，2020-2022年国内旅游业受到冲击，故暂不做参考），农村居民国内游客人次始终呈上升趋势。2019年农村居民国内游客人次同比2012年增加49.90%，农村居民国内旅游总花费和人均花费分别增加93.75%和29.25%。这充分反映了农村居民摆脱贫困、奔向全面小康、享受生活的状况。正是在中国共产党强有力领导下，2020年全面建成小康社会的目标如期实现，成功完成"两个一百年"的第一个百年奋斗目标，使中华民族站在了新的历史起点上。2020年发生后延续三年多的世纪疫情，更是试金石和历史的检验者，中国成功打赢了"武汉保卫战"等无数个战役，战胜了疫情考验，不仅保持经济社会稳定发展，而且创造了疫苗接种、确诊病例、死亡人数在全球大国中最靓丽的数据。[108]事实再次证明，中国共产党"所具有的无比坚强的领导力"，是中国人民"最可靠的主心骨"。[109]

---

108)《截至12月23日24时新型冠状病毒肺炎疫情最新情况（2022-12-24）》，中华人民共和国国家卫生健康委员会，http://www.nhc.gov.cn/xcs/yqtb/202212/cb666dbd11864171b6586887c964791c.shtml。
109)《习近平著作选读》第2卷，人民出版社，2023，第347页。

表9：2012-2020年农村居民国内旅游情况统计表[110]

年份　指标	农村居民国内游客(百万人次)	国内游客(百万人次)	农村居民国内旅游总花费(亿元)+	国内旅游总花费(亿元)	农村居民国内旅游人均花费(元)	国内旅游人均花费(元)
2012 年	1024	2957	5028.2	22706.2	491	767.9
2013 年	1076	3262	5583.5	26276.1	518.9	805.5
2014 年	1128	3611	6092.1	30311.9	540.2	839.7
2015 年	1188	3990	6584.1	34195.1	554.2	857
2016 年	1240	4435	7147.9	39389.8	576.4	888.2
2017 年	1324	5001	7987.7	45660.8	603.3	913
2018 年	1420	5539	8688.3	51278.3	611.9	925.8
2019 年	1535	6006	9741.9	57250.9	634.6	953.3
2020 年	814	2879	4319.8	22286.3	530.5	774.1

　　中国的发展成就有目共睹，正日益为世界的和平发展注入正能量，成为世界公平公正发展不可缺少的支撑力量和实现"世界梦"的中流砥柱。如图6所示，据国家实力综合指数（CINC，Composite Index of National Capability）[111]分析，中国的国力在20世纪90年代迅速提升，并在20世纪第一个10年就超越美国；美国的国力在20世纪出现两次峰值后，再难恢复当年之峥嵘；苏-俄的国力可谓跌宕起伏，冷战过后呈断崖式跌落。中国实力不断增长的同时，对世界的贡献日益突出。世界银行报告表明，2013年至2021年，中国对世界经济增长的平均贡献率是38.6%，已远超G7国家贡献率25.7%的总和。

---

110) 数据来源：国家统计局。

111) 国家实力综合指数（CINC，Composite Index of National Capability）：由美国政治学家J.David Singer在1963年提出，被认为是衡量国家能力中最知名和最公认的方法。其设定了国家总人口比例、城市人口比例、铁与钢产量比例、主要能源消耗比例、军事支出比例、军事人员比例这六项基础分值。CINC的具体数值为以上六项比例总和的平均值，每个国家在世界总体情况中的占比，则体现了国家的综合实力。

这意味着"中国离不开世界,世界需要中国"。[112])由此不难看出,中国正大踏步引领时代发展,并正在走向世界舞台的中央,由"观察者"正变为参与者、引领者和推动者。

图6:1860—2016年美中日俄四国的国家实力综合指数(CINC)趋势图[113]

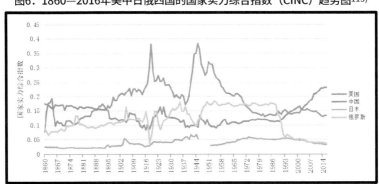

中国共产党给人民带来了实实在在的获得感、幸福感、安全感,也衷心得到了人民的拥护。中国共产党100多年的奋斗篇章,新中国70多年的不朽历程,日益走近世界舞台中央的中国,已无可辩驳地证明:中国共产党是中华民族伟大复兴"中国梦"的践行者和坚强领导核心。坚持中国共产党的坚强领导,是实现中华民族伟大复兴中国梦的必由之路。新时代实现第二个百年奋斗目标、全面建成社会主义现代化强国的民族复兴号角已经吹响,中国共产党作为领航者,将在新征程上,以中国式现代化不断书写实现中华民族伟大复兴"中国梦"的历史新篇章。一个全面实现"中国梦"的中国,无

112) 余丰慧:《中国经济十年对世界经济贡献率超G7总和折射什么?》,https://k.sina.com.cn/article_1163218074_45554c9a001010w0p.html。
113) 由维基百科 https://en.wikipedia.org/wiki/Composite_Index_of_National_Capability 数据绘制而成。

疑将为人类历史做出更大的贡献。

（三）中国共产党为世界社会主义运动指明方向

中国的成就来源于实践探索，中国式现代化的发展成就有力证明了中国道路的正确性，也为世界社会主义进一步向前发展指明方向和带来巨大影响。在世界百年未有之大变局的时代大潮中稳步发展，是所有社会主义国家的梦想。从中国共产党成功领导中国走向新时代的历史高峰、创造中国历史的奇迹中，从中国特色社会主义事业发展和制度实践过程中，吸收、借鉴、挖掘有益成分，再根据本国国情制定出更适合本国发展的好政策、好制度，选择适合自己国家长远发展的好道路，已是越南等世界社会主义国家发展的一条成功经验。而且，中国特色社会主义发展道路上遇到的问题，又可能是其他国家发展过程中已经遇到或正在经历却又难以解决的问题。从中国解决问题中获得启示，也有助于其他国家解决面临的发展难题。

中国特色社会主义制度对世界社会主义运动具有重要参考意义。中国共产党实事求是地根据中国国情，确立了社会主义制度，找到了中国特色发展道路，为中国的一切发展开辟广阔空间。中国惊人的发展成就成为最好的注脚，根据1990-2020年全球存在指数（见表10、图7），中国的全球存在指数从最初的1.7%增加到8.3%，已获得显著提升；相反，世界第一的美国却从最初的24.9%下降为22.4%。巴拿马民主革命党国际关系书记埃克托尔·阿莱曼就谈道："中国是世界上中长期发展和规划最成功的国家，在中国共产党的领导和组织下，一个又一个发展目标得以实现"。[114]巴西瓦加斯基金会巴西一中国研究中心负责人卡瓦略则指出："短短几十年间，中国走过了许多发达国家几百年时间走过的路，发生了翻天覆地的变化，向世界展现中国道路的独特魅力。"[115]中国共产党用制度化的规定性推动社会主义的实践，给世界社会主义运动的发展提供了样板。

表10：1990-2020年若干国家全球存在指数
（Elcano Global Presence Index）统计表[116]

国别年份	1990	1995	2000	2005	2010	2013	2016	2017	2018	2019	2020
美国	24.9	23.9	26.9	23.0	21.0	21.3	22.1	22.9	22.4	21.1	22.4
欧盟				23.0	23.1	21.3	23.5	22.9	22.4	22.7	21.4
中国	1.7	2.1	1.9	3.9	3.7	5.7	7.1	7.2	7.6	8.0	8.3
德国	7.3	7.0	5.7	6.2	6.7	5.7	5.5	5.2	5.4	5.4	5.5
英国	7.3	5.6	7.4	7.5	6.7	5.7	5.5	5.2	5.4	5.4	5.5
法国	7.3	7.0	5.7	6.2	5.7	5.7	5.5	5.2	3.8	4.2	3.7
日本	5.3	5.6	5.7	3.9	3.7	4.4	4.4	5.2	5.4	5.4	5.5
俄罗斯	7.3	5.6	3.8	3.9	3.7	4.4	4.4	3.4	3.8	4.2	3.7
印度	1.7	2.1	1.9	2.0	2.2	2.4	2.3	2.2	2.3	2.4	2.3
加拿大	3.4	2.1	3.8	3.9	3.7	2.4	2.3	3.4	3.8	2.4	3.7
意大利	3.4	3.8	3.8	3.9	3.7	2.4	2.3	2.2	2.3	2.4	2.3

114) 参见颜欢：《"中国不断取得辉煌成就的关键"（百名外国政党政要看中共）——访巴拿马民主革命党国际关系书记埃克托尔·阿莱曼》，《人民日报》2021年7月12日第3版。

115) 参见《百年大党的成功密码（百名外国政党政要看中共）》，《人民日报》2021年6月15日第18版。

116) 全球存在指数(Elcano Global Presence Index)：是一个综合指数，它对不同国家的外部预测进行排序、量化和聚合。全球存在分为三个维度：经济、防御和软存在。全球存在指数的功能之一是分析国际存在的全球趋势，包括多极或两极的演变、某些国家和地区的兴衰，以及软存在与硬存在的对比。西班牙皇家Elcano研究所，https://www.globalpresence.realinstitutoelcano.org/en/about。

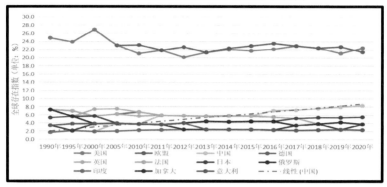

中国的成功实践也给世界社会主义国家的发展带来了希望和信心。中国共产党领导中国人民，披荆斩棘，敢想敢做、大胆改革创新，走出了中国特色社会主义道路。大踏步赶上时代的中国人民，以骄人的成就和最美的生活，告诉全世界：这条路不仅走得通，而且特别好，是名副其实的强国富民之路。这就给所有想走或正在走社会主义道路的国家带来前进的动力和发展的信心，给发展中国家实现现代化带来启示和选择，也给中国带来了坚定的支持力量。党的二十大后，第一位应邀来访中国的越共中央总书记阮富仲就表示："中国共产党取得的成就为世界发展中国家特别是走社会主义道路的国家提供了宝贵经验"。[117]

总之，中国共产党为实现民族独立和人民解放、国家富强和人民幸福付出了艰苦努力和巨大牺牲，使古老的中国重新焕发出蓬勃生机。她不仅深刻改变了中国历史发展轨迹，也为世界社会主义运动

---

117) 丁子、侯露露、俞懿春等：《为人类社会携手应对共同挑战作出新贡献——写在中国共产党与世界政党高层对话会召开之际》，《人民日报》2023年3月15日第3、6版。

发展指明方向，提供了借鉴。历史将证明"人类历史新纪元"将由中国共产党人续写，并为建设美好世界、实现"世界梦"带来新的活力和希望。

第三节　政党政治范式与中国共产党的贡献

当今世界正处于大变局时代，"变局"对政党制度的创新、政治秩序的发展提出更新、更高、更为苛刻的要求，世界政党政治范式的走向面临新变化、新挑战、新机遇、新发展。中国共产党充分发挥政党制度优势，在变局中稳如泰山，化"危"为"机"，冲破疫情阻碍，顺利开启全面建设社会主义现代化国家新征程。其在2020-2022年间取得的卓越成就已引发世界各国的高度关注，为世界各国政党提供了治国治党新蓝本，为全球抗疫、政党发展、政局稳定作了示范性的贡献。

一、世界主流政党政治范式

政党作为政党制度和政党政治的基本要素，三者之间存在着直接联系。有了政党，必然形成相应的政党政治，可以说，政党政治是政党伴生物，也是历史的必然产物。[118]有政党政治，又必然会产生政党制度，政党制度是政党政治的主要表现形式和实现形式。政党制度自产生之日并非一成不变，受各国政治状况、文化传统、社会环境等因素影响，不同国家的政党制度有所不同。此外，不同政

---

118) 梁琴、钟德涛：《中外政党制度比较》，商务印书馆，2017，第7页。

党制度在不同国家的政治发展中所起的作用也是各不相同的。

(一) 两种性质政党的缘起与发展

纵观古今，政党绝非自古有之。那么，政党是如何产生的？一般而言，有的政党依据宪法赋予的权力自由组建，有的则由于宪法禁止而非法、秘密地成立，还有的是由原来非正式的民间组织逐渐发展而成的。[119]不同政党的产生方式或相同或不同，但其产生前提，就是人们对国家以及政治认知上的转变；其核心要义，就是取得政治权利。毫无疑问，政党是政治斗争和阶级斗争的工具，是现代政治的基本运作方式，更是人类政治文明发展到一定阶段的产物，它在错综复杂的时空中具有完全不同的形式和内容，却彼此又有着深厚的渊源。一言以贯之，政党是政治的直接产物、彼此密不可分。

马克思恩格斯曾在《德意志意识形态》中提到，"统治阶级的思想在每一个时代都是占统治地位的思想。"[120]自奴隶社会起，掌权者为确保统治地位不动摇，常借宗教之力以"天选之子"自居，也就便有了"天授君权说"。随着人们政治意识的觉醒以及对"神权政治"的质疑，资产阶级作为独立阶级发展起来，强调"天赋人权""主权在民"，试图从政党活动中归纳普适性规律，以"民主政治"取代所谓的"神权政治"。于是，近现代政党应运而生，进而形成较为系统、完整、科学的政党理论。最早的近现代政党当属1679年成立的英国资产阶级政党辉格党和托利党，距今已有约344年的历史。[121]迄今

---

119) 王长江主编《世界政党比较概论》，中共中央党校出版社，2003，第6-7页。
120)《马克思恩格斯选集》第1卷，人民出版社，2012，第178页。
121) 王长江主编《世界政党比较概论》，中共中央党校出版社，2003，第3页。

为止，世界政党数量之多，已难做精确统计，根据政党体制可大致归纳分为八类。[122]不过，按阶级属性只有资产阶级政党和无产阶级政党两类。

与资产阶级政党不同，中国共产党是无产阶级政党，一经诞生就是中国"开天辟地的大事变"。[123]至今已逾百年，是近代中国政治、经济和社会发展的必然结果。与一切剥削阶级政党的政治主张截然不同，中国共产党始终坚持马克思主义的立场、观点与方法，坚守为中国人民谋幸福、为中华民族谋复兴的初心和使命。她不仅是具有原则性、创造性、预见性、人民性的政党，而且是一个在时代前进的滚滚洪流中能不断实现与时俱进，并善于创造历史奇迹的政党。

（二）世界主流政党范式

1．西方政党政治范式

西方政党政治范式的主要代表是"美国模式"和"英国模式"，是西方近代资产阶级统治和资产阶级政党政治发展的产物。[124]英美两国均是形式上的多党制，实际上实行的是两党制，最直接的特点就在于：有且只有两个政党力量强大，势均力敌、轮番执政，斗争异常激烈，且其他政党难以与两大政党分庭抗礼，已无执政的可能。特别是在政治极化的多党制国家，政府更迭、政局动荡、人心不定是

---

[122] 八种类型的政党包括：正在执政或执过政的无产阶级政党，西方发达国家的共产党，社会民主党，基督教民主党，西方发达国家的传统政党，民族主义政党，极端主义政党，绿党。

[123]《习近平著作选读》第2卷，人民出版社，第477页。

[124] 参见张兴杰：《西方政党制度不适合中国国情》，《兰州大学学报》1992年第1期，第1-7页。

极普遍的现象。尽管西方政党制度能体现出"民主""自由""政治多元化"等西方价值观念，但是这种制度并非坚如磐石。政党的众多、易变和涣散，竞争由"向心"走向"离心"，决定了这种制度并不稳固。

2．"美国模式"

南北战争之后民主党与共和党一直交替把持着总统职位，长期垄断着美国的政治舞台。毫无疑问，两党制俨然成为美国政党制度的突出特征。而1884年以来美国两党制可大致分为四个周期：第一个政治周期是从1884年到1932年，共和党传统的保守主义有效地占据主导地位，近50年的时间里，威尔逊政府领导的民主党只有短暂的时间推动了进步主义的改革，但随着一战的结束，美国的政治又重新回到由共和党主导的保守主义一方；第二个政治周期是自1932年持续到60年代末，在此期间民主党一反颓势，占据总统职位长达28年，或可将这一时期称之为"民主党的多数"的时代。而"共和党固化了自己作为大商业政党的形象，坚定了朴实的个人主义捍卫者的立场，主张尽量减少政府的干预。"[125]而这一观点已然注定共和党要降至少数党的地位。第三个政治周期是20世纪60年代末尼克松赢得选举到1993年比尔·克林顿赢得总统职位，在此期间保守主义再次成为美国政治的主流，甚至于70年代末80年代初，整个西方世界普遍转向保守主义，但共和党的长期执政，"大量减税的同时增加军费开支并紧缩货币供应"，从而导致预算赤字和联邦债务猛增，为民主党重新登上执政舞台提供了机会。[126]第四个政治周期则

125)【美】麦克斯.J.斯基德摩等：《美国政府简介》，张帆、林琳译，中国经济出版社，1998，第157页。

是1993年至今，30年间民主党、共和党上演了"你方唱罢我登场"的政治闹剧，"两党代表不同利益集团，均置各自党派利益于国家利益之上"，[127]从而导致反复出现政治僵局。党派斗争也进一步加剧了两党对立，驴象游戏不断上演，[128]对于美国政治的发展无异于饮鸩止渴。

尽管美国两党制存在诸多弊端，但延续至今，其成熟和牢固程度可见一斑。究其特点，大致为：美国两党没有明显的意识形态分歧，詹姆斯·布莱斯就曾把美国两党比作两个瓶子，这"两个瓶子都贴有表明盛有某种液体的标签，但两个瓶子都是空的"，[129]其本质都是代表资产阶级的利益。此外，美国两党只有执政党与非执政党之分，以"是否入住白宫为界"，[130]不存在一党完全执政、另一党完全在野的情况，也就保证了党派的自主优势。

3．"英国模式"

英国实行的是两党制，萌芽期可追溯到1688-1830年，由于当时议会内阁制尚未成熟，加之托利党和辉格党都非"实质性"的政党，所以将这一时期定义为英国两党制的萌芽时期，同时也是英国两党制形成的第一个阶段。其中，除短暂时间外，"1694-1783年是辉格党

126）王长江主编《世界政党比较概论》，中共中央党校出版社，2003，第303-304页。
127）中共中央对外联络部研究室编《当今世界政党政治研究报告（2013年）》，中央编译出版社，2014，第130页。
128）民主党党会为驴，共和党党徽为象。据传，其来源于1874年美国著名政治漫画家托马斯·纳斯特的一幅讽刺漫画。画中以马戏团的驴、象表演比喻民主党与共和党的竞选和轮流执政。此后，驴、象就成了民主党和共和党的象征。
129）转引自张定河：《英美两党制特征比较》，《山东师大学报（社会科学版）》1999年第3期，第72页。
130）王长江主编《世界政党比较概论》，中共中央党校出版社，2003，第308页。

执政，1783-1830年基本上有托利党执政。"而后，"在1833年和1839年，托利党和辉格党分别改名为保守党和自由党"，131)意味着英国两大政党正式形成，同时英国两党制也伴随着保守党和自由党的建立而逐渐形成。即1830-1914年，84年时间里保守党和自由党的轮流执政的制度走向成熟和稳固的阶段。19世纪末到20世纪初，自由党不断受到削弱，英国保守党逐渐发展壮大。在此期间，受工人阶级推崇的工党趁势崛起，并于1924年正式组阁执政。"直至今日，英国始终保持着工党与保守党轮流执政的格局"，132)自由党则逐渐在时代的浪潮下越走越远，这就是英国两党制的第三个阶段——发展阶段。

纵观英国两党制的萌芽、形成、发展三个阶段，在政治角逐中，保守党整体居于上风，无论是之前的自由党还是后来居上的工党，都被保守党死死压制。英国学者曾将20世纪的英国称为"保守党的世纪"。据统计，1930-1997年，保守党共执政近50年，"工党在1945-1951年、1964-1970年、1974-1979年短暂执政后，长期处于在野党地位，直到1997年才回到权利的中心。"133)尽管英国党派间竞争不断，但英国300多年的平稳发展仍然是依赖于两党制的优点。而英国两党制与美国不同就在于，政党产生自议会，党派的对峙已然成为英国历史的一种传统，两党组织体系相对更加严密，权力更为集中。

4．"苏共模式"

苏联共产党作为马克思主义政党，其前身是十月革命前列宁遵循马克思恩格斯理论指导，建立的组织严密、纪律严明、勇于探

---

131) 梁琴、钟德涛：《中外政党制度比较》，商务印书馆，2017，第67页。
132) 梁琴、钟德涛：《中外政党制度比较》，商务印书馆，2017，第71页。
133) 王长江主编《世界政党比较概论》，中共中央党校出版社，2003，第292页。

索、朝气蓬勃的布尔什维克。正如恩格斯晚年所述，无产阶级必须"组成一个不同于其他所有政党并与他们对立的特殊政党，一个自觉的阶级政党。"[134]布尔什维克领导十月革命胜利后，在世界上建立起第一个社会主义国家"苏联"，开创了政党政治的新类型——"苏共模式"。其大致经历了四个不同的时期：列宁时期建立，斯大林时期成熟，赫鲁晓夫和勃列日涅夫时期发展，再到戈尔巴乔夫时期的"穷途末路"。从宏大的历史视野进行审视，这些时期均给"苏共模式"打上了烙印。这些烙印对20世纪的世界政党发展产生了极大影响，不过终以悲剧收场，留下无尽的遐思。何以造成这种局面？其根源在于：一是20世纪八九十年代的苏共在党的改革问题上出现政治、思想、战略性错误；二是形成长期僵硬不变的党建模式；三是对共产党执政规律、社会主义建设规律以及人类社会发展规律缺乏深入思考，加之权力高度集中的苏联计划经济模式已难以适应经济全球化和第三次科技革命，使得苏共内部岌岌可危，最终因戈尔巴乔夫犯下一系列颠覆性错误，导致"苏共模式"土崩瓦解，人类社会主义事业遭受重大挫折。

尽管"苏共模式"最终走向衰败，但其对中国乃至世界绝大多数社会主义国家的发展依旧起到过促进作用，提供了借鉴经验。毛泽东就曾在《论人民民主专政》一文中谈到"十月革命一声炮响，给我们送来了马克思列宁主义。十月革命帮助了全世界的也帮助了中国的先进分子，用无产阶级的宇宙观作为观察国家命运的工具，重新考虑自己的问题。走俄国人的路——这就是结论。"[135]苏共丢失执政地位，是其政党政治制度失败的体现，已成为世界政党

---

134)《马克思恩格斯选集》第4卷，人民出版社，1995，第685页。
135)《毛泽东选集》第4卷，人民出版社，1991，第1471页。

制度发展的反面教材。

二、中国共产党对世界政党政治范式的创新与贡献

1949年新中国成立后，中国共产党人开始建设治国理政的政治大厦。70余年的探索与实践，在一穷二白基础上，终于完成了"四梁八柱"的建造，一座有别于西方和世界其他国家的政治大厦耸立于中华大地上。中国共产党何以能够成功？构筑了何种政治大厦？一直是世人关注的焦点。

（一）开辟出发展中国家政党政治发展的新道路

自1949年新中国成立后，尤其是1978年改革开放以来，中国共产党团结带领中国人民在发展社会主义民主政治方面取得了重大进展，其中最突出的成就之一，就是成功开辟和坚持了中国特色社会主义政治发展道路，形成了"三位一体"的逻辑体系，为实现最广泛的人民民主确立了正确方向。[136]正如习近平在党的十九大报告中所概括总结的："中国特色社会主义政治发展道路，是近代以来中国人民长期奋斗历史逻辑、理论逻辑、实践逻辑的必然结果，是坚持党的本质属性、践行党的根本宗旨的必然要求"。[137]这一论断深刻揭示了政治发展的中国逻辑和中国政治文明形态的本质属性。

无疑，习近平再次向世界宣告，中国共产党已成功开辟了中国特色社会主义政治发展道路。这条完全独创的新道路，既有别于西方资本主义自由民主政治发展道路，也同传统性质的社会主义政治

---

136)《习近平谈治国理政》，外文出版社，2014，第138页。
137)《习近平谈治国理政》第3卷，外文出版社，2020，第28页。

210

发展道路有所差异。[138]它蕴含着社会主义属性且凸显中国特色的政党政治发展优势，其核心内容是：党的领导、人民当家作主、依法治国三者的有机统一。理论上三者关系具有明确的指向性，在现实性上体现为党权、民权、政权、法权之间的关系，党权居于核心统领地位。这条道路从本体认识论视角揭示和反映了中国的人民民主"是谁的民主"、"谁来组织实现和保障民主"、"如何实现民主"的基本问题。[139]最根本的就是"坚持人民主体地位，充分体现人民意志、保障人民权益、激发人民创造活力"。[140]换言之，中国式的政治发展就是在中国共产党的"一元"领导下，通过不断加强党的建设，促进社会主义民主化和社会主义法治化，保持国家政治稳定和政治秩序，并最终实现中国政治现代化的过程。[141]

从历史逻辑视角，2002年江泽民首次提出中国政治发展道路的概念，并明确指出："党的领导、人民当家作主和依法治国的统一性，是社会主义民主政治的重要优势，发展社会主义民主政治，最根本的是要党的领导、人民当家作主和依法治国有机结合和辩证统一"。[142]中国之所以走出这条发展道路，是因为：从历史基础看，在于超大社会、传统政治文化、现代化特有境遇的影响；从政

---

138) 参见李少斐：《中国政治发展道路何以越走越宽广》，《理论视野》2020年第4期，第67-73页。

139) 参见程竹汝：《政治发展的中国逻辑》，经济科学出版社，2022，第19-20页。

140) 习近平：《高举中国特色社会主义伟大旗帜，为全面建设社会主义现代化国家而团结奋斗——在中国共产党第二十次全国代表大会上的报告（2022年10月16日）》，人民出版社，2022，第37页。

141) 参见肖宗志、唐旭旺、徐艳红：《改革开放以来中国政治发展历程、特点及其基本经验》，《南华大学学报（社会科学版）》2019年第6期，第29-35页。

142) 《江泽民在中央党校省部级干部进修班毕业典礼上强调，高举邓小平理论伟大旗帜，全面贯彻"三个代表"要求，与时俱进努力开创建设有中国特色社会主义事业新局面》，《人民日报》2002年6月1日第1版。

治发展价值目标与社会目标的平衡来看，在于民主、法制、社会稳定和社会公正；从政治发展的动力来看，在于经济与政治同构性发展、社会结构变迁、经济全球化。[143]以习近平同志为核心的中国共产党人，沿着开辟的这条独特政治发展道路，不断发展人民民主，丰富和完善中国特色社会主义政治制度，充分展现了民主的真谛和力量。这一全新的政治发展模式，打破了西方政党政治中相互扯皮、议而不决的问题。一是实现了党的领导、人民民主和依法治国三位一体现代政治要素的协调有序运行，共同奏出中国民主"大合唱"；二是凸显党稳坐中军帐，总揽全局、协调各方"指挥"者的角色和作用；三是突出协商民主的特色，体现和反映了中国的人民民主区别于西方资本主义民主的本质特征。[144]

特别是十八大以来，中国共产党在推动全面建成小康社会过程中，人民当家作主的制度体系越来越健全，社会主义民主制度展现出更加旺盛的生命力和发展优势。面对大变局时代的"乱"与"变"，以及疫情对世界各国政党以及政党制度产生的不同程度冲击，中国共产党与西方各国形成了鲜明对比，取得骄人成就，充分展现了自身政治发展道路的优势，彰显了习近平所高度概括的"实行工人阶级领导的、以工农联盟为基础的人民民主专政的国体，实行人民代表大会制度的政体，实行中国共产党领导的多党合作和政治协商制度，实行民族区域自治制度，实行基层群众自治制度，具有鲜明的中国特色"政治制度的无比优越性。[145]

现实实践中，一个国家、一个政党具体实行何种政治制度范

143) 参见程竹汝：《政治发展的中国逻辑》，经济科学出版社，2022，第29-73页。
144) 孙代尧：《中国政治发展新道路对人类政治文明的贡献》，《马克思主义研究》2021年第12期，第71页。
145)《习近平谈治国理政》第2卷，外文出版社，2017年，第288页。

式，开辟什么样的政治发展道路，都必须考虑国家的党情、国情、民情同国家性质的有机结合。正如习近平所强调指出的："只有扎根本国土壤、汲取充沛养分的制度，才最可靠、也最管用。世界不存在完全相同的政治制度，也不存在适用于一切国家的政治制度模式。……中国特色社会主义政治制度过去和现在一直生长在中国的社会土壤之中，未来要继续茁壮成长，也必须深深扎根于中国的社会土壤"。146)进而言之，治理一个国家，推动一个国家实现现代化，并不是只有西方制度模式这一条道路，各国完全可以走出自己的道路。147)历史事实已充分证明，"中国社会主义民主政治具有强大生命力，中国特色社会主义政治发展道路是符合中国国情、保证人民当家做主的正确道路"。148)

历史与现实表明，中国共产党领导人民走出的中国特色社会主义政治发展道路，是近代以来中国人民不断探索、长期实践的必然结果，是马克思主义民主政治理论同中国实际相结合的产物，是历史逻辑、理论逻辑、实践逻辑三重逻辑结合的结果，是持之以恒坚持党的先进性、人民性以及践行中国共产党全心全意为人民服务这一根本宗旨的必然要求。此外，中国共产党100多年的历程表明，思想理论创新成果的不断涌现，是中国特色社会主义政治道路取得成功的前提，中国共产党指导思想不断与时俱进，既充分彰显了马克思主义的理论品质，又是马克思主义政党能够始终站在时代前列、克服未知风险、引领世界发展的必然结果。于是，中国特色社会主义政治发展道路，因此就成为中国政党政治的亮丽名片。

---

146)《习近平著作选读》第1卷，人民出版社，2023，第262页。
147) 孙代尧：《理解中国方案的三个维度》，《光明日报》2018年1月25日第6版。
148)《习近平谈治国理政》第2卷，外文出版社，2017，第288页。

(二) 形成和发展了中国特色新型政党制度

世界历史和现实表明，政党政治是实现权威理性化、政府高效化和公众参与政治方便化的最佳途径和手段。[149] "任何国家的发展模式都植根于本国土壤，因而必然具有自身特色。" [150]而一种新的政党制度的产生，总是以一定的社会发展历史和现实为依托，体现出历史发展脉络和现实发展需求。中国共产党领导的多党合作和政治协商制度这一新型政党制度，确立于1949年新中国成立前夕。[151]建国后，毛泽东为中国共产党与民主党派的关系确立了"长期共存、互相监督"的方针。[152]改革开放新时期，邓小平进一步充实完善，提出"长期共存、互相监督""肝胆相照、荣辱与共"方针，就为新型政党制度的发展奠定了坚实基础。[153]2007年，中国正式发表《中国的政党制度》白皮书，首次向世界系统阐述中国的政党制度。[154]

党的十八大之后，无论是理论还是实践上，新型政党制度获得空前发展。一是理论上，习近平明确给民主党派定性，指出是中国共产党"亲密友党""中国特色社会主义参政党"；进而在2018年首次概括提出中国共产党领导的多党合作和政治协商制度，是从中国土壤中生长出来的"新型政党制度"。[155]习近平还深刻概括总结这

---

149) 徐锋、高国升：《正谊明道：中国新型政党制度何以为新》，人民出版社，2021，第9页。

150) 孙代尧：《理解中国方案的三个维度》，《光明日报》2018年1月25日第6版。

151) 徐锋、高国升：《正谊明道：中国新型政党制度何以为新》，人民出版社，2021，第86页。

152) 《毛泽东文集》第7卷，人民出版社，1999，第34页。

153) 尚同编著：《中国新型政党制度概论》，上海人民出版社，2021，第75-76页。

154) 尚同编著：《中国新型政党制度概论》，上海人民出版社，2021，第80页。

155) 尚同编著：《中国新型政党制度概论》，上海人民出版社，2021，第81-82页。

一制度的独特优势，指出："新就新在它是马克思主义政党理论同中国实际相结合的产物，能够真实、广泛、持久代表和实现最广大人民根本利益、全国各族各界根本利益，有效避免了旧式政党制度代表少数人、少数利益集团的弊端；新就新在它把各个政党和无党派人士紧密团结起来、为着共同目标而奋斗，有效避免了一党缺乏监督或者多党轮流坐庄、恶性竞争的弊端；新就新在它通过制度化、程序化、规范化的安排集中各种意见和建议、推动决策科学化民主化，有效避免了旧式政党制度囿于党派利益、阶级利益、区域和集团利益决策施政导致社会撕裂的弊端"。[156]在历史性的纵向与横向比较中，不仅与资本主义政党制度做了有效区隔，使独特的中国新型政党制度的形象跃然纸上，更是发展了马克思主义政党理论、构建了中国政党话语体系。

中国特色新型政党制度是国家、政党、社会有序运转的规范，是党科学执政、民主执政的依据，同样也是深刻认识共产党执政规律的历史结晶。历史已证明并正在证明，"世界政党制度发展"将由中国特色新型政党制度赓续，中国特色社会主义制度的优越性也将进一步得到体现。中国新型政党制度并非是对"苏共模式"的按图索骥、照本宣科，而是坚持在实践中检验真理和发展真理，同时结合国家性质科学正确地判断自己的国情，结合历史传统形成的具有中国特色的政党制度。这一制度"在协商中促进广泛团结、推进多党合作、实践人民民主，既秉持历史传统，又反映时代特征，充分体现了中国社会主义民主有事多商量、遇事多商量、做事多商量的特点和优势"。[157]其与"苏共模式"的重要不同就在于，中国共产

156) 习近平：《坚持多党合作发展社会主义民主政治，为决胜全面建成小康社会而团结奋斗》，《人民日报》2018年3月5日第1版。

党能容纳"百声"，发扬实质性、建设性的民主集中制。列宁曾指出："真正民主意义上的集中制的前提是历史上第一次造成的这样一种可能性，就是不仅使地方的特点，而且使地方的首创性、主动精神和达成总目标的各种不同的途径、方式和方法，都能充分地顺利地发展。"即"政治协商、民主监督、参政议政，凝聚共识"。158)中国共产党通过长期探索和自身实践，将形成于新中国成立前的政治协商制度和党的领导结合起来，不仅丰富和发展了列宁民主集中制的思想，而且在世界上建构出独特的政党制度，打破了亨廷顿一党制、两党制、多党制的政治制度中两党制最优的逻辑阐释框架。159)

从中国和西方大国在疫情应对的实践对比中便可清晰看出，政党已成为应对危机、陷阱、困境的强有力抓手，政党制度则在维稳政局、促进政治发展中发挥着举足轻重的作用。在中国共产党的实践探索中，逐步认识到现代社会的民主有多种表现和实现形式，既有西方式的"选举民主"，更有中国式的"协商民主"，而且协商民主已成为中国特色社会主义民主政治的特有形式和独特优势。这一制度将最广大人民的政治智慧汇集起来，既扩大和实现了民主，为实现现代化提供了强大的民意基础，又将人民的意愿变为党和国家的决策和政策，从而破解了亨廷顿所谓"政治秩序"与"民主发展"的矛盾与困境。

道路和制度相辅相成。中国政治发展道路和政党政治制度是中国共产党把马克思列宁主义民主政治理论、政党理论与中国实际相

157)《习近平著作选读》第2卷，人民出版社，2023，第266-268页。

158) 参见楼继伟：《中国新型政党制度在人民政协的实践充分证明：中国式民主在中国行得通、很管用》，《人民日报》2020年9月21日第10版。

159)【美】塞缪尔·P·亨廷顿：《变化社会中的政治秩序》，王冠华、刘为等译，上海人民出版社，2008，第360页。

结合的伟大成果，是政治制度上的伟大创造。[160]中国共产党之所以能把十四多亿中国人民紧密团结在自己的周围，经受住内外各种风险与挑战，在实现现代化的进程中创造出无数人类历史的奇迹，其根源是什么？这些成果给出了答案，并表明和揭示了中国共产党成功的密码。

1. 中国政党政治范式对世界政党政治发展的重要意义

亨廷顿曾经在研究二战后发展中国家实现现代化问题时，正确指出了"党的领导"即政党制度所具有的重要意义，并且得出了"身处正在实现现代化之中的当今世界，谁能组织政治，谁就能掌握未来"的正确结论。但他以西方中心论的视角，贡献智慧的同时，却武断地认为"社会与经济的现代化……却不一定会创造出新的权威模式或新的政治制度"。[161]显然，西方政治学界未能对中国的政党政治发展做出科学正确的概括。实际上，中国共产党在领导人民实现现代化的进程中，走出了独创的民主政治发展道路，形成了中国特色的新型政党制度，为人类政治文明和政党制度的发展提供了经验和借鉴，贡献了中国智慧和中国力量。

(一) 为其他国家选择政治发展道路提供了启示与借鉴

基于历史传统、文化习俗和政治背景等多重因素，世界各国政治发展道路千姿百态、丰富多彩。但现实中，从国家的长治久安、经济的发展状况，尤其是实现现代化的状况，可以衡量一国政治发

---

160) 《习近平著作选读》第2卷，人民出版社，2023，第264页。
161) 【美】塞缪尔·P·亨廷顿：《变化社会中的政治秩序》，王冠华、刘为等译，上海人民出版社，2008，第381-382页。

展道路的优劣。中国共产党给世界和中国人民交出了一张优异的答卷。其领导中国人民走出的独特的中国特色社会主义政治发展道路，不拘泥于世界已有的模板，而是始终坚持中国共产党的核心领导地位，以实现人民当家作主为宗旨、价值目标和归宿，全面贯穿依法治国基本方略，保持了国家的和谐稳定、长治久安。在短短几十年间，走过了西方发达国家三百多年的现代化发展道路，取得惊人的发展成就，并大踏步赶上时代。历史和实践证明，这是一条最符合中国国情的科学、正确的道路，也是世界上最成功的政治发展道路。

中国为何能成功走出自己的政治发展道路？习近平多次做了阐述，2013年当选国家领导人首次出访，就在俄罗斯明确表示："'鞋子合不合脚，自己穿了才知道'。一个国家的发展道路合不合适，只有这个国家的人民才最有发言权""一个国家民主不民主，关键在于是不是真正做到了人民当家作主"。[162]概括起来：一是要结合国情和历史文化传统，走自己的政治发展道路；二是反对照抄照搬；三是提出了评价一个国家政治制度好坏的"八条标准"，[163]强调"人民当家作主是社会主义民主政治的本质和核心，发展社会主义民主政治就是要体现人民意志、保障人民权益、激发人民创造活力，用制度体系保证人民当家作主"。[164]

---

162)《习近平著作选读》第1卷，人民出版社，2023，第105页；《习近平著作选读》第2卷，人民出版社，2023，第529-530页。

163) 2014年9月5日，习近平在讲话中提出的8条标准是：国家领导层能否依法有序更替；全体人民能否依法管理国家事务和社会事务、管理经济和文化事业；人民群众能否畅通表达利益要求；社会各方面能否有效参与国家政治生活；国家决策能否实现科学化、民主化；各方面人才能否通过公平竞争进入国家领导和管理体系；执政党能否依照宪法法律规定实现对国家事务的领导；权力运用能否得到有效制约和监督。

毫无疑问，中国成功开辟的政党政治发展新道路，既丰富了世界政党政治的内涵与形式，又为其他国家探索政党政治实践过程提供了借鉴，中国的成功实践和经验，对世界各国具有重要的启示和借鉴意义。

（二）为其他国家探索和实践政党制度提供了经验

政党政治是持续性发展的过程，其发展状况和走向取决于各种内外因素的综合作用。中国共产党领导的新型政党制度，既具有共产党在社会主义国家执政的特点，又汲取了世界各国政治文明的有益成果，可谓集百家之长，又不失自身本色。其具有的显著优势，直接体现在"中国新型政党制度能够实现利益代表的广泛性，体现奋斗目标的一致性，促进决策施策的科学性以及保障国家治理的有效性"。[165]这一政党制度来自建党百年来的历史实践经验，其主要特点就是"一党执政、多党参政"，已内化为中国由弱到强的内生力，在推动中国政治发展以及国内经济由"看速度"增长向"抓质量"增长转变等方面发挥着积极作用。

从世界政党制度比较来看，由于各国党情、国情、社情的差异性，某一政党制度对一个国家的政治发展起到推动作用，但对其他国家而言或许就行不通甚至是有害的。中国新型政党制度的成功实践尤其揭示了一点：其他国家的政党政治模式并非是推动国家步入现代化、实现高质量发展的唯一路径。西方的政党制度建构强调政

---

164)《习近平著作选读》第1卷，人民出版社，2023，第261-263页；《习近平著作选 读》第2卷，人民出版社，2023，第530页。

165) 中华人民共和国国务院新闻办公室：《中国新型政党制度（2021年6月）》，《人民日报》2021年6月26日第2版。

党的纯粹性和构质性，"一"与"多"形成了"一元二分"关系。但中国则不同，中国共产党作为领导核心，不断与时俱进，完善和发展其政党制度中"一"与"多"的同心圆关系，且制度在其中发挥着根本性、全局性、长远性作用，因此"中国共产党领导和中国政治制度是得到中国人民衷心拥护的，任何要改变中国社会制度的做法都是徒劳的"。[166]这一政党制度的先进性还集中体现在，始终坚持马克思主义信仰不动摇，不断强化党建引领，依靠人民创造历史伟业，正是对其"优越性"的深刻诠释和强有力证明。新型政党制度以"中国特色"的政党制度、理论和实践，也把中国的政治发展推到一个新的高度、新的境界、新的阶段。

恩格斯曾指出："每一个时代的理论思维，都是一种历史的产物，它在不同时代具有完全不同的形式，同时具有完全不同的内容。"[167]这句话对于政党制度的发展也同样适用。中国共产党顺应时代，成功创立的新型政党制度，丰富了世界政党制度的内涵与形式，是对世界政党制度发展的重要贡献，为其他国家探索政党制度提供了借鉴与启示。

(三) 为世界政党制度和政治发展道路形成良性互动指明方向

在世界的风云变幻中，100多年间不知有多少政党成立、兴起了，又不知有多少政党消亡、沉寂了，大多难以跳出"其兴也浡焉、其亡也忽焉"的历史周期率。[168]而中国共产党则是少有的成功

---

166) 参见杨洁篪：《杨洁篪在中美高层战略对话开场白中阐明中方有关立场》，《人民日报》2021年3月20日第3版。

167) 《马克思恩格斯文集》第9卷，人民出版社，2009，第436页。

168) 参见穆兆勇：《党的政治建设百年历程（1）：党的创建与党的政治建设的奠基》，《新湘评论》2021年第2期，第40-42页。

跳出"历史周期率"的政党，其中重要的一条经验或诞生和发展所贯彻的一条主线，就是在坚持科学社会主义原则和中国百年实践的基础上，"大胆吸收和借鉴人类社会创造的一切文明成果"，[169)]但又同苏联东欧等仿照西方的"转轨"道路有着本质区别，不是割断历史，而是在继承创新中不断完善和发展民主政治发展道路和新型政党制度，从而奠定中国共产党大踏步走向新时代并取得进一步发展的坚实基础。

政党制度决定着一个国家的政治发展道路，也是一个国家政治发展道路的标志，间接决定了国家的经济、社会发展质量。与你死我活的西方资本主义政党制度不同，中国共产党领导的新型政党制度是"多元一体"的政党制度，党派与党派之间呈现出"你中有我，我中有你"的特点，是相辅相成、不可分离的统一体。这一制度使各党派的思想达到高度统一，既尊重了各党派的个性和权力，增强了政党制度的多元活力，又确保各党派团结统一，最终实现国家的长治久安。

目前，中国的政治发展已进入实现"第二个百年"奋斗目标的新阶段，中国共产党领导中国人民在百余年的奋斗中，将中国的发展带入新的历史方位和历史起点。中国发展的成就充分验证了中国政治发展道路、中国共产党领导的新型政党制度的合理性、科学性、可行性，也给世界政党政治发展交出了最好的答卷，提供了最好的证据。习近平就指出："中国特色社会主义政治发展道路是符合中国国情、保证人民当家作主的正确道路"，中国的新型政党制度"符合当代中国实际""是对人类政治文明的重大贡献"。[170)]

---

169)《邓小平文选》第3卷，人民出版社，1993，第373页。
170)《习近平著作选读》第2卷，人民出版社，2023，第530-531页；《坚持多党

从全球视角观察，世界政党制度是多元的，各国的政党政治发展道路同样也是多样的。世界百年未有之大变局，正促使世界范围内的政党关系、政党制度发生悄然变化，这将对世界政党政治的前途和命运产生重大而深远的影响。以美国为代表的西方国家打着"民主""人权"的旗号，大肆推行霸权主义和强权政治，把西方的政党政治范式和政党政治制度当做"金科玉律"，严重冲击和影响世界政党政治发展的方向。在大变局时代，历史的重要交汇点，世界是依旧走"老路""邪路"？而且世界发展现实，已证明西方政党政治已走入无法看见光明的"死胡同"，还是像中国这样走自己的创新道路？当然，作为人类政治文明新样式的新型政党制度，能否成为人类追求政治文明进步的一条新路，又是否能够为各国探索出新的政党相处状态，解决紧张的政党关系，推动各个国家把真正"属人的生活"作为目标加以追求，脱离复杂的利益本位，最终还是取决于每个国家自己的选择。不过，中国取得的惊人成就和应对疫情挑战的成功，已验证了中国范式政党制度的优越性，毫无疑问为世界政党政治未来发展指明方向和提供经验启示。

中国的政治发展表明，必须依据自己国情走出符合自己实际的正确政治发展道路，并形成科学合理的政党制度。政党政治发展道路与政党政治制度之间不仅是共存问题，更是"你中有我，我中有你"的问题，只要把二者紧密结合起来，相辅相成、相得益彰，就能实现国家长治久安的局面。这就给其他国家实现诸多党派和谐发展、推动国家进步目标的实现提供了启示，指明了方向。

综上所述，当今世界正处于百年大变局加速演进的关键历史时

合作发展社会主义民主政治，为决胜全面建成小康社会而团结奋斗》，《光明日报》2018年3月5日第1版。

期，世界各国处于"何去何从"的十字路口，各国政党制度面临艰巨的挑战。以美国为代表的西方政党政治制度在应对疫情挑战中的糟糕表现，反衬出中国政治发展道路、新型政党制度具有普适性的价值，其倡导构建"人类命运共同体"，推动人类社会、政党政治的发展多样性，以自身主导性的治理实践有针对性地破解西方二元对立的超然绝对主义和个人主义，符合中国、亚洲乃至世界各国人民根本利益，"是在展开过程中表现为必然性的东西"，[171]展现了中国共产党的崇高境界，体现了大党大国的责任和担当，也为未来世界政党政治新道路的探索提供了样本和范例。

---

171) 参见吴晓明：《论中国的和平主义发展道路及其世界历史意义，《中国社会科学》2009年第5期，第59页。

第四章

为世界贡献实现和平繁荣的中国价值

2022年俄乌冲突的爆发，因其对全球政治、经济和地缘格局的深远影响，必将作为历史的分水岭被载入史册。于是，"社会历史分叉期"出现了：战争还是和平、发展还是衰退、开放还是封闭、合作还是对抗，[1]作为选择题呈现在世界各国面前。毫无疑问，中国选择前者，因为维护世界和平，促进共同发展是中国外交政策的宗旨。[2]多年来，中国始终秉持着平等与尊重的原则，不论国家大小强弱，发展早晚，均倡导尊重各国的社会制度、文化理念及发展道路，并以实际行动坚定捍卫世界和平与发展的崇高目标。但是，国际形势正在发生深刻复杂变化，各国间经济、政治、意识形态等冲突与矛盾加剧，全球化进程遭遇反全球化逆流，以新冠肺炎疫情为代表的非传统安全问题接连不断，世界和平发展面临诸多严峻复杂的挑战。为此，习近平发出"世界怎么了，我们怎么办"的世界之问，[3]指出人类同住一个"地球村"，各国和人民的利益日益交

1) 杜尚泽、叶帆、桂从路：《我们这样回答中国之问、世界之问、人民之问、时代之问》，《人民日报》2022年10月14日第1版。
2) 中共中央党史和文献研究院编《习近平关于中国特色大国外交论述摘编》，中央文献出版社，2020，第18页。
3) 中共中央党史和文献研究院编《习近平关于中国特色大国外交论述摘编》，中央文献出版社，2020，第42页。

融，命运与共、合作共赢是大势所趋，并高屋建瓴提出了解决世界之问的中国方案——构建人类命运共同体。这是中国与当今世界发展的共同利益所在，也是中国智慧的突出体现。

第一节　全球化困境、非传统挑战与世界百年未有之大变局

党的十八大以来，以习近平同志为核心的党中央，清醒地认识到世界正处于大发展大变革大调整之中，和平与发展仍是时代发展潮流，传统安全与非传统安全威胁交替发生，世界发展正面临百年未有之大变局。

一、全球化陷入困境

从人类交流交融的历史发展进程，20世纪80、90年代由第三次科技革命推动的全球化运动，目前正遭遇挑战、陷入困境。2008年美国金融危机引发的"去全球化""逆全球化"运动影响延续至今，2020年突如其来的新冠肺炎疫情更成为西方社会反全球化的借口，各种逆全球化、反全球化的行为大行其道，成为世界形势发展的突出现象和特点，严重影响世界发展局面。

（一）经济增长陷入困难局面

从2000—2008年世界经济都是呈直线式增长，但2008年美国引发的国际金融危机，使世界经济增长速度放缓，甚至一度出现了经济负增长现象。美国为了维护自身经济增长和"经济霸主"的地位，自2018年起在全球范围内发起"贸易战"，将贸易保护主义的矛

头指向中国、欧盟等国家和地区，造成世界商品进出口贸易额出现起伏，国际贸易规模大幅缩小，使处于低增长泥潭的世界经济雪上加霜。无论世界经济（如图8）、还是世界贸易额（如图9）都出现大幅度下滑，陷入增长困境。

图8：2000—2021年世界GDP增长率4)

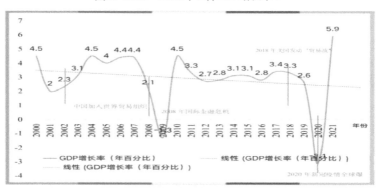

图9：2000—2021年世界商品进口总额5)

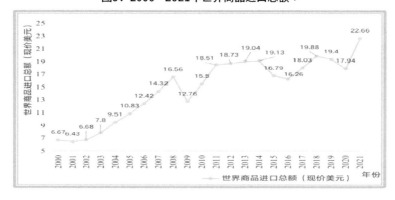

4）数据参见于世界银行：https://data.worldbank.org.cn/indicator/NY.GDP.MKTP.CD。

5）数据参见于世界银行，https://data.worldbank.org.cn/indicator/TX.VAL.MRCH. CD.WT?view=chart，https://data.worldbank.org.cn/indicator/TM.VAL.MRCH. CD.WT?view=chart。

（二）霸权主义、强权政治破坏世界发展环境

近年来，个别国家极不负责任、疯狂至极的霸凌行径和强权政治，产生的危害越来越大，成为了威胁世界和平与稳定的最主要障碍。美国对中国南海、香港、台湾等问题说三道四，赤裸裸地干涉中国内政，又以"国家安全"为由发起所谓"清洁网络"计划，限制中国高科技企业发展，接连对中国华为、腾讯、抖音等企业施压。甚至没有任何真凭实据，公然造谣生事，上演教科书式的霸凌行径。例如2020年10月，美西方国家操纵"良好棉花发展协会"（Better Cotton Initiative，简称BCI）以所谓新疆地区存在"强制劳动"和其他"侵犯人权"现象，宣布无限期暂停新疆良好棉花认证。随即H&M集团（海恩斯莫里斯服饰）等西方跨国公司摇旗鼓噪，宣布拒绝采购和销售棉花等新疆产品。这一典型案例，充分暴露其霸权心态和打压中国的伪善面孔。6)实际上，中东、中亚等地燃起的"阿拉伯之春""颜色革命"，以及阿富汗、伊拉克、叙利亚等国多年不息的战火，都与美国的"霸权之手"有关。美国布朗大学沃森国际和公共事务研究所的"战争成本"项目研究发现，2001年以来，美国在全球80个国家开展反恐行动，靠干预和改造他国来维持霸权，成为全球政治安全最大的不稳定因素。7)显然，美西方靠霸权优势搞"顺我者昌、逆我者亡"的强权政治和霸权主义，已经和国际社会的发展潮流背道而驰。

---

6) 熊超然：《带头抵制新疆棉花的BCI，究竟是个什么组织？》，https://www.guancha.cn/internation/2021_03_24_585191_s.shtml。

7) 钟声：《干涉他国内政，威胁全球政治安全》，《人民日报》2020年10月28日第3版。

（三）文化及意识形态领域冲突不断

西方文明观中最具代表性的是"文明冲突论""文明优越论"等。实际上，无论是文明冲突论还是文明优越论，其本质都是将西方文明置于其他国家的文明之上，认为不同文明之间必然会发生冲突，不能共存。近年来，随着美国单方面对中国挑起贸易战，国际局势不确定因素增加，单边主义和保护主义甚嚣尘上，这股逆流也突出反映到世界思想文化领域中。根据《人民日报》发布的2018-2020年度国际思潮排行榜（见表11），榜单中排在首位的是贸易保护主义、逆全球化、反全球化，这一现象不能不令人深思。同时，一些政治势力恶意煽动民粹主义，鼓吹文明冲突论、文明优越论，散布对帝国霸权和殖民宗主国的沉迷和怀恋，鼓励非理性的情绪发泄和迷狂，肆意破坏国际合作与世界和平，严重摧残着人类和谐相处的文化根基和民意基础。8)每个国家和地区都有其各具特色的文明，这些不同文明之间的交流、互鉴，共同创造了丰富多彩的世界和人类奔流不息的文明长河。文化霸权主义和意识形态领域出现的冲突，正逐渐成为一种阻碍全球化进程的"软实力"，阻遏世界的交流与交融。

表11：2018—2020年度国际思潮排行榜9)

序号 年份	1	2	3	4	5
2018	贸易保护主义	民粹主义	单边主义	排外主义	极端主义
2019	逆全球化	贸易保护主义	民粹主义	多边主义	民族主义
2020	反全球化	霸凌主义	民粹主义	极端右翼	国家主义

8) 严昭柱：《坚持文明交流互鉴，反对文明冲突谬论》，http://www.qstheory.cn/dukan/qs/2019-06/16/c_1124628345.htm
9) 参见《2020国际十大思潮》，《人民论坛》2020年第36期，第9页。

(四) 网络安全阻碍社会信息化发展

社会信息化可以为国际社会发展带来巨大便利，推动社会和经济生活呈现出信息大联动、平台大集群、流程大互通、产品大升级、计算大覆盖、办公大自由、行业大融通、跨界大协同、管理大整合的趋势，最终走向和实现全球"互联互通。"[10]然而，信息技术在为人们提供便捷、高效服务的同时，也带来巨大风险。国际上，美国就依赖信息技术优势，漠视国际道德和规则，公然对其他国家和人员展开大规模监控，侵犯个人数据和隐私，引发全球性抗议，已成为名副其实的"监听大国"。2013年首度曝光的"棱镜门"，2015年窃听法国领导人的"维基揭秘"，到2021年网络监听德国、法国、瑞典、挪威等欧洲政要，以及2023年4月泄密文件表明美方对联合国秘书长古特雷斯以及韩国、以色列、乌克兰等国家实施窃听行动，都只是"美国长期无差别监视世界的一个缩影"和冰山一角。[11]而"棱镜门""维基揭秘"等网络安全事件相继发生，其真实目的却是维护美国自身的科技垄断地位，引发全球哗然，也阻碍全球信息的一体化发展。由此不难看出，以信息技术为核心的新一轮科技革命和产业革命方兴未艾，换言之哪个国家能够占据信息化的制高点，谁就能在波谲云诡的国际风云中获得优势、赢得机遇、掌握发展主动权。

上述事实表明，人类面对百年未有之大变局，正遭遇空前挑战。当然，尽管全球乱象纷呈、局势晦暗不明，经济全球化、政治

---

10) 张宇燕：《习近平新时代中国特色社会主义外交思想研究》，中国社会科学出版社，2019，第22页。

11) 张梦旭：《美军文件泄密事件持续发酵，引发国际社会广泛批评——美国是名副其实的"监听大国"》，《人民日报》2023年4月20日第17版。

多极化、文化多样化、社会信息化的趋势，并未因此而改变。

二、以新冠肺炎疫情为代表的非传统安全挑战空前

9·11事件发生后，国际社会对国家安全的认知就发生巨大的改变，开始高度重视以恐怖主义袭击为代表的非传统安全问题。2020年突如其来的新冠肺炎疫情，已在全球蔓延三年之久。它是人类目前面临的最新和最为严峻的非传统安全挑战，其所带来的风险持续累积，对世界经济、国际秩序和社会等各方面都造成了复杂多变的影响，即便依据最初的数据，所造成的危害也已经远远超过了两次世界大战（见表12）。实际上，据世界卫生组织最新的报告，截至2023年5月14日，全球已报告确诊病例超过7.66亿例，死亡病例已超过690万例。[12]

表12：全球"战疫"与两次世界大战数据比较[13]

类别	第一次世界大战	第二次世界大战	新冠疫情
持续时间	4 年	6 年	>3 年
直接参战国	36	61	>200
中立国	17	6	0
直接参战人口比	62%	80%	99%
伤亡人数	3000 万人	7700 万人	>692 万人（截至 2023 年 5 月 5 日）
财富损失（美元时价）	1 万亿美元	4 万亿美元	>10 万亿美元

12) "Weekly epidemiological update on COVID-19-18 May 2023"，https://www.who.int/publications/m/item/weekly-epidemiological-update-on-covid-19---18-may-2023。

13) 林利民：《后疫情时代的大国变局、全球治理与中国对外战略》，《当代世界》2021年第2期，第40页。

（一）世界经济陷入增长困境

2020年3月9日，世界卫生组织正式确认，新冠肺炎疫情已经演变成为全球流行性传染疾病。疫情迅速冲击国际金融市场，造成恐慌，使全球股市大跌。美国股市于3月9日、12日、16日、18日连续触发熔断机制，10天之内4次熔断。此前，美股仅在1997年发生过一次熔断。[14]为抗击新冠肺炎疫情，中国、日本、韩国、美国、英国、法国、德国等众多国家和地区采取隔离措施，限制或禁止群体活动。其结果，在降低和减少疫情传播风险的同时，也造成企业停工停产甚至倒闭，居民购买力下降，消费市场萎缩，生产规模急剧下降，严重冲击零售、批发、物流、航空等行业发展。首先，全球企业生产经营活动受到严重冲击和影响。据国际贸易中心9月份对132个国家中小企业的调查，2/3的微型和小型企业业务受疫情影响严重，1/5中小企业面临永久关闭风险。[15]其次，国际贸易活动受到严重冲击。为防止病毒跨境传播，各国或地区严格实施入境管理措施，使商品进出口和人员往来受到限制，进而推动贸易保护主义势力进一步抬头。据《2020年度全球经贸摩擦指数报告》显示，2020年20个国家和地区共计发布3497项实施贸易阻碍的措施，月均291.4项，[16]全球新增货物贸易相关保护措施就达1146条，较2019年增加5.2%。[17]其结果，全球外国直接投资锐减35%，全球货物贸易量下滑5.3%。[18]再

---

14) 学而时习：《2021年世界经济怎么走——有望延续低位复苏态势》，http://www.qstheory.cn/laigao/ycjx/2021-02/07/c_1127076892.htm。

15) 参见郑彬、张悦等：《各国中小企业努力应对挑战》，《人民日报》2020年9月29日第18版。

16) 邹多为：《报告显示2020年全球经贸摩擦形势严峻》，http://www.xinhuanet.com/photo/2021-03/31/c_1127280163.htm。

17) 参见陆婷：《全球贸易复苏需要通力合作（经济透视）》，《人民日报》2021年3月1日第15版。

次，新冠肺炎疫苗进入接种阶段后，"疫苗民族主义"纷纷抬头，一些低收入国家疫苗"一剂难求"的问题十分突出。2021年由国际商会研究基金会委托撰写的报告表明，"疫苗民族主义"会导致全球经济损失高达9.2万亿美元。[19]

总之，受新冠肺炎疫情等因素影响，2020年全球经济萎缩4.3%，其中，发达经济体降幅高达5.6%，发展中经济体萎缩2.5%。[20] 2021年世界经济有所好转，但受疫情反弹、疫苗分配不均、各国对经济复苏的政策支持力度不同等多重原因的影响，经济复苏较为缓慢，且跌宕起伏，2021、2022年分别为5.9%、3.4%，已反映了这一趋势。

(二) 国际秩序面临深度调整

由于2020年全球经济的深度衰退，在一定程度上也加快了国际秩序和国际关系的演变。新冠肺炎疫情爆发期间，美国排斥与国际社会在疫情防治问题上加强多边主义合作，甚至退出并暂停对世界卫生组织的帮助，强取豪夺德国、日本、法国、加拿大、巴巴多斯等国家的医疗物资，并且横加干涉国际抗疫物资的生产。例如，2020年3月18日，美国政府启动《国防生产法案》，要求美国企业优先完成联邦政府医疗物资单，随后许多西方国家也采取类似做法，严重扰乱医疗产品的国际供应链，迟滞国际抗疫合作，给国际抗疫蒙上霸凌主义的阴影。在疫苗的生产和分配方面，美国等西方

---

18) 参见杨海泉：《全球外国直接投资有望年内回升》，《经济日报》2021年6月22日第4版；张朋辉：《全球贸易有望迎来持续复苏》，《人民日报》2021年4月7日第16版。

19) 张莹：《全球疫苗分配不均困境待解》——http://www.xinhuanet.com/2021-01/28/c_1127036721.htm。

20) 《联合国报告预测今年全球经济增长4.7%》，http://www.xinhuanet.com/2021-01/26/c_1127027050.htm。

国家再次露出霸权嘴脸，伸出霸凌之手。据国际非营利组织ONE Campaign发布的报告，截至2021年3月，美国、欧盟、英国、澳大利亚、加拿大和日本已经获得了30多亿剂新冠疫苗，比这些国家所有人注射两剂疫苗所需的20.6亿剂还多出了10多亿剂。[21]迄今这一问题仍未缓解。2023年3月11日，联合国前秘书长潘基文、经济合作与发展组织前秘书长安赫尔·古里亚、诺贝尔经济学奖得主约瑟夫·斯蒂格利茨等约200名国际政要、专家、学者仍在联名发表公开信，呼吁各国加强合作杜绝疫苗分配不平，再次让世人注意到问题的严峻性。[22]

　　显然，病毒不会因身份、地位、种族的不同而选择性感染，也不会因社会制度的不同绕道而行。世界各国树立合作共赢心态，跳出零和博弈的小圈子，赋予疫苗"国际公共产品"的属性，才是应对疫情挑战的人间正道。美西方在疫情期间"不作为"和"乱作为"，使其二战后获得的"世界领袖"地位也遭遇前所未有的冲击。

(三) 文明冲突扰乱全球抗疫大局

　　2020年以来的全球抗疫中，疫情被贴上政治化、意识形态化的标签，出现了几种截然不同的抗疫理念。疫情在中国武汉发生后，中国领导人为遏制疫情蔓延态势，习近平亲自指挥、亲自部署，贯彻"人民至上、生命至上"的理念，果断作出"封城""封路"等决策，仅用三个多月时间中国就打赢疫情防控阻击战。然而，面对

---

21) 卢迪：《警惕"疫苗民族主义"破坏全球抗疫大局》，《光明日报》2021年3月25日第12版。

22)《全球约200名政要专家联名呼吁杜绝疫苗分配不平等》，http://www.news.cn/world/2023-03/12/c_1129428669.htm。

来势汹汹的新冠疫情，美国、英国等西方国家领导人在抗疫过程中，却无视人民生命，公然提出群体免疫的理念，认为口罩里面有根5G天线能控制人们并且患上脑癌，23)发出中国在武汉"封城"的做法是否是侵犯武汉民众人权？以巨大的经济损失为代价来阻断病毒传播是否值得的疑问？等等。24)美国作为世界大国，不但没有承担更多的国际责任，反而将疫情问题政治化，将新型冠状病毒诬陷为"武汉病毒""中国病毒"，甚至提出"新冠病毒武汉实验室泄漏说"。事实真相是，中国曾两次配合世界卫生组织人员来华开展疫情溯源工作，而且早在2020年4月，世界卫生组织发言人就表示，所有已知证据都表明新冠病毒不是经实验室人工干预或制造而来的。25)美国掀起歪理邪说，混淆视听，扰乱国际舆论，试图甩锅中国，以推卸抗疫不力的责任，归根结底都是由于奉行文明冲突论所致。

三、世界百年未有之大变局加速演变，世界进入动荡变革期

（一）习近平首次提出"百年未有之大变局"

回顾近一个世纪的历史，人类经历了血腥的热战、冰冷的冷战，也取得了惊人的发展、巨大的进步。20世纪上半叶，人类遭受了两次世界大战的劫难，那时人们最迫切的愿望，就是免于战争、缔造和平。五六十年代，殖民地人民普遍觉醒，他们最强劲的呼声，就是摆脱枷锁、争取独立。冷战结束后，各方最殷切的诉

23)《美谣言称口罩鼻梁条是5G天线可致癌，很多人还信了》，https://baijiahao.baidu.com/s?id=1672611591156605791&wfr=spider&for=pc。

24) 曹俊明、兰琳宗等：《读懂中国共产党，读懂中国——疫情防控思政大课讲了些什么》，https://www.ccdi.gov.cn/toutiao/202003/t20200310_213128.html。

25) 本报评论员：《病毒溯源要以科学为依据》，《人民日报》2020年4月23日第1版。

求，就是扩大合作、共同发展。26)进入21世纪，人类最大的憧憬还是希望世界能"和平合作，共同繁荣发展"。然而，挑战与危机也相伴而生。2008年美国发生的金融危机影响全球，世界经济增长动能不足，贫富分化日益严重，地区热点问题此起彼伏，恐怖主义、网络安全、重大传染性疾病、气候变化等非传统安全威胁持续蔓延。27)面对严峻复杂的国际形势，习近平在2017年讲话中首次提出："我们面对的是百年未有之大变局"，在2018年再次强调："当前，我们处于近代以来最好的发展时期，世界处于百年未有之大变局，两者相互交织，相互激荡"。28)习近平提出的这一重要论断，为人们观察纷繁复杂的世界提供了新视角，为人类社会的发展指明了新方向。

百年未有之大变局，"变"是其核心。自2008年国际金融危机爆发，世界就经历了天翻地覆的变化。虽然"西强东弱"的国际格局尚未改变，但"东升西降"的国际趋势不可逆转，以美国为首的西方国家遭遇重挫，国际影响力迅速下降；广大发展中国家开始选择非西方现代化模式，推动国际规则、国际格局进行改革重组，29)中国则利用自身制度优势，积极求变、应变，化危为机，强起来的势头日趋强劲。2020年新冠肺炎疫情爆发，习近平又及时指出："新冠肺炎疫情全球大流行使这个大变局加速变化，保护主义、单边主义上升，世界经济低迷，全球产业链供应链因非经济因素而面临冲击，世界进入动荡变革期。"30)简言之，习近平准确深刻揭示了当

26)《习近平谈治国理政》第2卷，外文出版社，2017，第537-538页。
27) 中共中央党史和文献研究院编《习近平关于中国特色大国外交论述摘编》，中央文献出版社，2020，第48页。
28)《习近平谈治国理政》第3卷，外文出版社，2020，第428页。
29) 李捷：《从六大维度全面认识习近平新时代中国特色社会主义思想》，《开放时代》2020年第1期，第13页。
30)《习近平在经济社会领域专家座谈会上的讲话》，《人民日报》2020年8月25

前这场正深刻影响人类前途命运的"变局"的特征。

（二）百年未有之大变局呈现的特征与趋势

第二次世界大战结束之初，以美国为首的西方国家经济总量占全球70%以上。"西强东弱"是二战以来国际格局最显著的特征，英、美等西方大国始终处于"中心"，拉美等非西方国家则处于"外围"。百年未有之大变局首先表现为经济重心之"变"。具体来说，新兴经济体和发展中国家占世界经济比重越来越大，世界经济重心正在"自西向东"位移。

一方面，2008年国际金融危机发生后，以美国为首的西方国家在经济、政治、文化、外交等领域遭遇重创，2020年新冠疫情美西方国家再次应对失措，其糟糕表现再次暴露出资本主义文明的弊端，国际影响力迅速下滑。与此同时，以中国为代表的发展中国家则开始选择非西方现代化发展模式，推动国际规则、格局进行改革重组，并利用自身制度优势，积极求变、应变，化危为机。发展中国家与发达国家占世界经济比重已经从20世纪末的57%：43%变为2020年的41%：59%。[31]据预测，到本世纪中叶，发展中国家的经济总量可能占世界经济总量约60%—65%，将从根本上改变发达国家在世界经济力量占主导地位的格局。[32]

另一方面，按购买力平价计算，2017年至2019年亚洲经济总量占世界比重分别为 45.3%、45.9%和46.4%，到2021年已达到了47.4%。[33]

日第2版。

31)《换了人间——20年来世界五大变化》，https://baijiahao.baidu.com/s?id=1712373846496721152&wfr=spider&for=pc。

32) 张蕴岭：《准确认识百年未有之大变局》，http://cass.cn/xueshuchengguo/xscg_xbwy/202208/t20220819_5471464.shtml。

其中，中国自改革开放以来，占世界经济总量份额从2％增加到近18％；[34]特别是进入新时代以来，2013年至2021年对世界经济增长的平均贡献率已高达38.6％（见图10），成为推动世界经济增长的第一动力。[35]

图10：2013—2021年中国和G7主要经济体对世界经济增长平均贡献率[36]

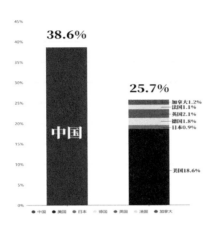

中国长期发展积累的动能深刻改变了世界面貌，成为推动百年大变局的重要变革力量。从中美GDP比较来看，中国正快速接近美国（见图11）。格雷厄姆·艾利森就指出："从未见过世界上出现像中

---

33) 对外经济贸易大学出版社编《博鳌亚洲论坛：亚洲经济前景及一体化进程2021年度报告》，对外经济贸易大学出版社，2021，第25页；《共话亚洲经济合作新机遇》，http://www.gov.cn/xinwen/2022-04/21/content_5686394.htm。

34)《两会数说中国｜十组数据看新时代中国发展之变》，http://m.news.cn/2023-03/04/c_1129413466.htm。

35) 龚鸣、颜欢、杨迅：《"最令人激动的经济增长故事来自中国"》，《人民日报》2023年1月19日第3版。

36)《世行报告：中国经济十年对世界经济增长贡献率超G7总和》，https://www.guancha.cn/politics/2022_10_26_663868.shtml。

国崛起这样造成全球力量平衡发生如此快速的结构性变化。"[37]而且据世界货币基金组织预测，到2024年全球GDP前五的国家有四个在亚洲，这意味着亚洲在世界经济体系中的重要性迈上新台阶，将会取代美国甚至是整个欧美成为世界的新经济重心。

图11：2000-2022年中国与美国GDP增长率对比[38]

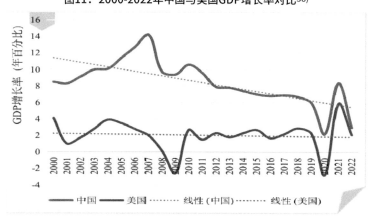

科学技术上，改革开放以来，中国利用后发国家的优势，通过吸收、模仿、利用先进技术，实现了科学技术上的跨越式发展。特别是新时代以来，中国高度重视科学技术的发展，科学研究与试验发展经费投入逐年增加（如图12所示）。据世界知识产权组织发布的全球创新指数显示，2022年中国排名跃升至第11位。[39]再从科技

37)【美】格雷厄姆·艾莉森：《注定一战：中美能避免修昔底德陷阱吗？》，陈定定、傅强译，上海人民出版社，2019，第7页。

38)《中国、美国历年GDP年度增长率比较》，https://www.kylc.com/stats/global/yearly_per_country/g_gdp_growth/chn-usa.html。

39) 2022年全球创新指数中国排名升至第11位，https://www.ncac.gov.cn/chinacopyright/contents/12227/356969.shtml。

成果登记数和专利申请数看（见图13），中国持续增长，打破了以往西方国家在科技领域里唱"独角戏"的局面。

图12：2013-2022年中国政府研究与试验发展经费支出及占GDP比重[40]

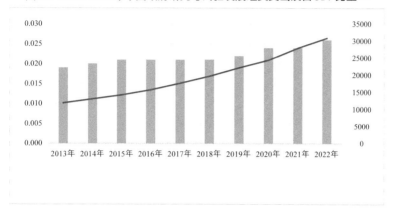

图13：2012-2021年中国科技成果登记数、中国专利申请数(项)[41]

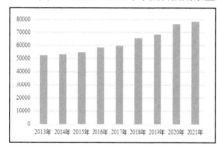 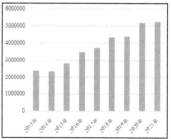

国际制度性话语权上，中国在2001年成功开设博鳌亚洲论坛，成立了上海合作组织；2006年，参与创建金砖国家组织；2008

---

40) 依据国家统计局官网数据，整合相关数据制成：https://data.stats.gov.cn/easyquery.htm?cn=C01。

41) 依据国家统计局官网数据制成，"科技成果登记数（项）"、"专利申请数（项）"：https://data.stats.gov.cn/easyquery.htm?cn=C01。

年起中国积极参与G20峰会，并在2016年作为轮流主席国成功举办了G20杭州峰会；2013年发起并开始实施"一带一路"倡议；2015年联合部分国家筹建亚投行，促进了亚洲区域内建设的互联互通和经济一体化的进程；2018年举办世界上唯一的上海国际进口博览会，为世界各国商品进口中国提供舞台。凡此种种，都是中国为提升在国际舞台上的话语权而做出的努力。以中国为代表的新兴市场国家的崛起，为百年大变局的演化注入强劲动力，也是大变局演化的标志。

(三) 百年大变局下世界乱象纷呈

百年大变局无疑会给世界造成方方面面的"乱象"。那么，世界乱象究竟"乱"在何处？应该如何认识？习近平给出了答案，他在2019年中法全球治理论坛会议上首次提出"治理赤字，发展赤字，和平赤字，信任赤字"问题，就找到了世界发展出现乱象的根源。[42]

1．治理赤字

实际上，随着广大发展中国家和新兴经济体的崛起，原本由西方国家主导的国际政治旧秩序和世界发展现状不再匹配，但短时间内新的国际秩序又无法建立，导致各国普遍焦虑，国际秩序混乱。联合国作为参与全球治理的主要平台，在一些大国的操纵和牵绊下，已难以发挥其有效作用，甚至地位也一度有所削弱。2022年俄乌冲突就再次暴露联合国在应对传统安全问题上的缺陷和短板。与此同时，恐怖主义、传染性疾病、气候变化、网络安全、能源安全、粮食安全、跨国有组织犯罪等此起彼伏，接连不断的非传统安

---

42)《习近平著作选读》第2卷，人民出版社，2023，第251-253页。

全挑战十分突出。尤其是疫情进一步暴露了全球治理的问题，与日益频发的传统安全相互交织，表明当前国际治理体系已难以及时解决一些全球性问题与挑战，治理赤字不断扩大。

2．和平赤字

尽管和平与发展仍是时代发展主题，但并不意味着世界上的风险和冲突因此而消弭。据统计，2017年全球共计发生8277起恐怖袭击，因恐怖袭击死亡的人数为18814；43)2018年全球恐怖袭击数量为1.53万起，非政府武装团体袭击造成13.8万平民死亡；44)2019年全球恐怖主义袭击事件更是接连不断；2020年1-8月，"伊斯兰国"在伊拉克共制造292起恐怖袭击事件，在南亚的巴基斯坦发生了221起恐怖主义袭击事件，亚美尼亚和阿塞拜疆爆发最严重武装冲突，阿富汗境内的战火导致平均每天有30名安全人员因此丧生。45)特别是2022年2月爆发的俄乌冲突，持续至今未能平息。2022年11月30日欧盟委员会主席冯德莱恩就声称乌克兰"已有10万名军人和2万名平民丧生"；2023年4月乌克兰发布战报宣称，俄罗斯已有24200人"被击毙"。46)冲突造成的人员与财产损失难以估量，影响之大、波及范围之广前

---

43) 参见马愿：《2018年全球恐怖主义指数报告解读》，《国际研究参考》2019年第2期，第38页。

44) 《2018年全球恐怖袭击数量下降33%》，http://www.mofcom.gov.cn/article/i/jyjl/e/201901/20190102829963.shtml。

45) 参见刘中民：《国际反恐形势因疫情更趋复杂》，《环球时报》2021年1月7日第15版；李志伟、丁雪真：《阿富汗和平进程步履维艰（国际视点）》，《人民日报》2020年9月28日第16版。

46) 熊超然：《声称"乌军死亡10万人"后删除视频，欧盟委员会：没有必要向乌克兰道歉》，https://www.guancha.cn/internation/2022_12_02_669522.shtml；张鲁宁：《【俄乌冲突第70天】俄公布俘虏乌军人数，朔尔茨拒绝访问基辅》，https://www.guancha.cn/military-affairs/2022_05_04_638216.shtml。

所未有，已严重威胁世界和平与发展局面。4月15日苏丹又爆发武装冲突，至5月1日已造成436名平民丧生、2174名平民受伤。[47]由此可见，恐怖主义袭击、局部战争与冲突频发，使世界和平赤字不断扩大。

3．发展赤字

百年大变局与世纪疫情交织叠加，全球发展遭遇严重挫折。首先，疫情严重冲击发展环境，世界经济出现最大跌幅，复苏进程步履蹒跚，不确定性不稳定性明显增强。其次，近年来，美国沉迷于"脱钩断链"，构筑"小院高墙"，试图迟滞甚至打断中国发展进程。在经贸方面，发起贸易战，限制中国企业赴美投资、限制美国企业对华投资；在科技方面，发动科技战，滥用出口管制，与一些国家组建围堵遏制中国的小圈子；在文化方面，发动舆论战抹黑中国，限制中美文化交流与人员往来。美国上述做法，严重破坏市场规则、国际经贸秩序和人文交流环境，威胁全球产业链供应链稳定，危害世界经济复苏发展。[48]再次，俄乌冲突爆发后，美欧从金融、贸易和人员往来等层面全面制裁俄罗斯，并纠集英加澳日韩等盟国追随，阻遏全球经济大循环，严重干扰国际贸易和生产秩序，破坏世界发展环境。[49]第四，金融风险、信息安全、气候异常、巴以冲突、苏丹冲突等各种安全挑战层出不穷，影响地区和全球发展环境。[50]因此，世界发展的不确定因素持续上升，国际社会

47) 米春泽：《联合国秘书长苏丹问题特别代表：苏丹武装冲突双方已同意派代表谈判》，https://www.guancha.cn/internation/2023_05_01_690686.shtml。

48) 钟声：《"脱钩断链"行不通，深化合作是出路》，《人民日报》2023年2月2日第3版。

49) 熊启跃、赵雪情：《美欧对俄罗斯经济制裁的逻辑、影响及启示》，《俄罗斯研究》2022年第6期，第129-152页。

想要实现快速发展、绿色发展、和谐发展、高质量发展面临诸多问题和挑战，发展赤字不断扩大。造成人类发展指数30年来首次下降，全球新增1亿多贫困人口，世界近8亿人生活在饥饿之中。[51]

4．信任赤字

2020年新冠肺炎疫情在全球肆虐以后，一些国家以邻为壑，丛林原则大行其道，疫苗分配又漠视小国、穷国、弱国利益，国际合作与国家间信任受到侵蚀。例如，疫情期间美国单方面对中国、欧洲国家实行旅行禁令，日韩等追随美国对"乙类乙管"后的中国公民入境采取"歧视措施"等，就加剧了相互间的不信任感。尤为突出的是，为维护霸权地位，美国不仅将贸易保护主义的矛头对准中国，而且对准自己的传统盟友欧盟、加拿大、日本、韩国等国，渲染"美国吃亏论"，要求盟国分摊更多的经济责任；四处煽风点火，策动地区冲突和制造地区紧张局势；组建"价值观联盟"和"利益联盟"，破坏国家间关系；滥用安全借口，造谣生事。此外，美国政府还在全球"废约""退群""脱钩""拉帮结派"。美西方的做法给全球带来阴影和负面影响，国际社会信任赤字不断扩大。

概而言之，世界发展不仅面临传统与非传统安全挑战两大难题，还面临着"四大赤字"带来的多重危机。空前复杂严峻的国际局势与挑战，是一个试金石。如何洞悉世界风云变化，敏锐科学识变、谋变、促变，牢牢把握时代脉搏，统筹协调好国内国际两个大

50）庄国泰：《守护蓝色星球，共建绿色家园》，《人民日报》2021年3月23日第10版；齐倩：《两个月内第三家，美国第一共和银行被美监管机构接管》，https://www.guancha.cn/internation/2023_05_01_690656.shtml。

51）中华人民共和国国务院新闻办公室：《携手构建人类命运共同体：中国的倡议与行动（2023年9月）》，《人民日报》2023年9月27日第6版。

局，破解美西方的打压围堵图谋，化危为机，推动中国特色社会主义事业迈上新台阶，是习近平为代表的中国共产党人必须要回答的问题。

第二节　应对世界之问的中国答案：人类命运共同体理念及其实践

针对世界经济陷入深度衰退，"反全球化"和贸易保护主义盛行，霸凌和强权政治行径层出不穷，文化及意识形态领域冲突不断的局面，早在2017年习近平就高屋建瓴提出"世界怎么了，我们怎么办"的世界命题，并向世界各国提出了破解应对之道，即中国方案是"构建人类命运共同体，实现共赢共享"。[52]中国作为负责任的世界大国，通过倡导构建新型国际关系、积极推进"一带一路"建设，成功为构建人类命运共同体注入了源源不断的动力，充分证明构建人类命运共同体绝不是"乌托邦式"的理念，而是以各国共同利益为基础，顺应时代潮流的伟大战略。

一、构建新型国际关系：奠定人类命运共同体基础

推动建立新型国际关系是新时代中国对外战略的两个总目标之一。[53]党的十八大以来，习近平曾多次在外交场合强调要构建以合作共赢为核心的新型国际关系，并对新型国际关系理论做出了全面阐

52)《习近平著作选读》第1卷，人民出版社，2023，第553-559页。
53)张宇燕：《习近平新时代中国特色社会主义外交思想研究》，中国社会科学出版社，2019，第74页。

释，这反映了大多数国家迫切要求改变现有国际关系的愿望，符合国际社会的共同利益，顺应了时代发展大势。

（一）构建新型国际关系理论的主要内涵

百年大变局骤然加速，虽然和平与发展的时代主题并未改变，但人类社会发展出现了新的时代矛盾，加剧了国与国之间的紧张关系。在风云变幻的世界，国与国之间究竟应该怎样相处？应建立什么样的国际关系？是世界各国领导人必须解答的课题。中国的答案就是积极开创与时代发展潮流相适应的外交发展新局面，推动建设相互尊重、公平正义、合作共赢的新型国际关系。[54]

首先，相互尊重是构建新型国际关系的前提和基础。冷战结束后世界形成"一超多强"的国际格局，美国一直贯彻带有民族主义色彩的"美国优先"政策，置他国利益和感受于不顾。随着中国的崛起，国际力量对比呈现"东升西降"的发展趋势，"一超多强"的国际格局逐渐趋于弱化，过去弱肉强食的丛林法则，霸权主义和强权政治的国际社会模式已经不再适合当今世界的发展现实。中国始终将和平共处五项原则作为处理国与国之间关系的准则，秉持平等相待、相互尊重的交往方式，谦虚，包容的相处态度，尊重各国自主选择的社会制度和发展道路，"反对干涉别国内政，反对以强凌弱"。[55]坚持各国、各地区、各民族一律平等，主张各国和各国人民应该"共同享受尊严""共同享受发展成果""共同享受安全保障"，共同掌握世界命运。[56]

---

54) 中共中央宣传部、中华人民共和国外交部编《习近平外交思想学习纲要》，人民出版社、学习出版社，2021，第58页。
55)《习近平谈治国理政》第3卷，外文出版社，2020，第46页。
56)《习近平著作选读》第1卷，人民出版社，2023，第105-106页。

其次，公平正义是构建新型国际关系的准则和价值理念。中国强调公平正义，就是主张世界各国在国格上一律平等，每个国家享有平等的生存权、发展权、竞争权，不允许强国欺凌弱国、大国漠视小国、富国欺压贫国，始终维护每个国家特别是发展中国家的合法权益。而且作为世界第二大经济体，中国"坚持以公平正义为理念引领全球治理体系改革"。[57]坚持正确义利观，不仅积极与世界各国共同把"蛋糕"做大做好，同时也力争公平分配"蛋糕"，努力提高广大发展中国家在参与国际事务中拥有更多的国际话语权，积极推动变革全球治理体系，构建公平正义的国际秩序。

再次，合作共赢是构建新型国际关系的核心与目标。长期以来西方国际关系理论将弱肉强食、丛林法则奉为圭臬，奉行你输我赢、赢者通吃规则，造成国与国之间处于竞争状态。如何超越西方理念，处理国与国之间的矛盾关系？习近平提出最佳方案就是合作共赢。[58]实际上，竞争并非一定要转化为对抗。当今世界，各国"你中有我，我中有你"，相互联系、相互依存、利益交融，已经形成利益共享、责任共担、命运共连的利益共同体、责任共同体、命运共同体。世界发展面临诸多全球性难题，如果一味竞争，不仅无法解决问题，反而阻碍人类进步。相反，世界各国倘若能够树立合作的理念，秉持共赢的心态，摒弃意识形态的偏见，跳出零和博弈的小圈子，跨越文化差异，就能战胜各种危机与挑战，实现国际关系的持续稳定与和平发展局面。

上述三者有机结合，凸显合作共赢的核心地位、目标要求和实

---

57)《习近平著作选读》第2卷，人民出版社，2023，第177页。
58) 王毅：《构建以合作共赢为核心的新型国际关系——对"21世纪国际关系向何处去"的中国答案》，《学习时报》2016年6月20日第1版。

践目的，实现了马克思主义国际关系理论的时代化，为21世纪国际关系的发展指明了方向。

（二）构建新型国际关系的实践布局

党的十八大以来，以习近平同志为核心的党中央，统筹国内国际两个大局，落实"大国是关键，周边是首要，发展中国家是基础，多边是舞台"59)的外交策略，推动构建新型国际关系，走出了一条中国特色大国外交新路，开创了中国特色大国外交新局面。以抗击新冠肺炎疫情为例，疫情爆发后，仅2020年2月-2021年7月的统计，习近平就先后与16个发达国家42次通话、77个发展中国家124次通话，沟通与交流都涉及抗疫问题（见图14）。以独特的"电话外交""云外交"，书写了中国外交史的新篇章。

图14：2020年2月—2021年7月习近平"云通话"示意图60)

59) 常雪梅：《记以习近平同志为总书记的党中央推进全方位外交的成功实践》，《人民日报》2016年1月5日第1版。

60) 根据"习近平系列重要讲话数据库"整理，http://jhsjk.people.cn/result?form=707&else=501。

1. 以合作共赢为核心构建新型大国关系

当今世界，国与国之间的竞争主要是以经济、政治、军事、科技、文化等为主要内容的综合国力的竞争。毫无疑问，大国是主导国际关系走向、影响世界格局与国际形势演化的主要力量。近代以来，西方大国一直处于世界权力的中心，在许多方面具有其他国家不可比拟的优势。近年来，随着中国、俄罗斯等新兴大国的崛起，正在改变西方大国主导的局面。因此，构建新型大国关系，首要的就是要处理与美国、俄罗斯、欧盟之间的关系，是中国外交历来关注的焦点问题，也是决定外交成败的重要体现。

(1) 中国致力于构建相互尊重、和平共处、合作共赢的中美关系

二战后至今，美国一直是世界上最强大的国家，并构筑了美国主导的世界秩序和国际关系格局。因此，发展什么样的中美关系，是中国外交必须要面对的问题。2012年2月时任国家副主席的习近平，在访问美国时就提出中美要"走出一条大国之间和谐相处、良性互动、合作共赢的新型合作伙伴关系之路"。[61]此后，"合作共赢"成为发展中美关系的核心内涵和落脚点。两国为努力构建"不冲突、不对抗、相互尊重，合作共赢"的中美新型大国关系做出了许多努力（如表13所示）。但是自2018年后，美国调整对华战略，对中国发起贸易战，在《国家安全战略报告》《核态势审议报告》中将中国视为战略对手，在亚太区部署反导系统，在西太平洋增强军事力量，频繁入侵中国领空领海，干涉中国内政，企图挑起大国对抗。

---

61) 徐启生、余晓葵：《习近平出席美国副总统拜登和国务卿克林顿共同举行的欢迎午宴》，《光明日报》2012年2月16日第3版。

2020年更是把新冠病毒污蔑为"武汉病毒""中国病毒"，编造谎言欺骗国际社会和各国人民，不断抹黑中国政党和中国政治制度，频频触碰中国核心利益红线，蓄意歪曲甚至是全盘否定中美近50年的友好合作。2021年美国新任总统拜登上台，9月10日两国元首通电话就中美关系进行沟通与交流。但美国却将中美关系定位为"竞赢"中国，致使中美关系不断下滑（见表13）。到2023年6月为止，中美关系处在建交以来的最低谷。中美关系严峻复杂的局面，完全是美方的错误认知导致的错误政策造成的。[62]尽管如此，2023年6月19日习近平仍向美国国务卿布林肯提出"中方始终希望中美关系能够健康稳定，相信两个大国能够排除万难，找到相互尊重、和平共处、合作共赢的正确相处之道""把有关积极表态落实到行动上，让中美关系稳下来、好起来"。[63]中美关系攸关世界的和平与繁荣，全球地缘政治和经济在很大程度上也取决于中国和美国的竞争与合作。[64]中美关系是对抗还是合作共赢，"事关人类前途命运"，习近平指出"中方始终希望中美关系能够健康稳定""找到相互尊重、和平共处、合作共赢的正确相处之道"。[65]历史和实践已经证明，合则两利，对抗则两伤，中美建立新型大国关系有利于两国人民，符合世界和时代潮流，有利于世界的和平繁荣发展，有利于构建人类命运共同体。

62)《王毅会见美国国务卿布林肯》，《人民日报》2023年6月20日第2版。

63) 刘华：《习近平会见美国国务卿布林肯》，《人民日报》2023年6月20日第1版。

64)【美】罗伯特·劳伦斯·库恩：《中美应成和平堡垒、繁荣引擎》，《环球时报》2021年3月6日第7版。

65) 刘华：《习近平会见美国国务卿布林肯》，《人民日报》2023年6月20日第1版。

表13：2013—2022年中美新型大国关系发展历程一览表[66]

时间	主要内容
2013年 6月7日	习近平同美国总统奥巴马举行"庄园会晤"，达成努力构建"不冲突、不对抗、相互尊重、合作共赢"的中美新型大国关系共识。
2014年 11月11日	奥巴马访华，两国领导人确认不断推进中美新型大国关系建设。
2015年 9月25日	习近平对美国进行国事访问，坚持不冲突不对抗、相互尊重、合作共赢，以建设性方式管控分歧和敏感问题，推动中美关系始终沿着正确轨道向前发展。
2016年 6月6日	习近平出席中美战略与经济对话会，强调双方要坚持不冲突不对抗、相互尊重、合作共赢的原则，坚定不移推进中美新型大国关系建设。
2017年 2月10日	习近平同特朗普通电话，中方愿意同美方一道努力，加强沟通，拓展合作，推动中美关系健康稳定发展。
2018年 12月1日	习近平同特朗普会晤，同意在互惠互利基础上拓展合作，在相互尊重基础上管控分歧，共同推进以协调、合作、稳定为基调的中美关系。
2019年 6月29日	习近平同特朗普会晤，同意推进以协调、合作、稳定为基调的中美关系。
2020年 2月7日	习近平同特朗普通电话，强调希望美方同中方相向而行，坚持协调、合作、稳定的总基调，推动中美关系在新一年沿着正确轨道向前发展。
2021年 9月10日	习近平同拜登通电话，提出在尊重彼此核心关切、妥善管控分歧的基础上，推进在气候变化、疫情防控、经济复苏以及重大国际和地区问题上的协调和合作。
2022年 3月18日	习近平同美国总统拜登视频通话，提出中美要相互尊重、和平共处、避免对抗。
2022年 7月28日	习近平同美国总统拜登通电话，强调双方要保持各层级沟通，用好现有沟通渠道，推动双方合作。

(2) 中俄成为新型大国关系典范

俄罗斯既是国际社会中的一极，同时又是中国周边最大的国家，是中国的好邻居、真伙伴。2011年是《中俄睦邻友好合作条约》签约10周年，两国元首以此为契机推动双边伙伴关系新升级，提出建立全面战略协作的伙伴关系。2012年6月，在普京总统访

---

66) 根据《人民日报》2013年6月至2022年12月相关报道整理。

华之际双方签署《中俄全面战略协作伙伴关系的联合声明》，正式将两国关系提升至加强平等信任、相互支持、共同繁荣、世代友好的中俄全面战略协作伙伴关系。2014年5月，两国共同发表《中俄关于全面战略协作伙伴关系新阶段的联合声明》，推动两国关系进入了新阶段。2019年6月，习近平访俄期间两国签署《中华人民共和国和俄罗斯联邦关于发展新时代全面战略协作伙伴关系的联合声明》，提出发展中俄新时代全面战略协作伙伴关系，标志着中俄关系进入了新时代。[67]2022年面对美国疫情政治化、在全球建立反华联盟等行径，中俄签署《中华人民共和国和俄罗斯联邦关于新时代国际关系和全球可持续发展的联合声明》，针对美西方民主观、发展观、安全观、秩序观方面的错误认识，达成共识、形成共同立场，为"国际社会携手应对全球性挑战、实现全球战略稳定注入了信心和力量"。[68]2023年3月，在俄乌冲突持续背景下，习近平访俄，两国签署《中华人民共和国和俄罗斯联邦关于深化新时代全面战略协作伙伴关系的联合声明》和《中华人民共和国主席和俄罗斯联邦总统关于2030年前中俄经济合作重点方向发展规划的联合声明》，进一步"丰富中俄新时代全面战略协作伙伴关系内涵"。[69]

在两国元首的战略引领下，中俄关系获得飞速发展，在政治上双方互信和协作水平创造了历史高度，"成功走出了一条大国战略互信、邻里友好的相处之道，树立了新型国际关系的典范"。[70]在经

---

67) 周洪业：《中俄元首签署——中华人民共和国和俄罗斯联邦关于发展新时代全面战略协作伙伴关系的联合声明》，《人民日报》2019年6月6日第1版。

68) 《中华人民共和国和俄罗斯联邦关于新时代国际关系和全球可持续发展的联合声明》、《为中俄关系发展注入更多生机活力（和音）》，《人民日报》2022年2月5日第2版。

69) 杜尚泽、曲颂：《习近平同俄罗斯总统普京举行会谈》，《人民日报》2023年3月22日第1版。

济上，双方形成全方位、多层次合作格局，中俄贸易不断攀升，中国已连续13年成为俄罗斯第一大贸易伙伴国，2022年双边贸易总额超过1900亿美元，比10年前增长了116%。在人文交流上，2021年双方隆重纪念《中俄睦邻友好合作条约》签署20周年，宣布《条约》延期并赋予其新的时代内涵。双方先后举办8个国家级主题年，为人文交流注入强劲动力。[71]在军事上，相互扩大透明度，部署上"背靠背"，已形成"特殊友军"。[72]简言之，双方从战略协作伙伴发展到全面战略协作伙伴，表现出了高度的政治互信和战略互信，正如王毅所言"中俄战略合作没有止境，没有禁区，没有上限"。[73]历史充分证明"中俄关系是世界上最重要的一组双边关系，更是最好的一组大国关系"，树立了"大国战略互信的典范、邻国互利合作的典范、新型国际关系的典范。"[74]

(3) 中欧发展和平、增长、改革、文明四大伙伴关系

中国和欧盟分别是世界上最大的发展中国家和最大的发达国家联合体。2014年习近平对欧盟进行正式访问时，提出要与欧洲："共同努力建造和平、增长、改革、文明四座桥梁，建设更具全球影响力的中欧全面战略伙伴关系"。[75]这是中欧关系中具有里程碑意义

---

70)《为中俄关系定向领航为世界注入更多稳定性——写在习近平主席即将对俄罗斯进行国事访问之际》，《人民日报》2023年3月18日第1版。

71)《习近平在俄罗斯媒体发表署名文章：踔厉前行，开启中俄友好合作、共同发展新篇章》，《人民日报》2023年3月20日第1版。

72) 参见王海运：《军事关系映照中俄建交70年》，《环球时报》2019年6月3日第14版。

73) 王毅：《中俄战略合作没有止境，没有禁区，没有上限》，http://www.xinhuanet.com/2021-01/02/c_1126937927.htm。

74)《为中俄关系发展注入更多生机活力（和音）》，《人民日报》2022年2月5日第2版。

75)《习近平谈治国理政》，外文出版社，2014，第282页。

的重大事件。此后中欧在"一带一路"合作背景下，各方面的关系不断发展。2020年9月中欧举行了数字领域以及环境与气候领域的高层对话，9月签署《中欧地理标志协定》，为巩固中欧全面战略伙伴关系奠定了经贸基础。2020年中国与欧盟进出口贸易实现快速增长，中国也首次超越美国，成为欧盟最大贸易伙伴。[76]2020年12月30日中国与欧盟领导人共同宣布《中欧投资协定》谈判完成，这是具有标志性的事件。然而，在落地实施前，2021年3月22日欧盟理事会却以"新疆人权"为借口，对中国官员和实体实施制裁，致使《中欧投资协定》被无限制搁置。[77]此后，在美国干扰下，欧盟却将中国视为竞争者和对手，中欧关系一路下滑。但中国仍希望与欧盟一道"坚持中欧全面战略伙伴关系定位"。[78]2023年4月习近平对来访的法国总统马克龙表示："中方愿同欧方以今年中国同欧盟建立全面战略伙伴关系20周年为契机，全面重启交流对话，稳固中欧友好合作主基调，探讨构建稳定互信的供应链伙伴关系，实现互利共赢。"[79]中欧关系发展，符合双方利益、有利于中国、有利于欧盟、有利于世界。

2．秉持亲诚惠容理念塑造新型周边关系

中国是世界上拥有周边邻国最多的国家。党的十八大以来，以习近平同志为核心的党中央以新型国际关系理论为指导，在周边

76）张鹏辉：《中国2020年成为欧盟最大贸易伙伴》，《人民日报》2021年2月17日第3版。

77）《中欧投资协定谈判完成！》，https://www.guancha.cn/internation/2020_12_30_576301.shtml；《中欧投资协定短期内会解冻吗？我大使回应》，https://www.guancha.cn/internation/2023_03_30_686145.shtml。

78）刘华：《习近平出席中法企业家委员会第五次会议闭幕式并致辞》，《人民日报》2023年4月7日第3版。

79）刘华：《习近平同法国总统马克龙举行会谈》，《人民日报》2023年4月7日第1版。

外交工作实践中逐渐形成了一套完整成熟，富有中国特色的周边外交政策，以期能为实现中华民族伟大复兴提供一个稳定的周边外交环境。概括来说，就是：既要与周边国家保持"走亲戚式"的高层交往，又要与周边国家巩固地缘相近、人缘相亲的情感纽带，坚持与邻为善，以邻为伴的方针和亲、诚、惠、容的理念。其中"亲"是要与周边国家常见面、多走动；"诚"是要真诚地对待周边邻居、朋友和伙伴；"惠"是要实现双边共赢；"容"是倡导包容，强调指亚太地区之大容得下大家共同发展。[80]在上述方针与理念指引下，尽管受疫情影响，2020年中国全年进口总值、出口总值、国际市场份额皆创历史新高，中国对外贸易伙伴关系也持续发生了结构性变化，东盟、日本、韩国已分别位居中国第一、第四、第五位贸易伙伴国。[81]2022年，在中国进出口贸易前十位中，东盟、韩国、日本、印度分别位居第一、第四、第五、第十位。[82]数据表明，中国与周边国家已形成极为紧密的经贸关系，已经构成为难以分割的利益共同体。

而且，为进一步深化同周边国家的关系，习近平提出了同周边国家打造"周边国家命运共同体"的主张。[83]2020年，在应对疫情挑战中，中国同周边国家的外交并没有因疫情对国际交往造成的"物理隔离"而止步，而是通过"通话、信函、视频"为主渠道的"云外交"模式，交往的密度和热度、合作的深度和广度只增不减。中国不仅向柬埔寨、越南、泰国等提供抗疫物资，甚至在疫情最严重时，还派出中国人民解放军抗疫专家组赴巴基斯坦、缅甸、老挝等

80)《习近平谈治国理政》，外文出版社，2014，第298页。

81) 陶凤、吕银玲：《2020年我国前五大贸易伙伴为东盟、欧盟、美日韩》，http://finance.sina.com.cn/roll/2021-01-14/doc-ikftssan5949713.shtml。

82) 国家统计局：《中华人民共和国2022年国民经济和社会发展统计公报（2023年2月28日）》，http://www.stats.gov.cn/sj/zxfb/202302/t20230228_1919011.html。

83)《习近平著作选读》第1卷，人民出版社，2023，第320页。

协助其他国家抗击疫情。[84]实践表明，中国与周边国家各领域的务实合作已迈上新台阶，并且与周边国家形成命运共同体。

3.坚持正确的义利观加强同发展中国家的友好合作

中国作为广大发展中国家中的一员，无论是从历史维度还是从现实维度都始终"秉持正确义利观和真实亲诚理念加强同发展中国家团结合作。"[85]义利观体现价值观与立场，义就是情义、道义、正义，利就是互惠互利、合作共赢。真实亲诚理念，就是要求在交往过程中，态度要"真"，合作要"实"，深化要"亲"，解决问题要"诚"。

从历史和现实看，中国与非洲都有着十分广泛的利益和扎实的合作基础。为推动中非合作，2013年3月，习近平在坦桑尼亚首倡"真实亲诚"理念。[86]实践中，至2020年中非合作论坛成立20年来，中非贸易额和中国对非直接投资存量分别增长了20倍和100倍。中国在非洲修建了超过6000公里的铁路、6000公里的公路、近20个港口、80多个大型电力设施，援建了130多个医疗设施、45个体育馆和170多所学校，向非洲48国派遣医疗队队员2.1万人次，诊治非洲患者约2.2亿人次。[87]2020年疫情紧急时，中国率先向非洲国家提供抗疫物资、派出医疗专家组、签署缓债协议等，支持非洲国家的抗疫斗

84)《中国人民解放军，紧急援助三国》，https://www.guancha.cn/internation/2020_04_24_548161.shtml；《中国人民解放军向柬埔寨军队提供紧急抗疫物资援助》，https://www.guancha.cn/internation/2020_04_26_548360.shtml；《中国人民解放军向越南军队捐赠抗疫物资》，https://www.guancha.cn/politics/2020_04_29_548759.shtml；《中国人民解放军向泰国军队提供紧急抗疫物资援助》，https://www.guancha.cn/internation/2020_05_12_550081.shtml。

85)《习近平谈治国理政》第3卷，外文出版社，2020，第47页。

86)《习近平谈治国理政》，外文出版社，2014，第306-309页。

87) 郭骏：《王毅：非洲是国际合作大舞台，不是大国博弈竞技场》，http://www.xinhuanet.com/2021-01/06/c_1126952266.htm。

争。中非还举办团结抗疫特别峰会，为成功抗疫注入正能量。中非签署《中华人民共和国政府与非洲联盟关于共同推进"一带一路"建设的合作规划》，全面推动"一带一路"倡议同非盟《2063年议程》深度对接。到2022年，中国已连续13年保持非洲最大贸易伙伴国地位，双边贸易额达到2820亿美元，同比增长11.1%。非洲国际问题专家阿马杜·卡马拉认为"非中合作已经成为一个真正的标杆"。[88]

中国和阿拉伯友谊源远流长。2014年6月，习近平首次提出"弘扬丝路精神，深化中阿战略合作"的促进文明互鉴、尊重道路选择、坚持合作共赢、倡导对话和平四大主张。[89]2018年5月，中阿共同宣布将关系定位提升至战略伙伴关系。[90]2020年6月22日中国—阿拉伯国家政党对话会特别会议上，中阿达成了构建中阿命运共同体，进而共同推动构建人类命运共同体的共识。新冠肺炎疫情大流行期间，中国与阿拉伯国家多次召开视频交流会，分享有关疫情的防控方案、诊疗方案，将有关抗击疫情的文献资料汇编等专业文献翻译为阿语以助力阿拉伯人民抗疫。经过携手抗击疫情的生动实践，中国与阿拉伯国家的友谊得到了进一步升华。至2021年，中阿贸易额达到3303亿美元，中国已同20个阿拉伯国家及阿盟签署共建"一带一路"合作文件，在能源、基础设施等领域实施200多个大型合作项目，合作成果惠及双方近20亿人民。[91]2022年12月，习近平出

---

88)《真实亲诚，历久弥新——总台在非洲多国举办回望"真实亲诚"十周年主题活动》，https://www.guancha.cn/politics/2023_03_25_685593.shtml；《在构建新时代中非命运共同体之路上携手同行——写在真实亲诚对非政策理念和正确义利观提出十周年之际》，https://www.guancha.cn/politics/2023_03_29_686114.shtml。

89)《习近平谈治国理政》，外文出版社，2014，第313-314页。

90)《习近平同阿曼苏丹卡布斯互致贺电宣布建立中阿战略伙伴关系暨庆祝两国建交40周年》，《人民日报》2018年5月26日第1版。

91)黄培昭：《"阿中合作呈现勃勃生机"——访埃及前总理伊萨姆·沙拉

席首届中国—阿拉伯国家峰会、中国—海湾阿拉伯国家合作委员会峰会并对沙特进行国事访问，提出中阿弘扬"守望相助、平等互利、包容互鉴"友好精神，推动务实合作"八大共同行动"，[92]携手构建面向新时代的中阿命运共同体；中海发展共促团结、共谋发展、共筑安全、共兴文明的伙伴，充实中海关系战略内涵。[93]这是中阿关系实质性全面发展的历史性标志，为中阿关系奠定更加牢固的基础。

中国与拉美国家关系迈上新台阶。2014年7月，习近平同拉美和加勒比国家领导人一致决定建立平等互利、共同发展的中拉全面合作伙伴关系，共同宣布成立中国—拉共体论坛，"共同致力于构建政治上真诚互信、经贸上合作共赢、人文上互学互鉴、国际事务中密切协作、整体合作和双边关系相互促进的中拉关系五位一体新格局"。[94]2018年习近平又提出中拉"共建'一带一路'新蓝图，打造一条跨越太平洋的合作之路"。[95]2021年习近平再次提出推动"中拉关系进入平等、互利、创新、开放、惠民的新时代"。[96]疫情在全球肆虐时，拉美与中国相互给予坚定的抗疫支持与援助。2023年4月，以巴西总统卢拉访华为契机，中拉关系进一步迈上实现共同发展新台阶。[97]

夫》，《人民日报》2022年12月9日第3版。

92) 12月9日，习近平在首届中国—阿拉伯国家峰会上提出"八大共同行动"：一是支持发展共同行动；二是粮食安全共同行动；三是卫生健康共同行动；四是绿色创新共同行动；五是能源安全共同行动；六是文明对话共同行动；七是青年成才共同行动；八是安全稳定共同行动。——《习近平在首届中国—阿拉伯国家峰会上提出中阿务实合作"八大共同行动"》，《人民日报》2022年12月10日第1版。

93) 杜尚泽、管克江：《习近平出席首届中国—阿拉伯国家峰会并发表主旨讲话》，《人民日报》2022年12月10日第1、4版；管克江、杜尚泽：《习近平出席首届中国—海湾阿拉伯国家合作委员会峰会并发表主旨讲话》，《人民日报》2022年12月10日第1、4版。

94) 《习近平外交演讲集》第1卷，中央文献出版社，2022，第164-167页。

95) 《习近平谈治国理政》第3卷，外文出版社，2020，第479页。

96) 《习近平谈治国理政》第4卷，外文出版社，2022，第450页。

进入新时代以来，特别是新冠肺炎疫情发生以来，截至2021年7月已向全球100多个国家和国际组织提供了5亿剂疫苗和原液，并且中国疫苗企业已在阿联酋、印度尼西亚、马来西亚、埃及、巴西、土耳其、巴基斯坦、墨西哥等国启动合作生产，产能已超过2亿剂。[98]患难见真情，中国与广大的发展中国家关系取得长足发展，是正确的义利观实践的结果。

（三）中国构建新型国际关系的终极目标

国与国之间究竟应该建立和发展何种关系？人类应该往何处去？这既是重大的理论问题，也是重大实践问题。习近平深刻把握中国和世界发展大势，顺应时代潮流，做了系统和深入思考，他的答案是建立新型国际关系、构建人类命运共同体。这是习近平在外交方面的重大理论创新成果，构成了习近平外交思想的重要组成部分。实际上，建立新型国际关系是推动构建人类命运共同体的内在要求和前提条件，而构建人类命运共同体则是推动建立新型国际关系的具体途径和发展方向。习近平在谈到中国外交时，就指出推动构建新型国际关系、推动构建人类命运共同体，这是中国特色社会主义的应有之义，是新时代中国外交追求的目标。[99]在党的十九大报告中，习近平进一步明确指出、党的二十大报告重申，新时代构建新型国际关系的终极目标是推动构建人类命运共同体，强调"构建人类命运共同体是世界各国人民前途所在"。[100]

97) 郑明达：《习近平同巴西总统卢拉举行会谈》，《人民日报》2023年4月15日第1版。

98) 张莹：《全球抗疫，中国疫苗持续加力》，http://www.xinhuanet.com/2021-07/14/c_1127655874.htm。

99) 中共中央党史和文献研究院编《习近平关于中国特色大国外交论述摘编》，中央文献出版，2020，第54页。

100)《习近平谈治国理政》第3卷，外文出版社，2020，第45-46页；习近平：

新型国际关系理论回答的是中国主张构建一个怎样的国际关系，人类命运共同体理念则回答的是中国追求建立一个什么样的世界，二者统一于实现"两个一百年"奋斗目标的外交实践中（见表14）。推动构建新型国际关系已引起世界秩序和全球治理体系的重塑，人类必将迎来一个崭新的世界。那么问题是人类要构建一个怎样的世界？习近平给出了明确的答案，就是建设"持久和平、普遍安全、共同繁荣、开放包容、清洁美丽"的世界，[101]是一个各国交往日趋频繁，联系愈发紧密的世界，是一个逐渐成为一荣俱荣、一损俱损的命运共同体、责任共同体、利益共同体的世界。

表14：新型国际关系理论与人类命运共同体理念的主要内容[102]

内容 \ 类别	新型国际关系理论	人类命运共同体理念
政治方面	坚定不移地走和平发展道路，积极发展，全球伙伴关系	要建立平等相待、互商互谅的伙伴关系
安全方面	要坚持共同、综合、合作、可持续的新安全观	要营造公平正义、共建共享的安全格局
经济方面	秉持开放、融通、互利、共赢的合作观，拒绝自私自利，构建开放型世界经济	要谋求开放创新、包容互惠的发展前景
文明方面	坚持平等、互鉴、对话、包容的文明观	要促进和而不同、兼收并蓄的文明交流
生态方面	树立尊重自然、顺应自然、保护自然的生态理念，走可持续的绿色发展之路	要构筑尊崇自然、绿色发展的生态体系

《高举中国特色社会主义伟大旗帜，为全面建设社会主义现代化国家而团结奋斗——在中国共产党第二十次全国代表大会上的报告（2022年10月16日）》，人民出版社，2022，第60-62页。
101)《习近平谈治国理政》第3卷，外文出版社，2020，第46页。
102)《习近平谈治国理政》第3卷，外文出版社，2020，第441、523-525页。

通过表14内容可以看出，人类命运共同体理念及新型国际关系理论具有相通之处。政治方面二者都期望世界和平发展，构建合作伙伴关系；安全方面二者共同致力于构建一个安全的世界；经济方面共同期待创造开放的发展前景；文化方面坚持新型国际关系理论倡导的新文明观，促进不同文明之间包容互鉴；生态方面坚持新型绿色发展道路，推动建立清洁美丽的世界。中国致力于构建相互尊重、公平正义、合作共赢的新型国际关系，是构建彰显中国具有世界情怀的人类命运共同体理念的内在要求。构建人类命运共同体是实现中国与世界开放合作、互利共赢的顶层设计，是对国际关系、人类秩序的重塑，是回答人类去向何处的中国方案，为人类社会发展注入新的时代活力。

二、构建人类命运共同体：解决"世界之问"的总方案

进入21世纪，阿富汗战争、伊拉克战争、俄乌冲突等，以及恐怖主义、地震等自然灾害、网络安全、金融危机、气候变化和新以冠肺炎疫情为代表的传染性疾病等传统安全与非传统安全相互交织。与此同时，反对霸权主义和强权政治的和平力量迅速崛起，全球治理体系和国际秩序加快演进，不合理的世界旧政治经济秩序难以为继。习近平将中国与世界的前途命运紧密联系在一起，思考与定位中国的责任与担当，高瞻远瞩提出了构建人类命运共同体的伟大倡议，这是新时代中国外交追求的总目标，也是解决"世界之问"的总方案。

（一）人类命运共同体理念的提出及发展过程

面对百年未有之大变局，2013年3月，习近平立足于全人类立场，在莫斯科国际关系学院的演讲中首次提出："人类生活在同一个地球村里，生活在历史和现实交汇的同一个时空里，越来越成为你中有我、我中有你的命运共同体"。4月进一步指出："人类只有一个地球，各国共处于一个世界。我们生活在同一个地球村，应该牢固树立命运共同体意识。"[103] 2015年习近平在美国联合国总部演讲时阐述指出："要弘扬和继承联合国宪章的宗旨和原则，构建以合作共赢为核心的新型国际关系，打造人类命运共同体。"[104]进而，2017年习近平在瑞士日内瓦联合国总部演讲时回答了"世界之问"，他强调："让和平的薪火代代相传，让发展的动力源源不断，让文明的光芒熠熠生辉，是各国人民的期待。对此，中国的方案是：构建人类命运共同体，实现共赢共享。"[105]

2020年全球新冠肺炎疫情肆虐，让世界各国人民再次感受到构建人类命运共同体的现实紧迫性和重要性。同时，面对疫情带来的挑战，习近平也不断丰富与发展构建人类命运共同体的理念，并得到国际社会的广泛支持和赞同。在这一年，习近平以网络视频等形式出席了多次"云会议"，并发表重要讲话（见表15），强调国际社会应加强团结合作，加快推进人类命运共同体的建设，以应对百年未有之大变局与疫情交织的挑战。因此，携手推动构建人类命运共同体（见表16），是中国为解决"世界怎么了，我们怎么办"这一世界之问所贡献的中国方案。

103) 《习近平谈治国理政》，外文出版社，2014，第272、330页。
104) 《习近平谈治国理政》第2卷，外文出版社，2017，第522页。
105) 《习近平谈治国理政》第3卷，外文出版社，2017，第539页。

表15：2020年3月至2021年11月习近平出席 "云会议"
推进人类命运共同体建设统计表[106]

年份	时间	会议名称	习近平演讲主题
2020 年	3 月 26 日	二十国集团领导人应对新冠肺炎特别峰会	《携手抗疫，共克时艰》
	5 月 18 日	第 73 届世界卫生大会视频峰会	《团结合作战胜疫情，共同构建人类卫生健康共同体》
	6 月 17 日	中非团结抗疫特别峰会	《团结抗疫，共克时艰》
	6 月 18 日	"一带一路"国际合作高级别视频会议	书面致辞，强调通过高质量共建 "一带一路"，携手推动构建人类命运共同体
	9 月 15 日	第 75 届联合国大会	《在联合国成立 75 周年纪念峰会上的讲话》—为践行多边主义，推动构建人类命运共同体注入信心和动力
	11 月 10 日	上海合作组织成员国元首理事会第二十次会议	《弘扬 "上海精神"，深化团结协作，构建更加紧密的命运共同体》
	11 月 13 日	第三届巴黎和平论坛	《共抗疫情，共促复苏，共谋和平》
	11 月 17 日	金砖国家领导人第十二次会晤	《守望相助共克疫情，携手同心推进合作》
	11 月 21 日	二十国集团领导人第十五次峰会第一阶段会议	《勠力战疫，共创未来》
2021 年	4 月 20 日	博鳌亚洲论坛 2021 年年会	《同舟共济克时艰，命运与共创未来》
	4 月 22 日	领导人气候峰会	《共同构建人与自然生命共同体》
	5 月 21 日	全球健康峰会	《携手共建人类卫生健康共同体》
	6 月 23 日	"一带一路"亚太区域国际合作高级别会议	发表书面致辞，强调坚持走团结合作、互联互通、共同发展之路，共同推动构建人类命运共同体

106) 根据《人民日报》2020年1月—2021年11月相关报道整理。

年份	时间	会议名称	习近平演讲主题
	7月6日	中国共产党与世界政党领导人峰会	《加强政党合作，共谋人民幸福》——为推动构建人类命运共同体，建设更加美好的世界作出新的更大贡献
	8月5日	新冠疫苗合作国际论坛首次会议	会议主题："加强疫苗国际合作，推进全球疫苗公平合理分配"
	9月21日	第七十六届联合国大会一般性辩论	《坚定信心共克时艰共建更加美好的世界》
	11月12日	亚太经合组织领导人非正式会议	《共同开创亚太经济合作新篇章》——积极推动构建亚太命运共同体，携手开创亚太经济合作新篇章

表16：2020年1月—2021年7月间与中国达成构建人类命运共同体共识的国家[107]

塞内加尔	巴勒斯坦	吉尔吉斯斯坦	缅甸	加纳	柬埔寨
纳米比亚	老挝	尼泊尔	委内瑞拉	埃塞俄比亚	泰国
秘鲁	阿根廷	智利	斯里兰卡	塔吉克斯坦	

（二）世界动荡变革期构建人类命运共同体思想与实践的新发展新探索

党的十八大后，习近平多次在多边和双边场合中提及构建人类命运共同体理念，并逐渐在国际和地区层面贯彻落实。2020年百年来全球最严重的传染病——新冠肺炎疫情突如其来，给人类的生命安全和社会发展带来严重威胁。在应对疫情过程中，一些国家以邻为壑，丛林原则大行其道，大国博弈骤然加剧，百年变局加速演进，国际经济、政治、文化、安全、政治等格局发生深刻变化，世

---

107) 根据《人民日报》2020年1月—2021年7月相关报道整理。

界进入动荡变革期。108) 习近平根据时代演进的新矛盾、新特点、新要求，在构筑"五位一体"人类命运共同体总路径基础上，提出了更多富有创意的战略构想，进一步推动人类命运共同体理念形象化、具体化，为构建人类命运与共的共同体作出了更多新探索。109)

1．双边国家层面

构建人类命运共同体应该如何推动？习近平统筹谋划，落实"周边是首要"的中国外交战略布局，将落脚点放在周边国家。2013年就任国家主席首访俄罗斯，习近平首次正式提出"构建人类命运共同体"主张。在出访哈萨克斯坦、印度尼西亚时，习近平首次提出"一带一路"倡议，就为命运共同体的构建搭建了实践平台。2015年9月，习近平正式在联合国提出构建"人类命运共同体"理念，11月在新加坡就明确表示："中国始终将周边置于外交全局的首要位置，……推动建设人类命运共同体，都是从周边先行起步"。110)因此，推动构建人类命运共同体，与周边国家打造双边层面的命运共同体是起点，发挥了实践典范的作用。以此为依托，不断向更多国家推展，迄今已与21个国家（见表17）建立了国家间双边层面"构建人类命运共同体"的全球发展体系。

108)《习近平在深圳经济特区建立40周年庆祝大会上的讲话》，《人民日报》2020年10月15日第2版。

109) 参见宋婷婷、石建国：《构建人类命运共同体：挑战、机遇、路径》，《福州党校学报》2022年第3期，第61-66页。

110) 习近平：《深化合作伙伴关系，共建亚洲美好家园——在新加坡国立大学的演讲（2015年11月7日）》，《人民日报》2015年11月8日第2版。

表17：双边国家层面命运共同体建设进展一览表[111]

国家	主要内容
中国与巴基斯坦	2015 年 4 月，中巴两国领导人签署联合声明，建设中巴命运共同体
中国与越南	2015 年 11 月，中越达成共建具有战略意义的命运共同体
中国与塔吉克斯坦	2017 年 8 月，中国与塔吉克斯坦达成构建中塔命运共同体共识
中国与老挝	2017 年 11 月，中老联合声明共建中老具有战略意义的命运共同体
中国与柬埔寨	2019 年 4 月，中柬签署构建命运共同体行动计划
中国与尼泊尔	2019 年 10 月，中国与尼泊尔达成构建世代友好命运共同体共识
中国与缅甸	2020 年 1 月，中缅两国领导人决定共建中缅命运共同体
中国与哈萨克斯坦	2020 年 9 月，达成构建中哈命运共同体共识
中国与乌兹别克斯坦	2022 年 9 月，中国与乌兹别克斯坦决定在双边层面践行命运共同体
中国与吉尔吉斯坦	2022 年 9 月，中国与吉尔吉斯坦达成构建中吉命运共同体达成重要共识
中国与泰国	2022 年 11 月，中泰达成构建更为稳定、更加繁荣、更可持续的中泰命运共同体共识
中国与印度尼西亚	2022 年 11 月，中国和印尼发表联合声明共建中印尼命运共同体
中国与古巴	2022 年 11 月，中古达成共建中古命运共同体共识
中国与蒙古	2022 年 11 月，中国和蒙古共建和平共处、守望相助、合作共赢的两国命运共同体
中国与土库曼斯坦	2023 年 1 月，中国与土库曼斯坦达成共建中土命运共同体共识
中国与白俄罗斯	2023 年 3 月，中国和白俄罗斯共和国声明携手构建人类命运共同体
中国与巴西	2023 年 4 月，中国和巴西达成构建公平和共享繁荣的人类命运共同体共识
中国与加蓬	2023 年 4 月，中国和加蓬共和国决定推动构建人类命运共同体

111) 根据《人民日报》报道资料整理。

国家	主要内容
中国与刚果	2023年5月，中国和刚果民主共和国决定推动构建人类命运共同体
中国与洪都拉斯	2023年6月，中国与洪都拉斯共建人类命运共同体共识
中国与巴勒斯坦国	2023年6月，中国与巴勒斯坦国发表声明，共同推动构建人类命运共同体

上述内容表明，通过双边国家层面，习近平先后同老挝、柬埔寨、巴基斯坦等20多个国家领导人，通过深入沟通交流，达成中国同各有关国家构建命运共同体的共识，为构建人类命运共同体在国家间的实践奠定了坚实基础。[112]

2．地区层面

进入21世纪以来，为应对经济全球化的挑战，区域组织一体化是一个重要发展趋势。各种区域组织不断强化，日益扮演和发挥着重要的角色和作用。以东盟为例，一体化程度不断提高，已发展为"东盟共同体"。东盟2020年、2021年、2022年已连续三年成为中国第一大贸易伙伴，2022年贸易总额达6.52万亿元。[113]现实表明，构建地区层面的命运共同体有助于推动经济发展，维护地区和平稳定，扎实推进人类命运共同体建设。因此，中国共产党人在注重推动中国自身发展的同时，还以高度的历史自觉与使命担当加强与区域组织的关系，迄今提出并通过推动构建周边命运共同体、亚洲命运共同体、亚太命运共同体、上海合作组织命运共同体、中非命运共同体、中拉命运共同体、中阿命运共同体、中国—东盟命运共同

112) 国纪平：《共行天下大道，共创美好未来——写在习近平主席提出构建人类命运共同体理念十周年之际》，《人民日报》2023年3月23日第4版。
113) 《贸易快报：2022年中国—东盟贸易增长强劲》，http://asean.mofcom.gov.cn/article/jmxw/202301/20230103379201.shtml。

体、中国—中亚命运共同体、中国—太平洋岛国命运共同体等10个地区层面命运共同体（见表18），为实现世界各国共同繁荣发展，构建人类命运共同体做出了巨大贡献。

表18：地区层面命运共同体建设进展一览表[114]

区域组织	主要演进脉络
中国与非洲	2013年3月，习近平出访坦桑尼亚时首次提出"中非命运共同体"
中国与东盟	2013年10月，习近平正式提出建设更为紧密的"中国—东盟命运共同体"
亚太地区	2019年11月，习近平提出构建开放包容、创新增长、互联互通、合作共赢的亚太命运共同体
中国与拉美和加勒比国家	2014年7月，中拉双方共同宣布成立中拉命运共同体
中国与周边	2014年11月，习近平提出"打造周边命运共同体"
亚洲地区	2015年3月，习近平在博鳌亚洲论坛上正式提出构建亚洲命运共同体
上海合作组织	2018年6月，习近平提出构建上海合作组织命运共同体
中国与阿拉伯国家	2020年6月，中国—阿拉伯国家政党对话会达成构建中阿命运共同体
中国与中亚	2022年1月，中国与中亚一致决定共建中国—中亚命运共同体
中国与太平洋岛国	2022年6月，习近平提出构建中国—太平洋岛国命运共同体

3．全球层面

（1）构建网络空间命运共同体

随着互联网技术的飞速发展，人类社会已进入信息化时代。互

114）根据《人民日报》相关报道资料整理；《习近平谈治国理政》第3卷，外文出版社，2020，第441、449页；《习近平谈治国理政》第4卷，外文出版社，2022，第418、419、450页。

联网具有鲜明的"双刃剑"特性,既造福社会、造福人民,极大地推动各国人民的交流与交往,又为各种跨国网络犯罪、网络恐怖主义等大开方便之门。互联网发展的现实告诉人们,没有哪个国家能够独自应对网络带来的各种风险挑战。如何为人类更好运用互联网找到新思路与新方案?习近平经过深入思考,于2015年在第二届世界互联网大会开幕式发言中,创造性地提出携手构建"网络空间命运共同体"的主张(具体内容见下文)。115)构建"网络空间命运共同体"理念,顺应人类社会信息化发展潮流和发展大势,为人类应对网络空间风险挑战,让互联网发展成果更好地造福全人类,指明了方向,贡献了中国智慧与力量。

作为网络空间命运共同体的首倡者、引领者,中国积极践行这一倡议。2017年,发布全球首份《网络空间国际合作战略》,推动达成《金砖国家网络安全务实合作路线图》;2019年,推动通过《APEC互联网和数字经济路线图》;2020年发布《全球数据安全倡议》、《携手构建网络空间命运共同体行动倡议》;2022年,推动通过《"中国+中亚五国"数据安全合作倡议》,在北京成立世界互联网大会国际组织,等等。116)在中国推动下,构建"网络空间命运共同体"已取得巨大成就,有助于推动更多国家和人民搭乘上信息时代的快车,共享互联网发展的成果。

115)《习近平谈治国理政》第2卷,外文出版社,2017,第534页。

116) 中华人民共和国国务院新闻办公室:《携手构建网络空间命运共同体(2022年11月)》,http://www.scio.gov.cn/zfbps/ndhf/47675/Document/1733358/1733358.htm;尹俊:《携手构建网络空间命运共同体》,https://www.cssn.cn/gjaqx/202304/t20230415_5620211.shtml。

(2) 打造核安全命运共同体

20世纪人类最重要的科技成就之一，就是原子的发现和核能的开发利用。然而，核能的开发与运用，也伴生着安全风险和挑战，特别是核恐怖主义已成为人类安全的重大威胁。2011年以来日本福岛核泄漏带来的核污水排海事件、2022年俄乌冲突中的"核乌云"，都时刻表明核安全的重要性，已成悬在人类社会头顶的达摩克利斯之剑。如何破解核能利用风险，构筑核安全的屏障，人类社会一直未能找到成功的解决之道与出路。针对这一世界难题，2014年习近平在荷兰海牙核安全峰会发言中，首次提出"理性、协调、并进的核安全观"，其核心内涵是倡导"四个并重"：发展和安全并重，以确保安全为前提发展核能事业；权利和义务并重，以尊重各国权益为基础推进国际核安全进程；自主和协作并重，以互利共赢为途径寻求普遍核安全；治标和治本并重，以消除根源为目标全面推进核安全努力，并主张建立"公平、合作、共赢的国际核安全体系"。[117] 这一核安全领域重大的创新理论成果，是"推进国际核安全进程的重要里程碑，为解决核安全全球治理的根本性问题，构建核安全命运共同体指明了原则、方法和路径"。[118] 在理论与实践发展的基础上，2016年在华盛顿核安全峰会上，习近平就正式提出"打造核安全命运共同体"的主张，[119] 就为人类核安全发展指明了方向。

---

117) 《习近平谈治国理政》，外文出版社，2014，第253-255页。

118) 中华人民共和国国务院新闻办公室：《中国的核安全（2019年9月）》，http://www.scio.gov.cn/zfbps/ndhf/39911/Document/1663532/1663532.htm。

119) 习近平：《加强国际核安全体系，推进全球核安全治理——在华盛顿核安全峰会上的讲话》，《人民日报》2016年4月3日第2版。

(3) 构建人类卫生健康共同体

新冠肺炎疫情严重威胁了各国人民的生命安全与身体健康，凸显人类在卫生健康领域中的"短板"。习近平从人类健康福祉的高度出发，以马克思关于人类卫生健康的理论为基础，结合时代问题与挑战，将人类命运共同体理念与全球卫生治理相结合，在2020年第73届世界卫生大会视频会议开幕式上，首次向国际社会提出"打造人类卫生健康共同体"的主张，并做出将中国疫苗作为全球公共产品的承诺。[120]中国作为构建人类卫生健康共同体的首倡者，自疫情发生就始终将挽救人民生命放在首位，坚定支持世界卫生组织领导的国际抗疫合作。2020年10月8日中国正式加入"新冠肺炎疫苗"实施计划，至2023年2月已向其他国家提供超7.5亿剂疫苗，成为对外提供疫苗最多的国家。还向34个国家派出37支抗疫专家组，带去防疫经验、方案和物资。[121]中国在自身疫苗紧缺的情况下，身体力行维护世界人民的生命安全和身体健康，彰显了中国"以人为本"的治理理念。

"人类卫生健康共同体"理念在新冠肺炎疫情挑战中应运而生，具有鲜明的问题意识和极强的现实针对性和实践性。国际社会通过"全球健康峰会"、"新冠疫苗合作国际论坛"等形式，达成完善全球公共卫生安全治理体系共识，推动构建人类卫生健康共同体已取得重要进展。这既是构建人类命运共同体在公共卫生健康领域中的生动体现，也是"人类健康治理将去往何处"时代之问的中国答案。

---

120) 《习近平谈治国理政》第4卷，外文出版社，2022，第417页。

121) 肖新新：《推进疫苗国际合作，共筑全球抗疫防线》，《人民日报》2021年8月5日第3版；《2023年2月14日外交部发言人汪文斌主持例行记者会》，https://www.fmprc.gov.cn/fyrbt_673021/jzhsl_673025/202302/t20230214_11024982.shtml。

（4）构建全球发展共同体

2020年受新冠肺炎疫情的影响和冲击，世界经济出现了20世纪30年代大萧条以来最糟糕的局面。美西方等发达国家采取量化宽松的财政货币政策，对外输出经济矛盾，试图稳定经济和金融市场。但除中国之外的广大发展中国家和新兴经济体，则迫于自身财力或债务压力，政策空间有限，不仅面临严重经济困境，还要承受发达国家输出的经济压力。加之新冠肺炎疫苗分配不合理，5G、人工智能、大数据等新技术又将国家发展置于新的不同平台上，造成各经济体之间的"免疫鸿沟"、数字鸿沟、发展鸿沟和贫富差距进一步扩大。

如何破解发展的困境，实现世界各国的普遍繁荣发展，是一个亟待解决的问题。然而，由于综合国力的差异，西方大国在国际事务中仍占据主导地位，发展中国家则缺乏足够的话语权和决策权，处于弱势地位，而且短时间内难以根本扭转现状。针对这一现实矛盾，中国从人类长远利益出发，挺身而出。2020年11月，习近平在上合组织视频峰会上首次提出构建发展共同体的主张，倡议"秉持创新、协调、绿色、开放、共享的新发展理念，拓展务实合作空间，助力经济复苏、民生改善"。[122]中国的主张为世界各国共同应对风险挑战，指明了方向和实践路径，是构建人类命运共同体理念的新发展。

（5）共建全球人类安全共同体

新冠肺炎疫情在全球蔓延时，一些国家打着安全旗号以邻为

---

122) 习近平：《弘扬"上海精神"深化团结协作，构建更加紧密的命运共同体——在上海合作组织成员国元首理事会第二十次会议上的讲话（2020年11月10日，北京）》，《人民日报》2020年11月11日第2版。

壑，瞬间让世界陷入相互隔绝的状况。疫情带来的安全威胁如此紧迫，促使世界各国人民日渐意识到在全球性挑战面前，任何国家都无法独善其身、置身事外。正如习近平所指出的："人类是一个整体，地球是一个家园。面对共同挑战，任何人任何国家都无法独善其身"。123)新冠肺炎疫情也使生物安全、能源安全、粮食安全、数据安全、外空安全、气候与生态环境安全等非传统安全威胁上升，不仅给国际社会增添了许多新安全因素，也使国际社会的安全鸿沟进一步扩大。历史与现实表明，安全既是人类共同追求的目标，也是一切活动的基础和前提。因此，在世界进入动荡变革期的新形势下，如何避免以邻为壑、建立普遍安全的世界秩序，是人类面临的紧迫问题。2022年2月俄乌冲突骤然爆发，再次凸显安全焦虑感的巨大威胁。但建设一个普遍安全的世界，其路径在哪里？

早在应对疫情挑战时，中国领导人就结合疫情防控，给出了答案。2020年11月，习近平向国际社会正式提出安全领域避免零和博弈的出路在于"构建安全共同体"。只有从国家间、区域组织内到全球层面不断推动"构建安全共同体"，124)才能避免安全困境，而且"人类只有和衷共济、和合共生这一条出路"。125)中国主张世界各国齐心协力，捍卫世界和平发展的局面，反对一些国家或地区以各种借口、各种形式掀起新冷战，挑起零和博弈冲突，干涉他国内政。显然，"安全共同体"是"新安全观"的丰富与发展，是构建人类命运共同体理念在安全领域的新拓展，是中国为破解人类安全困境问题提供的新思路、新智慧与新力量。

123)《习近平谈治国理政》第4卷，外文出版社，2022，第417页。
124)《习近平外交演讲集》第2卷，中央文献出版社，2022，第280页。
125)《习近平谈治国理政》第4卷，外文出版社，2022，第424页。

(6) 构建世界人文共同体

2018年以来，大国博弈骤然加剧，各种文化及意识形态领域的冲突层出不穷，各种逆全球化、反全球化行为大行其道，保护主义、民粹主义等势力抬头，严重破坏人类和谐相处的文化根基和民意基础，造成全球人文交流日益受阻萎缩。尽管经过全球抗击疫情的实践，构建人类命运共同体思想虽然逐渐深入人心，但是质疑或反对的声音依然存在。"应对共同挑战、迈向美好未来，既需要经济科技力量，也需要文化文明力量"。[126)]

破除障碍和迷雾的路径在哪里？2019年5月15日，习近平在亚洲文明对话大会开幕式上就首次提出："我们要加强世界上不同国家、不同民族、不同文化的交流互鉴，夯实共建人类命运共同体的人文基础"；[127)]2020年11月在上海合作组织成员国元首理事会第二十次会议上再次明确倡议要"促进民心相通，构建人文共同体"，[128)]就为促进不同文明之间相互交流、借鉴，推动文化隔阂变为文化包容，文明冲突变文明交流，指明了方向，也为构建人类命运共同体筑牢和夯实了人文基础。加强不同文化文明之间的交流互鉴，增进世界各国之间不同文化文明的理解，促进民心相通，既是人类合作应对风险与挑战的现实需要，也是构建人类命运共同体在文化领域的生动体现。

(7) 构建海洋命运共同体

进入21世纪，人们迎来了海洋资源丰富发展和利用海洋战略空

---

126)《习近平谈治国理政》第3卷，外文出版社，2020，第465页。
127)《习近平谈治国理政》第3卷，外文出版社，2020，第468页。
128) 和音：《促进民心相通，构建人文共同体》，《人民日报》2020年11月14日第3版。

间的新阶段，以海洋为载体和纽带的市场、技术、信息、文化等合作日益紧密，129)海洋已经成为国际和周边地区战略竞争与合作的重要区域。如何破除海洋资源争夺的难题？2019年4月，习近平首次提出要"构建海洋命运共同体"。130)这是构建人类命运共同体思想的重要组成部分，也是中国履行维护海洋和平安宁的大国责任与担当的重要体现。实际上，中国提出共建"21世纪海上丝绸之路"，就是要推进各国海上互联互通，促进海洋文化交融与发展，深化各领域务实合作，从而增进海洋福祉。131)"构建海洋命运共同体"与共建"21世纪海上丝绸之路"一脉相承，共同成为构建人类命运共同体的有力助推器，为人类海洋文明发展贡献了智慧。

(8) 构建人与自然生命共同体

实现人与自然和谐共生是全人类的共同价值追求。联合国2020年公布的《生物多样性和生态系统服务全球评估报告》指出，人类活动改变了75%的陆地表面，影响了66%的海洋环境，超过85%的湿地已经丧失，25%的物种正在遭受灭绝威胁，近1/5的地球表面面临动植物入侵风险。132)显然，人类生存的唯一家园地球正面临严重威胁。生态环境持续恶化，生物多样性面临的危机，加上新冠肺炎疫情影响，促使人们不断反思人与自然之间的关系。如何解决全球生态环境治理难题？2021年4月习近平在全球领导人气候峰会上首次

129)《习近平集体会见出席海军成立70周年多国海军活动外方代表团团长》，《人民日报》2019年4月24日第4版。

130)《习近平谈治国理政》第3卷，外文出版社，2020，第464页。

131)参见罗刚：《凝心聚力，推动构建海洋命运共同体》，《中国海洋报》2019年8月20日第2版。

132)吕望舒：《保护生物多样性，让地球更美丽》，《中国环境报》2021年4月23日第5版。

提出"共建人与自然生命共同体"（又称"共建地球生命共同体"）主张，贡献了中国智慧和方案。133)这不仅是中国坚持绿色发展的国家战略和履行国际环境治理责任的实际举措，同样也为各国人民勠力同心应对气候变化，实现人与自然和谐共生注入了强大正能量。

实践已经证明，随着时间的推移，无论是全球层面，还是地区与国家间双边层面构建的命运共同体，数量不断在增加，并在多个层面不断丰富与发展。这正是习近平人类命运共同体思想魅力之所在，更是其真理性、科学性、实践性展开的必然结果，彰显了中国共产党人的人类与世界情怀。

一个时代有一个时代的问题和任务。从党的十九大以来，特别是新冠肺炎疫情的严峻挑战，为习近平深入思考构建人类命运共同体问题提供了契机。构建人类命运共同体思想在实践中不断丰富与发展，整体而言（如图15所示），其内涵涉及人类社会自身、人与自然关系，涉及国家与民族、经济与政治、社会与文化等多个层面。作为一个开放的体系，还在不断丰富与发展。人类命运共同体思想是一个伟大的设想和宏大的发展体系，凝聚着习近平对当今世界一系列方向性、根本性、全局性重大问题的理论思考，具有深厚的哲学内涵、坚实的实践基础和无限的发展前景。它清晰揭示了人类命运与共的发展规律，系统回答了"世界将向何处去"的时代之问，为全球治理体系变革提供了具有前瞻性、引领性的战略方案。这一重大战略思想发展至今，通过世界各国和人民的生动实践已经取得了不俗成绩，为世界所瞩目，并为中国实现"中国梦"、世界繁荣发展、人类共同进步指明了方向。

---

133)《习近平外交演讲集》第2卷，中央文献出版社，2022，第344页。

图15：构建人类命运共同体理念发展示意图

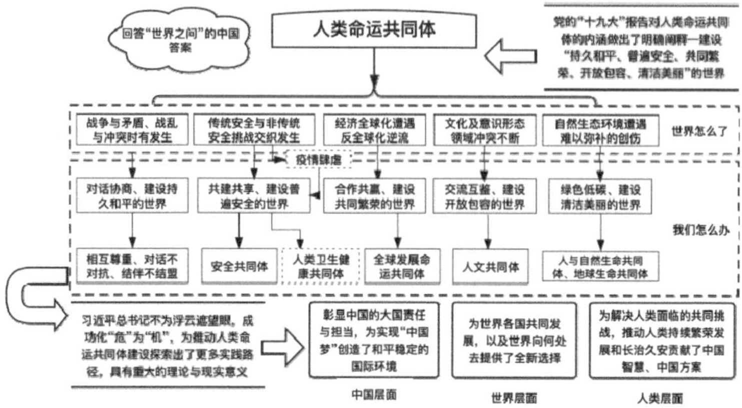

三、"一带一路"建设：通往人类命运共同体之路

张骞出使西域、郑和下西洋，这是中国自古就积极与世界相融、开放发展的经典事例。人类发展进入21世纪，中国特色社会主义进入新时代，中国期待能同世界继续繁荣发展。为此，习近平提出了"一带一路"倡议，这不仅是一条共赢共享之路，也是人类通往命运共同体的建设之路和桥梁。

（一）中国提出"一带一路"倡议

在2008年国际金融危机持续影响下，世界经济陷入发展困境。为打开发展局面，拓展合作空间，2013年9月习近平出访哈萨克斯坦时提出了创新合作新模式——共建"丝绸之路经济带"；同年10月又在出访印度尼西亚时，明确提出中国愿同东盟国家共同建设"21世纪海上丝绸之路"，于是"一带一路"倡议应运而生。[134]习近平还为"一带一路"的建设擘画了蓝图，指明了方向。2016年提出要"携手打造绿色丝绸之路、健康丝绸之路、智力丝绸之路、和平丝绸之路"135)，2017年进一步明确提出要"建设成为一条和平之路、繁荣之路、开放之路、绿色之路、创新之路、文明之路"。136)迄今，这一倡议已取得巨大的实践成果。2013年至2022年10年间，中国与沿线国家货物贸易累计总额超过了12.5万亿美元，年均增长8.6%，已占中国贸易总额的32.88%；已拉动近万亿美元投资规模，形成3000多个合作项目；为沿线国家提供42.1万个工作岗位。137)可见，"一带一路"在很大程度上取决于中国自身建设。一方面，中国已经成功从低收入国家迈入中等偏上收入国家行列，作为世界第二大经济体、全球第一大货物贸易国、第二大对外投资国和第二大服务贸易国，"中国存在"已经成为当今世界的一个重要变量，是推动"一带一路"倡议开花结果的最有力保障。另一方面，世界百年未有之大变局加速演进，经济政治局势晦暗不明，中国的命运已与世界的命运紧密地联结在一起，只有世界好，中国才能好，只有中国好，世界才会更好。138)因此，在人类发展的又一关键时期，中国提出和实践符合国际社会共同利益的"一带一路"倡议，为全球经济增长注入了新能量，为国际社会发展带来了新光明。

---

134)《习近平谈治国理政》，外文出版社，2014，第289、293页。
135)《习近平谈治国理政》第2卷，外文出版社，2017，第503页。
136) 中共中央党史和文献研究院编《习近平关于中国特色大国外交论述摘编》，中央文献出版社，2020，第103页。
137)《国务院新闻办发布会介绍2022年商务工作及运行情况》，http://www.gov.cn/xinwen/2023-02/03/content_5739888.htm；王进：《推动高质量共建"一带一路"》，https://www.guancha.cn/politics/2023_05_13_692189.shtml。
138) 王公龙：《构建人类命运共同体思想研究》，人民出版社，2019，第185-186页。

(二) 推动"一带一路"建设，搭建构建人类命运共同体桥梁

"一带一路"是以经济建设为重点，同时涵盖政治、社会、生态、文化等各领域，是解决人类难题的重要抓手，也是打造人类命运共同体的重要平台，正如习近平所说："提出'一带一路'倡议，就是要实践人类命运共同体理念。"[139]10年来，"一带一路"建设在人类命运共同体理念指引下，在人类共同行动的过程中彰显人类共同价值，在人类共同利益实现的过程中促进各国承担人类共同责任，回答了人类社会如何进一步发展的世界命题。[140]它以政策沟通、设施联通、贸易畅通、资金融通、民心相通为着力点，为构建人类命运共同体奠定了坚实基础。

1．以政策沟通加强政治互信

中国提出"一带一路"倡议后，就与沿线国家共同推进战略、规划、机制对接，加强政策、规则、标准联通，大力推进与俄罗斯欧亚经济联盟、东盟互联互通总体规划、哈萨克斯坦"光明之路"、土耳其"中间走廊"、蒙古"发展之路"、越南"两廊一圈"、斯里兰卡"大西部省"战略、英国"英格兰北方经济中心"、波兰"琥珀之路"等对接。[141]中国与沿线国家不断创新对接方式，拓展规则对接领域，促进同沿线国家的政策沟通，增强政治互信。即便面对新冠肺炎疫情冲击，对接进程也没有停顿。截至2023年4月，中国已与

---

139)《习近平外交演讲集》第2卷，中央文献出版社，2022，第87页。
140) 冯霞、胡荣涛：《人类命运共同体视阈下"一带一路"话语体系构建》，《厦门大学学报(哲学社会科学版)》2021年第1期，第14页。
141)《习近平谈治国理政》第2卷，外文出版社，2017，第509页；石建国：《马克思主义中国化理论发展新境界与中国发展变革研究》，上海三联书店，2019，第328页。

151个国家和32个国际组织签署200余份共建"一带一路"合作文件，涵盖投资、贸易、科技、人文等领域，建设的朋友圈越来越大。[142]

2．以设施联通夯实交往基础

基础设施互联互通是"一带一路"建设的物质保障、重要抓手和优先领域。习近平就指出："丝绸之路首先得要有路，有路才能人畅其行、物畅其流"。[143]中欧班列被誉为"钢铁驼队"，是深化中国与沿线国家经贸合作的重要载体和推进"一带一路"建设的重要抓手，至2021年6月已累计开行超4万列，打通73条运行线路，通达欧洲23个国家的160多个城市，运输货品达5万多种，疫情防控期间发运1199万件、9.4万吨防疫物资。[144]2022年再上新台阶，全年开行超过1.6万列，同比增长9%，有力保障了国际产业链供应链稳定畅通。[145]10年来，中国以"六廊六路多国多港"为框架破解"一带一路"沿线国家在基础设施方面遇到的瓶颈问题。通过"一带一路"建设，马尔代夫建成了第一座跨海大桥，黑山共和国开通了第一条铁路，老挝从"陆锁国"变成"陆联国"，亚吉铁路、蒙内铁路、匈塞铁路建成运营，刚果（布）国家一号公路、卡鲁玛水电站建成使用，等等。一度濒临破产的希腊比雷埃夫斯港，也是在中国经营后

142) 王进：《推动高质量共建"一带一路"》，https://www.guancha.cn/politics/2023_05_13_692189.shtml。

143)《习近平外交演讲集》第1卷，中央文献出版社，2022，第201页。

144) 敬宜、冯雪珺等：《"钢铁驼队"为共建一带一路合作增添动能》，《人民日报》2021年6月25日第14版。

145)《国务院新闻办发布会介绍2022年商务工作及运行情况》，http://www.gov.cn/xinwen/2023-02/03/content_5739888.htm。

集装箱吞吐量全球排名跃升至第32位。[146]如今，"一带一路"沿线国家的公路、铁路、油气管道、港口、电网、航空、通信等基础设施建设正在快速推进，为构建人类命运共同体奠定坚实的物质基础。

3．以贸易畅通激发合作潜能

对外贸易是共建"一带一路"的主要载体，也是推动经济全面发展的动力之一。尽管受疫情影响，2020年中国与"一带一路"沿线国家的货物贸易额仍达1.35万亿美元，同比增长0.7%，占中国总体外贸的比重达到29.1%。[147]2022年上述数字又大幅攀升，贸易额达到创纪录的2.06万亿美元，同比增长19.4%，占中国总体外贸的比重达到32.88%。[148]实际上，自2013年至2022年的10年间，中国与"一带一路"沿线国家贸易总额已累计超过12.5万亿美元，年均增长8.6%。沉甸甸的数字反映了"一带一路"畅通货物贸易的重要作用，成为构建人类命运共同体的重要动力和基石。

4．以资金融通弥补资金短板

资金是"一带一路"的"血脉"，如果说设施联通是提供"硬件"支撑，那么资金融通则是沿线国家塑造互联互通格局不可缺少的"软件"设备。事实上，推进"一带一路"建设最重要的瓶颈之一就是

---

146) 参见王志民、陈宗华：《"一带一路"建设的七年回顾与思考》，《东北亚论坛》2021年第1期，第107页；《聚焦中非"十大合作"：中国铁路受非洲人民青睐》，https://www.guancha.cn/internation/2018_08_26_469664.shtml。

147) 丁一凡：《2021年"一带一路"建设将保持上升势头》，https://www.yidaiyilu.gov.cn/ghsl/gnzjgd/166765.htm。

148)《国务院新闻办发布会介绍2022年商务工作及运行情况》，http://www.gov.cn/xinwen/2023-02/03/content_5739888.htm。

资金难题。因此，中国出资成立"丝路基金"，发起并成立亚洲基础设施投资银行。截至2022年8月，丝路基金与欧洲投资基金设立的中欧共同投资基金已在近20个国家开展投资，涉及80多家中小企业。[149)]截至到2023年4月，亚投行共有106个遍布全球六大洲的成员国，仅次于世界银行，在33个国家相继批准了212个项目，批准的投资额累计超过400亿美元。[150)]总体上，"一带一路"倡议拉动近万亿美元投资规模，已形成3000多个合作项目。[151)]新冠肺炎疫情爆发以后，亚投行还专门成立了应急基金，用于支持成员国克服疫情带来的紧急经济、财政和公共卫生压力，惠及越南、格鲁吉亚、巴基斯坦、土耳其等12个国家。[152)]不仅如此，仅2022年中国对沿线国家非金融类直接投资达209.7亿美元，沿线国家也对华投资132.25亿美元，分别同比增长7.7%、17.2%；中国企业在沿线国家合作区已累计投资约591.58亿美元。[153)]不断增强的资金实力，为构建人类命运供体插上了腾飞的翅膀。

5．以民心相通夯实民意基础

"国之交在于民相亲，民相亲在于心相通"。[154)]民心相通是"一

149) 段靖：《丝路基金总经理王燕之：以创新与担当精神，支持高质量共建"一带一路"》，https://www.imsilkroad.com/news/p/490781.html。

150) "Members and Prospective Members of the Bank"，https://www.aiib.org/en/about-aiib/governance/members-of-bank/index.html；《亚投行首个海外办事处落地阿布扎比》，https://www.guancha.cn/internation/2023_04_27_690140.shtml。

151) 王进：《推动高质量共建"一带一路"》，https://www.guancha.cn/politics/2023_05_13_692189.shtml。

152) 张广琳：《五岁了！亚投行的朋友圈越来越大》，https://www.yidaiyilu.gov.cn/xwzx/gnxw/159504.htm。

153)《国务院新闻办发布会介绍2022年商务工作及运行情况》，http://www.gov.cn/xinwen/2023-02/03/content_5739888.htm。

154)《习近平谈治国理政》第2卷，外文出版社，2017，第510页。

带一路"建设过程中最重要的基础性工程。"一带一路"本质上是为人民过上更美好的生活而服务的，争取民心、获得民心是"一带一路"获得成功的关键。一方面，随着"一带一路"建设的展开，10年间仅中国企业在沿线国家合作区的投资，就为当地创造了42.1万个就业岗位。在有力促进所在国经济社会发展的同时，也给当地民众带来了实实在在的获得感，让将近4000万人摆脱贫困。[155]诸如，蒙内铁路为当地创造了超过4.6万个工作岗位，卡鲁玛水电站项目雇用了超过6000名乌干达人。[156]而且，11年来民心相通的工作已全面铺开，"光明行""爱心行""甘泉行"等惠及民生的公益项目逐渐落地生根。中国实施经典著作互译、文化遗产保护的"文化丝路"计划，推进相关院校在沿线国家共建27个培养人才的"鲁班工坊"，成立丝绸之路国际剧院联盟、博物馆联盟、美术馆联盟等五大专业联盟，举办各类丝绸之路文化年、旅游年、艺术节、影视节、研讨会、智库对话等人文合作项目。[157]这一系列促进民心相通的活动，拓展了与沿线国家及民间团体的沟通渠道，拉近了沿线各国人民之间的距离。

显然，"一带一路"符合世界各国人民的共同利益，不仅是一条共赢共享之路，也是人类通往命运与共的共通之路，更是应对世界动荡变革期严峻"治理赤字、信任赤字、和平赤字、发展赤字"挑战的有力武器，已成为践行构建人类命运共同体的重要平台、桥梁和载体。

---

155) 《国务院新闻办发布会介绍2022年商务工作及运行情况》，http://www.gov.cn/
xinwen/2023-02/03/content_5739888.htm；王进：《推动高质量共建"一带一路"》，https://www.guancha.cn/politics/2023_05_13_692189.shtml。

156) 《聚焦中非"十大合作"：中国铁路受非洲人民青睐》，https://www.guancha.cn/internation/2018_08_26_469664.shtml。

157) 王进：《推动高质量共建"一带一路"》，https://www.guancha.cn/politics/2023_05_13_692189.shtml。

综上所述，世界进入动荡变革期，构建人类命运共同体思想在层出不穷的挑战与机遇中，日益迸发出引人瞩目的真理光芒，成为人类未来的指路明灯。从哲学深度上讲，构建人类命运共同体思想是对马克思共同体思想的继承和创造性发展，是辩证唯物主义和历史唯物主义的有机统一；从政治高度上讲，构建人类命运共同体逐渐从一国倡议到赢得各国政府和人民的广泛支持与认同，已经被写入联合国安理会和人权理事会决议，成为反映人类共同价值追求、汇聚力量共同创造美好生活的最大公约数；从理论深度上讲，构建人类命运共同体思想在破解全球性挑战的实践中展现出了强大的理论吸引力，切实帮助人类解决了诸多实际问题，以真理的力量回应了时代之问；从实践维度与路径上讲，习近平结合疫情时代特点，从实践中不断丰富与发展人类命运共同体理念，创新性提出构建安全共同体、发展共同体、卫生健康共同体、人文共同体、人与自然生命共同体的主张，为从多层面构建人类命运共同体指明了方向，提供了探索新路径；从情感温度上讲，构建人类命运共同体思想绝不是停留在表面上的"空想"，而是始终贴近实际、实践和时代，时刻以人民为中心，让世界人民在情感上产生共鸣——人类紧密相连、命运与共，这是中国为人类创造美好生活提供的智慧和方案。蓝图和路径已经清晰可见，世界各国人民只要直面挑战，共克时艰，"用好和平、发展、合作、共赢的'金钥匙'"，[158]推动构建人类命运共同体走深走实，人类命运共同体建设一定迎来光明的未来。

---

158)《习近平外交演讲集》第2卷，中央文献出版社，2022，第366页。

第三节　全球治理体系与中国共产党的主张与贡献

进入21世纪，特别是2008年国际金融危机爆发后，国际格局加快演变，新问题、新挑战层出不穷，原有的美西方国家主导的全球治理体系已经同国际社会发展现状不再匹配，以致2023年3月2日，印度总理莫迪在二十国集团（G20）外长会议开幕式发言中公开表示"全球治理已经失败"，[159]表明全球治理体系亟需变革。面对风云跌宕的国际环境以及不断出现与积累的全球性问题，中国共产党人沉着冷静应对，善于在危机中育先机，于变局中开新局，逐渐成为国际公共产品的重要提供者、维护者，在引领经济增长，维护世界和平，促进文化交流等方面做出了积极贡献，并在实践中形成了具有中国特色的全球治理观，为破解全球治理困境贡献了中国智慧。

一、当前全球治理体系所面临的困境

2020年迄今，人类历经了百年以来最严重的流行性传染性疾病，不仅使数百万人丧失生命，经济增长陷入低迷，同时也暴露出了全球治理体系在实践中存在的短板与缺陷。

（一）全球治理主体话语权严重失衡

世界百年大变局加速演进，虽然国际力量对比正呈现"东升西降"的变化趋势，但是美西方大国在国际秩序中占主导地位的状况

---

159) 李律杉：《快讯！莫迪在G20外长会发表开幕致辞，称"全球治理已经失败"》，https://world.huanqiu.com/article/4BueSCWlyrM。

仍未改变。然而，美国等部分西方大国却在参与全球性问题治理时积极性下降，有意推卸责任。如美国总统特朗普任职期间，美国作为世界第二大温室气体排放国，竟撕毁签署的《巴黎协定》；拒缴会费退出联合国教科文组织；[160]疫情严重时宣布退出世界卫生组织。美国作为世界大国，不仅没有承担作为一个大国应当承担的国际责任，反而坚持奉行"美国优先"理念，企图用"美国主义"取代"全球主义"，推动"脱钩断链"，严重挫伤了与其他国家之间的互信基础，破坏全球产业链供应链关系。相反，中国在抗疫期间发起了新中国成立以来最大规模的全球人道主义行动。据统计，2020年3月1日至2021年2月28日，中国仅向美国就出口口罩约438.5亿只，外科手套约11.9亿双，防护服约9.5亿套，护目镜约5403万副，呼吸机17585台。[161]尽管如此，美国等西方国家却对中国"污名化""漠视化"，甚至"孤立化"。显然，中国为代表的新兴经济体在全球公共产品的供给中，虽然表现出了强烈的供给意愿和能力，但在全球治理体系中缺乏足够的决策权和话语权，表明现有国际治理体系亟须重塑。

（二）全球治理机制发展停滞

自2008年国际金融危机爆发以来，全球范围内贸易保护主义、反全球化甚嚣尘上，其中一个主要原因是现有治理机制失灵。世界贸易组织（WTO）是维护全球贸易秩序的治理机构，却因美国的种种阻挠与破坏，使其处于瘫痪状态。一方面，美国恶意将中国经济实力的大幅跃升，归咎为WTO框架下的国际贸易秩序为中国带来的

---

160) 刘晓琰：《美国计划重返教科文组织，外交部：不能当做逛公园，想来就来，想走就走》，https://www.guancha.cn/internation/2023_06_13_696675.shtml。

161) 外交部：《中国已向美国出口口罩约438.5亿只》，http://www.xinhuanet.com/world/2021-03/05/c_1127173597.htm。

发展红利，声称中国是该秩序的利益获得者，美国是利益受损者。据此为推行"美国优先"的贸易保护主义和滥用国家安全概念，进行辩护和寻找根据。于是，2019年美国阻挠世界贸易组织上诉大法官任命，致使该机构出现首次停摆。162)另一方面，美国、日本、欧盟等发达国家与发展中国家在WTO改革的优先顺序问题上，分歧无法弥合。163)最终，2020年12月WTO的上诉机构彻底瘫痪。164)作为当代最重要的经济组织之一，WTO最大的职能就是调解贸易争端，而上诉机构的彻底瘫痪，不仅使人们对多边贸易体制的信心受挫，也使全球治理机制发展陷入停滞。

（三）全球治理体系屡次失灵

联合国、世界银行、国际货币基金组织、世界贸易组织、世界卫生组织等全球治理组织，都是二战中或战后由美国主导建立的，主要是为维护美西方利益服务的。这些组织在各专业领域的治理中都发挥着重要作用，共同构建了全球治理体系。然而，正如2017年习近平所指出的："新兴市场国家和发展中国家对全球经济增长的贡献率已经达到80%。……而全球治理体系未能反映新格局，代表性和包容性很不够"。165)近年来，为刺激经济增长、应对疫情，美国等发达国家滥发货币；为应对通货膨胀，美国又暴力加息收割世界，166)新冠肺炎疫情暴露出世界卫生组织在全球公共卫生治理中

162)《社评：WTO判决戳穿了"美式国际规则"》，《环球时报》2022年12月21日第14版。

163) 参见倪月菊：《WTO要改革，中国给出了什么方案？》，《进出口经理人》2019年第6期，第15页。

164)《WTO上诉机构成员全部离职陷入瘫痪，商务部：遗憾》，https://www.guancha.cn/economy/2020_12_10_574162.shtml。

165)《习近平谈治国理政》第2卷，外文出版社，2017，第479页。

166) 周毅：《相信美联储是无辜的，那就上当了》，https://www.guancha.cn/economy/

的缺陷，2022年联合国未能阻止俄乌冲突的爆发，加上世界贸易组织上诉机构停摆，众多事实都已经表明上述组织构成的全球治理体系存在缺陷和短板。全球治理体系屡次失灵，表明美西方国家主导的局面已不能继续维持下去，不能反映以中国为代表的新兴市场国家崛起的现实，需要革命性重塑和变革，"推动改革全球治理体系中不公正不合理的安排"。[167]

历史与现实充分证明，在全球层面，现有的全球治理体系、体制与机制尚不健全，全球治理依托的国际组织存在缺陷，无论是结构、体系，还是协调力和动员力，都需要进一步重塑和强化。

二、新时代中国参与全球治理体系变革的理论逻辑

当前人类面临的挑战与难题日益增多，为找到问题根源，解决全球性难题，习近平提出了"共商、共建、共享"的理念，并且在2017年出席"一带一路"倡议国际合作高峰论坛时，进一步详细阐释了全球治理新理念的内涵，即"共商合作大计，共建合作平台、共享发展成果"，[168]就为解决人类社会发展难题提供了全球治理的新思路。

（一）共商

每个国家都会有不同的外交政策、发展理念和交往模式，进而每个国家看待、处理问题的方式也就不尽相同。在对外交往时，世界各国都会以自己国家的核心利益为重，因此习近平将共商放在第一

2022_11_04_665277_s.shtml。
167)《习近平谈治国理政》第2卷，外文出版社，2017，第448页。
168)《习近平谈治国理政》第2卷，外文出版社，2017，第487页。

位，2013年4月他一针见血指出："世界各国交往频繁，磕磕碰碰在所难免，关键是要坚持通过对话协商与和平谈判，妥善解决分歧矛盾，维护相互关系发展大局。……消除疑虑和隔阂，把世界多样性和各国差异性转化为各国发展活力和动力。"169)协商与谈判的本质就是希望世界各国能够达成广泛共识，正如习近平所说："共同协商就是发扬民主、集思广益的过程，就是统一思想，凝聚共识的过程"，170)进一步强调指出："要合作不要对抗，要双赢、多赢而不是要单赢，不断寻求最大公约数、扩大合作面，引导各方形成共识，加强协调合作，共同推动全球治理体系变革。"171)面对世界各国国情的差异性和国际力量发展不平衡的现状，要加强同发展中国家的友好合作，提高发展中国家在国际事务中的话语权，只有坚持共商原则，在全球推动形成具有最大公约数的治理理念，从而破解治理赤字，推动国际体系向更公正更合理的方向发展。

（二）共建

共建就是各国要各尽所能、各尽其力、各展所长，共同构建国际社会普遍认同的全球治理体系。当今世界，随着第三次、第四次科技革命的发展，人类改造和利用自然的能力空前提高。然而，在创造出无数财富的同时，也引发了诸多问题与挑战。其中最突出的是，人类社会因过度追求发展而忽视了对生态环境的保护，导致资源日趋匮乏，生态系统遭到严重破坏。与此同时，伴随技术的进步与社会发展，海洋、极地、网络、外空、气候变化、核安全、能源

169)《习近平谈治国理政》，外文出版社，2014，第331页。
170)《习近平谈治国理政》第2卷，外文出版社，2017，第292-293页。
171)《习近平谈治国理政》第2卷，外文出版社，2017，第450页。

安全、粮食安全、流行性疾病、反腐败等领域成为矛盾与问题的焦点。上述全球性矛盾与问题的解决，既有的旧治理体系无法应对，没有哪个国家能够置身事外、独善其身，也没有哪一个国家能够独自完成。那么，解决的出路在哪里？习近平就指出"应该坚持多边参与、多方参与，由大家商量着办"。[172]换言之，"共建"就是解决全球治理难题的思路。世界各国不分强弱、大小、人口多寡，同舟共济、共同参与，发挥联合国主渠道作用，从而形成全球矛盾与问题治理的强大合力。

（三）共享

共享就是要缩小国与国之间的贫富、数字鸿沟等差距，保障每个国家都拥有平等的生存权、发展权，共同享受尊严、享受世界发展成果。正如习近平所指出的：中国主张各国和各国人民应该共同享受尊严、共同享受发展成果、共同享受安全保障"。[173]中国不仅提出了"共享"的理念，更将这一理念付诸实践。为消除数字鸿沟，中国推动与各国共享北斗系统建设发展成果，就是典型事例之一。[174]无论过去还是现在，中国始终秉持共享原则，践行共享理念，为国际社会提供了许多造福世界人民的公共产品。

简言之，"共商共建共享"的新理念与西方国家奉行的丛林法则、赢者通吃，置他国利益于不顾的治理理念不同。它为解决人类社会发展难题提供了全球治理的新思路，反映了世界各国人民追求公正合理的国际秩序，实现合作共赢、共同繁荣发展目标的迫切愿望。

---

172)《习近平谈治国理政》第2卷，外文出版社，2017，第536页。
173)《习近平谈治国理政》，外文出版社，2014，第273页。
174) 参见王骁波、杨欣、齐晓君等：《共享成果，共促发展》，《人民日报》2020
年8月2日第3版。

三、新时代中国参与全球治理体系变革的实践逻辑

党的十八大之后，面对传统安全与非传统安全接连不断的挑战与百年未有之大变局加速演进的现状，以习近平同志为核心的党中央密切关注全球治理方向，不做旁观者，而是积极做全球治理改革的行动派，并在实践中逐渐形成了独具中国特色的全球治理方案。175)

（一）全球经济治理方案

2017年，习近平在世界经济论坛开幕式讲话中，针对世界经济病状指出：全球经济增长动能不足，难以支撑世界经济持续稳定增长；全球经济治理落后，难以适应世界经济新变化；全球发展失衡，难以满足人们对美好生活的期待，是世界经济领域出现的三大突出矛盾。如何解决？习近平给出了解决方案，即：坚持创新驱动，打造富有活力的增长模式；坚持协同联动，打造开放共赢的合作模式；坚持与时俱进，打造公正合理的治理模式；坚持公平包容，打造平衡普惠的发展模式。176)实际上，这三大经济矛盾突出产生于2008年国际金融危机。为引领世界经济走出困境，寻找治理的良策，自2008年世界经济大国开始举办二十国集团峰会（G20）。中国通过G20平台积极参与全球经济治理，如表19所示，见证了中国对全球治理体系重塑作出的艰苦努力。在峰会上，习近平多次强调要将G20打造成为全球经济治理的主要平台，致力于构建权利平等、机会平等、规则平等的全球经济治理体系。针对新冠肺炎疫情对全球经济的冲击，习近平讲话强调重振世界人民对全球经济发展信心的重

---

175) 宋婷婷、石建国：《构建人类命运共同体：挑战、机遇、路径》，《福州党校学报》2022年第3期，第64-66页。

176)《习近平谈治国理政》第2卷，外文出版社，2017，第479页。

要性，指出努力稳定和恢复经济是疫情之下的当务之急，并强调后疫情时代G20应该遵循共商共建共享原则，坚持多边主义，坚持开放包容，坚持互利合作，坚持与时俱进。[177]为应对后疫情时代人类面临的各类挑战，习近平提出："各国要树立人类命运共同体意识，倡导和平、发展、合作、共赢，让团结代替分裂、合作代替对抗、包容代替排他，共同破解"世界怎么了、我们怎么办"这一时代课题"。[178]全球经济治理方案的提出和与时俱进的新理念，充分体现了中国的大国担当与责任，对推进国际社会坚定信心，凝聚起推动经济复苏的强大合力具有重大的理论与实践意义。

表19：2013-2022年习近平参加G20峰会演讲主题统计表[179]

时间	地点	演讲题目
2013.09.05	俄罗斯圣彼得堡	《共同维护和发展开放型世界经济》
2014.11.15	澳大利亚布里斯班	《推动创新发展，实现联动增长》
2015.11.05	土耳其安塔利亚	《创新增长路径，共享发展成果》
2016.09.04	中国杭州	《构建创新、活力、联动、包容的世界经济》
2017.07.07	德国汉堡	《坚持开放包容，推动联动增长》
2018.11.30	阿根廷布宜诺斯艾利斯	《登高望远，牢牢把握世界经济正确方向》
2019.06.28	日本大阪	《携手共进，合力打造高质量世界经济》
2020.11.21	沙特阿拉伯王国·视频会议	视频方式：《勠力战役，共创未来》
2021.10.31	意大利罗马	视频方式：《团结行动，共创未来》
2022.11.15	印度尼西亚巴厘岛	《共迎时代挑战，共建美好未来》

177)《习近平外交演讲集》第2卷，中央文献出版社，2022，第310页。
178) 习近平：《共迎时代挑战，共建美好未来——在二十国集团领导人第十七次峰会第一阶段会议上的讲话（2022年11月15日，巴厘岛）》，《人民日报》2022年11月16日第2版。
179) 根据《人民日报》2013年9月至2022年11月相关报道整理。

(二) 全球安全治理方案

世界百年大变局与传统安全、非传统安全相互交织激荡，局部战争、热点问题此起彼伏，各种安全问题层出不穷。"世界需要什么样的安全，怎样实现世界安全"成为困扰世界各国的难题。党的十八大以来，以习近平为代表的中国共产党人，从全球视野对安全问题进行了全面、综合、系统的思考，2013年3月在俄罗斯他首次提出"面对错综复杂的国际安全威胁，单打独斗不行，迷信武力更不行，合作安全、集体安全、共同安全才是解决问题的正确选择"，为解决世界安全问题提供了全新的思路。[180]在地区层面，2014年习近平提出共同、综合、合作、可持续的亚洲安全观，认为安全是普遍的、平等的，包容的，共同安全就是尊重和保障每一个国家的安全；要统筹维护传统安全领域与非传统安全领域；通过对话合作促进各国和本地区安全；应发展和安全并重以实现持久安全，又为解决地区安全问题贡献了智慧。[181]2015年习近平出席联合国维和峰会，高屋建瓴指出，要坚决维护联合国在全球安全治理中的权威地位，认为其："为和平而生，为和平而存，是维护世界和平与安全的重要途径。"[182]中国是新安全观的倡导者，更是坚定实践者。例如，为助力全球打击恐怖主义，2015年专门制定了世界上首部反恐专项法律——《中华人民共和国反恐怖主义法》。[183]中国还坚定向世界承诺，无论中国发展到什么程度，始终做世界和平的建设者、全球发展的贡献者、国际秩序的维护者，[184]为建设一个持久和平的

---

180) 《习近平谈治国理政》，外文出版社，2014，第273-274页。

181) 《习近平谈治国理政》，外文出版社，2014，第354-356页。

182) 《习近平外交演讲集》第1卷，中央文献出版社，2022，第292页。

183) 《中华人民共和国反恐怖主义法》，http://www.gov.cn/xinwen/2015-12/28/content_5028407.htm。

世界贡献力量。

(三) 全球文化治理方案

毋庸置疑，西方在优先实现资本主义现代化基础上，形成近代西方流行的文明优越论，以及亨廷顿提出的文明冲突论。无论是文明优越论还是文明冲突论，其本质都是将西方文明置于其他国家的文明之上，认为不同文明之间必然会发生冲突，不能相容共存。然而，面对文化多样化的世界潮流，到底应该如何处理各种文明之间的关系？为引领世界文明发展之路，习近平2014年3月在联合国教科文组织总部演讲时给出了答案，他指出："文明因交流而多彩，文明因互鉴而丰富。文明交流互鉴是推动人类文明进步和世界和平发展的重要动力。"进而提出了文明是多彩的、是平等的、是包容的新文明观。[185]新文明观认为"人类文明没有高低优劣之分"，[186]突破了"文明优越论""文明冲突论"看待世界文化的单一狭隘视角，主张不同文明之间应当相互尊重、和谐共处、互学互鉴、共同创新发展，从而为处理世界不同文明之间的关系指明了方向。新文明观强调"应该从不同文明中寻求智慧，汲取营养，为人们提供精神支撑和心灵慰藉，携手解决人类共同面临的各种挑战"，[187]就在尊重不同文明差异基础上，同时为世界文明找到了一条共生、共存、共荣的发展之路。

---

184)《习近平谈治国理政》第2卷，外文出版社，2017，第525-526页。
185)《习近平谈治国理政》，外文出版社，2014，第258-259页。
186)《习近平谈治国理政》，外文出版社，2014，第314-315页。
187)《习近平谈治国理政》，外文出版社，2014，第262页。

(四) 全球社会治理方案

全球贫困问题、数字化鸿沟以及近年来的新冠肺炎疫情问题，给国与国之间和谐相处蒙上阴影，也是社会治理的难题。中国着眼于构建人类命运共同体，积极作为，贡献了中国智慧和力量。

一是积极推进国际减贫事业进程。党的十八大以来，习近平始终站在全面建成小康社会以及实现"两个一百年"奋斗目标的战略高度，把脱贫攻坚战摆在治国理政的突出位置。经过全党、全国人民的共同奋斗，2020年中国如期实现脱贫攻坚任务。2021年2月习近平宣告：中国现行标准下9899万农村人口全部脱贫，消除了绝对贫困。这是彪炳史册的人间奇迹。中国解决绝对贫困问题，为世界贡献超70%的减贫率，也给全球减贫治理创造了中国样本。[188]同时，习近平强调："推动构建以合作共赢为核心的新型国际减贫交流合作关系，是消除贫困的重要保障。"[189]在推动"一带一路"建设进程中，中国积极同国际社会分享减贫经验，在力所能及的范围内帮助广大发展中国家摆脱贫困，迄今已帮助沿线国家4000多万人实现脱贫。

二是推进数字化治理。随着数字化时代的来临，全球社会治理面临严峻挑战，而传统社会治理方式效率低、效果差、措施不合理等，已难以适应和解决暴露的各种问题。出路在哪里？就是依托数字化社会治理新模式，它为解决人类各种社会治理难题提供了新思路、新方法、新手段。面对数字化的世界潮流与趋势，一方面，中国党和政府高度重视，积极推进社会治理的数字化转型，习近平先后提出建设网络强国、宽带中国、数字中国的战略目标，形成"网络强国战略思想"。[190]在顶层设计引领下，以淘宝、京东、拼多多等平台为

---

188) 《习近平谈治国理政》第4卷，外文出版社，2022，第125、130页。
189) 《习近平外交演讲集》第1卷，中央文献出版社，2022，第301页。

代表的电子商务；以抖音、快手等为代表的短视频；以微信支付、京东白条、支付宝等为代表的移动支付新方式，在中国已广泛普及，表明中国数字化转型取得巨大成就。与此同时，国家治理能力与治理方式现代化和数字化治理相结合，极大提高了政府治理效能和治理效率，使中国成为全球数字治理的引领者。另一方面，在全球层面，2015年中国倡导制定全球数字领域规则、推进全球互联网治理体系变革；[191]2016年首次提出"发展数字经济"，推动通过了《二十国集团数字经济发展与合作倡议》；[192]2020年首次在世界上提出《全球数据安全倡议》，2021年习近平呼吁世界各国商讨制定"数字治理国际规则"。[193]显然，中国在全球数字化治理领域已走在世界前列，并为世界数字化治理发展贡献了中国智慧与力量。

三是推进新冠肺炎疫苗研发和分享疫情防控经验。新冠肺炎疫情是目前非传统安全领域最严峻的挑战，严重威胁人类健康和生命安全。应对这一挑战最有效的手段，就是研发疫苗。2020年1月7日中国疾控中心成功分离全球首株新冠病毒毒株，12日即与世界卫生组织分享病毒基因组序列信息。在中国第一支获批疫苗正式进入临床试验后，5月习近平即向世界宣告，中国新冠疫苗投入使用后，将作为全球公共产品惠及世界人民，并率先支持疫苗研发知识产权豁免。此后，中国向120多个国家和国际组织提供了超过22亿剂疫

---

190)《习近平谈治国理政》，外文出版社，2014，第197页；《习近平谈治国理政》第2卷，外文出版社，2017，第534页；《习近平谈治国理政》第3卷，外文出版社，2020，第25、305页。

191)《习近平谈治国理政》第2卷，外文出版社，2017，第532页。

192)《习近平谈治国理政》第4卷，外文出版社，2022，第204页；《二十国集团领导人杭州峰会公报（2016年9月5日）》，《光明日报》2016年9月6日第4版。

193)《全球数据安全倡议（全文）》，https://www.gov.cn/xinwen/2020-09/08/content_5541579.htm；《习近平谈治国理政》第4卷，外文出版社，2022，第481页。

苗，是提供疫苗最多的国家。[194]不仅如此，在疫情蔓延期间，中国共产党还主动向全球110多个政党领导人致函，分享中国防控新冠疫情的做法与经验，向149个国家近400个政党提供疫情防控和诊疗方案。[195]可见，在抗击新冠疫情中，中国向世界彰显了强大的科技实力，体现了大国的责任与担当，为世界疫情防控贡献了中国力量。

（五）全球生态环境治理方案

建设美丽家园是人类共有的梦想。十八大以来，在习近平生态文明思想指导下，中国积极应对生态环境恶化的严峻挑战，一方面大力推进"生态文明建设"，推动"绿色循环低碳发展"，使中国成为"世界节能和利用新能源、可再生能源第一大国"；另一方面，积极推动世界生态环境治理，2015年向联合国提交"国家自主贡献文件"，2020年习近平明确宣布中国的"双碳"目标。[196]毫无疑问，这是解决全球气候问题贡献的"中国力量"。在全球生物多样性保护方面，在疫情背景下，中国积极做全球生物多样性治理进程的推动者，在2021年昆明《生物多样性公约》第十五次缔约方大会（COP15）上，习近平提出要"共建地球生命共同体""构建人与自然和谐共生的地球家园"，其方案：一是以生态文明建设为引领，协调人与自然关系；二是以绿色转型为驱动，助力全球可持续

---

194) 中国国际发展知识中心：《统筹疫情防控和经济社会发展的中国答卷——党 领导人民三年抗疫的伟大实践和启示》，《人民日报》2023年2月16日第9版。

195) 丁子、侯露露、俞懿春等：《为人类社会携手应对共同挑战作出新贡献——写在中国共产党与世界政党高层对话会召开之际》，《人民日报》2023年3月15日第6版。

196) 《李克强宣布中国政府将提交应对气候变化国家自主贡献文件》，《光明日报》2015年7月1日第3版；《习近平外交演讲集》第2卷，中央文献出版社，2022，第261页。

发展；三是以人民福祉为中心，促进社会公平正义；四是以国际法为基础，维护公平合理的国际治理体系。为支持发展中国家生物多样性保护事业，习近平宣布中国出资15亿元人民币，成立"昆明生物多样性基金"。[197]中国通过自身的生态文明建设，以及推动世界各国携手合作，为有效应对全球气候变暖、海洋污染、生物多样性缺失等全球性生态难题，做出了独特的贡献。

（六）全球网络安全治理方案

互联网的兴起与发展，是全球信息化的标志，对人类文明发展具有巨大的促进作用。然而，网络犯罪、网络监听、网络攻击、网络恐怖主义等时有发生，已成全球公害，因此网络安全成为了全球共同关注的安全议题。如何加强网络安全治理，是国际社会迫切需要解决的难题。党的十八大以来，一方面，中国加快自身网络基础设施建设，构建安全、稳定、繁荣的网络空间格局，迄2022年底，互联网普及率已达75.6%，互联网上网人数10.67亿人，其中手机上网人数10.65亿人，已成世界第一大网络国家。[198]另一方面，首倡并主办世界互联网大会（World Internet Conference，WIC），提出"共同构建和平、安全、开放、合作的网络空间，建立多边、民主、透明的国际互联网治理体系"以来，[199]迄今已举办九届。中国持之以恒推动全球网络空间治理体系变革，2015年习近平明确提出"构建网

---

197)《习近平谈治国理政》第4卷，外文出版社，2022，第435-437页。
198) 国家统计局：《中华人民共和国2022年国民经济和社会发展统计公报（2023年2月28日）》，http://www.stats.gov.cn/sj/zxfb/202302/t20230228_1919011.html。
199)《习近平向首届世界互联网大会致贺词强调：共同构建和平、安全、开放、合作的网络空间，建立多边、民主、透明的国际互联网治理体系》，《光明日报》2014年11月20日第1版。

络空间命运共同体" 主张，其方案与路径是：第一，加快全球网络基础设施建设，促进互联互通；第二，打造网上文化交流共享平台，促进交流互鉴；第三，推动网络经济创新发展，促进共同繁荣；第四，保障网络安全，促进有序发展；第五，构建互联网治理体系，促进公平正义，[200]就为推动全球网络安全治理指明了方向。

时代的车轮滚滚向前。自2008年国际金融危机爆发以来，暴露了现有全球治理体系的弊端，促使人们开始尝试建立一种新的、更加公正合理的全球治理新秩序。在这个过程中，中国吸取以往全球危机治理的经验教训，坚持以共赢为目标，以合作为途径，注重开放性、合法性、连通性，努力协调发展中国家、新兴经济体和发达国家对全球治理的不同需求，[201]逐渐形成了具有中国特色的全球治理观与治理方案。立足中国发展基础，面向全球化发展大舞台，中国正在为全球治理体系变革贡献更多的中国智慧、力量与方案。

200)《习近平谈治国理政》第2卷，外文出版社，2017，第534-535页。
201) 张宇燕：《习近平新时代中国特色社会主义外交思想研究》，中国社会科学出版社，2019，第213页。

第五章

为人类文明注入强大正能量

回顾历史，在人类文明的发展史上曾先后出现了原始社会文明、奴隶社会文明、封建社会文明、资本主义社会文明，以及在局部地区出现了社会主义文明。新中国成立后，特别是改革开放以来，一代代中国共产党人坚持立足中国实际，总结经验教训、借鉴人类文明，敢为人先，开辟了中国特色社会主义这条光明道路。在这条道路的指引下，中国共产党带领人民推进"五个文明"协调发展，从人类社会自身，人与自然关系，经济与政治、社会与文化、国家与民族等多个层面创造出了一种极具"新"意的人类文明新形态。正如习近平在庆祝中国共产党成立100周年大会上所深刻总结的："我们坚持和发展中国特色社会主义，推动物质文明、政治文明、精神文明、社会文明、生态文明协调发展，创造了中国式现代化新道路，创造了人类文明新形态。"[1]它不仅注重中国自身的文明发展，而且还强调对人类以及国际社会的责任与贡献，对推动世界和平发展注入了源源不断的文明动力。

---

　　[1]《习近平著作选读》第2卷，人民出版社，2023，第483页。

第一节　人类社会文明形态发展与"人类之问"

　　自2017年习近平首次提出百年未有之大变局的论断，就引起了国内外学者的广泛讨论。在这一问题上，其大致分为三种观点。第一，有学者指出百年未有之大变局应当是指美国统治世界由独霸到多元的变化；第二，有学者指出是美国控制权力的转移；第三，还有学者指出蔓延全球的新冠肺炎疫情对世界带来的变化。上述三种观点描述了目前世界正在发生的变化，但这些变化本身是否揭示百年未有之大变局的本质，构成其基本内容，显而易见是有疑问的。因为美国独霸世界是20世纪90年代苏联解体后才出现的；而新冠肺炎疫情只是2019年底突发及蔓延至今，尚不具有决定性的影响。因此，百年未有之大变局中当然包含这些现象，但远不仅仅指这些现象本身，而应当包含更多根本性、全局性的大变化。[2]正如有学者所认为的，百年未有之大变局应当是指近两三百年来形成的处于全球绝对优势的工业文明和资本主义文明开始走向衰落、日益式微的一种变化。[3]可见，当今世界是西方国家全球治理弱化的时代，是中国积极参与全球治理的时代，处于人类文明更替的新阶段。

一、资本主义是人类文明形态发展的一个高峰

　　自13、14世纪资本主义作为一种生产方式在欧洲的地中海产生以来，作为一种人类社会生产方式演进的趋势，资本主义逐渐在世

---

2) 陈宗胜：《百年未有之大变局与人类文明的更替演进——兼及新冠肺炎疫情全球蔓延加剧大变局进程》，《人民论坛·学术前沿》2021年第7期（下），第106-107页。

3) 华生：《该怎样认识百年未有之大变局？》，http://www.sohu.com/a/350246950_828724。

界发展壮大，并且与封建主义展开了制度更替的竞争进程。16世纪，以哥伦布、麦哲伦等为代表的欧洲冒险家的探险活动，极大开阔了人类的视野，也为欧洲资本主义的发展开辟了广阔的市场，从而为其注入了强劲的活力。在资本主义与封建主义的制度较量中，代表先进生产关系和生产力要求的资产阶级开始登上历史舞台，以17世纪英国资产阶级革命为标志，人类社会进入资本主义革命的时代。18、19世纪，法国大革命、美国独立战争、沙俄农奴制改革、日本明治维新等，资本主义在世界以各种面目确立了自己的统治地位。

著名历史学家阿诺德·J·汤因比精确概括了世界历史运动的轨迹："世界与西方之间的冲突至今已持续了四、五百年。在这场冲突中，到目前为止，有重大教训的是世界而不是西方；因为不是西方遭到世界的打击，而是世界遭到西方的打击——狠狠的打击。"[4]他阐述了西欧资本主义发展的事实和影响，通过大规模的扩张，西欧征服了南北美洲、澳大利亚等世界众多地方，到19世纪时，已控制了中东、印度和中国的古老的欧亚文明中心。资本主义作为一种生产方式和社会制度在世界确立了统治地位，资本主义也以殖民扩张主义的面目将世界许多国家与地区变成了殖民地、半殖民地。

资本主义在人类社会从封建主义向资本主义演进的历史进程中，日益将世界划分为宗主国与殖民地、半殖民地，带有残酷性，却是一种历史的必然。但是，和任何一种制度和社会形态一样，资本主义作为人类历史上最后一种剥削制度，其发展也是从低级向高级发展的历史过程，即经过了从自由竞争的资本主义，发展到垄断资本主义阶段，再到国际垄断资本主义阶段。而资本主义的发展，一方面极大促进了生产力的大发展，为人类向更高级的社会

---

4) 转引自【美】斯塔夫里阿诺斯：《全球通史——1500年以后的世界》，吴象婴、梁赤民译，上海社会科学院出版社，2004，第10页。

阶段迈进奠定了物质基础；资本主义的全球殖民活动又破除了以往世界相互隔绝的状态，使全球的经济、政治和思想文化的交流达到前所未有的全球化阶段。另一方面，资本主义在民族国家日益造就出资产阶级与无产阶级两个阶级对立的局面，社会化大生产最终为自己准备了掘墓人——无产阶级；在世界上制造出压迫民族与被压迫民族，造成宗主国与殖民地、半殖民地尖锐的矛盾。人类社会生产力与生产关系、经济基础与上层建筑两大基本矛盾运动的结果，资本主义生产关系所容纳的生产力活力遭遇了巨大的障碍——生产的社会化与私人占有生产资料之间无法克服的矛盾，于是，在资本主义发展的过程中，无产阶级革命运动就不可避免发生了。

因此，资本主义实现了人类社会发展阶段的跃升，以资本主义现代化的成果，确立了资本主义人类文明形态，一度成为世界历史发展的坐标，为世界文明发展指明了方向。在20世纪末和21世纪初，非西方的诸如日、韩等后发型的资本主义国家，就仿照西方实现了现代化，不过均属于依附型的半主权国家，不具有世界普遍性意义。毫无疑问，西方资本主义现代化是一条通过战争、殖民、掠夺等方式实现的，是以"资本为中心的现代化、两极分化的现代化、物质主义膨胀的现代化、对外扩张掠夺的现代化"，5)其文明形态带有"原罪"的特征。

二、资本主义危机与"人类之问"

如前所述，资本主义文明形态发展有致命的缺陷，这就是生产资料私有制和社会化大生产不可调和的矛盾无法解决。其结果就是

---

5) 本报评论员：《中国式现代化创造了人类文明新形态——论深入学习领会习近平总书记在学习贯彻党的二十大精神研讨班开班式上重要讲话》，《人民日报》2023年2月12日第1版。

周期性的经济危机、政治危机以及社会危机频发，最终在最薄弱的链条——沙俄，无产阶级通过革命夺取政权，建立了人类历史上的第一个社会主义国家。目前，资本主义文明形态再次呈现出危机的状态，进入百年大变局的关键阶段。

（一）经济危机加重

2008年在美国爆发的金融危机，迅速波及全球，发展为国际金融危机。迄今，西方发达资本主义国家仍未走出危机的阴影，已失去世界经济火车头的作用。不仅如此，在持续三年多的新冠肺炎疫情冲击下，更是雪上加霜。一方面美国等发达国家经济体已陷入滞胀困境，不能自拔。日本的GDP总量已从最高点2012年的6.27万亿美元，萎缩为2021年的4.94万亿美元。美国2012年至2021年GDP年均增长率仅为约1.4%，通胀率2022年6月却高达创纪录的8.6%，与此同时欧元区19国通胀率也已达创纪录的8.6%。[6]另一方面，如图16所示，2023年1月美国债务已突破31.4万亿美元法定上限，债务违约犹如达摩克利斯之剑，高悬头顶。美国利用美元世界货币地位，为刺激增长、抑制通货膨胀，通过美元"加息"、"降息"潮汐手段收割世界，美元的货币信用严重透支，已到崩溃边缘。2022年美国意图借助俄乌冲突，关闭美俄货币兑换通道，收割俄罗斯，却以失败告终，就是美元信用失效的标志。种种迹象表明，美国等西方资本主

6)《中国、美国历年GDP数据比较》、《中国、日本历年GDP数据比较》，https://www.kylc.com/stats/global/yearly_per_country/g_gdp/chn-usa.html、https://www.kylc.com/stats/global/yearly_per_country/g_gdp/chn-jpn.html；王世怡：《美联储：可能需要大幅加息以平息通胀，7月或再次加息75个基点》，https://www.guancha.cn/internation/2022_07_07_648276.shtml；齐倩：《欧元区19国通胀率达8.6%，创25年来新高》，https://www.guancha.cn/internation/2022_07_02_647558.shtml。

义发达国家，深陷低增长、高通胀的困局。2022年9月美国民调显示，71%的民众认为"国家经济状况很糟糕"。[7]2023年3月10日，在美国银行中排名第16位、《福布斯》杂志评为美国最佳银行之一的硅谷银行，宣布破产倒闭，震惊世界；12日，排名全美银行第29位的签名银行宣布倒闭；5月1日，美国第14大银行被接管倒闭。三大银行的倒闭事件预示着美国新一轮经济危机已达临界点，更多金融企业和科技公司可能出现"灭绝级事件"。[8]

图16：1970年至2020年间美国一直提高的债务上限图[9]

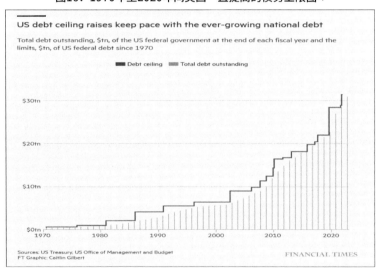

---

7) 刘骞：《美民调：71%美国人认为国家经济状况很糟糕》，https://www.guancha.cn/internation/2022_09_19_658671.shtml。

8) 吴家驹、宫宏宇：《硅谷银行48小时破产！惊动拜登，或导致科技公司灭绝？》，https://www.chinanews.com/cj/2023/03-13/9970263.shtml；赵挪亚：《三天内，第二家美国银行倒闭》，https://www.guancha.cn/internation/2023_03_13_683849.shtml；齐倩：《两个月内第三家，美国第一共和银行被美监管机构接管》，https://www.guancha.cn/internation/2023_05_01_690656.shtml。

9) 陈思佳：《华尔街警告：美国面临2011年以来风险最高的债务危机》，https://www.guancha.cn/internation/2023_01_28_677656.shtml。

(二) 政治危机严重

资本的逻辑决定了资本主义社会的政治逻辑。在政治制度方面，大大小小的资本为实现"财富自由"，维护资产阶级的统治地位与利益，奉行极端民主和极度个人自由原则，导致社会极端混乱和失序，集中体现于金钱铺路的政党更替与频繁的领导人选举。例如，美国的总统选举筹款从2000年至今，已从几千万上升到几十亿美元。金钱堆砌操纵的"民主"选举，资本各呈意志，必然导致社会分裂和治理失范乱象。其结果，在西方国家政治危机事件频繁发生，诸如：在美国，2011年9月发生"占领华尔街运动"，2020年5月因黑人"弗洛伊德跪杀"事件席卷全美、持续数月的反种族主义抗议运动，2021年1月震惊世界的"占领国会山"事件等；在英国，2020年英国全民公投脱欧形成的政治动荡以及延续至今的社会分裂局面，最近的2023年2月1日包括教师、公务员以及火车司机等大罢工的参与人数已达50万人等；在法国，2018年11月因加征燃油税引发的反政府"黄马夹"运动持续至今，最近2023年1月19日抗议政府延迟退休政策的全国性大罢工，参与人数已高达75万人；在日本，2022年7月8日前首相安倍晋三被枪杀事件等等。[10]尤其近几年席卷欧美的罢工浪潮，此起彼伏，都暴露了西方资本主义政治的弊端和危机症状。

2020年以来，以美国为代表的西方国家应对新冠肺炎疫情的严重失败，更是充分暴露了其社会制度"民主自由其表、独裁专横其中"的实质，加速其混乱与衰败的进程。面对猝然而至的新冠肺炎

---

10) 赵挪亚：《约50万人参与！英国迎10多年来最大规模罢工行动》，https://www.guancha.cn/internation/2023_02_01_678197.shtml；周弋博：《法国75万人罢工抗议延退到64岁，"爱丽舍宫将颤抖"》，https://www.guancha.cn/internation/2023_01_19_676683.shtml。

疫情，美国政府口头高唱人权和民主的口号，实则自始至终把国内政党竞选放在首位，任性懈怠，肆意妄为。[11]疫情防控措施奉行"躺平主义"原则，且优先考虑资本利益，结果导致大批底层民众感染死亡。截至2022年12月22日，美国累计确诊病例已超过1亿人，死亡病例已超过111万人，确诊人数与死亡人数均居"世界首位"。[12]以美国为代表的西方国家，在应对疫情挑战中全面溃败的局面，表明其政治危机已导致国家治理能力全面弱化，反映资本主义制度文明正在逐步走向末路。

(三) 社会危机深重

在2008年国际金融危机的冲击下，西方发达资本主义国家普遍存在的问题是两极分化加剧。根据联合国开发计划署（UNDP）2020年12月15日发布的《人类发展报告2020》数据，2010年至2018年的大多数西方发达国家中，最穷的40%人口的可支配收入占总收入的比重都不超过20%，美国甚至占比最小，只有15.4%；最富的1%人口在总收入中所占的比重则都超过了10%，美国则高达20.5%，成为占比最大的国家。2021年，美国最富有的1%人口的财富总和超过了底层90%美国人的财富总和，基尼系数已经攀升至0.494的高位。[13]有关研究报告表明，2020年美国约有4000万人生活在贫困中，生活在极端贫困中的高达1850万人，超过58万人无家可归。美国作家杰夫·马德里

---

11) 参见中国人权研究会：《新冠肺炎疫情凸显"美式人权"危机》，《人民日报》2020年6月12日第8版。

12) 《实时动态追踪新冠肺炎疫情》，https://news.sina.cn/zt_d/yiqing0121。

13) UNDP, "Human Development Report 2020"，p.351.http://hdr.undp.org/sites/default/files/hdr2020.pdf.；《遮掩不住的美国贫富分化冷酷现实（钟声）》，《人民日报》2023年2月24日第17版。

克更认为，美国真实的贫困人口约有6000万，贫困儿童数量可能超过2000万。[14]时任德国总理默克尔就认为，美国两极分化严重，是造成弗洛伊德谋杀恐怖案件的根源。[15]与此同时，失业率逐年攀升，例如2020年4月美国失业率就曾高达创纪录的14.7%。[16]如此悬殊的贫富差距，再加上严重的失业率，西方社会恐怖案件频发。疫情蔓延更加重了美国社会长期存在的种族歧视及仇恨，导致席卷全美的反种族主义抗议浪潮此起彼伏。2021年美国枪击暴力事件导致4.4万多人丧生，2022年又致死43341人。2022年美国人权立法司法大开历史倒车，人民的基本权利和自由被进一步架空，被认为是"美国人权状况标志性倒退的一年"。[17]极端暴力化的社会危机，彻底暴露了美国资本主义文明型态的本质，表明其背离了人性和世界文明发展的潮流。

西方出现的经济危机、政治危机与社会危机，实质上就是资本主义社会制度的危机，更是资本主义文明形态的危机，给人类社会和平与发展的环境带来极大的威胁。

因此，在目睹西方资本主义世界乱象后，2017年1月习近平在达

---

14) 《中国人权研究会文章：贫富分化导致美国人权问题日益严重》，https://www.guancha.cn/internation/2020_07_14_557520.shtml；《美国贫富分化持续恶化的事实真相（2023年2月）》，《人民日报》2023年2月24日第17版；中华人民共和国国务院新闻办公室：《2022年美国侵犯人权报告（2023年3月）》，《人民日报》2023年3月29日第17版。

15) 《德国总理默克尔：美国两极分化严重》，https://www.guancha.cn/internation/2020_06_05_552985.shtml。

16) 殷岳：《美国4月失业率达到14.7%，上世纪大萧条以来最高水平》，https://www.guancha.cn/internation/2020_05_08_549709.shtml。

17) 中华人民共和国国务院新闻办公室：《2021年美国侵犯人权报告》（2022年2月），http://www.gov.cn/xinwen/2022-02/28/content_5676070.htm；中华人民共和国国务院新闻办公室：《2022年美国侵犯人权报告（2023年3月）》，《人民日报》2023年3月29日第17版。

沃斯论坛语惊四座，发出了震惊世界的灵魂之问"世界怎么了、我们怎么办"的"世界之问"，[18]震聋发聩。然而，时至今日，资本主义危机愈演愈烈，"人类之问、时代之问"日益凸显，并有将世界推向核战争的趋势，预示资本主义人类文明形态已病入膏肓，无可救药，世界的前途命运到了十字路口。

第二节　霸道与公道：人类社会前途命运之争

世界百年未有之大变局，各种新旧矛盾、力量和要素相互叠加碰撞，人类正面临一个风险复杂多变、挑战层出不穷的新时代。习近平这样总结指出："世界面临的不稳定性不确定性突出，世界经济增长动能不足，贫富分化日益严重，地区热点问题此起彼伏，恐怖主义、网络安全、重大传染性疾病、气候变化等非传统安全威胁持续蔓延，人类面临许多共同挑战。"[19]国际形势进入动荡变革期，世界格局也正悄然地发生变化，以中国为代表的新兴国家的迅速崛起，引发了诸如文明间的冲突挑战、新兴大国与守成大国间地位变化的挑战、新工业革命带来的挑战等等。资本主义制度文明经过四百多年历史，在经济、政治等各个方面都已经发展到了极端，出现的重重危机表明正在走下坡路，走向历史的末路。然而，却不甘于退出历史舞台，演绎出疯狂挣扎的落幕剧，就是百年大变局呈现的局面。

---

18) 习近平：《论坚持推动构建人类命运共同体》，中央文献出版社，2018，第400-401页。
19) 习近平：《决胜全面建成小康社会，夺取新时代中国特色社会主义伟大胜利》，人民出版社，2017，第58页。

一、美国的霸权霸凌霸道行径危害世界

自17世纪资本主义制度在英国确立统治地位后，在对外侵略扩张的血腥掠夺道路上实现现代化的过程中，英国在全世界确立了霸主地位，成为"日不落帝国"。第二次世界大战中，美国利用地缘优势和强大的实力，取代英国成为资本主义世界新的霸主。二战后迄今，美国将资本主义文明形态发展至极致，也将资本主义私有制的文明本性暴露无遗。随着中国为代表的新兴市场国家的发展壮大，美国的"帝国末日恐惧症"发作，其疯狂的举措与举动，严重威胁世界和平与发展的趋势和潮流。

（一）美国奉行霸权主义，大搞顺我者昌、逆我者亡

所谓霸权，是指以实力为基础操纵或控制其他国家的地位和能力，又可分为政治霸权、经济霸权、军事霸权、文化霸权、科技霸权等。为维护霸权，2003年美国以一小瓶洗衣粉为借口，发动伊拉克战争，造成20万平民死亡；2010年自导自演白头盔化学武器事件，制造叙利亚严重人道主义危机。特别需要提及的是，美国2001年以来发动的所谓"反恐"战争，已经夺去92.9万多人的生命，成为"国际人权事业健康发展的最大阻碍者和破坏者"。[20]2008年国际金融危机之后，随着中国等新兴市场经济国家的快速发展，已堕入快速衰落阶段的美国，为挽救霸权地位，变本加厉，以所谓保护和维护"人权民主自由"的旗号，动辄给其他国家戴上"独裁专制"、"破坏人权民主自由"的帽子，然后动用经济、政治、军事、文化、科技

---

20) 中华人民共和国国务院新闻办公室：《2021年美国侵犯人权报告（2022年2月）》，http://www.gov.cn/xinwen/2022-02/28/content_5676070.htm。

等霸权，遏制、攻击甚至颠覆其他国家政权。例如，在西亚北非策动"阿拉伯之春"，在欧亚乌克兰、哈萨克斯坦、伊朗等国煽动"颜色革命"，给突尼斯、利比亚、埃及、叙利亚等众多国家带来混乱和灾难。2001年以来，美国借反恐之名发动的战争和军事行动，已造成90多万人死亡、数百万人受伤、数千万人无家可归。特别是2022年通过将乌克兰推入"代理人战争"境地，给乌克兰、俄罗斯、欧盟以及世界众多国家带来灾难与危害；肆意滥发美元和利用加息周期，收割世界其他经济体，造成许多发展中国家严重通货膨胀、本币贬值和资本外流；强行对他国输出美式"价值观"，借助盟友体系拉帮结派，大搞"价值观联盟"，建立封闭排他小圈子。为围堵、遏制、打压中国，公然强迫地区国家选边站队，制造分裂、煽动对抗、破坏和平。

今天的美国完全不讲公平正义，只有自己的霸权利益，赤裸裸地破坏和威胁世界和平和发展的局面，已经站到了世界进步潮流的对立面，"成为世界舞台上最大的麻烦创造者、秩序破坏者与悲剧制造者"。[21]美国是资本主义文明形态的典型代表，其肆意妄为追求和维护霸权，充分暴露了资本主义文明形态邪恶性的本质。

(二) 美国挥舞霸凌大棒，大搞"美国优先"、赢家通吃

"霸凌"属于外来词，由音译英文"bully"一词而来，原意指恃强欺弱者、恶霸，引申到政治学、社会学等领域，通常指国家与国家、人与人之间权力不平等的欺凌与压迫。美国自诩地球村的村长，以霸主和领导者自居，寻找借口大搞"长臂管辖"，通过将国内

---

21) 钟声：《自我粉饰难掩美式霸权的危害》，《人民日报》2023年2月13日第2版；《美国滥施五大霸权危害世界》，《新华每日电讯》2023年2月21日第7版。

法滥用到国际社会，动辄打压其他国家，谋取霸权私利。例如，2018年3月公开对中国发动贸易战、科技战，破坏世界供应链、产业链。截至2021年10月，美国累计生效的对外制裁措施数量由2000年的912个增长到了9421个，净增长933%。2022年，美国又对外采取了涉及82个国家和地区的100次制裁行动。[22]1962年迄今美国对古巴实施的全面制裁禁运，1979年以来长期对伊朗实施的各类单边制裁，2022年2月冻结阿富汗央行70亿美元国家资产等行径，违背联合国宗旨与宪章，都已造成严重人道主义灾难。美国的制裁影响，甚至导致伊朗疫情最严重时期多达1.3万人死亡。[23]2022年更通过出台《2022芯片与科技法案》、《通胀削减法案》，意图打压、遏制中国制造业，也威胁到欧盟制造业，引发各国恐慌和欧盟极度不满。[24]特别是拱火俄乌冲突，致使俄乌陷入"代理人战争"境地，却借口俄罗斯入侵乌克兰，发动、胁迫全世界全面全方位制裁俄罗斯，从中牟取私利。大量的历史事实说明，其"长臂管辖"行径：一是加剧国家间紧张关系，冲击国际秩序；二是破坏各类国际治理机制的宗旨和功能；三是损害别国企业利益。[25]美国贻害欧亚区域和他国的极端利己主义行动，已成为世界各国人民的"公害"。

22) 社评：《美式民主的攻击性，源于"三霸"底色》，《环球时报》2023年2月11日第14版。
23) 《2023年2月10日外交部发言人毛宁主持例行记者会》，https://www.fmprc.gov.cn/fyrbt_673021/jzhsl_673025/202302/t20230210_11023301.shtml。
24) 李丽：《拜登抱病签署2800亿美元"芯片法案"，与中国竞争》，https://www.guancha.cn/economy/2022_08_10_653078.shtml；熊超然：《〈通胀削减法案〉引欧洲众怒，英国也抨击美国"贸易保护主义"》，https://www.guancha.cn/internation/2023_02_22_680981.shtml。
25) 《美国滥施"长臂管辖"及其危害（2023年2月）》，https://www.fmprc.gov.cn/wjbxw_new/202302/t20230203_11019274.shtml。

(三) 美国施行霸道规则，大搞"美国例外"、唯我独尊

霸道是一种行为模式，是指以强权与武力慑服为依托的零和博弈思维的国家政治理念，具有强烈排他性和以暴易暴特点。如果说霸权是美国文明形态的本质的话，那么霸道则是其霸权的本色演绎、体现与反映。尤其在中美关系上，美国自特朗普总统时期起，就公开撕下"美式民主"的光鲜外衣，不断玩弄两面派手法，成为地区紧张局势和中美关系恶化的麻烦制造者。例如，2022年8月2日，美国国会众议长佩洛西，包藏祸心，企图打断中华民族复兴进程，不顾中国政府强烈反对和严正交涉，执意窜访中国台湾地区，严重侵犯中国主权、领土完整和台海和平稳定，就充分展现了美国赤裸裸的霸道嘴脸。[26]最近的事实是，2023年2月美国不顾中国政府一再说明，悍然用导弹击落中国民用无人飞艇，制造"流浪飞艇"事件；还以此为借口非法制裁中国企业和机构。美国滥用武力，过度反应升级事态，使中美关系处于紧张状态。[27]在国际关系层面，2月8日美国调查记者西摩·赫什发表文章，揭露2022年9月26日欧洲能源通道"北溪"管道被炸事件真相。文章以充足的证据和严密的逻辑，明确指证美国拜登政府是"幕后黑手"。然而，美国政府却以简单一句"假新闻"予以搪塞。[28]再次让国际社会大跌眼镜，进一步看清楚了美国的霸道作风和真面目。

---

26) 本报评论员：《中国政府和中国人民实现祖国统一的决心坚如磐石》，《人民日报》2022年8月3日第1版。

27)《2023年2月6日外交部发言人毛宁主持例行记者会》，https://www.fmprc.gov.cn/fyrbt_673021/jzhsl_673025/202302/t20230206_11020243.shtml。

28) 西摩·赫什：《美国是怎样炸毁北溪天然气管道的？》，https://opinion.huanqiu.com/article/4BiuLoPJyOG；社评：《在"北溪事件"上，华盛顿欠世界一个解释》，《环球时报》2023年2月9日。

美国的霸权霸凌霸道行径，具有资本主义文明形态的特征，以"美式民主"的光环行销世界，是一个稳定的"三霸结构"。其中，霸权是核心目标，霸凌是行动方式，霸道则是行为特征。[29]美国操弄地区和世界紧张局势，甚至策动冲突与战争方式，转嫁危机，维护自身霸权利益。甚至公然背离世界公理与道德，2022年9月策划爆炸国际能源管道"北溪"线，已走上国家恐怖主义的不归路。

二、中国的主张与行动

如何回应"世界之问、人类之问、时代之问"？与西方资本主义世界形成鲜明对比，中国作为世界新兴力量的代表，秉持和顺应和平、发展、合作、共赢的时代价值和时代潮流，围绕"建设一个什么样的世界，怎样建设"的时代课题，进行了开创性的努力，提出了独特的主张，并付诸实践，为各国政党指明了努力的方向。

（一）反对霸道，主张公道

新中国成立后，即将维护和平、反对霸权主义做为自己的职责与使命，[30]并倡导和平共处五项原则处理国与国之间的关系。进入改革开放新时期，中国共产党人始终高举反对霸权主义、强权政治旗帜，在党的十二大至十八大报告中，都明确向世界宣示："中国反对各种形式的霸权主义和强权政治，永远不称霸，永远不搞扩张"。[31]进入新时代以来，习近平更是多次在国际舞台上对外宣布，中国坚

---

29) 社评：《美式民主的攻击性，源于"三霸"底色》，《环球时报》2023年2月11日。
30) 《邓小平年谱》第五卷，中央文献出版社，2019，第46页。
31) 《胡锦涛文选》第2卷，人民出版社，2016，第650-651页。

持和平发展的世界发展观，遵守和维护国际秩序规范，永远不称霸。[32]而且中国共产党人在国际上主持公道、伸张正义、积极作为，坚决反对以美国为代表的西方国家的霸道行径。例如，2021年6月9日，中国政府针对美国国会参议院所谓"2021年美国创新和竞争法案"涉华内容，明确表示"歪曲事实，充斥着冷战零和思维，中方对此坚决反对"；10日，中国就制订通过《中华人民共和国反外国制裁法》，以法律为武器，坚决反制美国的霸权、霸凌、霸道作风，[33]为世界上的众多国家做了表率与示范。2022年2月24日，在美国极力挑唆和拱火下，俄乌冲突全面爆发。冲突不仅对俄乌造成巨大损害，而且给世界带来巨大能源、粮食与地缘危机的冲击和影响。始作俑者的美国和欧盟却施加种种压力，要求中国倒向西方支持乌克兰，谴责和反对俄罗斯。中国奉行独立自主和平外交政策，坚决顶住美西方压力，还极力劝和促谈。在2023年2月24日的关键时间节点上，中国正式发布《关于政治解决乌克兰危机的中国立场》，向世界提出12点建议：（1）尊重各国主权；（2）摒弃冷战思维；（3）停火止战；（4）启动和谈；（5）解决人道危机；（6）保护平民和战俘；（7）维护核电站安全；（8）减少战略风险；（9）保障粮食外运；（10）停止单边制裁；（11）确保产业链供应链稳定；（12）推动战后重建。中国的主张广受世界瞩目，被誉为解决冲突的"和平方案"，很快得到国际社会的积极回应，联合国方面认为是"对解决乌克兰危机的重要贡献"。然而，"拱火"的美西方国家却大为不满，美国总统拜登声称中方的想法是"非理性的"。[34]显然，中

---

32)《党的二十大报告辅导读本》，人民出版社，2022，第54页。

33) 李欣怡：《外交部：坚决反对所谓"2021年美国创新和竞争法案"涉华内容》，《人民日报》2021年6月10日第3版；《全国人大常委会法工委负责人就反外国制裁法答记者问》，《人民日报》2021年6月11日第3版。

方发出的正义呼声，让俄乌冲突的主要矛盾和站队原则，从支持俄罗斯、还是支持乌克兰，变成了是支持战争、还是支持和平，对美西方霸权利益是一种巨大冲击，有利于俄乌冲突的公正合理解决。2023年10月7日，新一轮巴以冲突再次爆发，造成大量平民伤亡，导致严重人道主义灾难。面对血腥的冲突事件，中国政府积极劝和促谈，推动停火止战，并在11月30日发表《中国关于解决巴以冲突的立场文件》，明确提出5点建议：（1）全面停火止战；（2）切实保护平民；（3）确保人道主义救援；（4）加大外交斡旋；（5）寻求政治解决，35)积极履行负责任大国的义务。因此，中国始终是国际热点问题的斡旋者，并为国际热点问题的解决贡献了"以劝和促谈为主要方式，以公平务实为主要态度，以标本兼治为主要思路"的中国智慧。36)

百年大变局因世纪疫情而骤然加速。面对"东升西降"的世界发展趋势，美西方不甘心就此衰落，为维护资本主义霸权利益，不惜肆意制造地缘危机，俄乌冲突就是因此而发生。伴随俄乌冲突，南欧国家塞尔维亚与"政治飞地"科索沃之间，在美西方"拱火"下剑拔弩张，塞尔维亚危在旦夕。关键时刻，中国挺身而出，伸张正义，于2022年4月派先进战略运输机，跨境飞跃8000公里运送塞尔维亚订购的FK-3防空导弹（红旗-22）系统。一场似乎注定要发生的地缘危机，在中国强力介入后，最终烟消云散。37)面对美国大肆渲染

34)《关于政治解决乌克兰危机的中国立场》，https://www.fmprc.gov.cn/zyxw/202302/ t20230224_11030707.shtml；齐倩：《中方发布涉乌立场文件，俄乌等国表态》，https://www.guancha.cn/internation/2023_02_25_681408.shtml。

35)《外交部发布〈中国关于解决巴以冲突的立场文件〉》，《人民日报》2023年12月1日第2版。

36)《王毅：中国始终是热点问题的斡旋者》，https://www.chinanews.com.cn/gn/ 2022/09-25/9860078.shtml。

所谓"中国在乌克兰问题上援助俄罗斯"的言论，王毅坚决予以驳斥和反对，明确表示中国"从不接受美国对中俄关系指手画脚甚至胁迫施压"。[38]

事实上，中国在联合国安理会已数次联手俄罗斯，阻止美西方对诸如伊朗、叙利亚、朝鲜、古巴、缅甸等发展中国家的制裁等决议，已成为国际社会主持公道、反对霸权、伸张正义的一面旗帜。

（二）反对单边主义，主张真正的多边主义

2008年之后，作为霸权国家，美国政治的一个特点，就是民主党人当政时期，奉行多边主义；共和党人当政时期单边主义盛行，无论是单边还是多边，均以美国利益为中心。即便是民主党人主张的多边主义，也并非是真正的相互尊重、平等相待的真正多边主义。诸如奥巴马时期大力推动的"跨大西洋贸易与投资伙伴协议"（TTIP，2013）、"跨太平洋伙伴关系协定"（TPP，2015），均由美国主导来维护美国霸权地位。特朗普上台后，单边主义又大行其道。特朗普奉行美国第一原则，"退群是其特色"，先后推翻TPP、TTIP，与欧盟、日本、韩国等诸多国家大打贸易战，或施加威胁让其为美国输送利益，最终引发众怒，是造成其连任失败的一大根源。目前，拜登政府又重拾多边主义旗帜，组织"芯片联盟"（SIAC，2021），成立奥库斯联盟（AUKUS，2021），力推"印太经济框架"（IPEF，2022）和"印太战略"（IPS，2022）等，以排斥、遏

37）笑饮：《运一20划时代之飞》，《新民周刊》2022年第Z2期，第114-117页；《运一20连续三天飞塞尔维亚送货》，https://www.guancha.cn/military-affairs/2022_04_12_634447.shtml。

38）《外交部发言人介绍中美接触情况》，《人民日报》2023年2月20日第2版。

制和打压中国为中心，意图维持美国霸权地位和利益。但名为多边主义，实质上"都呈现出鲜明的单边主义和霸权主义特征"，严重冲击和威胁亚太区域和平发展稳定环境。39)其结果必然损害他国利益，因而不得人心。

中国则不同。习近平指出，要践行真正的多边主义，"多边主义的要义是国际上的事由大家共同商量着办，世界前途命运应该由各国共同掌握"。40)中国高举"多边主义"旗帜，积极倡导"和衷共济、和合共生"外交理念，倡导和践行真正的多边主义，坚持走和平发展的可持续道路。从中非合作论坛（2000）、上海合作组织（2001）、中阿合作论坛（2004）、金砖国家（2009）、一带一路（2013）、中拉论坛（2014）、亚洲基础设施投资银行（2014）等不断扩容发展，乃至"区域全面经济伙伴关系"（RCEP，2015）全面落地实践，首届中国—阿拉伯国家峰会（2022）、中国—海湾阿拉伯国家合作委员会峰会（2022）、中国—中亚国家峰会（2023）召开，均取得成功且获得实质性发展成果。特别是在疫情防控期间，无论在疫苗与防控经验分享、还是医疗物资生产和输出等方面，中国与美西方都形成鲜明对照。对此，习近平在2021年二十国集团领导人第十六次峰会的发言最具代表性。他向国际社会倡议和呼吁"践行真正的多边主义"，并提出具体的实践路径：第一，团结合作，携手抗疫；第二，加强协调，促进复苏；第三，普惠包容，共同发展；第四，创新驱动，挖掘动力；第五，和谐共生，绿色永续。41)他的发言切中时弊，指明了发展方向。概括起来，中国倡导和主张的多边

---

39) 岳圣淞：《美"印太战略"挑战亚太区域稳定性》，《经济日报》2023年2月22日第4版。

40)《习近平谈治国理政》第4卷，外文出版社，2022，第461页。

41)《习近平外交演讲集》第2卷，中央文献出版社，2022，第399-403页。

主义，其核心内容是：坚持开放包容，不搞封闭排他；坚持以国际法则为基础，不搞唯我独尊；坚持协商合作，不搞冲突对抗；坚持与时俱进，不搞固步自封。[42]历史和实践都表明，中国顺应人类历史和时代发展潮流，已站在历史正确的航船上。

（三）反对零和博弈，倡导新型安全观，主张建立合作共赢新型国际关系

2008年以来，世界最突出的问题就是存在"四大赤字"，而且均与安全和国家间关系密切关联。美西方秉持冷战思维，追求西方霸权绝对安全，奉行零和博弈的丛林法则和你输我赢、赢者通吃的冷战思维，以强凌弱，以大欺小，国家间关系极不平等。2020年9月塞尔维亚总统武契奇访美，遭特朗普羞辱性对待，令世界哗然，就是典型案例。[43]美西方操纵北约东扩，挤压俄罗斯安全空间，是导致2022年俄乌冲突的罪魁祸首。可见，美西方主导的旧安全观已不合时宜，国家间关系也违背时代潮流。

中国反对美西方零和博弈的安全观。20世纪90年代冷战结束后，1999年中国就提出了核心内容为"互信、互利、平等、协作"的新安全观。[44]经过多年实践，不断得到充实和完善。2014年习近平首次明确阐述新时代的安全观，其核心要义是"坚持共同、综合、合作、可持续"。[45]2022年2月俄乌爆发冲突，再次暴露了美西方旧

---

42) 中共中央宣传部、中华人民共和国外交部编《习近平外交思想学习纲要》，人民出版社、学习出版社，2021，第160-162页。

43) 赵挪亚：《特朗普宣布塞驻以大使馆将迁往耶路撒冷，武契奇表情引猜测》，https://www.guancha.cn/Shipin/2020_09_06_564220.shtml。

44)《江泽民文选》第2卷，人民出版社，2006，第313页。

45)《习近平谈治国理政》第2卷，外文出版社，2022，第432页。

安全观的致命缺陷。针对安全这一棘手问题，4月习近平就以新安全观为基础，在博鳌亚洲论坛年会开幕式上，首次提出全球安全倡议。2023年2月中国正式发布《全球安全倡议概念文件》，主张：一是坚持共同、综合、合作、可持续的安全观；二是坚持尊重各国主权、领土完整；三是坚持遵守联合国宪章宗旨和原则；四是坚持重视各国合理安全关切；五是坚持通过对话协商以和平方式解决国家间的分歧和争端；六是坚持统筹维护传统领域和非传统领域安全。正如文件所阐明的，"'六个坚持'彼此联系、相互呼应，是辩证统一的有机整体。其中，坚持共同、综合、合作、可持续的安全观是理念指引，坚持尊重各国主权、领土完整是基本前提，坚持遵守联合国宪章宗旨和原则是根本遵循，坚持重视各国合理安全关切是重要原则，坚持通过对话协商以和平方式解决国家间的分歧和争端是必由之路，坚持统筹维护传统领域和非传统领域安全是应有之义"。46) 中国的安全主张超越了美西方的安全理念和强权政治思维逻辑，"对不同文明、不同种族、不同政治制度的社会都适用，具有真正的普适性"，也具有很强的现实针对性和可操作性，目前已得到100多个国家和国际组织的赞赏和支持。47)

在国际关系问题上，习近平总结吸收新中国以来的历史经验，对构建什么样的国际关系做了深入思考。2017年10月在十九大报告中创造性地提出了构建新型国际关系的主张。这一主张由基于政治、伦理、经济三个维度的"相互尊重、公平正义、合作共赢"内容构成。48)其中，相互尊重是前提，公平正义是准则，合作共赢是

46)《全球安全倡议概念文件》，http://www.gov.cn/xinwen/2023-02/21/content_5742481.htm。
47) 社评：《欢迎所有国家加入全球安全倡议》，《环球时报》2023年2月21日第? 版。
48)《习近平谈治国理政》第3卷，外文出版社，2020，第45页。

目标和归宿。中国的新型国际关系主张，顺应世界多极化、经济全球化、文化多样化、社会信息化、国际关系民主化的世界潮流，超越了美西方零和博弈、赢者通吃，以强凌弱、以大欺小的冷战旧理念和强权逻辑，已给国际关系发展注入强劲新动力，带来新气象。

(四) 倡导共商共建共享全球治理观，构建人类命运共同体

人类的前途命运在哪里？资本主义人类文明形态发展的历史，已告诉人们，新兴大国与守成大国必然陷入"修昔底德陷阱"，而且通过战争实现霸权的轮替。美西方迷信武力，走在旧的时空隧道中，对中国为代表的新兴大国充满敌意，似乎旧的世界大战的历史就要重演。面对现实世界的矛盾与张力，怎么办？有无新的出路？习近平为代表的中国共产党人认为，可以开辟一条新路，这就是构建人类命运共同体。关于中国共产党这一主张的内容，前述章节已有详尽阐述，在此不再赘述。迄今，构建人类命运共同体的主张，已被世界上众多国家所接受，已写入联合国等众多国际组织文件。而且由一带一路建设实践和推动，由中老命运共同体、中国东盟命运共同体、中非命运共同体等双边、区域和多边方式建构，涉及经济，安全等众多领域，已取得重大进展。历史、现实实践都证明，这条路走得通，而且只有这条路才可以避免美西方陈旧的人类自我毁灭的死路，通向人类光明的前景。

美国犹如落日的余晖，或濒临死亡前的垂死挣扎，制造种种事端，搅乱世界，企图浑水摸鱼，从中渔利，表明美西方资本主义制度文明已走向反面并日益衰落，这是人类文明发展演变规律的结果。中国的主张与行动符合世界绝大多数国家的意愿，顺应世界与时代潮流，是人间正道。谁是谁非、谁优谁劣，已然呈现在世界人

民面前，也给世界指明了发展方向。

第三节　中国式现代化道路：书写人类文明新形态

习近平指出："我们坚持和发展中国特色社会主义，推动物质文明、政治文明、精神文明、社会文明、生态文明协调发展，创造了中国式现代化新道路，创造了人类文明新形态。"[49]文明意味着人类社会发展及其组织进步，不同民族或国家的文明各有特色。中华文明绵延5000多年，源远流长，是世界唯一未曾中断过的文明，为人类文明进步作出了不可磨灭的突出贡献。然而，近代以后，在西方殖民主义冲击下，"国家蒙辱、人民蒙难、文明蒙尘，中华民族遭受了前所未有的劫难"。[50]中国共产党诞生，随即深刻改变中华民族发展方向和进程。中国共产党领导的无论是新民主主义革命，还是社会主义革命和建设，抑或改革开放和社会主义现代化建设，以及中国特色社会主义新时代，都始终围绕一个主题，就是实现中华民族伟大复兴。中国特色社会主义同中华民族伟大复兴的同向共进和同频共振，不仅加快了社会主义现代化进程，还历史性地创造了中国式现代化新道路。因此，中国大踏步赶上了时代，中华民族伟大复兴进入了不可逆转的历史进程。中国式现代化新道路已带来人类文明史上一次前所未有的大变革，必将以人类文明的新形态凸显其世界意义。

---

49)《习近平谈治国理政》第4卷，外文出版社，2022，第10页。
50)《习近平著作选读》第2卷，人民出版社，2023，第477页。

一、中国式现代化的文明逻辑

在马克思的文本语境中，"文明"是现代社会不断摆脱落后状态而全面革新进步的总体状态。作为社会进步的指示器，文明不仅是一个社会的物质文明、制度文明和精神文明等文明成果的总和，而且是贯穿在种种文明成果之中的内在原则，是一个社会在实现自我进步过程中的自我意识和价值取向。由于不同社会的内在原则和价值取向存在着深刻的差异，所以人类的现代文明也就具有不同的形态，不同的文明形态也折射出不同的文明逻辑。中国式现代化蕴藏的力量源泉与发展密码，在于它是一种超越了资本主义文明的新现代性类型，它在让古老中华文明再度焕发青春的同时，也让"世界怎么了，我们怎么办"的时代之问有了更清晰的答案。作为一种人类文明新形态，中国式现代化具有自身独特的文明逻辑。

第一，中国式现代化体现人类社会最高政治领导力量政党发展方向的文明逻辑，不是资产阶级政党领导的现代化，而是无产阶级政党——中国共产党领导的现代化。中国共产党不同于资产阶级政党，是肩负实现中华民族伟大复兴和推动人类社会实现共产主义历史使命的马克思主义政党。它没有自己的特殊利益，只有中华民族和全人类实现"世界大同"的共同利益。作为世界上最先进的21世纪马克思主义——习近平新时代中国特色社会主义思想——武装的政党，中国共产党带领14多亿中国人民成功探索形成的现代化范式，是世界上最大政党领导世界上人口最多国家实现的现代化，具有非凡的里程碑意义。它意味着在中国这样生产力落后、商品经济不发达、人口众多的发展中国家，离开最高政治领导力量中国共产党，是不可能实现现代化的。其历史的结论就是，中国共产党领导，是中国式现代化成功的根本原因，揭示和反映了政党发展的内在逻辑和人类社会前进方向相统一的本质，是政党发展执政规律和人类社会发展规律与社会主义发展规律结合的结晶与产物。[51]

第二，中国式现代化反映了人类社会演化规律的文明逻辑，不是资本主义现代化，而是中国特色社会主义现代化。迄今为止，人类实现现代化的探索极为艰难。历经300多年的历史，以英国为代表的西方国家走出了资本主义现代化道路，众多非西方国家则在西方现代化的进程中，变为被殖民掠夺奴役压迫的对象。直到第二次世界大战后，众多非西方国家才在社会主义运动的启蒙和推动下，实现国家独立和民族与人民解放。然而，人类社会一度被罩在"现代化=西方资本主义化"的魔咒之下，甚至美国被置于人类文明灯塔之巅，以"历史终结论"为其罩上神圣光环。中国共产党人不信邪，带领中国人民历经千辛万苦，成功找到走中国特色社会主义道路实现现代化的途径，由此在三个层面实现了超越：一是破除了"现代化=西方化"的迷思；二是打破了"西方终结论"的镜像；三是超越了资本主义文明形态，以社会主义文明形态为人类树立了现代化的新坐标。[52]

第三，中国式现代化体现了以人民为中心的文明逻辑，不是以资本为本，而是以人民为中心的现代化。西方现代化是以资本为本，资本增值逻辑是资本主义生产乃至社会生活的主导逻辑。资本具有其文明的一面，它为人的发展拓展了空间，但是在不断扩张过

---

51) 本报评论员：《中国式现代化是中国共产党领导的社会主义现代化——论深入学习领会习近平总书记在学习贯彻党的二十大精神研讨班开班式上重要讲话》，《人民日报》2023年2月10日第1版。

52) 本报评论员：《中国式现代化创造了人类文明新形态——论深入学习领会习近平总书记在学习贯彻党的二十大精神研讨班开班式上重要讲话》，《人民日报》2023年2月12日第1版。

程中，资本又不断吞噬人的发展空间。一是生产强制。资本自我增殖需要不断吸收自然资源、社会资源，尤其是活劳动，于是将"人"异化，强制成为生产的工具；二是消费强制。资本重构了现代人的存在方式，通过剥夺劳动者，不断强化"财富—消费—幸福"逻辑，即人们通过购买和占有商品，去实现对幸福的追求。人作为"消费机器"，已丧失丰富性和完整性。53)中国式现代化所开启的人类文明新形态，以"对人的本质的真正占有"为价值旨归，强调"坚持把实现人民对美好生活作为现代化建设的出发点和落脚点"，54)是一种"完成了的人道主义"。一方面，中国式现代化坚持把人的全面自由发展作为社会发展的最高目标，确立以人民为中心的生产逻辑、发展逻辑，不再以资本的增殖为中心。这一价值立场彰显马克思主义人民主体地位观的内在要求和价值取向，凸显了中国共产党的根本宗旨和初心使命。55)另一方面，中国式现代化超越了以"占有"为基本特征、以资本消费为主要取向的生活逻辑，确立以人的全面自由发展为核心的美好生活逻辑，着力维护和促进社会公平正义、促进全体人民共同富裕，充分彰显马克思主义生活观、发展观。而且从事实层面，中国式现代化从根本上是导向劳动解放的，让人在生产领域通过劳动确证自己的本质，获得自身幸福，从而打破了人剥削人的旧秩序。

第四，中国式现代化体现了整体性文明的逻辑，不是单维度的

53) 唐爱军：《中国道路的文明逻辑——基于历史唯物主义的解读》，《哲学研究》2020年第6期，第5-6页。
54) 习近平：《高举中国特色社会主义伟大旗帜，为全面建设社会主义现代化国家而团结奋斗——在中国共产党第二十次全国代表大会上的报告（2022年10月16日）》，人民出版社，2022，第22页。
55) 郭赞、徐冬梅：《中国式现代化新道路蕴涵人类文明新形态》，《沈阳日报》2021年8月5日第8版。

现代化，而是全面现代化。西方现代化发展的历程表明，它本质上是由工业化为先导、以物质现代化为核心的单维度现代化发展而形成的。除了物质上两极化的弊端，精神文明上人的物化导致空虚堕落极化为特质，生态上以牺牲自然为代价。中国式现代化在实践探索过程中，以自力更生为依托，不断实现了从四个现代化到全面现代化、从物到人以及人与自然和谐共生现代化的跃进。从完备形态看，中国式现代化是以人的全面发展为中心的全面现代化，包括经济、政治、文化、社会、生态"五位一体"的现代化以及国防和军队现代化的"各个领域的现代化"，还包括国家治理体系和治理能力的现代化。因此，中国式现代化体现了整体性文明的逻辑，从社会维度看，它涉及从生产力到生产关系、从经济基础到上层建筑的有机整体的现代化；从人的发展维度看，它着眼于人的全面发展，要实现各方面全过程的现代化，要为人的全面发展提供空间，推动全体人民实现物质生活和精神生活共同富裕；从文明维度看，它涉及物质文明、政治文明、精神文明、社会文明、生态文明，是"五位一体"多维度协调发展的文明形态。

第五，中国式现代化体现了共同体文明的逻辑，不是以"市民社会"，而是以"人类社会"为立足点。中国式现代化遵循"共同体文明"逻辑，超越西方现代化"利己主义""原子化个人"逻辑。马克思曾经将未来共产主义社会称为"自由人联合体"。一方面，"联合体"中的个人是"自由人"。"联合体"不是吞噬个体利益和自由的"虚假共同体"，而是以自由发展的个人为前提和目标。另一方面，自由人是"联合体"中的自由人。个人只有在"联合体"中，才能实现和得到真正的解放和自由。以马克思"自由人联合体"为未来导向的中国式现代化，旨在实现对"原子化个人"原则及其制度的超越，它以"真正的共同体"为目标和基本原则，统筹处理特殊利益与普遍利益、当前利益与长远利益、个体与社会的关系，追求实现"全体人民共同富裕"。当然，中国式现代化所开启的人类文明新形态，仍然在不断丰富与发展中，中国仍处于社会主义初级阶段，不能奢望人类社会"共同体文明"逻辑立即、完整地贯彻于现实之中。但是，不可否认，其基本价值原则在中国式现代化实践中已逐步呈现出来，诸如追求共同富裕和共享发展，抑制和消除"共同体"两极分化倾向，强调公有制、集体主义价值观、中华民族共同体意识，倡导人类命运共同体、全人类共同价值等。[56]

第六，中国式现代化体现了和平主义的文明逻辑，不走"国强必霸"的老路，而是走和平发展的新路。西方资本主义现代化是建立在对内剥削劳动、对外殖民掠夺的原始积累基础上的。西方资本主义现代化遵循的是"霸权逻辑"。中国式现代化超越了"国强必霸"逻辑，遵循的是"和平主义"的文明逻辑，这是由中华优秀传统文化和中国的社会主义性质所奠基的。自古以来，中华文明强调"和为贵""和而不同""内圣外王""睦邻友邦""天下大同"，其文明品质是和谐、和平、和睦，即非扩张性的、非对抗性的，正如习近平所指出的："中华文明具有突出的和平性，从根本上决定了中国始终是世界和平的建设者、全球发展的贡献者、国际秩序的维护者，决定了中国不断追求文明交流互鉴而不搞文化霸权，决定了中国不会把自己的价值观念与政治体制强加于人，决定了中国坚持合作、不搞对抗，决不搞'党同伐异'的小圈子"。[57]中国式现代化的和平主义文明

56）唐爱军：《中国道路的文明逻辑——基于历史唯物主义的解读》，《哲学研究》2020年第6期，第9-11页。
57）《习近平在文化传承发展座谈会上强调，担负起新的文化使命，努力建设中华民族现代文明》，《人民日报》2023年6月3日第1版。

逻辑，还取决于社会主义制度。中国式现代化新道路，是走和平发展道路的现代化，既传承5000多年中华文明的和平、和睦、和谐的传统，又顺应时代潮流，把握"和平与发展"的时代主题，坚持合作共赢的理念，推动构建人类命运共同体，超越了"西方中心论""文明冲突论"和"国强必霸""零和博弈"的思维方式，充分展现了中国式现代化为解决全球性问题、促进人类文明进步作出的贡献。58)

概而言之，中国式现代化道路遵循了中华文明历史逻辑、现代化发展逻辑和共产主义运动逻辑，从领导力量、社会发展形态、制度文明、理论范式、全球治理、价值道义等方面充分彰显了自身优势，正如习近平所揭示的已"坚定站在历史正确的一边、站在人类文明进步的一边"59)。

二、彰显人类文明的丰富特性

世界是丰富多彩的，人类文明也是如此。人类历史表明，"世界上没有放之四海而皆准的具体发展模式，也没有一成不变的发展道路。历史条件的多样性，决定了各国选择发展道路的多样性。"60)中国的新型现代化道路，彰显独特的品格，丰富了人类文明发展的宝库。

第一，始终坚持社会主义方向，彰显人类文明的多样性。迄今为止，人类社会已实现的现代化是美欧等西方国家为代表的资本主

---

58) 参见李捷：《关于中国式现代化道路和理论的思考》，《马克思主义理论学科研究》2023年第5期，第8-10页。
59)《党的二十大报告辅导读本》，人民出版社，2022，第21页。
60)《习近平谈治国理政》，外文出版社，2014，第29页。

义现代化。中国成功开创的中国式现代化，既不同于西方资本主义国家的现代化，也不同于未能走通的苏联模式的传统社会主义现代化。中国坚持走社会主义人间正道，依据社会主义初级阶段这个最大国情、最大实际，吸取国内外经验教训，探索形成的中国特色社会主义现代化道路，最鲜明的特色就是坚持社会主义与现代化紧密结合的"五位一体"化发展。在社会主义现代化道路建设过程中，中国共产党始终坚持初级阶段基本路线、坚守科学社会主义基本原则和社会主义本质不动摇，与时俱进不断推进马克思主义中国化时代化，为社会主义在中国的不断发展注入强劲动力与活力，从而创造经济快速发展、社会长期稳定的两大历史奇迹。因此，基于历史实践，习近平概括总结指出："当代中国的伟大社会变革，不是简单延续我国历史文化的母版，不是简单套用马克思主义经典作家设想的模板，不是其他国家社会主义实践的再版，也不是国外现代化发展的翻版，不可能找到现成的教科书。"[61]这就从本质上把中国式现代化新道路与西方现代化作了区隔，实质上点明了中国道路的世界历史"唯一性"和现代性特质。从而打破了"现代化就是西方化""现代化就是资本主义化"的西方话语霸权的认识误区和实践误区，有助于非西方国家突破对西方现代化的路径依赖，并由此证明了一国实现现代化的方式可以多种多样，就为人类探索建设更美好社会制度贡献了中国智慧和中国方案。[62]

第二，始终坚持和平发展，彰显人类文明的包容性。西方国家的现代化道路充斥血腥的殖民掠夺与征服、种族屠杀与奴役，充满

---

61) 习近平：《在纪念马克思诞辰200周年大会上的讲话》，《人民日报》2018年5月5日第1版。
62) 郭赞、徐冬梅：《中国式现代化新道路蕴涵人类文明新形态》，《沈阳日报》2021年8月5日第8版。

对资源、市场与金融的控制，与此相反，摆脱半殖民地半封建社会枷锁的中国人民，在中国共产党领导下开辟的中国式现代化新道路，始终坚持独立自主、和平发展、合作共赢。[63]自新中国成立伊始，对西方列强侵略有切肤之痛的中国共产党人，就高举和平、反帝旗帜，推动形成和平共处五项原则，以此作为中国处理国与国关系的指导原则。此后，中国一直奉行这一原则，坚持走和平发展道路。党的十八大之后，在推动实现强起来的过程中，中国共产党与时俱进，又形成富有时代气息、与中国特色大国外交实践相辅相成的"习近平外交思想"。这一思想奉行合作共赢的开放战略，宣告绝不走"国强必霸"的路子，致力于人类社会和平发展、共同发展，推动共建"一带一路"，推动构建新型国际关系，倡导构建人类命运共同体，弘扬全人类共同价值，倡导共商共建共享的新型全球治理观，就从根本上打破了资本主义现代化全球化不公正不合理的旧秩序、赢者通吃"国强必霸"的陈旧逻辑。历史与实践证明，中国式现代化新道路彰显了当今世界的时代主题，是人类追求文明进步的一条全新道路，是不断吸收借鉴人类一切文明优秀成果的开放包容之路。换言之，中国始终是世界和平的建设者、全球发展的贡献者、国际秩序的维护者，[64]充分向世界展现了中国特色社会主义现代化新道路的独特品格与魅力。

第三，始终坚持党的全面领导，彰显人类文明的先进性。近代以来中国社会的全部实践主题，就是实现中华民族伟大复兴，也是衡量一切党派先进与否、能否获得人民拥护的试金石。中国共产党

---

63) 郭赞、徐冬梅：《中国式现代化新道路蕴涵人类文明新形态》，《沈阳日报》2021年8月5日第8版。
64) 《习近平谈治国理政》第3卷，外文出版社，2020，第20页。

全部理论与实践的主题就是围绕推动实现中华民族伟大复兴的"中国梦"。诞生之初，中国共产党就是一个拥有强烈使命意识与责任担当的马克思主义政党，始终站在无产阶级革命运动的时代前列，以推进人类解放事业发展为根本诉求，推动中国革命、建设、改革历史进程，引领中国历史潮流，代表了人类现代化发展的正确和正义方向。[65]正如习近平所指出的："中国共产党是为中国人民谋幸福、为中华民族谋复兴的党，也是为人类谋进步、为世界谋大同的党。"[66]这一结论就从中国历史逻辑的视角，揭示了中国共产党的使命和奋斗与中华民族命运紧密相联系的历史事实；又从世界历史逻辑的视角，揭示了中国共产党领导中国人民的一切奋斗、一切牺牲、一切创造与人类社会发展进步潮流相联系的正义性与合理性。中国共产党从未有自己的私利，立党为公、执政为民，在百余年奋斗的历史进程中，领导中国人民从追赶时代到与时代并行，实现站起来、富起来到强起来的历史性飞跃，再到引领时代开创社会主义现代化国家建设新局面。中国现代化建设取得历史性巨大成就，不仅深刻改变中国人民和中华民族的面貌、前途和命运，也深刻改变了世界历史与人类社会发展的趋势和格局，[67]因此被誉为"民族脊梁""时代先锋"。[68]不但为世界现代化贡献了中国式现代化的新范式、新样本，还为人类文明和世界进步事业发展创造出了面向未来的人类文明新形态，反映和体现了中国共产党把自身发展与世界共

65) 郭赞、徐冬梅：《中国式现代化新道路蕴涵人类文明新形态》，《沈阳日报》2021年8月5日第8版。
66)《党的二十大报告辅导读本》，人民出版社，2022，第19页。
67)《习近平著作选读》第2卷，人民出版社，2023，第477页。
68)【德】埃贡·克伦茨：《我看中国新时代》，王建政译，世界知识出版社，2019，第44页。

同发展相统一的全球视野、世界胸怀和大党担当的品格。[69]党的十九大报告历史性地明确中国共产党领导是中国特色社会主义最本质的特征、是中国特色社会主义制度的最大优势、是最高政治领导力量，[70]就全面深刻揭示和反映了中国共产党的历史地位与作用，并把中国式现代化何以成功的密码昭告世人，体现了历史逻辑、理论逻辑与实践逻辑的统一。

中国共产党作为人类先进文明的代表，从未停止推动世界文明发展的步伐。2023年3月15日，为应对百年大变局给人类带来的风险与挑战，习近平向全世界首次提出"全球文明倡议"，呼吁：尊重世界文明多样性，坚持文明平等、互鉴、对话、包容，以文明交流超越文明隔阂、文明互鉴超越文明冲突、文明包容超越文明优越；弘扬全人类共同价值，和平、发展、公平、正义、民主、自由是各国人民的共同追求，要以宽广胸怀理解不同文明对价值内涵的认识，不将自己的价值观和模式强加于人，不搞意识形态对抗；重视文明传承和创新，充分挖掘各国历史文化的时代价值，推动各国优秀传统文化在现代化进程中实现创造性转化、创新性发展；加强国际人文交流合作，探讨构建全球文明对话合作网络，丰富交流内容、拓展合作渠道，促进各国人民相知相亲，共同推动人类文明发展进步。[71]上述"四个共同倡导"将中国式现代化的文明发展经验进一步凝练提升，为推动全球文明交流互鉴、促进人类文明进步贡献了中国智慧、提供了中国方案，再次彰显了大党大国的责任与担当。

69) 郭赞、徐冬梅：《中国式现代化新道路蕴涵人类文明新形态》，《沈阳日报》2021年8月5日第8版。

70) 《习近平著作选读》第2卷，人民出版社，2023，第16页。

71) 习近平：《携手同行现代化之路——在中国共产党与世界政党高层对话会上的主旨讲话（2023年3月15日）》，《人民日报》2023年3月16日第2版。

总之，中国走出的不同于西方的现代化道路，打破了西方国家现代化发展模式的长期垄断，在遵循现代化一般规律的同时，更彰显了中国自身现代化的世界观、价值观、历史观、文明观、民主观、生态观的鲜明特色。[72]中国式现代化以铁一般的事实充分证明，人类通向现代化的道路绝不是单一的，而是多元的。

三、人类文明新形态为人类指明前进方向

　　人类历史表明，人类文明经历了从低级到高级、从简单到复杂、从落后到先进的演进过程，这一过程就是新的文明形态不断替代旧的文明形态的过程。目前世界正经历的百年未有之大变局，在一定意义上就是社会主义文明形态与资本主义文明形态的竞争过程。作为世界新鲜事物的社会主义文明形态，由中国共产党领导中国人民开创的中国特色社会主义现代化道路，正如习近平所概括指出的：“创造了中国式现代化新道路，创造了人类文明新形态”。[73]中国式现代化道路以大党大国赋予的独特内涵，为人类文明形态发展注入强劲的活力，在世界社会主义发展、人类社会前途命运、人类文明创造等方面具有深远的世界影响与意义。

　　人类文明新形态回答了“人类社会现代化进程向何处去”的现代化之问。20世纪以来，人类社会发展进程跌宕起伏，各国为实现现代化进行了艰难的探索。然而，道路极为曲折，充满艰辛痛苦。进入21世纪后，世界在多重挑战和危机交织叠加中动荡不宁，冷战思

---

72)《习近平在学习贯彻党的二十大精神研讨班开班式上发表重要讲话，强调正确理解和大力推进中国式现代化》，《人民日报》2023年2月8日第1版。
73)《习近平谈治国理政》第4卷，2022，第10页。

维和强权政治威胁发展环境，经济陷入复苏困境，文明冲突加剧，生态环境持续恶化，发展鸿沟不断拉大，"人类社会现代化进程又一次来到历史的十字路口"，正如习近平所概括总结指出的："两极分化还是共同富裕？物质至上还是物质精神协调发展？竭泽而渔还是人与自然和谐共生？零和博弈还是合作共赢？照抄照搬别国模式还是立足自身国情自主发展？我们究竟需要什么样的现代化？怎样才能实现现代化？"面对上述一系列的现代化之问，中国共产党在引领和推动实现中华民族伟大复兴的现代化进程中，成功走出独特的中国式现代化道路，交出了实现现代化的合格答卷。不仅如此，中国共产党为推进人类社会现代化的进程，积极向世界各国政党分享中国的经验："要坚守人民至上理念，突出现代化方向的人民性；要秉持独立自主原则，探索现代化道路的多样性；要树立守正创新意识，保持现代化进程的持续性；要弘扬立己达人精神，增强现代化成果的普惠性；要保持奋发有为姿态，确保现代化领导的坚定性"，74)就为世界上众多渴望实现现代化的国家指明了方向。

人类文明新形态回答了"社会主义向何处去"的时代之问。20世纪80年代末90年代初，东欧剧变、苏联解体，人类社会主义事业遭受重大挫折。美国等西方资本主义国家乘机大肆渲染"社会主义破产论""共产主义溃败论"，并借机抛出"历史终结论"，为资本主义定于一尊摇旗呐喊。面对世界社会主义遭受的历史挫折，中国共产党顶住巨大压力，毫不气馁，坚持正确路线方针政策不动摇，埋头苦干，不断开创社会主义建设新局面，成功把中国特色社会主义推向21世纪，实现伟大的变革，把中国特色社会主义推进到新时

---

74) 习近平：《携手同行现代化之路——在中国共产党与世界政党高层对话会上的主旨讲话（2023年3月15日）》，《人民日报》2023年3月16日第2版。

代，历史性地全面建成小康社会，实现中华民族伟大复兴第一个百年奋斗目标。中国社会主义的伟大成就，给人类社会主义事业带来希望与光明，彰显了社会主义制度的优越性，其结论是"真正想要社会主义的人，都绕不开中国人民的经验"。[75]当然，中国特色社会主义还处在社会主义初级阶段，中国式现代化还是进行时，不是完成时。从人类文明发展演变的历史，要深刻认识到社会主义代替资本主义是一个长期、艰巨、曲折的过程。因此，历史已经昭示，只要坚定中国特色社会主义道路自信、理论自信、制度自信、文化自信，就能不断推动中国特色社会主义从胜利走向胜利，为人类社会主义事业书写新的历史辉煌篇章。

人类文明新形态回答了"人类向何处去"的时代之问。目前世界进入动荡变革期，各种风险挑战频发，传统安全与非传统安全交织，诸如反全球化与逆全球化、贫富分化、数字鸿沟、气候变化、能源与粮食危机、网络与核安全、生态危机等诸多问题纷至沓来，何去何从，人类又一次站在十字路口。如何应对风险和挑战，回答"人类向何处去"的时代之问，中国站在了时代的前列，为人类向何处去指明了方向。一方面，沿着开辟的中国式现代化道路，中国成功打赢脱贫攻坚战，历史性地全面彻底解决绝对贫困问题，创造世界的先例与奇迹，为人类减贫事业、消除两极分化树立了标杆，贡献了中国样本和力量。如期实现全面建成小康社会的"第一个百年"奋斗目标后，中国迎来全面开启社会主义现代化国家建设新征程，意味着14多亿中国人民将实现由"量"到"质"，由"大"到"强"的历史性大跨越，将彻底改写世界现代化版图，逐步实现全

75) 【德】埃贡·克伦茨：《我看中国新时代》，王建政译，世界知识出版社，2019，第116页。

体人民实现共同富裕、物质文明和精神文明协调发展、人与自然和谐共生，向世界展现生产发展、生活富裕、生态良好的文明发展道路和提供发展经验与启示。76)另一方面，中国式现代化坚持走和平发展道路，以自身发展促进世界和平与发展、推动实现合作共赢、维护与推动新型经济全球化、维护国际公平正义、推动全球治理体系变革，并推动建设新型国际关系、构建人类命运共同体，77)不仅推动人类整体进步，给人类发展注入强劲新动力，还塑造人类发展新格局、带来新希望。同时，人类文明新形态弘扬全人类共同价值，指明了人类未来发展的前进方向。不同于西方旧的资本主义文明形态所宣扬的所谓"自由、民主、人权"价值观，习近平在吸收借鉴人类以往经验教训基础上，基于中国共产党在带领中国人民开创中国式现代化道路的实践，创造性地提出了"全人类共同价值"的概念，并赋予其"和平、发展、公平、正义、民主、自由"的具体内涵。这一新价值观将人类作为"命运共同体"，在中国式现代化发展实践空间中，推动建立更加公平合理的世界秩序，促进人类社会可持续发展，以实现世界各国人民过上美好生活愿望的目标和价值旨归。它超越了西方狭隘的价值观范畴，反映了世界各国人民普遍的愿望和诉求，代表了人类的前进方向。

人类文明新形态回答了"世界向何处去"的时代之问。2008年国际金融危机后，世界经济复苏动力不足，霸权主义和强权政治行径层出不穷，意识形态领域冲突不断，2017年习近平高屋建瓴地提出"世界怎么了，我们怎么办"的世界命题，并向世界各国提出了中国

76) 田鹏颖：《全面建成小康社会的世界历史意义》，《马克思主义研究》2021年第4期，第44页。

77) 中华人民共和国国务院新闻办公室：《新时代的中国与世界》，人民出版社，2019，第53-67页。

方案：构建人类命运共同体。[78]目前，人类正遭受"时代之问"的深度拷问。世纪疫情促使百年未有之大变局骤然加速，带来巨大的冲击与影响。一方面，和平与发展仍然是时代主题，和平、发展、合作、共赢的时代潮流没有变，但大国力量"东升西降"，促使世界格局在变革调整中出现剧烈动荡，世界向何处去？和平还是战争？发展还是衰退？开放还是封闭？合作还是对抗？历史性地摆在世界人民面前，习近平给出了明确的答案："各国人民对美好生活的向往就是我们的追求，和平、发展、合作、共赢的时代潮流不可阻挡"；[79]另一方面，中美贸易战、哈萨克斯坦等国"颜色革命"、俄乌冲突、能源危机、粮食危机、生态危机等突发事件频发，全球治理"四大赤字"日益增长。构建人类命运共同体刻不容缓，世界亟待中国有所创造、有所作为、有所贡献，中国不负世界期待。习近平根据时代演进的新特点、新问题、新要求，又创造性地提出许多新主张、新倡议，进一步丰富和发展了构建人类命运共同体的思想。经济方面，主张世界各国要齐心协力加快实现世界经济绿色复苏，加快落实2030年可持续发展议程，不断缩小"南北发展"差距，共建全球发展命运共同体；安全方面，正式提出安全领域避免零和博弈的出路在于——从国家间、区域组织内到全球层面不断推动"构建安全共同体"；文化方面，中国主张不同文化和文明之间应当相互尊重、和谐共处、互学互鉴、共同创新发展，共建人文共同体，推动让团结代替分裂、合作代替对抗、包容代替排他，[80]为世界文明找到了一条共生、

---

78)《习近平谈治国理政》第2卷，外文出版社，2017，第537-539页。

79) 习近平：《牢记初心使命，坚持团结协作，实现更大发展——在上海合作组织成员国元首理事会第二十三次会议上的讲话（2023年7月4日）》，《人民日报》2023年7月5日第2版。

80) 习近平：《共迎时代挑战共建美好未来——在二十国集团领导人第十七次峰会第一

共存、共荣的发展之路；对外援助方面，中国积极与国际社会分享中国减贫经验，帮助广大发展中国家摆脱贫困，同时在力所能及的范围内为世界各国抗疫提供支持与援助，呼吁共建人类卫生健康共同体；生态方面，中国作为负责任大国积极弘扬人与自然和谐共生理念，倡导世界各国共建人与自然生命共同体、海洋命运共同体、地球生命共同体。还向世界郑重承诺："我们将以中国式现代化推动人类整体进步，以中国新发展为世界带来新机遇，为动荡的世界提供更多稳定性和确定性。" 81) 人类命运共同体思想不仅清晰地揭示了人类命运与共的发展规律，也系统地回答了世界将去向何处的世界之问，为全球治理体系变革提供了具有前瞻性、引领性的战略方案。82)

方向决定道路，道路决定命运。中国走出的现代化人类文明新形态，为全球提供了一种全新的现代化模式，已彻底改写人类实现现代化的版图，为世界提供了更多发展机遇、为人类共同发展开辟了广阔前景，促进了人类文明的整体进步，为建设人与自然和谐共生的永续世界贡献了中国力量，已成为世界指路明灯。83)如今的中国正以愈发矫健的步伐走近世界舞台的中央，中国有责任也有义

阶段会议上的讲话（2022年11月15日，巴厘岛）》，《人民日报》2022年11月16日第2版。

81)《习近平会见联合国秘书长古特雷斯》，《人民日报》2022年11月17日第1版。

82) 石建国、宋婷婷：《中国特色社会主义：人类文明新形态的逻辑、内涵及意义》，《大连大学学报》2022年第3期，第111页。

83) 参见"和音"系列评论员文章：《为全球提供了一种全新的现代化模式——中国式现代化的世界意义①》、《将彻底改写现代化的世界版图——中国式现代化的世界意义②》、《为人类共同发展开辟更加广阔的前景——中国式现代化的世界意义③》、《助力世界文明朝着平衡、积极、向善的方向发展——中国式现代化的世界意义④》、《对中国负责、对世界负责的现代化新路——中国式现代化的世界意义⑤》，《人民日报》2023年2月27日第3版、28日第3版，3月1日第3版、2日第2版、3日第4版。

务、有资格也有能力为人类多元文明繁荣发展发出中国声音、提供中国智慧、贡献中国方案。历史发展、文明繁盛、人类进步，从来离不开思想引领，在全球抗疫与国际合作中，国际社会对中国智慧、中国方案的普遍认可与积极响应，也进一步凸显了中国式现代化人类文明新形态的科学性与先进性。时代难题需要世界人民共同解决，全球安宁需要各国共同守护，正如习近平所言："各国应该有以天下为己任的担当精神，积极做行动派、不做观望者共同努力把人类前途命运掌握在自己手中"。84)以习近平为代表的中国共产党人，不负时代、不负人民、不负世界，将沿着开辟的中国式现代化人类文明新形态的道路，以更加昂扬的姿态，与世界各国人民一道，齐心协力开创人类更加美好的未来，书写人类文明发展新的辉煌篇章。

---

84)《习近平谈治国理政》第3卷，外文出版社，2020，第460页。

第六章

为世界各国政党建设指明了方向

2021年7月6日，一场前所未有的党的对外工作活动——"中国共产党与世界政党领导人峰会"，把世界各国目光引向中国，全球共有160多个国家的500多位政党和政治组织领导人以及逾万名政党代表出席会议。[1]中国共产党人以这种特别的方式加强政党交流对话，向世界介绍和分享中国共产党百年奋斗的经验。峰会是2017年12月1日首届"中国共产党与世界政党高层对话会"的继续，习近平曾提出："将中国共产党与世界政党高层对话会机制化，使之成为具有广泛代表性和国际影响力的高端政治对话平台"。[2]此外，党的十九大之后，中国共产党曾先后组织30多个十九大精神对外宣讲团，应邀在近100个国家和地区开展500多场宣介活动。[3]二十大之后，延续这一做法，向全世界宣介中共二十大的精神。2023年3月15日，以"现代化道路：政党的责任"为主题的新一届世界政党高层对话会，向世界各国政党传递二十大的重大理论成果"中国式现代化"

1) 《习近平将出席中国共产党与世界政党领导人峰会》，《人民日报》2021年7月6日第1版。
2) 《中国共产党与世界政党高层对话会专题会议侧记》，《当代世界》2018年第6期，第12页。
3) 刘建超：《推动新时代党的对外工作高质量发展》，《求是》2022年第19期，http://www.qstheory.cn/dukan/qs/2022-10/01/c_1129040656.htm。

的精髓，为世界政党建设树立了新的历史界标。4)作为习近平新时代中国特色社会主义思想传播、辐射和扩大影响的一种方式，中国共产党如此重视党际外交，原因在于政党执政已成为当今世界各国政治的一个显著特点和普遍存在的现象。

根据有关资料统计，目前全球200多个国家和地区中，有4000多个政党组织。联合国193个会员国，除阿联酋、沙特阿拉伯、卡塔尔、巴林、阿曼、科威特、摩纳哥、梵蒂冈、瑙鲁、图瓦卢、帕劳、密克罗尼西亚、斯威士兰等13个国家尚无正式政党组织，治国理政实行的不是政党执政模式外，其他世界各国实行的都是政党政治。5)探索在新型国际关系基础上建立求同存异、相互尊重、互学互鉴的新型政党关系，加强不同国家政党增进互信、加强沟通、密切协作，6)必然在理论与实践上指向"政党建设"这一关键性和绕不开的话题。而习近平新时代中国特色社会主义思想不仅将这一话题引向深入，而且为破解这一难题找到了密码，为世界政党建设贡献了中国方案、中国智慧，注入了中国力量。

第一节　明确了政党建设的责任和使命

政党是一种特殊的政治组织，伴随着人类政治文明的历史进程

---

4)《习近平出席中国共产党与世界政党高层对话会并发表主旨讲话》，《人民日报》2023年3月16日第1版。

5)"政党"——360百科，https://baike.so.com/doc/7847-8054.html，2022年12月12日检索；沈云锁、潘强恩主编《共产党通史》第1卷，人民出版社，2011，序一·第1页。

6)《中国共产党与世界政党高层对话会举行：政党的责任》，《中国经济周刊》2017年第48期，第37页。

产生而不断发展。当今世界，离开政党来谈治国理政是不现实的，离开了政党建设更无法找到和掌握现代政治运行的逻辑、规律与密码。当然，有政党而无政党建设，政党必然是昙花一现，政党建设也是政党存废、发展和能否执政或者长期执政的关键。然而，从世界政党建设的历史进程看，围绕"政党的责任与使命"不同类型与性质的政党，存在着严重的分歧。政党如何建设？是普遍存在的问题与难题。当今世界，从全球世俗社会的视角，政党执政共有三种制度模式：一是以朝鲜为代表的封闭社会下的一党制；二是开放社会中以中国为代表的一党执政（多党参政）制；三是开放社会中以美欧为代表的多党制。[7]更简而化之，其实就是社会主义政党和资本主义政党建设问题，也都留下了许多经验和教训。习近平为代表的中国共产党人，为沥青这一问题做出了突出的历史性贡献，谱写了世界政党建设史的新篇章。

一、资本主义政党建设困境

自二战迄今78年间，国际风云变幻，经历冷战、后冷战时期各种矛盾和冲突洗礼，资本主义国家政党在不断调整和变化，一些国家政党出现新陈代谢，旧的政党消亡了，取而代之全新的政党；一些国家大党老党丢掉执政地位后，或分化瓦解，或重组新党；一些国家政党频繁重组，更改党名；一些国家政党相争你死我活，造成政府停摆，民生受困，出现上述状况的根源，就在于西方政党建设和政党制度已走入死胡同，出现方向性的问题。随着现代选举制

7) 参见宋鲁郑：《中国制度模式何以能赢》，http://www.guancha.cn/SongLuZheng/2016_01_02_346671_s.shtml。

346

度的确立以及普选权的扩大，一切围绕以选举上台执政为中心和"指挥棒"，是资本主义政党存在与发展的逻辑，是导致问题和困境的关键。与此相关，政党建设陷入如下困局，难以自拔，成为西方资本主义政党建设难以解决的谜题。

（一）为实现上台执政，不择手段，无所不用其极

综观二战后西方资本主义政党发展和政党政治演化的历史，以美国为例，此类事件频发。诸如，1972年美国共和党总统尼克松，为狙击民主党人竞选，制造震惊全美的政治丑闻"水门事件"。[8]1994年，共和党针对民主党总统克林顿展开调查，以克林顿与白宫实习生莫妮卡·莱温斯基的性丑闻，对克林顿发起弹劾，被称为"世纪审判"。1999年2月，美国参议院否决了众议院针对克林顿的两项指控，闻名世界的克林顿弹劾案以失败落下帷幕。然而，其影响深远，一是加剧了政党冲突；二是两败俱伤，美国公众对整个政治体制的信心下降；三是绯闻损害总统职位的庄严性质；四是共和党利用斯塔尔花费4年时间和4000万美元，却未能成功，又造成人们对独立检察官制度的怀疑。[9]

进入21世纪之后，美国为维护世界霸权，先后发动阿富汗和伊拉克战争，造成严重财政危机。2008年，美国爆发并深陷国际金融危机泥潭，至今不能自拔。为走出危机困境，民主党与共和党的执政之争再趋激烈。2017年5月，围绕俄罗斯是否干预美国大选、特朗普及其团队与俄罗斯究竟是何关系？民主党人启动对共和党总统特朗普历时两年的"通俄门"调查，试图弹劾特朗普未果；2019年7

---

8) 李辉：《"水门事件"是丑闻，更是腐败》，《廉政瞭望》2018年第3期，第58页。
9) 金灿荣：《克林顿弹劾案落幕后的思考》，《瞭望》1999年第9期，第58页。

月，又以特朗普与乌克兰总统泽连斯基通电话施压为由，发起"电话门"弹劾，再次失败；10)2021年6月，民主党控制的国会众议院以1月6日特朗普支持者冲击国会大厦，制造"国会山骚乱"事件为由，第三次对特朗普发起弹劾，最后因证据不足，不了了之。11)实际上，进入21世纪以来，除美国外，还有欧洲的立陶宛、乌克兰，亚洲的印尼、泰国、韩国，南美洲的巴西、秘鲁、巴拉圭、厄瓜多尔、危地马拉等10个国家的总统或总理遭弹劾下台。毫无疑问，这些弹劾都与党派斗争有关。12)

　　层出不穷的丑闻和弹劾案，竞选时的相互抹黑、揭短和诬陷，已是家常便饭、司空见惯的文明手段，更极端的则是采用肉体消灭的方式，例如在日本，1960年10月12日日本社会党委员长浅沼稻次郎在执政党自民党的策划下被刺杀；13)在美国，2019年8月10日堪称"现代盖茨比"的金融大亨爱泼斯坦，突然"暴死狱中"，14)就是较有代表性的著名案例。既反映了美国等资本主义国家政党斗争的残酷性，在政党建设上，也将资本主义私有制的阶级属性暴露和体现得淋漓尽致。

10) 参见石庆环、刘博然：《从克林顿到特朗普：弹劾语境下的当代美国政治》，《求是学刊》2020年第4期，第161-164页。
11) 赵萌：《美国国会举行1.6冲击国会山事件听证会》，《世界知识》2022年第13期，第62页。
12) 任远喆、张兴龙：《那些年，遭弹劾的外国领导人（上）》，《世界知识》2017年第10期，第70页。
13) 杨晓东：《中日友好的使者——浅沼稻次郎事略》，《党史纵横》1997年第11期，第40页。
14) 陈小方：《爱泼斯坦死亡事件持续发酵，"自杀"悬案给美国大选埋雷》，http://news.youth.cn/gj/201908/t20190826_12051316.htm。

（二）重许诺，轻兑现，空头支票满天飞

在"选票第一"的政治正确原则下，资本主义国家政党领导人为获取支持，以漂亮的词句和打动人心的目标，走上开空口支票的邪路。

以美国为例，2008年11月民主党人奥巴马战胜共和党人员麦凯恩，当选美国第44任（第56届）总统。竞选时，他承诺结束伊拉克战争、降低财政赤字、停止减税政策和普及医疗保险等。到其2012年第一任期结束，除极少数如结束伊拉克战争承诺兑现外，其他诸如降低财政赤字一半至5330亿美元左右的目标，不仅未能实现，相反财政赤字却飙升至约10894亿美元；停止减税政策变成实施减税计划；普及医疗保险，直到2010年3月才签署《美国大众卫生保健法案》的医疗改革方案，2012年才最终落地，实施的结果是只对老年人等弱势群体提供了"有限保障"。[15]为竞选连任，2011年他却自夸"许下的变革承诺，其中半数得到实现"。[16]2012年奥巴马竞选连任，承诺将在第二任期内加大教育和基础设施投入、改革税收制度、削减赤字、保障弱势群体福利。[17]然而，如同第一任期，其承诺大多成为纸上谈兵，未能如期兑现。[18]美国选民再次用选票做出惩罚，共和党人特朗普击败民主党人克林顿·希拉里当选美国第45任总统，被认为是震撼世界的"黑天鹅事件"。特朗普承诺：纠正

15) 参见朱贤佳：《奥巴马兑现竞选承诺，四年内将赤字减半》，《上海证券报》2009年2月23日第A03版；杨静、金轲：《新自由主义的民生困局——以奥巴马医改为例》，《教学与研究》2018年第8期，第85-87页。

16) 《奥巴马"自我表扬"：兑现六成竞选承诺》，https://business.sohu.com/20111027/n323562003.shtml。

17) 王丰丰、葛相文：《美国总统奥巴马赢得连任》，http://www.xinhuanet.com/world/2012-11/07/c_113631303.htm。

18) 《美国总统竞选时的诺言能否实现：奥巴马曾承诺什么》，https://www.sohu.com/a/118646456_428931。

北美自由贸易协议（NAFTA）、"跨太平洋伙伴关系（TPP）和对华贸易逆差；退出巴黎气候协议；轰炸所谓伊斯兰国；减税；撤回海外美国军队；修建美墨边境隔离墙；退出北约；起诉希拉里，等等。2021年特朗普卸任，历史已给出了答案，上述承诺全部兑现3项、部分兑现4项、搁置2项，已算是不错的成绩。[19]继任的民主党拜登政府，也迟迟未能兑现竞选承诺，"内政外交皆无建树，辜负了广大选民的期望"。[20]

再以韩国为例，2007年12月，大国家党总统候选人李明博雄心勃勃，提出以修建连接首都首尔和第二大城市釜山的大运河为首要步骤的"747经济发展计划"，[21]获得韩国选民支持，当选第17任总统。然而，李明博过于亲美的政策遭遇内外狙击，最终到2013年2月卸任总统职位时，大运河计划被废弃，经济增长率只有2.0%，GDP总量位居世界第14位，人均为25000美元，成为"宇宙大国"的梦想完全落空。

"窥一斑而知全豹，观滴水可知沧海"，作为资本主义世界较有代表性的韩国、美国尚且如此，其他国家不遑多让，更是有过之而无不及。开空头支票不兑现的现象，已成为资本主义国家政党的顽疾。

---

19)《美国大选：特朗普兑现4年前的竞选承诺了吗？》，https://new.qq.com/rain/a/20200829A0LQPW00。

20) 廖叶璐：《美媒：拜登竞选承诺落空辜负选民期待》，https://cn.chinadaily.com.cn/a/202207/28/WS62e238b4a3101c3ee7ae137e.html。

21) 年均经济增长7%、10年内人均收入翻番至4万美元以及使韩国跻身全球7大经济强国之列。——林秀敏：《韩国总统李明博心血之作：韩国大运河可直航上海？》，http://intl.ce.cn/main/jx/wm/200804/14/t20080414_15147263.shtml。

(三) 相互否定，"新官不理旧账"

此类现象，作为两党制的美国最有代表性。

以最近的历史，2001年共和党人小布什就任美国第43任总统后，就立即签署法令，以"减少温室气体排放将会影响美国经济发展"为由，否决前任总统民主党人克林顿于1998年签署的国际协议《京都议定书》。《京都议定书》是由联合国190余个气候变化框架公约参加国，历经约6年艰苦谈判、三次会议而制定，旨在防止全球气候变暖。[22]作为全球温室气体排放量最大的国家，美国的行为严重妨碍了人类应对全球气候变暖的行动。

历史的相似一幕又出现在2017年6月，就任美国第45届总统的共和党人特朗普，认为前美国总统民主党人奥巴马于2015年签署的《巴黎气候协定》，"扼杀了美国的就业，并使美国经济套上了沉重的枷锁"，以此为借口，他宣布美国退出该协定。《巴黎气候协定》是一个旨在减少碳排放的全球协议，已有143个国家签署协议。[23]为温室气体排放踩刹车是全球政治核心难题之一，无疑美国再次站在历史错误的一边，成为人类共同行动的阻碍者。与此同时，特朗普还签署法令，废除前任民主党总统奥巴马"医改"，宣布退出奥巴马牵头推动的跨太平洋伙伴关系协定（TPP）。[24]

不顾国际道义、人类情怀、民众疾苦，充分展现了资本主义政党短视性的一面。

---

22) 参见《关于〈京都议定书〉》，《地球》2015年第12期，第77页。
23) 【美】詹姆斯·麦克布莱德：《退出〈巴黎气候协定〉之后果》，俞平译，《国外社会科学文摘》2017年第8期，第43页。
24) 王传军：《特朗普上任"三把火"》，《光明日报》2017年1月24日第10版。

(四) 制度化的腐败难以根治

腐败问题是人类社会的顽疾。随着资本主义社会的发展，与政党发展相始终，已成为无法根治的难题。

首先，在发达资本主义国家，腐败已合法化、隐性化。如美国民主党总统克林顿，因莱温斯基性丑闻输了司法官司，到2001年卸任总统时，欠债高达千万美金，家庭财政"完全破产"。但他卸任后，凭借撰写回忆录等书籍版税和出席各种名目繁多的诸如早餐会、午餐会、晚宴等活动，受邀发表演讲，出场费平均达20万美元，甚至高达50万美元。高额的版税和出场费，很快就让克林顿还清债务，还成为亿万富翁。其妻子希拉里2013年卸任国务卿后，也成为演讲的常客。自2001年以来，仅演讲活动就已经让克林顿夫妇赚得上亿美元。为"合理避税"，克林顿设立"克林顿基金会"，到2016年时共获得1.55亿美元收入，而总统克林顿个人从中敛财超过5000万美元。[25]像克林顿夫妇这种美国式的高端腐败，已合法化、常态化和体系化。除此之外，重要的另一种腐败方式就是"旋转门"。政商之间身份角色互换，离任国会议员或行政部门高官效力于游说公司，充当"掮客"牟利，已成常态。例如，小布什政府期间，已有超过三分之一的前国会议员和近半数行政部门高官，进入为特殊利益集团服务的游说公司。[26]美国层出不穷的腐败样式，系统体现

25) 董哲：《希拉里：克林顿卸任总统时身无分文还欠债，上亿美元家庭资产得来不易》，https://www.qianzhan.com/people/detail/270/140610-929fb512_2. html；《维基解密再爆克林顿基金会丑闻，称克林顿个人敛财5000万》，https:// www.guancha.cn/america/2016_10_31_378986.shtml。

26) 张宇燕、富景筠：《当代美国的腐败——数据、案例与机理》，《国际经济评论》2006年第6期，第22-23页；张宇燕、富景筠：《当代美国的"隐性腐败"》，《学习月刊》2006年第11期（上），第45页。

和演绎了资本主义私有制下政党异化的本质和存在的状态。有美国观察家就指出：金钱政治盛行，"整个体系已从根上腐坏，并形成了一套乖谬的激励机制。"[27]院外游说和"旋转门"，再加上政治献金，在某种程度上已被美国社会视为是"合法腐败"，已成为美国政治难以消除的痛疾。

另一类著名的案例是韩国。自20世纪80年代实现民主化以来，如表20所示，迄今历任总统卸任后都因腐败问题受牵连，或被问罪入狱，以"韩国病"成为韩国式政党政治的特色和腐败类型。

表20：1988-2022年间韩国第13—18届总统腐败问题一览表[28]

时间	姓名	职位身份	所属政党	发起调查者与政党	结果
1997.04	卢泰愚	第13届总统	民主正义党	金泳三与民主自由党	受贿处17年徒刑
1998.02	金泳三	第14届总统	民主自由党	金大中与新政治国民会议	亲信与亲属贪腐
2003.02	金大中	第15届总统	新政治国民会议	卢武铉与新千年民主党	亲属贪腐
2009.05	卢武铉	第16届总统	新千年民主党	李明博与大国家党	贪腐，跳崖身亡
2020.02	李明博	第17届总统	大国家党	朴槿惠与新国家党	受贿处23年徒刑
2020.07	朴槿惠	第18届总统	新国家党	文在寅与共同民主党	遭弹劾处23年徒刑

27)【美】纪思道：《美国肮脏的政治游戏》，http://www.guancha.cn/JiSiDao/2015_06_01_321605.shtml。

28) 参见金振杰：《韩国为何难跳出腐败怪圈》，《人民论坛》2012年第30期，第32页；袁南生：《韩国前总统被"团灭"的启示》，《清风》2018年第9期，第50-52页；孙晓翔、刘金源：《韩国现代化进程中的腐败问题》，《东北亚论坛》2010年第1期，第32-33页。

与此相似的则是亚非拉发展中国家广泛存在，由政党领导人当政后的独裁专制统治，形成家族式腐败，诸如伊拉克复兴党领导人萨达姆[29]、埃及民族民主党总书记穆巴拉克[30]、突尼斯宪政民主联盟主席本·阿里[31]等，具有典型性。

第三类政党腐败类型，则以被西方誉为亚洲新兴民主国家典范、自诩世界最大民主国家的印度最有代表性。2010年，印度连续曝出4大腐败丑闻案，一是电信部长安迪穆图·拉贾"白菜价发手机牌照"，造成390亿美元巨大损失，被认为是印度历史上最大腐败丑闻；二是多名国有金融部门高管涉嫌受贿数亿美元，向房地产公司大规模违规发放贷款；三是数名高官进行洗钱交易，涉案金额30亿卢比（约合人民币4.35亿元）；四是印度马哈拉施特拉邦首席部长阿肖克·恰范涉嫌非法吞占"军烈属安居房"。[32]腐败丑闻严重损害印度已长期执政的最大政党——国大党——的执政地位。[33]2014年选举中，人民党候选人莫迪取得胜利，自此也终结了建党达129年的国大党的执政地位。印度的腐败现象在发展中国家有一定代表意义，是制度性的，已深入最高层，也充分暴露了政党建设的问题。[34]

历史与现实都表明，在资本主义制度下，无论是发达国家，还是发展中国家，腐败问题难以根治、无法根治，已是资本主义国家政党的顽瘴痼疾。

29) 韩志斌、薛亦凡：《伊拉克复兴党的兴衰成败与现实影响》，《西亚非洲》2021年第3期，第67-70页。

30) 颜武：《埃及："革命"未能免于腐败》，《廉政瞭望》2016年第2期，第88-89页。

31) 曾亚波、胡杰群：《不治腐，必致乱》，《法治与社会》2012年第3期，第57页。

32) 《连环腐败案让印度蒙羞》，《世界报》2010年12月8日第4版。

33) 参见朱翠萍：《论印度'大国梦'的成就与困境》，《印度洋经济体研究》2014年第1期，第43-44页。

34) 赵干城：《印度民主为何治不了腐败》，《人民论坛》2012年第31期，第42-43页。

（五）目光短浅，缺乏政策稳定性

由于受选举政治的影响，政党为获取选票，均以讨取选民欢心、吸引和打动民众为政策和目标取向尺度，难以制定和实施长期目标，也缺乏政策稳定性。从全球视角，这一特性近年来又以美国最为典型。

2008年美国爆发的国际金融危机重创美国，各阶层利益严重受损。民主党总统候选人奥巴马抓住选民心理，针对共和党总统小布什的失误，以"美国能够改变"为口号，提出结束伊拉克战争、削减赤字、停止减税、提高向富人征税、进行惠及弱势群体的医改等政策目标。如前所述，这些目标除极少数外，大多流于空谈或被变相降低目标。奥巴马8年任期，留下的政治遗产寥寥无几，即便如此，新任共和党总统特朗普，一上任就统统予以否决。2021年民主党总统拜登上任后，又将特朗普的政治遗产和内外政策几乎全部翻转。囿于任期限制和政党利益纠葛，美国政党上台后政策"翻烧饼"的做法已成为常态。

同样，欧洲也是一样，例如在法国和英国，无论左派或右派政党上台，都会带来国家发展政策的剧烈变动，左派政党大规模推行国有化，右派政党则实行大规模的私有化，如此反复。在美国，民主党执政，一般就实施对富人增税、对财团开刀、对穷人补助的政策；共和党执政，则采取对富人减税、扶持财团的立场。[35]并且政策的稳定性一般为4年，最长也只有8年，而且面临翻转否定的命运。对内政策是如此，外交也是如此。共和党的小布什时期大搞单边主义，民主党的奥巴马上台后就积极主张多边主义，到共和党的

---

35)【法】宋鲁郑：《中国的一党制何以优于西方的多党制？》，http://www.zzdangshi.com/dangshi/xsjl/624.html。

特朗普时期又捡起单边主义旗帜疯狂"退群"，现如今民主党的拜登则又重回多边主义立场。

因此，选举限制了政党的目光与视野，政策短视，政党执政定期更替，又难以提供稳定的政策预期，就成为资本主义政党的通病。

(六) 相互掣肘，效率低下

政党利益决定谁能上台执政，谁就能实现利益最大化。为实现和保证上台执政，最佳的策略和手段，就是让上台执政的政党做不成任何事或削弱其干事能力。美国政党将这一原则效能发挥得淋漓尽致，成为世界一道风景线。

以美国特朗普总统时期为例，有几件典型案例。诸如，为兑现在美墨边境修建隔离墙的核心承诺，特朗普曾提出高达215亿美元的拨款法案，遭到民主党人强烈反对。在国会遭遇抵制后，特朗普将拨款要求降至50亿美元，仍为民主党人拒绝，最终造成2018年12月美国政府停摆。[36]为兑现重建基础设施的承诺，特朗普曾向国会提出1.5万亿美元拨款要求，但遭到民主党人的反对。直到2018年3月，美国国会两党达成协议，同意拨款210亿美元，用于基础设施建设，致使特朗普雄心勃勃重建基础设施的计划成为画饼。[37]特朗普无法成功连任，与民主党的干扰是分不开的。继任的民主党拜登总统，也难以摆脱被束缚的命运。为兑现竞选承诺，2021年10月他提出"重建更好未来法案"，计划未来10年在医疗、教育、住房、环保等方面

---

36) 胡泽曦:《美国政府停摆说明了什么？》，http://world.people.com.cn/n1/2018/1223/c1002-30482545.html。
37)《美国大选：特朗普兑现4年前的竞选承诺了吗？》，https://new.qq.com/rain/a/20200829A0LQPW00。

投入1.75万亿美元。12月，在民主党控制国会的情况下，仍遭到共和党人阻击，《重建更好未来法案》虽获通过，但其中的基建法案规模已从最初的2.3万亿美元缩水至1.2万亿美元。[38]2023年1月，共和党掌控国会众议院后，就以"机密文件门"火速启动对拜登的调查，以致美联社称之为是对白宫"混乱而具有爆炸性的政治对决"。[39]

　　新冠肺炎疫情，将美国赤裸裸的党派斗争面目彻底暴露于世界。从佩戴口罩、保持社交距离、核酸检测、疫苗注射到紧急纾困法案等，"几乎每一件与疫情相关的举措，都充满了美国两党利益纷争"。"政治内耗"又造成防疫政策混乱、行动迟缓、效率低下，最终酿成死亡100余万人的人道主义灾难。[40]除此外，近年来闻名世界的还有"加州高铁"项目、[41]加利福尼亚州坎普山火[42]等，都与美国党派斗争和利益纠缠造成的行政效率低下有关。

38）何振华、陶九虎、杨淮、梁琪：《美国众议院涉险通过〈重建更好未来法案〉》，http://news.sohu.com/a/508473823_120099883；《美国总统拜登上任一年，"重建更好未来"落空》，http://www.takungpao.com/news/232111/2022/0119/678716.html。

39）刘程辉：《美共和党启动调查拜登家族，"这是场爆炸性的政治对决"》，https://www.guancha.cn/internation/2023_01_12_675503.shtml。

40）《"权力的游戏"酿成美国人道主义灾难》，https://www.guancha.cn/politics/2021_08_11_602595.shtml；《约翰斯·霍普金斯大学数据：美国新冠肺炎死亡人数超百万》，https://www.guancha.cn/internation/2022_05_18_640216.shtml。

41）2008年，美国正式启动加利福尼亚州高速铁路建设，2015年举行开工典礼。然而，该项目曾数次成为政治力量牺牲品，已是"最昂贵的灾难工程"。不仅建设成本由330亿美元攀升至1130亿美元，而且承诺完成日期已推迟到2030年，也被认为实际上不可能。——李丽：《美国高铁梦是如何在政治妥协中"脱轨"的？》，https://www.guancha.cn/internation/2022_10_10_661440.shtml。

42）自2018年11月8日山火爆发以来，持续20余天才被扑灭。山火共造成85人死亡，296人失联，烧毁民宅近14000栋、514栋商业建筑和其他建筑4265栋，波及范围达600多平方公里。——赵艳：《美国"坎普"山火得到完全控制，已有85人遇难》，https://www.sohu.com/a/278013764_114731。

如何破解党派斗争造成的行政效率低下困境，不仅是美国，也是所有资本主义国家政党面临的难题。

(七) 选举花费惊人，街头政治盛行

资本主义社会的不断发展，各种利益都是市场交易的对象。政党竞选，当然也不例外，已经成为疯狂烧钱的竞技场和街头秀场。

美国作为资本主义世界最发达的国家，引领政党竞选的潮流，也成为各国政党效仿的对象。其政党竞选的特色，一是时间长（7月至11月）；二是花费多；三是流行街头走场，赴各地竞选演讲，兜售自己观点。美国政党竞选与金钱的关系，更是公开的秘密。曾帮助威廉·麦金利两次赢得美国总统选举的马克·汉纳，在100多年前就公开谈到"金钱政治"的秘密，他总结成功经验表示"要赢得竞选，需要两个东西。第一个是金钱，第二个我就不记得了。"实际上，在美国大大小小各类选举中，"竞选人都需要通过'烧钱'来提升'存在感'，包括打广告、雇工作人员、印制宣传品、到各地举办竞选活动，甚至是打击竞争对手，等等。为支撑巨大的竞选支出，找到出资'金主'是竞选人的头等大事"。而竞选资金也水涨船高，2004年，共和党与民主党两党总统候选人的选举费为7亿美元，2008年已增加到10亿美元，2012年则是20亿美元，2016年总统选举和国会选举总共花费达66亿美元，2020年美国大选花费已达创纪录的140亿美元。[43] 而最新的数据显示，2021年1月围绕佐治亚州参议员的竞选，两党选举花费竟达8.3亿美元，创下美国国会历史纪录。[44] 竞选与金钱挂钩，导致的后果就是竞选资金多寡成为胜选的

---

43) 李云舒、柴雅欣：《最大政治献金案曝光美国制度腐败真实面目：起底美式"黑金政治"》，《中国纪检监察报》2022年9月19日第4版。

条件。竞选被誉为有钱人的游戏、富人的专利，政党选举竞争也变成金钱竞争、资本的游戏，竞选就像是"亿万富豪们在选举中'下注'，仿佛这一切不过是一场赛马，而候选人不过是他们相中的良驹"。45)政党为金钱所绑架，成为资本的奴婢。影子政府、深层政府和傀儡与代理人，就被用来描绘现如今台前活跃的美国政府领导人和幕后资本的关系。

对比美国，印度不遑多让。2019年的印度总理大选，就创造了历史纪录。时间上，大选从4月11日开始，到5月19日结束，历时39天。为保证此次选举顺利，为6亿多人前往投票，设立了100多万个投票站，共派出大约1000万名选举官员维持秩序。各政党为大选耗资约5000亿印度卢比（约合481亿元人民币），已成为印度历史上"最烧钱"的选举。其中，印度人民党花费200亿卢比，是名副其实的"烧钱大户"，助推人民党领导人纳伦德拉·莫迪成功赢得大选连任总理。大选中，候选人在街头频频"造势"，为引起"围观"，采用电子影像设备、烟花爆竹、座椅，甚至美食小吃等吸引选民。与耗资惊人的大选相比，具有讽刺意味的是，印度尚有60%的人口每天消费在3美元左右。46)

美国与印度的选举，在资本主义世界具有代表性。政党选举在一定意义上比拼的是筹款和吸引选民的能力。于是，政党领导人拼

44) 陈思佳：《美国佐治亚州参议员选举花费8.3亿美元，创国会历史纪录》，https://www.guancha.cn/internation/2021_01_06_576975.shtml。

45) 【美】纪思道：《美国肮脏的政治游戏》，http://www.guancha.cn/JiSiDao/2015_06_01_321605.shtml。

46) 胡博峰、刘皓然：《印度大选或耗资5000亿卢比，参选者慷慨送礼"贿赂"选民》，http://finance.sina.com.cn/roll/2019-03-14/doc-ihsxncvh2341692.shtml；李天宇：《印度大选将成全球最贵，但6成人口每天仅消费3美元》，https://www.guancha.cn/internation/2019_03_12_493261.shtml。

的是演技，而不全是决断和干事的能力。诸如政治素人特朗普，既无当过议员，又未当过州长、市长，毫无从政经历和经验，但并不妨碍其参选美国总统，靠"让美国再次伟大"的竞选口号，最终战胜对手，并能成功当选美国总统。特朗普并非孤例，1980年演员出身的里根，就凭借其影视界的知名度和影响力，成功当选美国总统。无独有偶，在今天世界上，乌克兰总统泽连斯基也是政治素人，凭借其知名影视剧演员的身份，成功当选乌克兰总统。正是他将俄乌关系推之俄乌冲突的状态，造成乌克兰支离破碎，陷入灾难境地。可以说，奉行资本主义政党观的国家，以选票多寡为最高准则，又遵循三权分立、多党制的宪政民主原则，出现上述现象并不奇怪。

（八）人才浪费严重

资本主义国家无论是一党制、两党制，还是多党制，根本的指挥棒还是选举获胜上台执政。因此，政党利益第一，是资本主义政党奉行的第一原则。而人类社会越发展，社会事务就越繁复，就需要方方面面治国理政的人才。

然而，由于资本主义国家存在形形色色的政党，整个国家的政治人才为不同政党分割，变成政党的独有财富，并随政党共进退。更由于政党选举奉行的是"赢者通吃"、"胜者为王，败者为寇"、"一朝天子一朝臣"的原则和规则，一党获胜，就意味着掌握分配利益的权力。而资本主义政党其实是利益集合体，为获取利益，本党政治人才就要占据属于自己的权力岗位。即便原来政党的政务官再有能力，也一律统统大换血，换上本党人员。其结果，一方面会造成人才的短缺，另一方面则又造成人才的浪费。"毕竟政治精英也是稀缺资源，一个杰出政治人才的产生也是多种因素合成的，而政治精英也有其自然寿命。"诸如美国,一个政党任期4年加上连任共8年,也就意味着另一个政党的政治精英闲置4年或8年。[47]

资本主义政党竞争之所以残酷,根本原因就在于人才竞争,由此造成人才浪费,这是其政党建设无法克服的弊端。

总之,资本主义政党是为资本利益服务,而不是为人民大众服务。上述种种弊端和无法克服的通病说明,一切为选举上台服务,竞选上台执政第一,丢失了政党存在和发展的初衷和使命,其政党建设已迷失了方向,陷入不可自拔的漩涡。它暴露了资本主义私有制的根本制度性缺陷,是资本主义社会和制度总危机的一个写照。

二、传统社会主义国家政党建设的历程和教训

(一) 苏联共产党建设历程

2022年8月30日,前苏联领导人戈尔巴乔夫去世,引爆了世界舆论圈。两种对立的评价观点引人注目,一种主要来自西方,称赞其为"英雄",是世界伟人和和平贡献者,另一种来自世界其他国家和俄罗斯,认为他是导致苏联解体、苏共垮台的"罪愧祸手",是历史的"罪人"。谁是谁非?戈尔巴乔夫的葬礼在某种意义上给出了答案。世界主要国家领导人均未出席,俄罗斯领导人普京也未出现在葬礼现场。[48]盖棺论定,这就是历史的答案和公论。戈尔巴乔夫作为

---

47)【法】宋鲁郑:《中国的一党制何以优于西方的多党制?》,http://www.zzdangshi.com/dangshi/xsjl/624.html。

48) 隋鑫、谢戎彬、陈青青、柳玉鹏、董铭:《戈尔巴乔夫病逝,世界唏嘘》,《环球时报》2022年9月1日第16版;赵萌:《戈尔巴乔夫去世》,《世界知识》2022年第18期,第62页。

一个历史符号，不仅凸显了苏共"接班人问题"，也促使人们深思苏联共产党建设及其历史教训问题。

1917年11月，以列宁为核心的布尔什维克领导的"十月革命"取得成功，建立了世界上第一个由马克思主义政党——共产党——掌握政权的社会主义国家。十月革命的胜利，不仅是20世纪马克思主义——列宁主义——的胜利，而且也是共产党自身建设成功实践的胜利。苏共成为执政党后，列宁根据苏联共产党的实际和国内外各种挑战，不断强化党的建设，列宁主义的党建模式逐渐成型，它主要内容体现为：一是加强党的统一领导；二是加强党内民主集中制。49)列宁去世后，斯大林作为苏共领导人，坚持和贯彻列宁主义的党建理论与原则，在实践中进一步强化党的集中制建设，从而形成斯大林党建模式（又称苏共模式）。这一模式最主要的特征是高度的集中统一，体现为：一是集中制日益加强；二是党内民主日渐消失。50)1924年至1953年间，斯大林领导苏共战胜国内外各种困难和挑战，使苏联跃居仅次于美国的世界强国，扩大了社会主义和苏共的威望与影响力。因此，苏共模式为各国共产党所仿照，对各国共产党的建设影响极大。斯大林去世后，赫鲁晓夫作为苏共领导人，采取否定斯大林的方式，以解决苏共和苏联建设中存在的问题与困难。赫鲁晓夫时期（1953-1964年），在党建方面，他尝试改革，主要做法是：一是强化党的集体领导原则；二是加强对国家和经济管理机关的领导；三是大规模更新干部。特别是在党的建设方向上，他提出了"全民党"、"全民国家"的口号，为后来的"苏共垮台、苏联演变埋下了种子"。51)赫鲁晓夫内外政策引发党内不

---

49) 参见王长江主编《世界政党比较概论》，中共中央党校出版社，2003，第31-32页。
50) 参见王长江主编《世界政党比较概论》，中共中央党校出版社，2003，第41-46页。

满，勃列日涅夫取而代之，苏共历史由此进入勃列日涅夫时期（1964-1982年）。在党的建设上，勃列日涅夫基本沿用赫鲁晓夫的做法，没有进行大的改变，只是不再大规模调整干部。正是这一时期，苏共成为利益集团，干部队伍腐化堕落，日渐脱离群众和实际，苏共名誉与声望也"江河日下"。[52]从斯大林到勃列日涅夫，党的建设的苏共模式不断发展，最终定型，其主要特点是：一是党政融为一体，以党代政，形成官僚阶层。二是党内形成高度集权行政命令体制。三是党的干部任命制或变相任命制。四是上级决定、下级无条件执行的单向运作机制。五是缺乏监督约束机制。[53]

20世纪80年代，面对经济全球化的挑战，各国刮起改革的春风。苏联共产党在经历安德罗波夫（1982-1984年）、契尔年科（1984-1985年）短暂过渡调整，选择年轻的戈尔巴乔夫担任苏共中央总书记（1985-1991年）。他上任后，全面推行改革，以1989、1990年为界，在党的建设方面，前期他采取：一是推行党内民主化，二是实行党政分开；后期实施：一是承认多党制，取消苏共政治核心、社会领导力量的地位，二是以苏共二十八大为标志，彻底放弃苏共传统党建模式，确立新的党的建设机制。新机制最核心的就是放弃苏共领导地位。[54]实际上，在资本主义政党发动的"颜色革命"冲击中，戈尔巴乔夫领导的苏共败下阵来，最终导致1991年苏共解散、苏联瓦解的20世纪最大政治历史灾难悲剧的发生。

（二）苏联共产党建设的历史教训与启示

51) 周新城主编《共产党通史：在社会主义国家的共产党》第2卷（上册），人民出版社，2011，第226页。
52) 参见王长江主编《世界政党比较概论》，中共中央党校出版社，2003，第49-57页。
53) 参见王长江主编《世界政党比较概论》，中共中央党校出版社，2003，第66-67页。
54) 参见王长江主编《世界政党比较概论》，中共中央党校出版社，2003，第58-63页。

1991年8月24日，戈尔巴乔夫宣布辞去苏共中央总书记职务，要求苏共中央做出"自行解散的决定"，宣布停止苏共在苏联武装力量、军事单位和国家机关中的活动。[55]此举标志着一个拥有约1500万党员、具有93年历史、执政74年的无产阶级政党——苏联共产党，在内外敌对势力的进攻中，自行垮台，丧失执政地位，已成为20世纪最大的政治谜题。人们不禁要问，苏共为何会走到如此境地？归结起来，"理想信念缺失、消极腐败、政治纪律荡然无存"是决定性因素，[56]其最根本的就是自赫鲁晓夫提出建设"全民党""全民国家"起，党的建设就迷失了方向，归根到底在于它忘记了无产阶级政党的初心和使命，逐步丧失了领导苏联社会政治经济发展的能力和领导苏联人民进行深入改革的能力。[57]

苏共的失败，又是苏共长期党的建设不成功的必然结果。它的失败也为执政的共产党敲响了警钟，带来深刻的启示：（1）必须加强思想政治建设，筑牢信仰、信念、信心之基。（2）执政党必须解放思想、实事求是，把马克思主义与本国实际相结合，不断推进马克思主义本土化、时代化。（3）认真贯彻民主集中制，研究和探索执政规律、领导体制和执政方式。（4）必须整顿党风，惩治腐败，搞好党群关系。（5）必须改变委任制、终身制，健全干部管理制度，搞好领导班子建设。（6）必须坚定改革的社会主义正确方向。[58]

苏共的结局与命运令人扼腕叹息，其对社会主义事业发展、世

55）周新城主编《共产党通史：在社会主义国家的共产党》第2卷（上册），人民出版社，2011，第385页。

56）欧阳松：《中国共产党的建设基本问题研究》，人民出版社，2021，第599页。

57）王长江主编《世界政党比较概论》，中共中央党校出版社，2003，第70页。

58）参见王长江主编《世界政党比较概论》，中共中央党校出版社，2003，第71-73页；刘会柏、刘方舟：《苏共政治建设失败的历史教训与现实启示》，《西南林业大学学报（社会科学）》2020年第1期，第9-10页。

界社会主义运动、全球秩序与格局、共产党建设等都带来历史性的巨大冲击，是一场空前绝后的"历史大地震"。那么，引发这场历史巨震的苏共，在党的建设方面到底留下了哪些教训？从斯大林到戈尔巴乔夫，结合学术界的观点和笔者的思考，归纳起来，其教训主要是：（1）思想路线上前期教条主义倾向严重，后期修正主义思潮泛滥，放弃马克思主义。（2）政治路线上脱离本国实际，背离社会主义方向，走上"西化"邪路。（3）改革方向上社会民主党化，步骤上激进主义。（4）组织路线上以党的利益、官僚阶层利益为中心，党政一体，党内高度集权，缺乏民主。（5）作风上党风不正，官僚主义、腐败现象严重。（6）党的干部任命制，接班人问题突出。[59]

历史是在曲折中发展的，苏共解散、苏联解体并不会改变人类社会发展的客观规律。苏共的悲剧告诉我们，把握党的建设的正确方向极端重要，它是党的生命线，也是党永葆生机与活力的根本所在。

三、中国共产党的建设实践和经验

（一）中国共产党建设的实践

自1840年鸦片战争以来，在西方资本主义列强的侵略下，中国陷入半殖民地半封建社会的深渊，山河破碎，国破家亡，民不聊生。充满伟大斗争精神的中国仁人志士，带领不甘屈服的中国人民奋

---

59) 参见李慎明主编《居安思危——苏共亡党二十年的思考》，社会科学文献出版社，2011，第43-49页；李冠乾：《苏共的蜕变及其历史教训》，《广州师院学报（社会科学版）》1999年第9期，第34-35页；李燕：《男儿为何不抗争——苏联解体前苏共基层党组织与党员思想状况分析》，《红旗文稿》2015年第18期，第33-37页。

起抗争，进行了各种尝试，但都因未找到正确的出路而归于失败。伟大的十月革命的胜利，给中国人民带来希望和启示。于是，在波澜壮阔的五四运动爱国潮流中，李大钊、陈独秀等为代表的知识分子接受了马克思列宁主义。1921年，在俄国十月革命影响和苏联共产党帮助下，中国共产党"应运而生"，这是"开天辟地的大事变"。正如习近平所凝练的："中国共产党一经诞生，就把为中国人民谋幸福、为中华民族谋复兴确立为自己的初心使命"。[60]

1. 毛泽东时期党的建设实践

中国共产党自建党后，克服党的建设面临的各种问题，战胜前进道路上的各种挑战，带领中国人民经过28年英勇斗争，推翻帝国主义、封建主义、官僚资本主义三座大山，取得新民主主义革命伟大胜利，结束半殖民地半封建社会和一盘散沙历史，创建新中国，"为实现中华民族伟大复兴创造根本社会条件"。[61]建国后，又领导中国人民通过社会主义革命，建立了社会主义社会和制度，"为实现中华民族伟大复兴奠定根本政治前提和制度基础"。[62]在推进社会主义建设中，经过艰苦奋斗，建立起独立的比较完整的工业体系和国民经济体系，取得"两弹一星"等重大成就，为社会主义发展奠定较为坚实的基础。

在革命的历史进程中，中国共产党逐渐形成以毛泽东同志为核心的第一代中央领导集体。在毛泽东领导下，党的建设克服左倾和

---

60) 《习近平谈治国理政》第4卷，外文出版社，2022，第4页。
61) 《中共中央关于党的百年奋斗重大成就和历史经验的决议》，人民出版社，2021，第3页。
62) 《中共中央关于党的百年奋斗重大成就和历史经验的决议》，人民出版社，2021，第9页。

右倾思想的干扰，保证了正确的方向，并形成毛泽东建党思想。归纳起来，在党的革命时期，主要是："一是实施和推进党的建设伟大工程，提出着重从思想上建党的原则；二是组织上坚持民主集中制；三是作风建设上坚持理论联系实际、密切联系群众、批评和自我批评三大优良作风；四是形成统一战线、武装斗争、党的建设三大法宝，努力建设全国范围的、广大群众性的、思想上政治上组织上完全巩固的马克思主义政党"。进入社会主义革命和建设时期，针对发展变化了的党的建设状况，进行新的探索与实践，主要是："一是着重提出执政条件下党的建设的重大课题，从思想上组织上作风上加强的建设、巩固党的领导；二是加强干部理论学习和知识培训，提高党的领导水平；三是开展整风整党，加强党内教育，整顿基层党组织，提高党员条件，反对官僚主义、命令主义和贪污浪费；四是高度警惕并着力防范党员干部腐化变质，坚决惩治腐败。"[63]

概括起来，毛泽东党建思想最突出的特色是"特别着重于从思想上建设党"，它成功解决了在中国这样一个生产力比较落后、农业人口占绝大多数、党员主要来源于农民的国家，党员如何从组织入党到思想入党以及如何用马克思主义克服非无产阶级思想的问题。[64]他的独创性的贡献，丰富了马克思主义的建党学说，奠定了中国共产党党建思想的理论基石，为在革命和建设时期中国共产党建设，指明了方向，提供了理论指南和实践标准，也为执政党的建设积累了初步经验。

---

63)《中共中央关于党的百年奋斗重大成就和历史经验的决议》，人民出版社，2021，第7-8、12页。

64) 中共中央文献研究室编《关于建国以来党的若干历史问题的决议注释本》，人民出版社，1983，第54页。

2．改革开放新时期党的建设实践

1978年，中国共产党为应对经济全球化的挑战，开创社会主义现代化建设事业新局面，开启了改革开放和社会主义现代化建设新时期的时代大幕。以邓小平（1978-1989年）为核心的新一代中央领导集体、以江泽民（1989-2002年）为核心的第三代中央领导集体和以胡锦涛（2002-2012年）为总书记的党中央，带领中国共产党人和全国人民，持之以恒，开拓创新，接续发展，成功开创和推进中国特色社会主义伟大事业取得举世瞩目成就。国家大踏步赶上时代，经济总量GDP跃居世界第二，人民生活实现从温饱不足到总体小康、奔向全面小康的历史性跨越，实现从站起来到富起来的新飞跃。

面对新形势、新任务、新环境，党的建设面临的"四大考验""四种危险"，邓小平、江泽民、胡锦涛接续着力推进党的建设新的伟大工程。概括起来就是："一是始终强调治国必先治党，治党务必从严，聚精会神抓好党的建设，开创和推进党的建设新的伟大工程；二是制定关于党内政治生活的若干准则，健全民主集中制，发扬党内民主，实现党内政治生活正常化；三是有计划有步骤地进行整党，着力解决党内思想不纯、作风不纯、组织不纯问题；四是按照革命化、年轻化、知识化、专业化方针加强干部队伍建设，大力选拔中青年干部，促进干部队伍新老交替；五是围绕解决好提高党的领导水平和执政水平、提高拒腐防变和抵御风险能力两大历史性课题，以执政能力建设和先进性建设为主线，先后就加强党同人民群众联系、加强和改进党的作风建设、加强党的执政能力建设等重大问题作出决定，组织开展'讲学习、讲政治、讲正气'教育、'三个代表'重要思想学习教育活动、保持共产党员先进性教育活动、学习实践科学发展观活动等集中性学习教育；六是把党风廉政建设和反腐

368

败斗争提高到关系党和国家生死存亡的高度，推进惩治和预防腐败体系建设"。[65]党在新时期全新探索和实践的党建新路径、新思路、新方法，开创了党建工作的新局面，使党的建设赶上和符合时代发展潮流，迈入时代化、制度化、民主化、法治化、科学化、现代化的轨道，为党的各项事业的发展提供了坚强的组织保障和有力的干部队伍，从而为迎来新时代奠定坚实基础、创造了有利条件。[66]

3. 新时代党的建设实践

2012年党的十八大之后，在中国共产党领导下，中国再次迎来时代之变，"中国特色社会主义进入新时代"。[67]在习近平为核心的党中央强有力领导下，全面建成小康社会目标如期实现，顺利实现党的第一个百年奋斗目标；"党和国家事业取得历史性成就、发生历史性变革"，中国特色社会主义进一步彰显出强大生机活力；为实现中华民族伟大复兴提供更为完善的制度保证、更为坚实的物质基础、更为主动的精神力量。中华民族又实现从富起来到强起来的伟大飞跃。[68]

伟大成就的取得来之不易，根本原因就得益于习近平为核心的党中央坚强有力的英明领导，得益于中国共产党自身建设的成功和有力量。实际上，新时代一个最为突出、最为重要的变化和成就就

---

65)《中共中央关于党的百年奋斗重大成就和历史经验的决议》，人民出版社，2021，第21-22页。

66)《中共中央关于党的百年奋斗重大成就和历史经验的决议》，人民出版社，2021，第26页。

67)《习近平谈治国理政》第3卷，外文出版社，2020，第8页。

68)《中共中央关于党的百年奋斗重大成就和历史经验的决议》，人民出版社，2021，第61-62页。

是党的建设。以习近平同志为核心的党中央明确"全面从严治党的战略方针，提出新时代党的建设总要求，全面推进党的政治建设、思想建设、组织建设、作风建设、纪律建设，把制度建设贯穿其中，深入推进反腐败斗争，落实管党治党政治责任，以伟大自我革命引领伟大社会革命"。

在实践中，一是加强和改善党的领导，旗帜鲜明提出"党的领导是党和国家的根本所在、命脉所在，是全国各族人民的利益所系、命运所系，全党必须自觉在思想上政治上行动上同党中央保持高度一致""确保充分发挥党总揽全局、协调各方的领导核心作用"。

二是坚持党要管党、从严治党，强调"必须以加强党的长期执政能力建设、先进性和纯洁性建设为主线，以党的政治建设为统领，以坚定理想信念宗旨为根基，以调动全党积极性、主动性、创造性为着力点，不断提高党的建设质量，把党建设成为始终走在时代前列、人民衷心拥护、勇于自我革命、经得起各种风浪考验、朝气蓬勃的马克思主义执政党"；突出抓住"关键少数"，"落实主体责任和监督责任，强化监督执纪问责，把全面从严治党贯穿于党的建设各方面"。

三是全面从严治党从人民群众反映强烈的作风问题抓起，"从制定和落实中央八项规定破题，坚持从中央政治局做起、从领导干部抓起，以上率下改进工作作风"。

四是"坚持思想建党和制度治党同向发力，先后开展党的群众路线教育实践活动、'严以修身、严以用权、严以律己，谋事要实、创业要实、做人要实'专题教育、'学党章党规、学系列讲话，做合格党员'学习教育、'不忘初心、牢记使命'主题教育、党史学习教育等，用党的创新理论武装全党，推进学习型政党建设，教育引导广大党员、干部特别是领导干部从思想上正本清源、固本培元，筑牢信仰之基、补足精神之钙、把稳思想之舵，保持共产党人政治本色，挺起共产党人的精神脊梁"。

五是"提出和贯彻新时代党的组织路线，明确信念坚定、为民服务、勤政务实、敢于担当、清正廉洁的新时代好干部标准，突出政治素质要求、树立正确用人导向，坚持德才兼备、以德为先，坚持五湖四海、任人唯贤，坚持事业为上、公道正派，坚持不唯票、不唯分、不唯生产总值、不唯年龄，不搞'海推'、'海选'，强化党组织领导和把关作用，纠正选人用人上的不正之风"；"要求各级领导干部解决好世界观、人生观、价值观这个'总开关'问题，珍惜权力、管好权力、慎用权力，自觉接受各方面监督，时刻想着为党分忧、为国奉献、为民造福"；"坚持党管人才原则，实行更加积极、更加开放、更加有效的人才政策，深入实施新时代人才强国战略，加快建设世界重要人才中心和创新高地，聚天下英才而用之"；"不断健全组织体系，以提升组织力为重点，增强党组织政治功能和组织功能，树立大抓基层的鲜明导向，推动党的组织和党的工作全覆盖"；"坚持纪严于法、执纪执法贯通，用好监督执纪'四种形态'，强化政治纪律和组织纪律，带动各项纪律全面严起来"；"坚持依规治党，严格遵守党章，形成比较完善的党内法规体系，严格制度执行，党的建设科学化、制度化、规范化水平明显提高"。

六是强调"腐败是党长期执政的最大威胁，反腐败是一场输不起也决不能输的重大政治斗争"，"必须把权力关进制度的笼子里，依纪依法设定权力、规范权力、制约权力、监督权力"；"坚持不敢腐、不能腐、不想腐一体推进，惩治震慑、制度约束、提高觉悟一体发力"；"坚持无禁区、全覆盖、零容忍，坚持重遏制、强高压、长震慑，坚持受贿行贿一起查，坚持有案必查、有腐必惩，坚定不移'打虎'、'拍蝇'、'猎狐'"；"聚焦政治问题和经济问题交织的腐败案件，防止党内形成利益集团"；"完善党和国家监督体系，推动设立国家监察委员会和地方各级监察委员会，构建巡视巡察上下联动格局，构建以党内监督为主导、各类监督贯通协调的机制，加强对权力运行的制约和监督"。[69]

在上述组合拳的整治下，过去党的领导弱化、虚化、淡化、边缘化，"管党治党宽松软状况得到根本扭转"。[70]新时代党建实践最突出的特色是强调政治建党，将思想建党、制度建党、政治建党融为一体，最根本的就是要求全党增强"四个意识"、坚定"四个自信"、做到"两个维护"、坚定"两个确立"，表明中国共产党对执政党建设规律的掌握与运用已到炉火纯青的境界。

习近平为核心的党中央保持清醒坚定，高屋建瓴、宏观布局和实践，深入探索和总结党的建设的规律和经验，在继承与创新基础上将党的建设全面推进到新的境界。如上所述，实现了党的建设工作的全面、全方位突破，成功探索出一条长期执政条件下跳出历史周期率的道路。在此基础上，将党的建设思想系统化、理论化，构成习近平新时代中国特色社会主义思想的重要组成部分。它是党的建设的理论升华，是新时代中国共产党人取得的重大创新成果。在这一理论成果指导下，党的建设发生革命性重塑，党的组织、作风、形象面貌一新，组织力、战斗力、凝聚力、创新力明显增

69)《中共中央关于党的百年奋斗重大成就和历史经验的决议》，人民出版社，2021，第25、27-28、30-33页。

70)《习近平谈治国理政》第4卷，外文出版社，2022，第50页；习近平：《高举中国特色社会主义伟大旗帜，为全面建设社会主义现代化国家而团结奋斗——在中国共产党第二十次全国代表大会上的报告（2022年10月16日）》，人民出版社，2022，第14页。

强，得到全国各族人民的衷心拥护和普遍赞誉，世界影响力全面提高。中国共产党党建实践的创新成果，不仅推动自身发展，也为世界政党建设开辟了新道路，指明了前进的方向。

（二）中国共产党建设的历史经验

为何中国共产党能够由小到大、由弱到强？其不断取得成功的原因是什么？纵观历史不难发现，根本原因是能够不忘初心使命，结合不同历史时期的形势、任务，开拓性解决好自身发展的路径与方向问题。而且，中国共产党在借鉴苏共建设教训，克服资本主义政党弊端基础上，历经艰辛探索，形成自身建设历史性的经验，为人类政党建设贡献了自己的智慧。

从中国共产党发展的历史进程看，最初创建时仅有50多名党员，随着事业的发展，如下表所示，队伍不断壮大，截至2022年12月31日，党员总数已达9804.1万名（见表21）。成为名副其实的世界最大政党，其一举一动都将影响世界历史进程。中国共产党的发展壮大成就，足以证明自身建设的成功。

表21：中国共产党党员入党人数变化表[71]

入党时间	党员人数
1921 年建党时	50 多名
1921 年至 1949 年 10 月新中国成立前	11.9 万名
新中国成立后至党的十一届三中全会前	1417.5 万名
党的十一届三中全会后至党的十八大前	6082.5 万名
党的十八大以来至 2022 年 12 月 31 日	2380.5 万名

---

71) 中共中央组织部：《中国共产党党内统计公报》，《人民日报》2023年7月1日第2版。

当然，这一切并不是轻而易举取得的。首先，中国共产党在汲取苏共建设教训的过程中极为重视解决"接班人问题"。1956年苏共二十大，苏联领导人赫鲁晓夫全盘否定斯大林，引起毛泽东警觉，担心苏共修正主义的影响。1964年7月14日，毛泽东就提出以赫鲁晓夫为反面教材的"接班人五条件"，即："（1）他们必须是真正的马克思列宁主义者，而不是像赫鲁晓夫那样的挂着马克思列宁主义招牌的修正主义者。（2）他们必须是全心全意为中国和世界的绝大多数人服务的革命者，而不是像赫鲁晓夫那样，在国内为一小撮资产阶级特权阶层的利益服务，在国际为帝国主义和反动派的利益服务。（3）他们必须是能够团结绝大多数人一道工作的无产阶级政治家，不但要团结和自己意见相同的人，而且要善于团结那些和自己意见不同的人，还要善于团结那些反对过自己并且已被实践证明是犯了错误的人。但是，要特别警惕像赫鲁晓夫那样的个人野心家和阴谋家，防止这样的坏人篡夺党和国家的各级领导。（4）他们必须是党的民主集中制的模范执行者，必须学会'从群众中来、到群众中去'的领导方法，必须养成善于听取群众意见的民主作风。而不能像赫鲁晓夫那样，破坏党的民主集中制，专横跋扈，对同志搞突然袭击，不讲道理，实行个人独裁。（5）他们必须谦虚谨慎、戒骄戒躁，富于批评精神，勇于改正自己工作中的缺点和错误。而绝不能像赫鲁晓夫那样，文过饰非，把一切功劳归于自己，把一切错误归于别人"，[72] 开始着手解决接班人的问题。其中，知识青年上山下乡运动就是他的努力之一。十八大新当选的中共中央总书记习近平，就是从上山下乡运动中成长起来的优秀接班人。邓小平也十分

---

72)《人民日报》、《红旗》杂志编辑部：《关于赫鲁晓夫的假共产主义及其在世界历史上的教训》，《人民日报》1964年7月14日第4版。

重视接班人问题，1992年南方谈话时，从苏共镜鉴中谆谆告诫党的领导人"中国要出问题，还是出在共产党内部。对这个问题要清醒，要注意培养人"。73)中国共产党的历史证明，对"接班人问题"解决比较成功，是党的建设成就的体现，避免了苏共等众多政党悲剧在中国的重演，已为世界政党建设提供了中国经验和启示。

其次，中国共产党在借鉴世界其他政党建设经验和破解资本主义政党建设谜题过程中，走出了中国特色的政党建设道路。一是中国共产党坚持"党是领导一切的"毫不动摇。二是中国共产党重承诺，重践行，说到做到。三是中国共产党执政的中国，共产党是执政党，其他民主党派是参政党，不存在相互拆台、否定的现象。四是与资本主义政党是为资本利益服务不同，中国共产党执政为民，是为人民大众服务，而且政府高效负责。五是从选人用人的视角，中国共产党的层层选拔制，有意识的人才培养体系，要优胜于资本主义政党通过选举方式产生领导人的模式。中国共产党不存在资本主义政党式的人才浪费情况，而且领导人都是经过层层选拔，历经不同岗位、地域历练，治国理政经验十分丰富的马克思主义政治家。以习近平为例，他1969年16岁响应毛泽东知识青年上山下乡运动，只身到陕西省延安地区梁家河大队插队入农，与当地农民同甘苦、共命运，在农业生产中脱颖而出，被推选为党支部书记，7年后被推荐上大学，才离开农村。农村的经历，使他成为最懂农民、农业、农村的领导人。大学毕业，他参军入伍，经历军队的磨砺。之后，转业到地方，转战各地，先后在河北正定，福建厦门、宁德、福州，浙江杭州，以及上海任职，最后到北京担任中央领导，历经县委书记、副市长、地委书记、市委书记、省委书记、

---

73)《邓小平文选》第3卷，人民出版社，1993，第380页。

直辖市市委书记，不同地方不同岗位历练，最终成为中国共产党最高领导人。[74]六是与资本主义政党不同，中国共产党目光长远，政策具有连续性稳定性，避免了资本主义政党为利益集团绑架，："新官不理旧账"现象的发生。诸如"五年规划"，中国共产党在建国后不久即制定实施了第一个五年计划，迄今已连续至第十四个五年规划，而且力争五年规划如期实现，即便领导人更替，丝毫不受影响。还有更长远的规划，诸如"北斗计划"、"探月工程"、"载人航天工程"等，时间长度都在20年以上，但中国领导人一代接着一代干，持之以恒，接续发力，最终获得了成功。再如中国"三步走"发展战略，时间跨度70年，独步全球，是人类最宏伟的规划，迄今在几代中国共产党人努力下，已如期超额完成阶段性既定目标，展现了中国共产党强悍的领导能力。七是中国共产党全国一盘棋，注重区域、地区、城乡协调发展、人与自然和谐共生，避免了资本主义政党在资本利益集团绑架下的种种乱象。八是中国共产党可以有效遏制腐败。如果不戴有色眼镜观察中国共产党历史，就会发现腐败大量出现是在改革开放新时期。由于经济转轨、政策调整、社会转型，党的建设以往的方法、体系、制度不管用了，新的管党治党的规矩、制度、方法需要实践探索，就为权力寻租提供了时机，于是

74) 笔者参考中央党校采访实录编辑编《习近平的七年知青岁月》（中共中央党校出版社，2017）、中央党校采访实录编辑编《习近平在正定》（中共中央党校出版社，2019）、中央党校采访实录编辑编《习近平在厦门》（中共中央党校出版社，2020）、中央党校采访实录编辑编《习近平在宁德》（中共中央党校出版社，2020）、中央党校采访实录编辑编《习近平在福州》（中共中央党校出版社，2020）、中央党校采访实录编辑编《习近平在福建》（中共中央党校出版社，2021）、中央党校采访实录编辑编《习近平在浙江》（中共中央党校出版社，2021）、中央党校采访实录编辑编《习近平在上海》（中共中央党校出版社，2022）整理。

出现腐败泛滥的状况。十八大之后，中国共产党全力推进反腐败斗争，"已取得压倒性胜利并全面巩固"。75)因此，有理由相信中国共产党一定能够治理人类社会这一顽疾。

历经100多年风雨洗礼，中国共产党在践行初心使命中，书写了辉煌历史，深刻改变了"党的面貌、国家的面貌、人民的面貌、军队的面貌、中华民族的面貌"。76)经过革命、建设、改革和长期执政考验和挑战，中国共产党不仅在人类政党史上写下了恢宏灿烂的篇章，也形成了党的建设独有的成功经验。习近平为核心的党中央，进行了科学的总结和梳理，概括为十个方面，即：（1）坚持党的领导；（2）坚持人民至上；（3）坚持理论创新；（4）坚持独立自主；（5）坚持中国道路；（6）坚持胸怀天下；（7）坚持开拓创新；（8）坚持敢于斗争；（9）坚持统一战线；（10）坚持自我革命。77)这些经验是中国共产党百年经历的结晶，是一笔丰厚的精神财富，能够为各国政党建设和探索发展方向提供借鉴和带来启示，必将成为推动世界政党建设的一盏明灯。

四、中国共产党人为世界政党建设明确了方向

为多数人服务还是为少数人服务，曾经是人类思想界争论不休的话题。直到马克思主义横空出世，才给出了最终的答案。在历史逻辑与实践逻辑的结合中，马克思主义指导下建立的无产阶级政党

75) 习近平：《高举中国特色社会主义伟大旗帜，为全面建设社会主义现代化国家而团结奋斗——在中国共产党第二十次全国代表大会上的报告（2022年10月16日）》，人民出版社，2022，第14页。
76)《习近平谈治国理政》第3卷，外文出版社，2020，第8页。
77)《中共中央关于党的百年奋斗重大成就和历史经验的决议》，人民出版社，2021，第65-71页。

——共产党，开宗明义就是为大多数的劳动人民消灭剥削和剥削制度，建立无产阶级专政的国家政权，通过社会主义为最终实现共产主义而奋斗的政党。毫无疑问，中国共产党通过自身的不懈努力，践行了宗旨、初心和使命，为世界各国政党做了榜样。

(一) 政党的责任：为人民谋幸福

以国家为政治单元，把民族与人民的生存状况作为衡量标准，来判断社会的发展状况是近代国际社会通行的做法。换言之，以独立、自由为尺度，是衡量幸福与否的根本政治前提。然而，近代以来中华民族和"中国人民的贫困和不自由的程度，是世界所少见的"。[78]因此，能否领导人民摆脱压在人民头上的"三座大山"，消除受压迫、被奴役和剥削的状况，实现国家独立、民族与人民翻身得解放，并在此基础上进一步实现国家富强、民族振兴、人民幸福的"中国梦"，就成为衡量中国一切政党和政治力量先进与落后、成功与否的唯一尺度与标准。由此，近现代以来，中华民族，中国人民的历史就在三重历史逻辑的发展中持续演进。

1.第一重历史逻辑：实现站起来

(1) 实现独立与人民解放

从历史纵向的角度来考察，就不难发现，近代中国历史的逻辑起点是1840年鸦片战争，"中国梦"就是对此后中华民族奋斗历史的总结和追寻的高度凝练。

1840年第一次鸦片战争，傲视东亚世界的"天朝大国"的中国败给

---

78)《毛泽东选集》第2卷，人民出版社，1991，第631页。

西方远道而来的英国，签下割地赔款的条约，从此中国走上沉沦的道路，"逐步成为半殖民地半封建社会，国家蒙辱、人民蒙难、文明蒙尘"。[79] 无数仁人志士为挽救民族危亡，实现民富国强，开始了不屈不挠的各种探索，即寻求救国救民的真理和道路。

魏源是近代倡导开眼看世界的第一人，通过《海国图志》，他第一次向东方社会系统地、大量地介绍外国史地和铁路、银行、保险等各方面知识，突破了传统学术"严夷夏之防"，对外国闭塞无知的旧格局。魏源尖锐地揭露统治集团对外国昏聩无知，是造成战争惨败的重要原因："以通市二百年之国，竟莫知其方向，莫悉其离合，尚可谓留心边事乎？"因而他大声疾呼："欲制外夷者，必先悉夷情始。"[80] 魏源明确提出"师夷之长技以制夷"的口号，成为近代先进的中国人向西方学习的起点。

洪秀全通过一场波澜壮阔的太平天国农民起义的方式，试图通过改朝换代，实现中国农民式革命的理想："有田同耕，有饭同食，有衣同穿，有钱同使，无处不均匀，无人不饱暖也"，[81] 以此来改变中国的命运。此后，第二次鸦片战争、中法战争、中日战争、戊戌变法、义和团运动、辛亥革命、五四运动、五卅运动、北伐战争等此起彼伏，都是中国人民不甘屈服，顽强反抗"帝国主义及其走狗"精神的体现。[82]

然而，帝国主义、封建主义、官僚资本主义相互勾结配合，上述斗争大多归于失败。失败后的命运更悲惨，自1840年至1949年间，帝国主义国家与中国共签订不平等的1175个条约、协定、章

79)《习近平谈治国理政》第4卷，外文出版社，2022，第4页。
80) 魏源：《海国图志：筹海篇二》，岳麓书社，1998，第26页。
81) 胡绳：《从鸦片战争到五四运动》上，上海人民出版社，1983，第153页。
82)《毛泽东选集》第2卷，人民出版社，1991，第632页。

程、合同等。83)数量之多，世所罕见。诸如甲午战争日本对中国索取赔款额高达库平银2.315亿两，相当于战前中国年度财政总收入的3倍，几近天文数字。84)这些条约"造成近代中国的'大出血'"，成为"束缚我之桎梏陷阱"。85)失败的原因，正如毛泽东所指出的："中国过去一切革命斗争成效甚少，其基本原因就是因为不能团结真正的朋友，以攻击真正的敌人"。86)

迷茫的中国人民在黑暗中摸索，直到1921年中国共产党成立，用马克思主义作为思想武器，中国人民觉醒起来。悲惨的历史和痛苦的命运，也最终使中国人民明确了中国革命的敌人是帝国主义、封建主义、官僚资本主义，是中国人民痛苦的根源，不推翻这三座大山，中国社会不能发展进步，中国人民更不能获得幸福。

掌握马克思主义这把解决中国革命问题的金钥匙后，历经国民革命、北伐战争、土地革命战争、抗日战争、解放战争的风雨洗礼，中国共产党日渐成熟，实现马克思主义中国化的第一次理论飞跃，创立了毛泽东思想。在毛泽东的旗帜和正确领导下，中国共产党人找到了农村包围城市、武装夺取政权的正确革命道路，掌握了统一战线、武装斗争、党的建设的革命三大法宝，特别是党的建设工程的推进，将党锻造成坚定的马克思主义政党。1949年，中华人民共和国成立，就标志着中国共产党领导中国人民取得新民主主义革命

---

83) 王铁崖编撰三卷本《中外旧约章汇编》，辑录了自中国开始对外签订条约起，到1949年中华人民共和国成立止所有中国对外订立的条约、协定、章程、合同等共1182件，其中7件签订于鸦片战争前，是目前最完备的1949年以前的中外条约集成。

84) 蒋立文：《甲午战争赔款数额问题再探讨》，《历史研究》2010年第3期，第159页。

85) 李文海、匡继先主编《近代中国不平等条约写实》（上），中国人民大学出版社，1997，序言·第5页；漆树芬：《经济侵略下之中国》，上海光华书局，1928，《自序》。

86) 《毛泽东选集》第1卷，人民出版社，1991，第3页。

伟大胜利，"实现了民族独立、人民解放"。[87]

1949年10月中华人民共和国的诞生，是中国划时代的历史事件。从此，一个长期受帝国主义掠夺和奴役的国家，变成一个享有主权的独立的国家，历史地终结了旧中国一盘散沙、四分五裂的历史，终结了中华民族、中国人民任人宰割、受奴役与压迫的历史，变成一个人民当家作主、享有民主权利的国家。

(2) 创造坚实的政治、经济、文化基础

新中国成立后，中国共产党又领导人民进行了伟大的社会主义革命，将中国社会推进到社会主义社会，实现了伟大的历史跃进。一个全新的、人民当家作主的社会主义新中国，屹立于世界民族之林。为彻底巩固站起来的身份和地位，改变贫穷落后的面貌，中国共产党又领导中国人民开始了建设新中国的伟大长征。

一是奠定政治基础。从1949年至1976年，在毛泽东的领导下，中国人民经过三大改造，确立了社会主义制度，正如邓小平所指出的："我国资本主义工商业社会主义改造的胜利完成，是我国和世界社会主义历史上最光辉的胜利之一"，[88]成功实现了中国历史上最深刻最伟大的社会变革，为当代中国一切发展进步奠定了根本政治前提和制度基础。社会主义改造的基本完成，也标志着社会主义制度在中国的全面确立，从而开始了在社会主义道路上实现中华民族伟大复兴的中国梦的历史征程；[89]创立了人民民主专政、民主集中制为原则的人民代表大会制度的根本政治制度，中国共产党领导的

87）习近平：《论中国共产党历史》，中央文献出版社，2021，第15页。
88）《邓小平文选》第2卷，人民出版社，1994，第86页。
89）《胡锦涛文选》第3卷，人民出版社，2016，第620页。

多党合作和政治协商制度、民族区域自治制度等基本政治制度。这些制度为中国的发展和实现社会主义现代化奠定了坚实的政治基础。奠定了新中国在国际上的大国地位，为开创独立自主的和平外交作了不懈的努力。

二是创造物质基础。毛泽东为代表的中国共产党人领导中国人民，开展大规模的社会主义建设，提出"五年计划"、"四个现代化"等发展战略。经过27年奋斗，中国已初步建立了独立的比较独立、完整的工业体系和国民经济体系，为国民经济的进一步发展打下了坚实的基础。其中，钢产量从1949年的15.8万吨发展到1976年的2046万吨；发电量从1949年的43亿度发展到1976年的2031亿度；原油从1949年的12万吨发展到1976年的8716万吨；原煤从1949年的3200万吨发展到1976年的4.83亿吨；汽车产量从1955年年产100辆发展到1976年的13.52万辆；到1976年，中国的铁路达到4.63万公里，公路达到82.34万公里。[90] 这些沉甸甸的数字和以"两弹一星"为标志的科研成就，都为中国社会的全面发展和一切进步奠定了牢固的物质技术基础和提供了安全保障。

三是建立坚实文化基础。毛泽东为代表的中国共产党人，确立了马克思主义在中国的指导地位，指明了"为人民服务"、"为社会主义服务"的文化发展的方向和"民族的、科学的、大众的"文化内涵，提出了繁荣文化要贯穿"百花齐放，百家争鸣"的方针。同时，还奠定了实事求是的思想路线，并形成了深入民心的优良传统，这就是群众路线的工作方法。特别重要的是，毛泽东奠定马克思主义中国化的正确道路。这个法宝一直延续至今。邓小平把它概

---

90) 国家统计局编《新中国五十年》，中国统计出版社，1999，第556、559页。

括为：实事求是、群众路线、独立自主。这三大法宝既是毛泽东思想的哲学基础，同时也是今天我们发展中国特色社会主义理论体系的哲学基础。奠定了中国共产党的执政地位，并为保持马克思主义政党的先进性和执政地位作了不懈的探索。

四是毛泽东"中国式社会主义"道路探索的正反两方面的经验与教训，是实现"中国梦"的宝贵精神财富。中国进入社会主义社会后，毛泽东提出"以苏为鉴"，创造性地提出马列主义与中国实际第二次结合的命题，带领中国人民探索自己的社会主义建设道路。《论十大关系》《关于正确处理人民内部矛盾的问题》等成果，就是毛泽东系统理论探索的代表作，也是中国共产党对"什么是社会主义，怎样建设社会主义"课题最早进行理论思考的产物。他还提出"一国两制"的最初设想，制定"两步走"的发展战略，提出"三个世界"划分理论。他的理论思考与探索，明确了建设社会主义国家的基本方针是"我们一定要努力把党内党外、国内国外的一切积极的因素，直接的、间接的积极因素，全部调动起来，把我国建设成为一个强大的社会主义国家"，[91]开启了马克思主义中国化不断实现理论飞跃的序幕，发出了社会主义改革的理论先声，深化了对社会主义发展目标与国际环境的认识。

毋庸讳言，由于缺乏社会主义建设经验，特别是在中国这样一个经济、文化等各方面都十分落后的国家进行社会主义建设，是前所未有的事业，也由于对国情认识的偏差，加之急躁情绪和严酷的国际环境，使得毛泽东在领导我国的建设事业过程中，违反了社会发展规律，犯了阶级斗争扩大化的错误，造成1957年"反右扩大化"和1966-1976年"文革十年"的巨大失误，干扰了国家政治经济文化发

---

91)《毛泽东文集》第7卷，人民出版社，1999，第44页。

展的良好局面。

概而言之，正如有学者所指出的："一个社会主义制度，一个社会主义现代化事业，一个人民当家作主的社会主义民主，一个党的执政地位以及东方大国的国际地位，这些都是毛泽东为新中国的建立与发展作出的历史性贡献。这些贡献集中到一点，就是为实现中华民族的伟大复兴筚路蓝缕、开基立业。"[92]毛泽东为代表的中国共产党人创造的奇功伟业，彪炳史册，奠定了人民幸福的牢固根基。

2．第二重历史逻辑：实现富起来

1976年毛泽东去世后，何去何从？中国处在十字路口。面临"继续探索中国建设社会主义的正确道路，解放和发展生产力，使人民摆脱贫困、尽快富裕起来，为实现中华民族伟大复兴提供充满活力的体制保证和快速发展的物质条件"的艰巨任务，[93]以邓小平、江泽民、胡锦涛为代表的中国共产党人没有固步自封，而是秉持马克思主义的实践创新精神，不忘初心和使命，果断迎接世界经济全球化的时代潮流，集中完成和推进党的第三件大事："进行改革开放新的伟大革命，开创、坚持和发展了中国特色社会主义"。[94]他们围绕"什么是社会主义、怎样建设社会主义"、"建设什么样的党、怎样建设党"、"实现什么样的发展、怎样发展"的时代课题和实践主题，接续不断推进改革开放和中国特色社会主义事业深入发展，不仅成功开创中国特色社会主义，走出了"四位一体"的中国特

---

92) 李捷：《毛泽东对新中国建立与发展的历史贡献》，《当代中国史研究》2009年第6期，第26-27页。

93)《中共中央关于党的百年奋斗重大成就和历史经验的决议》，人民出版社，2021，第15页。

94) 习近平：《论中国共产党历史》，中央文献出版社，2021，第15页。

色社会主义发展道路，而且把党的各项事业引向辉煌。

一是在思想建设领域，不断推进马克思主义中国化发展的新境界，先后创立邓小平理论、"三个代表重要思想"和科学发展观，在此基础上形成中国特色社会主义理论体系，实现马克思主义中国化的第二次飞跃。这一理论体系成为改革开放和中国特色社会主义的行动指南和科学指针，也成为中国共产党人的"精神之钙"，为全党和全国各族人民奠定共同的思想政治基础和提供精神支柱。

二是改革开放和社会主义现代化事业取得辉煌成就。在改革开放方面，1979年设立深圳、珠海、汕头、厦门四个经济特区，沿海、沿边、沿江、沿线和内陆中心城市等不断开放，由海南设省、浦东开发、重庆直辖、加入WTO等为龙头促动，到2012年，已形成全方位、多层次、宽领域对外开放格局。1978年进出口贸易总额仅为206亿美元，2012年已达38671亿美元，增长187.7倍，跃居世界第二；外汇储备连续7年已位居世界第一；连续多年成为吸收外资最多的发展中国家。[95]翻天覆地的变化和惊人的数字，充分证明"改革开放是决定当代中国前途命运的关键一招"。[96]在社会主义现代化事业成就方面，形成"四位一体"总体布局，"三步走发展战略"成功实现前两步走目标，即从温饱到小康、再到更高水平的小康。经济规模上，1978年我国社会总产值6846亿元，2012年国内生产总值已达51.9万亿元，实现历史性突破，跃居世界第二，人均由1978年约713元大幅跃升至38420元。人民生活持续获得改善，城镇化率2012年

---

95) 薛志伟：《全方位多层次宽领域，对外开放新格局形成》，《经济日报》2009年9月26日第6版；柳建辉：《中华人民共和国通史》第6卷，广东人民出版社，2020，第495、498页。

96)《中共中央关于党的百年奋斗重大成就和历史经验的决议》，人民出版社，2021，第23页。

比2002年提升13.5%，达52.6%；城乡就业人数2012年达7.67亿人，比2002年增加0.34亿人；2012年，城镇居民人均可支配收入约2.46万元，农村居民纯收入0.79万元，比2002年增长2.2倍。和谐社会建设取得明显成效，城镇职工基本养老、城镇医疗、失业、工伤、生育保险参保人员分别达到3.04亿人、5.36亿人、1.52亿人、1.9亿人、1.54亿人；2006年免除农业税，2012年最低生活保障制度实现全覆盖、城乡社会救助体系基本建立，贫困人口降低为9899万人；2008年，全面实施城乡义务教育，职业教育、高等教育大幅度发展。[97]科技、国防、文化等事业全面进步，综合国力、竞争力明显增强，维护发展环境和世界和平的能力大幅提升。

上述成就来之不易，是中国共产党人领导人民在克服和战胜诸如六四风波、苏东剧变、亚洲金融危机、炸馆事件、撞机事件、"9·11"事件、非典疫情、汶川地震、国际金融危机等内外各种挑战和风险考验中取得的。在经受磨砺的过程中，中国共产党人紧紧依靠人民取得了成功，也将人民情怀投射于人民事业中，用整整34年、约三代人的时间持续接力奋斗，"实现了人民生活从温饱不足到总体小康、奔向全面小康的历史性跨越，推进了中华民族从站起来到富起来的伟大飞跃""大踏步赶上了时代"。[98]

3. 第三重历史逻辑：实现强起来

2012年，党的十八大承前启后、继往开来，开启中国特色社会

97)《中华人民共和国国史全鉴（1976-1988）》第5卷，团结出版社，1996，第5323页；柳建辉：《中华人民共和国通史》第6卷，广东人民出版社，2020，第494-500页。
98)《中共中央关于党的百年奋斗重大成就和历史经验的决议》，人民出版社，2021，第22-23页。

主义进入新时代的历史。习近平郑重向人民承诺："人民对美好生活的向往，就是我们的奋斗目标"。99)在2013年至2022年的10年间，以习近平同志为核心的党中央面对世界百年大变局和世纪疫情带来的复杂挑战，以马克思主义政治家的政治勇气和责任担当，深厚的历史情怀、人民情怀、世界情怀，围绕"新时代坚持和发展什么样的中国特色社会主义、怎样坚持和发展中国特色社会主义，建设什么样的社会主义现代化、怎样建设社会主义现代化强国，建设什么样的长期执政的马克思主义政党、怎样建设长期执政的马克思主义政党"等三大时代课题，100)开拓进取，推动新时代党和人民事业全面发展进步，"取得历史性成就、发生历史性变革"。特别是胜利完成"脱贫攻坚、全面建成小康社会的历史任务，实现第一个百年奋斗目标"，不仅彪炳中华民族史册，而且对世界也产生深远历史影响。101)中国的面貌再次发生历史性巨变，人民的幸福感大大提升，日益走近世界舞台中央。

一是思想建设领域，守正创新，在回答中国之问、世界之问、人民之问、时代之问的进程中，全面推进马克思主义中国化时代化，创立习近平新时代中国特色社会主义思想，成功实现马克思主义中国化新的飞跃。与此同时，随着习近平新时代中国特色社会主义思想的发展，又形成和创立"习近平经济思想"、"习近平法治思想"、"习近平生态文明思想"、"习近平外交思想"、"习近平强军

---

99)《习近平谈治国理政》，外文出版社，2014，第4页。

100)《中共中央关于党的百年奋斗重大成就和历史经验的决议》，人民出版社，2021，第26页。

101) 习近平：《高举中国特色社会主义伟大旗帜，为全面建设社会主义现代化国家而团结奋斗——在中国共产党第二十次全国代表大会上的报告（2022年10月16日）》，人民出版社，2022，第4、6页。

思想"等，成为习近平新时代中国特色社会主义思想的重要组成部分。这是中国共产党人理论自觉、思想升华、实践创新多维结合的产物，不仅成功将马克思主义推进到21世纪，使之成为21世纪马克思主义发展、当代中国马克思主义的理论高峰，为中国特色社会主义的发展提供了坚实的理论基础、实践指南，而且为世界发展和政党建设提供了中国智慧。

二是在社会主义现代化事业成就方面，2013-2022年间形成"五位一体"总体布局，提出"四个全面"战略布局，在成功实现"新三走"前两步战略目标基础上，提出"二步走发展战略"，全面推进建设社会主义现代化强国。综合国力再上新台阶上，GDP由2012年51.9万亿元，翻一番跃升至2022年121万亿元，人均由2012年38420元跃升至2022年85698元，连续保持世界第二地位，对世界经济增长贡献率高达38.6%，超过七国集团国家贡献率总和；工业增加值、制造业增加值均居世界首位，建成全球规模最大、技术领先的网络基础设施，外汇储备、货物贸易进出口总额稳居世界第一。102)人民生活水平全方位提升，10年间约1.8亿人农村人口转为城镇常住人口，城镇新增就业年均1300万人；城镇棚户区住房改造和老旧小区改造共惠及1100多万户居民，改造农村危房2400多万户；人均可支配收入超过3.5万元，其中农村居民人均可支配收入迈上2万元台阶；每百户家庭汽车拥有量超过37辆，翻了一倍多；居民恩格尔系数由33%下降至29.8%，按联合国标准，我国人民生活已迈入相对富足殷实阶段；建成世界上最大的教育体系、社会保障体系、医疗卫生体系，基本养

---

102) 陆娅楠：《我国经济总量超120万亿元》、《一份殊为不易的成绩单》，《人民日报》2023年1月18日第1、3版；龚鸣、颜欢、杨迅：《"最令人激动的经济增长故事来自中国"》，《人民日报》2023年1月19日第3版。

老保险覆盖10.4亿人。[103])生态文明建设成就突出，已实现"天更蓝、山更绿、水更清"，"生态环境保护发生历史性、转折性、全局性变化"。科研实力全面提升，取得以载人航天、探月探火、深海深地探测、超级计算机、卫星导航、量子信息、核电技术、新能源技术、大飞机制造、生物医药等为代表的重大成果，推动我国进入创新型国家行列。尤其是，全党动员、上下齐心，全面打赢"人类历史上规模最大的脱贫攻坚战"，实现全国832个贫困县全部摘帽、近1亿农村贫困人口脱贫、960多万贫困人口易地搬迁，彻底解决了绝对贫困问题，创造了人类减贫史的人间奇迹。[104])

上述成就进一步推动中国共产党人形成历史的自觉与自信，在庆祝中国共产党成立100周年时，习近平向世界明确宣示：以史为鉴、开创未来，必须坚持中国共产党坚强领导；必须团结带领中国人民不断为美好生活而奋斗；必须继续推进马克思主义中国化；必须坚持和发展中国特色社会主义；必须加快国防和军队现代化；必须不断推动构建人类命运共同体；必须进行具有许多新的历史特点的伟大斗争；必须加强中华儿女大团结；必须不断推进党的建设新的伟大工程。[105])这些基于中国共产党自身的历史和实践的深刻认识，不断推动党的理论创新向纵深推进。2021年7月6日，中国共产党便倡议召开首届"中国共产党与世界政党领导人峰会"，向世界各

---

103) 习近平：《高举中国特色社会主义伟大旗帜，为全面建设社会主义现代化国家而团结奋斗——在中国共产党第二十次全国代表大会上的报告（2022年10月16日）》，人民出版社，2022，第11页；常钦：《农业农村经济发展取得超预期成效》，《人民日报》2023年1月19日第2版。

104) 习近平：《高举中国特色社会主义伟大旗帜，为全面建设社会主义现代化国家而团结奋斗——在中国共产党第二十次全国代表大会上的报告（2022年10月16日）》，人民出版社，2022，第7-8、11页。

105)《习近平谈治国理政》第4卷，外文出版社，2022，第8-13页。

国政党介绍自己的经验和认识。习近平在开幕式上发表主旨讲话，他掷地有声地指出："政党作为推动人类进步的重要力量，要锚定正确方向，担起历史责任。第一，我们要担负起引领方向的责任，把握和塑造人类共同未来。第二，我们要担负起凝聚共识的责任，坚守和弘扬和平、发展、公平、正义、民主、自由的全人类共同价值。第三，我们要担负起促进发展的责任，让发展成果更多更公平地惠及各国人民。第四，我们要担负起加强合作的责任，携手应对全球性风险和挑战。第五，我们要担负起完善治理的责任，不断增强为人民谋幸福的能力。"会议的主题"为人民谋幸福：政党的责任"，清晰揭示了中国共产党要传递的声音。[106]意味着中国共产党为处于迷雾中的世界各国政党，明确指明了建设与发展方向，在人类政党建设史上写下新篇章，为世界政党建设贡献了中国智慧。

与此相关，如何才能实现人民幸福的梦想？人类历史告诉人们，只有实现现代化这一唯一的道路。因此，顺理成章，推进实现现代化，历史性地就成为政党的责任。

实现现代化是人类社会的主旋律。然而，人类社会历史也表明，现代化之路极其艰难。习近平从思维的高度，在世界上首次将实现现代化面临的挑战与问题概括为"现代化之问"，并明确提出"政党作为引领和推动现代化进程的重要力量，有责任作出回答。"[107]这是人类现代化思想的一大飞跃，进一步聚焦政党的责任，为世界各国政党建设引领了方向。

事实上，中国共产党100多年的历史，正如习近平所概括总结的

---

106)《习近平外交演讲集》第2卷，中央文献出版社，2022，第354-356页。
107) 习近平：《携手同行现代化之路——在中国共产党与世界政党高层对话会上的主旨讲话（2023年3月15日）》，《人民日报》2023年3月16日第2版。

就是"一部不断探索现代化道路的历史"。历经数代人不懈努力（参见前述内容，不再赘述），已成功探索出中国式现代化道路，概括形成中国式现代化5个方面的中国特色、9个方面的本质要求和5个方面重大原则，从而初步构建中国式现代化的理论体系。108)这条道路"既造福中国人民、又促进世界共同发展，是我们强国建设、民族复兴的康庄大道，也是中国谋求人类进步、世界大同的必由之路"。109)习近平基于中国式现代化道路经验，凝练中国智慧，为世界各国政党深刻揭示成功的奥秘，就是：要坚守人民至上理念，突出现代化方向的人民性；要秉持独立自主原则，探索现代化道路的多样性；要树立守正创新意识，保持现代化进程的持续性；要弘扬立己达人精神，增强现代化成果的普惠性；要保持奋发有为姿态，确保现代化领导的坚定性。110)显而易见，中国共产党始终把自身命运同各国人民的命运紧密联系在一起，为世界政党建设注入"实现现代化"的责任内涵，进一步贡献了中国智慧、中国力量。

（二）政党的历史任务：维护世界和平，促进共同发展。

新中国是在冷战的背景下诞生的，一出生就面临以美国为首的资本主义阵营的围困、遏制与打压。1950年朝鲜战争爆发，美军越过"三八线"直抵中朝边境鸭绿江边，轰炸东北边境地区，严重威胁我国安全。为维护国家安全，中国被迫派出志愿军赴朝作战，经三年

---

108)《习近平在学习贯彻党的二十大精神研讨班开班式上发表重要讲话，强调正确理解和大力推进中国式现代化》，《人民日报》2023年2月8日第1版。

109)《习近平出席中国共产党与世界政党高层对话会并发表主旨讲话》，《人民日报》2023年3月16日第1版。

110) 习近平：《携手同行现代化之路——在中国共产党与世界政党高层对话会上的主旨讲话（2023年3月15日）》，《人民日报》2023年3月16日第2版。

鏖战，打赢抗美援朝战争。这是一场和平之战、正义之战，"是中国人民站起来后屹立于世界东方的宣言书"。抗美援朝战争深刻塑造二战后的世界格局，"有力推动世界和平与人类进步事业"。[111]事实上，新中国成立后中国就一直成为维护世界和平、促进共同发展的重要力量。

1. 社会主义革命和建设时期

一是外交上站在社会主义阵营一边，支持殖民地半殖民地人民民族解放和独立运动，壮大世界和平力量的阵营和基础。1949年9月新中国制定的施政纲领就明确宣布"站在国际和平民主阵营方面，共同反对帝国主义侵略，以保障世界的持久和平"、"拥护国际的持久和平和各国人民间的友好合作，反对帝国主义的侵略政策和战争政策"。[112]此后一直贯彻这一政策和秉持这一精神，旗帜鲜明支持诸如50年代印度支那半岛抗法援越、60至70年代抗美援越斗争，50至70年代非洲、中东和拉美地区的民族解放独立运动和反帝反殖斗争，争取资本主义和帝国主义国家的人民，以"巩固和发展国际的和平力量，扩大新中国的影响"。[113]例如，1963年毛泽东发表声明，公开支持美国黑人反对种族歧视、争取自由和平等权利的斗争。[114]1965年毛泽东在会见叙利亚访华友好代表团谈话时，又号召"亚洲所有的革命者和政党应当团结起来，反对帝国主义"。[115]其

111)《习近平谈治国理政》第4卷，外文出版社，2022，第73-74页。
112)《中国人民政治协商会议共同纲领》，人民出版社，1952，第1-35页。
113) 中华人民共和国外交部、中共中央文献研究室编《周恩来外交文选》，中央文献出版社，1990，第48-57页。
114)《呼吁世界人民联合起来反对美国帝国主义的种族歧视、支持美国黑人反对种族歧视的斗争的声明》，《人民日报》1963年8月9日第1版。

实，其中的逻辑在毛泽东看来也不复杂，他不止一次反复谈到这一问题，归结起来就是建立维护世界和平、反对战争的国际统一战线。

二是通过研发两弹一星，壮大自身力量，增强反对帝国主义战争、维护世界和平的能力。通过新中国成立后初期外交实践的经验，毛泽东等认识到增强保护自己、维护世界和平能力的重要性，深知自己实力越强，保护自己和世界的能力越强，世界和平才更有保障。所以，毛泽东时期，中国共产党人是在经济和国防相互促进、支持输出革命、促进第三世界发展壮大和团结统一的辩证发展逻辑中，成为事实上的第三世界领导者，是世界和平维护者的重要一极，为后来推动形成公正合理的国际新秩序奠定了重要基础。

三是提出"三个世界划分"的国际战略，动员第三世界国家，建立广泛的国际统一战线，推动世界多极化，制约帝国主义和美苏两大超级大国制造和发动战争的行为，推动世界和平局面的形成。20世纪70年代初，面对美苏两个超级大国争夺世界霸权威胁世界和平的局面，1974年毛泽东会见赞比亚总统卡翁达时，提出著名的"三个世界"划分的理论，号召联合起来反对霸权主义。[116]这一理论为广大的发展中国家的团结与合作，注入强劲的动力，也进一步奠定中国外交政策的理论基石。

而且作为占世界人口四分之一的人口大国，中国坚决维护国家主权独立、领土完整，反对战争和干涉，提出和实践和平共处五项原则，长期保持和平稳定发展局面，就是对人类和世界和平和发展的最大贡献，是维护世界和平与发展的中流砥柱和中坚力量。因此，高

---

115) 中华人民共和国外交部、中共中央文献研究室编《毛泽东外交文选》，中央文献出版社、世界知识出版社，1994，第563-566页。

116) 中华人民共和国外交部、中共中央文献研究室编《毛泽东外交文选》，中央文献出版社、世界知识出版社，1994，第600-601页。

举反帝、反霸旗帜，维护世界和平，促进亚非拉被压迫人民的解放事业，就是中国共产党人的旗帜，奠定了中国外交的底色和特色。

2．改革开放和社会主义现代化建设新时期

1978年，中国共产党带领人民为实现富起来的目标，探索开创中国特色社会主义新道路。邓小平为代表的中国共产党人，敏锐意识到世界已由革命与战争的时代变为和平与发展的时代，审时度势，果断打开国门，将中国引入改革开放的新时期。一是邓小平始终强调"毛泽东同志关于三个世界划分的战略思想，给我们开辟了道路。我们坚持反对帝国主义、霸权主义、殖民主义和种族主义，维护世界和平，在和平共处五项原则的基础上，积极发展同世界各国的关系和经济文化往来"，"中国的对外政策，主要是两句话。一句话是反对霸权主义，维护世界和平，另一句话是中国永远属于第三世界。中国现在属于第三世界，将来发展富强起来，仍然属于第三世界"，"中国对外政策的目标是争取世界和平"。[117]为显示中国的决心，进行了百万大裁军。二是邓小平提出和平与发展是世界主题，世界大战打不起来的著名论断，推动建立公正合理的国际新秩序，进一步奠定中国和平外交的底色。1984年他指出"现在世界上问题很多，有两个比较突出。一是和平问题。……要争取和平就必须反对霸权主义，反对强权政治。二是南北问题"，1985年进一步明确概括为"和平问题是东西问题，发展问题是南北问题。……南北问题是核心问题"。[118]推动解决南北问题，谋求共同发展与繁

---

117)《邓小平文选》第2卷，人民出版社，1993，第127页；《邓小平文选》第3卷，人民出版社，1993，第56-57页。

118)《邓小平文选》第3卷，人民出版社，1993，第56、105页。

荣。并且反复强调"我们党在现阶段的政治路线，概括地说，就是一心一意地搞四个现代化"，只有实力增强了，才能在国际事务中发挥更大作用。[119]由此实现中国外交的转型，在继续维护和巩固国家安全的同时，促进世界和平发展合作，为中国的经济建设创造了一个和平稳定的国际环境。

以江泽民为代表的中国共产党人，面对苏东巨变带来的世界格局变化和巨大挑战，总结毛泽东、邓小平的经验，深刻认识维护世界和平、促进共同发展对中国的重要意义。一是继续坚持和发展和平共处思想，提出世界多样性的思想，主张在和平共处五项原则基础上，"建立和平、稳定、公正、合理的国际新秩序"。[120]二是坚持反对霸权主义，维护世界和平，提出以互信、互利、平等、合作为核心的新安全观，推动世界和平和发展。[121]在此基础上，又进一步明确中国对外政策的宗旨就是"维护世界和平，促进共同发展"。进而首次明确提出"三大历史任务"，将维护世界和平与促进共同发展，和继续推进现代化建设、完成祖国统一大业，并称为中国共产党在新的世纪肩负的重大历史任务，强调这是"历史和时代赋予我们党的庄严使命"。[122]历经毛泽东、邓小平到江泽民，中国共产党人的持续探索与实践，最终将"维护世界和平、促进共同发展"变成全党的"历史任务与使命"，这是思想与认识不断升华的结果，意味着中国共产党对执政党建设规律、社会主义建设规律、人类社会发展规律的认识达到了新的境界。

党的十六大之后，以胡锦涛为代表的中国共产党人着力推进党

---

119)《邓小平文选》第2卷，人民出版社，1993，第276页。
120)《江泽民文选》第1卷，人民出版社，2006，第243页。
121)《江泽民文选》第2卷，人民出版社，2006，第40、313页。
122)《江泽民文选》第3卷，人民出版社，2006，第272、529页。

的"三大历史任务"，特别是将"维护世界和平，促进共同发展"的历史任务与"大国是关键、周边是首要、发展中国家是基础、多边外交是舞台"的外交策略紧密结合，强调中国走和平发展道路，努力发展壮大自己，同时以自己的发展促进和维护世界和平与发展，[123] 并在党的十七大、十八大报告中重申"三大历史任务"。从此，中国共产党成为肩负"维护世界和平，促进共同发展"历史使命的政党。

3. 中国特色社会主义新时代

党的十八大之后，中国进入实现强起来的中国特色社会主义新时代。美国为代表的西方资本主义国家，为维护霸权利益和资本主义制度命运，针对中国制订亚太再平衡、印太战略等，在中国与周边国家间挑起和制造诸如钓鱼岛争端、南海争端、萨德事件等，试图干扰和破坏中华民族实现伟大复兴的历史进程。

面对挑战和破坏，日益走近世界舞台中央的中国，在以习近平同志为核心的党中央领导下，采取更为积极主动的姿态，维护世界和平，促进共同发展。

一是提出"一带一路"，打破美国的围堵和遏制计划。"一带一路"倡议提出和实施10年间，已取得骄人的成就。截至2022年底，我国已与150个国家、32个国际组织签署共建"一带一路"合作文件200余份，全年开行中欧班列16562列。[124] 带动周边国家和广大的亚非拉发展中国家，以及欧洲、北美等众多国家，在共商共建共

---

123) 中华人民共和国国务院新闻办公室：《中国的和平发展道路》（2005年12月），http://www.gov.cn/zwgk/2005-12/22/content_134060.htm。

124) 《国家发展改革委1月新闻发布会》，https://www.ndrc.gov.cn/xwdt/wszb/1yfxwfbh/wzsl/。

享的原则基础上，实现合作共赢。"一带一路"为降低冲突和战争，实现和平和促进共同发展注入强劲动力。作为当今世界最伟大的构想，它是中国共产党人智慧的结晶，"标注着国际经济合作新高度，打造了促进各国发展新引擎"，已成为造福世界的"发展带"、惠及人类的"幸福路"。[125]

二是反对霸权主义、强权政治等冷战思维，推动建立新型国际关系。为贯彻"维护世界和平，促进共同发展"宗旨和历史任务与使命，奠定坚实国家关系基础。2013年3月习近平首次提出"以合作共赢为核心的新型国际关系"的理念，之后不断完善发展，提出正确义利观，倡导共同、综合、合作、可持续的安全观，最终完整提出"推动建设相互尊重、公平正义、合作共赢的新型国际关系"。[126]

三是中国是世界和平发展秩序的建设者、维护者。为维护世界和平，促进共同发展，先后提出"构建互信、包容、合作、共赢的亚太伙伴关系"，"打造中欧和平、增长、改革、文明伙伴关系"，"开启中非合作共赢、共同发展的新时代"，"做中东和平的建设者、中东发展的推动者、中东工业化的助推者、中东稳定的支持者、中东民心交融的合作伙伴"，发展"中俄不结盟、不对抗、不针对第三方新型国家关系"，"构建创新、活力、联动、包容的世界经济"，提出金砖合作之道："互尊互助，携手走适合本国国情的发展道路；秉持开放包容、合作共赢的精神，持之以恒推进经济、政治、人文合作；倡导国际公平正义，同其他新兴市场国家和发展中国家和衷共济，共同营造良好外部环境"等新观点新理念新思想，推动新实

---

125)《王毅：让"一带一路"这条造福世界的"发展带"和"幸福路"更加宽广》，
　　https://www.mfa.gov.cn/web/wjbzhd/202212/t20221225_10994816.shtml。
126)《习近平谈治国理政》，外文出版社，2014，第273页；《习近平谈治国理政》
　　第3卷，外文出版社，2020，第45页。

践。127)迄今已形成立体化的全球网络，有力推动"维护世界和平，促进共同发展"的历史进程。

2021年9月，面对疫情肆虐的严峻形势，习近平首次向世界提出"全球发展倡议"，主张：坚持发展优先；坚持以人民为中心；坚持普惠包容；坚持创新驱动；坚持人与自然和谐共生；坚持行动导向，128)为世界和平发展指明前进方向。2022年4月，在俄乌冲突发生后，为回应国际社会最突出最紧迫的安全关切，"维护世界和平安宁"，习近平提出"全球安全倡议"。129)2023年2月为维护世界和平，中国又提出解决俄乌冲突的"和平方案"，获得世界各国的普遍支持和赞誉，白俄罗斯总统卢卡申克就盛赞"中国是维护世界和平的中流砥柱"。130)3月10日，中国又成功促使2016年起断绝外交关系的沙特阿拉伯与伊朗达成协议，宣布恢复外交关系。此举是全球安全倡议的一次成功实践，"为通过和平途径解决争端提供范本"，"不仅有助于恢复中东地区的稳定并努力解决悬而未决的危机，也有助于维护全世界人民的和平和安全"。131)15日，在中国共产党与世界政党高层对话会上，习近平向全世界宣告"中国式现代化不走殖民掠夺的老路，不走国强必霸的歪路，走的是和平发展的人间正道"。132)

127)《习近平谈治国理政》第2卷，外文出版社，2017，第453、455、456、461、466、470、490页。
128)《习近平外交演讲集》第2卷，中央文献出版社，2022，第381-382页。
129)《习近平谈治国理政》第4卷，外文出版社，2022，第451页。
130) 刘华：《习近平同白俄罗斯总统卢卡申科举行会谈》，《人民日报》2023年3月2日第1版。
131) 周辋、管克江、任皓宇等：《"为通过和平途径解决争端提供范本" ——国际社会欢迎沙伊复交，赞赏中方发挥建设性作用》，《人民日报》2023年3月13日第3版。
132) 习近平：《携手同行现代化之路——在中国共产党与世界政党高层对话会上的主旨讲话（2023年3月15日）》，《人民日报》2023年3月16日第2版。

上述历史和事实证明，中国共产党一路走来，从毛泽东到如今的习近平，从反对战争、维护世界和平到如今全面践行"维护世界和平，促进共同发展"的"历史任务与使命"，思想与认识不断升华，目标和方向更为明确，这是中国共产党人的伟大贡献和智慧的结晶。目前，习近平为代表的中国共产党人已用思想与行动、智慧与力量，告诉世界各国政党，政党应该是世界和平的维护者，共同发展的促进者，而不是相反。这一时代的强音，为世界的政党建设明确了方向。

(三) 政党的使命：为世界谋大同

建设一个什么样的世界，如何建设？是世界上任何一个政党都无法回避的话题和问题。基于天下为公，建立大同世界，这是古代中国人的政治智慧和社会理想的结晶。作为马克思主义政党，中国共产党自诞生之日起，就以实现共产主义作为崇高理想与目标。因此，大同世界与共产主义社会的"自由人联合体" [133])的结合，唤起中国人民的强烈革命热情。但历史是现实的、具体的，崇高的理想和目标，只能阶段性地来实现，最终才能到达理想的彼岸。中国共产党人就在理想主义与现实主义的交织中，不断实现对未来世界建设图景的构想。

1.社会主义革命和建设时期

作为革命领袖的毛泽东，将实现"自由人联合体"的理想与中国实际相结合，就是领导中国人民推翻"三座大山"，通过新民主主义

---

133)《马克思恩格斯选集》第2卷，人民出版社，2012，第267页。

和社会主义革命，建立社会主义社会，摆脱政治、经济、文化等落后状况对人民的束缚。而现实世界帝国主义国家的存在和侵略战争政策，时刻威胁站起来的新中国。因此，为中国创造一个良好的生存与发展环境，是建国后以毛泽东为代表的中国共产党人的奋斗目标。

社会主义建设时期，中国共产党人的目标是建设一个"持久和平"的世界。[134]为实现这一目标，毛泽东的策略，一是坚决反对霸权主义和帝国主义战争，甚至"以战止战"，以正义的战争反对非正义的战争，诸如抗美援朝、抗美援越等重大国际行动，维护世界和平；二是输出革命，让世界各国人民负起责任，来实现和维护世界和平。正如他所说"我们要的是全世界人民的解放"，"哪个地方发生革命，我们就支持。帝国主义非常恨我们，说我们好战。其实，任何国家的问题，只有当地人民起来革命，才能解决。"[135]

毛泽东关于和平世界的构想及其实践，"深刻影响了新中国外交政策，也随着新中国实力的增长，深刻影响并不断推动着世界和平事业的发展"。[136]

2．改革开放和社会主义现代化建设新时期

改革开放新时期，世界形势和时代潮流变了。美国等发达资本主义国家兴起的经济全球化浪潮汹涌澎湃，美苏两个对抗的超级大国谋求和平，这给中国提供难得的历史性发展机遇。因此，顺应时

---

134) 中央文献研究室编《建国以来毛泽东文稿》第6册，中央文献出版社，1992，第148页。

135) 中华人民共和国外交部、中共中央文献研究室编《毛泽东外交文选》，中央文献出版社、世界知识出版社，1994，第541、565页。

136) 李珍：《毛泽东的世界和平思想及其历史影响》，《马克思主义与现实》2020年第3期，第155页。

代变化潮流，中国共产党人开启改革开放和中国特色社会主义建设新时期，在建设一个什么样的世界、如何建设问题上，进行了新的探索与实践。

邓小平为代表的中国共产党人倡导建立以和平共处五项原则为基础的国际政治经济新秩序。邓小平反复强调"我们对外政策还是两条，……第二条是建立国际政治新秩序和经济新秩序。这二条要反复讲。具体做法，还是坚持同所有的国家都来往……不搞意识形态的争论"，[137]主张用发展的办法而不是对抗的办法，加快发展增强自身实力，谋求在国际上发挥更大的作用。中国主张的国际政治经济新秩序，有别于美欧等发达资本主义国家的霸权体系。

苏东剧变、两极格局瓦解后，美国赤裸裸地推动建立单极霸权体系。建设一个什么样世界的问题进一步凸显，成为世界焦点。对此，江泽民继续推进邓小平建立国际政治经济新秩序的主张，他进一步明确了中国要推动建立的新秩序，其核心是"和平稳定、公正合理"，主张大小国家一律平等，承认世界文明多样性，实现国际关系民主化。[138]

党的十六大之后，胡锦涛为代表的中国共产党人，在建设一个什么样世界的问题再次面临严峻挑战。美国借助"9·11"事件，先后发动阿富汗、伊拉克战争，并将朝鲜、伊朗列为流氓国家、无赖国家，贴上支持恐怖主义标签。[139]美国借反对恐怖主义战争，行建立美国霸权之实，严重威胁世界和平和国际秩序。面对威胁与挑

---

137)《邓小平文选》第3卷，人民出版社，1993，第353页。

138)《江泽民文选》第3卷，人民出版社，2006，第405-406页。

139)【美】George W. Bush White House，"The National Security Strategy of the United States of America". September 2002，available at: https://georgewbush-whitehouse.archives.gov/nsc/nss/2002/。

战，中国怎么办？胡锦涛向世界给出了中国的明确答案，就是建设"一个持久和平、共同繁荣的和谐世界"。为此，中国积极促进多边主义，"促进经济全球化朝着有利于实现共同繁荣的方向发展，提倡国际关系民主化，尊重世界多样性，推动建立公正合理的国际政治经济新秩序"。[140]

从邓小平首次提出，经由江泽民充实完善的建立国际政治经济新秩序的构想，到胡锦涛提出的"和谐世界"理念，中国共产党人结合时代特点和世界主要矛盾，对建设一个什么样的世界做了思考和探索，实现了中国人民"世界梦"的承上启下，也奠定了自身世界愿景图谱体系的重要基础。

3．中国特色社会主义新时代

党的十八大之后，进入新时代的中国面临更大挑战，"世界怎么了，我们怎么办"的"世界之问"拷问人类和世界各国政党。

美国在单极霸权遭受挫折和冲击后，针对中国制订亚太再平衡、印太战略等，掀起贸易战等反全球化"逆流"，大行单边主义和霸凌政治，在世界各国发动"颜色革命"，在中国与周边国家间挑起和制造诸如钓鱼岛争端、南海争端、萨德事件等，制造国际紧张局势，试图干扰和破坏中华民族实现伟大复兴的历史进程，达到围堵和遏制中国目的。习近平为核心的中国共产党人，高屋建瓴，从顶层设计出发破局，创造性提出"构建人类命运共同体，建设持久和平、普遍安全、共同繁荣、开放包容、清洁美丽的世界"的主张。[141]这一主张深刻回答了世界向何处去、人类向何处去的问

---

140)《胡锦涛发表新年贺词：建设共同繁荣的和谐世界》，http://www.gov.cn/ldhd/ 2005-12/31/content_144166.htm。

题，揭示了人类社会发展规律，将马克思关于"世界历史"的认知提升至崭新高度，此举不仅深化了对马克思主义的理解，更关键的是，它为世界政党建设指明了清晰的路径，这就是政党应该胸怀天下，为世界谋大同、为人类创未来。

(四) 政党的责任：推动实现现代化

前述章节内容表明，具有强烈使命感和责任感的中国共产党，在100余年来领导中国人民革命、建设和改革的历史进程中，贯穿其中的主线就是实现"中国梦"，换言之，就是推动实现现代化。在接续实现站起来、富起来和强起来的历史性飞跃中，最终走出了独具特色的中国式现代化道路，从而极大推进了中国式现代化的历史进程。2022年党的二十大报告，以习近平为代表的中国共产党人历史性地对中国式现代化做了科学概括与总结，使中国式现代化具有丰富的内涵和鲜明的特征，成为有别于西方现代化的范式和人类现代化的样本与标志。中国共产党胸怀天下，为携手同行现代化之路，就利用自身打造的世界各国政党对话会平台，及时与世界各国政党和政治组织交流治党治国经验。习近平在题为《携手同行现代化之路》的主旨讲话中，向出席"现代化道路：政党的责任"对话会的150多个国家的500多个政党和政治组织领导人介绍和分享中国共产党推进实现现代化的经验。[142] 由此，中国共产党向世界各国政党进一步明确了"探索实现现代化的道路"，是世界各国政党的责任。

综上所述，自新中国成立以来的70余年间，中国共产党人彰显

---

141)《习近平谈治国理政》第3卷，外文出版社，2020，第46页。

142)《习近平出席中国共产党与世界政党高层对话会并发表主旨讲话》，《人民日报》2023年3月16日第1版。

大党风范，走了独特的发展道路，通过毛泽东、邓小平、江泽民、胡锦涛、习近平等为代表的一代代人的接力奋斗，创造了令世界瞩目的伟大成就。中国共产党理论与实践的成功，不断为世界政党建设贡献了中国智慧、中国方案、中国力量，向世界各国政党昭示应该为人民谋幸福、维护世界和平促进共同发展、为世界谋大同、推动实现现代化，这是政党永续发展、长期执政的奥秘。中国共产党之所以有力量、获得人民拥护和世界普遍赞誉，其奥秘也在此。

第二节　强化了政党建设人民性的根本出发点和落脚点

2021年7月1日，习近平在庆祝中国共产党成立100周年大会上高度概括了中国共产党的建党精神，这就是："坚持真理、坚守理想，践行初心、担当使命，不怕牺牲、英勇斗争，对党忠诚、不负人民"。[143]它是中国共产党人精神谱系的源头，为中国共产党人树立了价值标杆，揭示了中国共产党人"从哪里来、到哪里去"的精神实质和逻辑基础。中国共产党人由此出发，守正创新，在强化自身历史性、人民性和实践性的发展逻辑中，不断实现超越，成为世界政党建设的成功范例。

一、以人民至上作为政党建设的价值取向

俗话说"火车跑得快全靠车头带"。这个"头"就是当今世界普遍存在的政党，而是否正确认识和处理"党群"关系，是一个政党成

<hr />

143)《习近平谈治国理政》第4卷，外文出版社，2022，第7页。

功与否的关键。这是已被历史证明的铁律，中外任何一个政党概莫能外。中国共产党不同于一般的政党，"党政军民学、东西南北中，党是领导一切的，是最高的政治领导力量""中国共产党领导是中国特色社会主义最本质的特征，是中国特色社会主义制度的最大优势，是党和国家的根本所在、命脉所在，是全国各族人民的利益所系、命运所系"。[144]进而习近平深刻揭示党的事业发展与人民的关系，指出："为了人民而发展，发展才有意义；依靠人民而发展，发展才有动力"。[145]中国共产党始终牢记初心使命，把无产阶级政党的"人民观"贯彻得最彻底，从而走出了一条人间正道。

(一) 依靠人民实现站起来

在实现站起来的历史进程中，毛泽东为代表的中国共产党人做了大量开创性的理论阐释工作，揭示和确立了党的人民性的历史坐标。而且在实践中，通过树立先进典型人物和开展整风等方式，为确保党的宗旨性质和站稳人民立场做了奠基性的贡献。

在新民主主义革命时期，毛泽东就是列宁"无产阶级政党的义不容辞的责任就是和群众在一起"观点的忠实信徒和践行者。[146]在井冈山斗争中，他曾论述指出："真正的铜墙铁壁是什么？是群众，是千百万真心实意地拥护革命的群众"。[147]抗日战争中，他进一步指出："依靠民众则一切困难能够克服，任何强敌能够战

144) 《习近平谈治国理政》第3卷，外文出版社，2020，第16页；《习近平谈治国理政》第4卷，外文出版社，2022，第8页。
145) 《习近平谈治国理政》第4卷，外文出版社，2022，第476页。
146) 《列宁全集》第32卷，人民出版社，1985，第28页。
147) 中共中央文献研究室编《论群众路线——重要论述摘编》，中央文献出版社、党建读物出版社，2013，第17页。

胜，离开民众则将一事无成"，148)强调"共产党员在民众运动中，应该是民众的朋友，而不是民众的上司，是诲人不倦的教师，而不是官僚主义的政客"。149)他阐释党的人民性，指出："共产党是为民族、为人民谋利益的政党，它本身决无私利可图。它应该受人民的监督，而决不应该违背人民的意旨。它的党员应该站在人民之中，而决不应该站在民众之上"，150)"共产党员是一种特别的人，他们完全不谋私利，而只为民族与人民求福利。他们生根于人民之中，他们是人民的儿子，又是人民的教师，他们每时每刻地总是警戒着不要脱离群众，他们不论遇着何事，总是以群众的利益为考虑问题的出发点，因此他们就能获得广大人民群众的衷心拥护，这就是他们的事业必然获得胜利的根据"，151)"全心全意地为人民服务，一刻也不脱离群众；一切从人民的利益出发，……这就是我们的出发点"。152)解放战争时期，毛泽东又论述指出："党和群众的关系的问题，应当是：凡属人民群众的正确的意见，党必须依据情况，领导群众，加以实现；而对于人民群众中发生的不正确的意见，则必须教育群众，加以改正"。153)革命胜利后，在建国大典仪式上，他将党的人民性浓缩为"人民万岁！"的话语，深刻体现和反映了毛泽东等共产党人的深厚人民情怀。

在社会主义革命和建设时期，针对共产党作为执政党的状况，毛泽东告诫全党："因为革命胜利了，有一部分同志，革命意志

---

148)《毛泽东军事文集》第2卷，军事科学出版社、中央文献出版社，1993，第381页。
149)《毛泽东选集》第2卷，人民出版社，1991，第522页。
150)《毛泽东选集》第3卷，人民出版社，1991，第809页。
151)《毛泽东文集》第3卷，人民出版社，1996，第47页。
152)中共中央文献研究室编《论群众路线——重要论述摘编》，中央文献出版社、党建读物出版社，2013，第28页。
153)《毛泽东选集》第4卷，人民出版社，1991，第1310页。

有些衰退，革命热情有些不足，全心全意为人民服务的精神少了，……而闹地位，闹荣誉，讲究吃，讲究穿，比薪水高低，争名夺利，这些东西多起来了"，"共产党就是要奋斗，就是要全心全意为人民服务，不要半心半意或者三分之二的心三分之二的意为人民服务"。[154]他还强调指出："所谓正确处理人民内部矛盾问题，就是我党从来经常说的走群众路线的问题。共产党员要善于同群众商量办事，任何时候也不要离开群众。党群关系好比鱼水关系。如果党群关系搞不好，社会主义制度就不可能建成；社会主义制度建成了，也不可能巩固"，[155] "历史是人民的历史，政党、领袖只能是人民的代表，如果脱离人民群众就要倒台了。人民中间最大多数是工人和农民，主要的基本的是团结工人和农民，要满足他们的要求，代表他们的意志"。[156]1961年在与地方领导同志谈话中，他进一步指出："马克思主义基本原则是为人民服务""如果百分之八十几的农民不满意国家政权，不满意共产党，那怎么能搞社会主义和共产主义呢？"[157]他把社会主义、共产主义的"是"与"否"，与如何对待人民，特别是占中国人口绝大多数的农民结合起来，可见毛泽东对这一问题认识的深刻。

在实践中，一是毛泽东带头推动自上而下贯彻"从群众中来，到群众中去"的根本工作方法与路线，确保党代表人民的利益。二是通过树立典型，作为全党全军全国人民学习仿效的榜样，诸如革命与战争年代的张思德、白求恩、刘胡兰、董存瑞、黄

---

154)《毛泽东文集》第7卷，人民出版社，1999，第284-285页。

155)《建国以来毛泽东文稿》第6册，中央文献出版社，1992，第547页。

156) 中央文献研究室编《毛泽东年谱（1959-1961）》第4卷，中央文献出版社，2013，第391页。

157) 中央文献研究室编《毛泽东年谱（1959-1961）》第4卷，中央文献出版社，2013，第534、541页。

继光、邱少云等；和平建设时期的王国藩、雷锋、王进喜、焦裕禄、时传祥、王杰、邢燕子、草原英雄小姐妹等典型代表和先进人物，来推动群众路线的贯彻与实践；三是通过开展各类政治运动，诸如延安整风、三反、五反、反右整风、整风整社、四清等运动，甚至极端的文化大革命，以清除"假共产党、真国民党"，158)教育党员干部保持无产阶级政党的本色，践行为人民服务的宗旨。正是由于以毛泽东为代表的中国共产党人，始终保持为人民服务的本色，扎根人民、服务人民，因而获得拥护领导人民在革命与建设中取得一个又一个伟大胜利，最终实现站起来的历史使命，在党的历史、中国近现代史、中华民族史、世界史上镌刻下历史的丰碑。

上述历史事实表明，在实现站起来的历史进程中，党的第一代杰出领导人毛泽东，始终本着"我是站在人民之中，不是站在人民之上"的人民情怀和精神自觉，通过理论自觉和行动自觉，深刻系统阐释党的人民性，即人民在党的心目中的地位与价值问题，为中国共产党确立了"为人民服务"的根本宗旨和方向，理清党的根基和力量之源，奠定了人民性的坚实根基，也为后来者开启了努力的方向。

(二) 依靠人民实现富起来

1978年党的十一届三中全会后，以邓小平为代表的中国共产党人，带领中国人民开启全新探索中国特色社会主义建设道路的历程。面对社会全面转型、实现富起来的奋斗目标，中国共产党能否继续保持无产阶级政党的本性，实现为人民服务的宗旨，是一个巨大挑战。

---

158) 中央文献研究室编《毛泽东年谱（1959-1961）》第4卷，中央文献出版社，2013，第521页。

邓小平接续探索，他在毛泽东的基础上，以摸着石头过河的涉险滩精神，推动党的群众路线建设工作。

一是他始终强调恢复毛泽东实事求是的工作路线和作风，他曾指出"我们党的优良作风之一就是实事求是，这是马克思主义最起码的原则。解决任何问题都要从实际出发，采取科学的、老老实实的态度，一点弄虚作假也不行"、[159] "我们的毛泽东同志、周恩来同志以身作则，严于律己，艰苦奋斗，几十年如一日，成为我党我军优良传统和作风的化身。……我们的干部，特别是老干部，要以毛泽东同志、周恩来同志为榜样，用实际行动搞好传帮带"；提出"我们必须恢复和发扬党的艰苦朴素、密切联系群众的优良传统。……为什么过去很困难的局面我们都能渡过？根本的原因是我们的干部、党员同人民一块苦"、"只要你关心群众，同群众打成一片，不仅不搞特殊化，而且同群众一块吃苦，任何问题都容易解决，任何困难都能够克服"。[160]

二是警示和告诫全党不能脱离群众，他指出"群众是我们力量的源泉，群众路线和群众观点是我们的传家宝。党的组织、党员和党的干部，必须同群众打成一片，绝对不能同群众对立。如果哪个党组织严重脱离群众而不能坚决改正，那就丧失了力量的源泉，就一定要失败，就会被人民抛弃。全党同志，各级干部，特别是高级干部，必须经常记住这一点，经常用这个标准检查自己的一切言行"。[161] 邓小平用"我是中国人民的儿子"诠释了自己深厚的人民情怀，续写了为人民服务的新篇章。

---

159)《邓小平年谱（1975-1997）》（上），中央文献出版社，2004，第329页。
160)《邓小平文选》第2卷，人民出版社，1994，第125、217、228页。
161)《邓小平文选》第3卷，人民出版社，1993，第121页。

江泽民为代表的中国共产党人，面对苏东巨变给中国共产党带来的巨大挑战和压力，反复思考"建设有一个什么样的党、怎样建设党"的问题，把党的建设推进到新阶段。

首先，他继续推进党的群众路线贯彻工作，提出"以人民群众为本"，要求"在全党范围内进行马克思主义唯物史观的教育，批判各种否定、贬低人民群众在社会发展中的地位和作用的历史唯心主义观点，牢固树立推动历史前进的决定性力量是人民群众的科学观点"，"各级干部一定要牢记，联系群众，宣传群众，组织群众，团结群众为实现自己的利益而奋斗，这是我们党的根本力量和优势所在，也是我们各项工作的取胜之道"，162)并警示"党执政的最大危险是脱离群众。在任何时候任何情况下，都必须坚持党的群众路线，坚持全心全意为人民服务的宗旨，把实现人民群众的利益作为一切工作的出发点和归宿"。163)

二是提出要"结合建设改革新的实践，创造新的经验，丰富和发展党的群众路线"，并提出了衡量工作的新标准，这就是："人民，只有人民，才是我们工作价值的最高裁决者"，"我们想事情，做工作，想的对不对，做得好不好，要有一个根本的衡量尺度，这就是人民拥护不拥护，人民赞成不赞成，人民高兴不高兴，人民答应不答应"，164)就为新时期的党的群众路线实践确立了新标准。

三是明确提出党如何实践为人民服务的建设方向，指出"我们党要始终代表中国最广大人民的根本利益，就是党的理论、路线、纲

---

162)《江泽民文选》第1卷，人民出版社，2006，第98-99、364页。

163)《江泽民文选》第3卷，人民出版社，2006，第572页。

164)《江泽民文选》第1卷，人民出版社，2006，第100页；江泽民：《论党的建设》，中央文献出版社，2001，第181、193-194页。

领、方针、政策和各项工作，必须坚持把人民的根本利益作为出发点和归宿，充分发挥人民的积极性、主动性、创造性，在社会不断发展进步的基础上，使人民群众不断获得切实的经济、政治、文化利益"。[165]结合新的实践，江泽民进一步丰富与发展了党的群众路线的观点。

党的十六大之后，以胡锦涛为主要代表的中国共产党人，接续推进实现富起来的历史任务与使命。为确保党不走"封闭保守的老路，改易旗帜的邪路"，持之以恒强化党的性质宗旨和群众路线建设。

一是胡锦涛反复强调领导干部要将"立党为公、执政为民"的思想落实到行动中，"关键是要坚持做到权为民所用、情为民所系、利为民所谋"，[166]要"树立正确的政绩观，说到底就是要忠实实践党的宗旨，真正做到权为民所用、情为民所系、利为民所谋"，提出"相信谁、依靠谁、为了谁，是否始终站在最广大人民的立场上，是区分唯物史观和唯心史观的分水岭，也是判断马克思主义政党的试金石"。[167]

二是他把党同人民群众的关系提到新的高度，指出"我们党的根基在人民、血脉在人民、力量在人民。保持党同人民群众的血肉关系，是我们党无往而不胜的法宝，也是我们党始终保持先进性的法宝"，"在长期执政的条件下，我们党要充分发挥密切联系人民群众这个最大优势，有效防止脱离人民群众这个最大危险，关键在领导干部。是心系群众、服务人民，还是高高在上、脱离群众，是衡量领导干部作风是否端正的试金石"。[168]

---

165)《江泽民文选》第3卷，人民出版社，2006，第279页。

166) 中共中央文献研究室编《论群众路线——重要论述摘编》，中央文献出版社、党建读物出版社，2013，第92页。

167)《十六大以来重要文献选编》（上），中央文献出版社，2005，第369、510页。

三是结合科学发展观的贯彻与落实，着力推进党的群众路线建设工作，提出"必须坚持以人为本。……要始终把实现好、维护好、发展好最广大人民的根本利益作为党和国家一切工作的出发点和落脚点，尊重人民主体地位，发挥人民首创精神，保障人民各项权益，走共同富裕道路，促进人的全面发展，做到发展为了人民、发展依靠人民、发展成果由人民共享"，"以人为本、执政为民是马克思主义政党的生命根基和本质要求"。[169]胡锦涛紧密结合新世纪党的实践，为党的群众观注入新的内涵。

由此可见，中国共产党之所以能够成功应对四大考验与四种危险，[170]避免苏东巨变的重演，保持执政地位和本色不变，领导人民实现富起来的目标与梦想，根本原因就在于邓小平、江泽民、胡锦涛高度重视党的宗旨、本质和群众路线建设，使党始终不脱离与人民群众的血肉联系、走在时代前列。党与人民群众关系的思想认识不断升华，不仅为党群关系奠定了坚实的新基础，还为党的人民性建设提供了丰富的思想资源与深远的历史启迪。

（三）依靠人民实现强起来

党的十八大之后，新时代的历史方位就是中国共产党领导人民实现强起来奋斗目标的时代。为确保党不变色、不变质、不变味，承担实现强起来的历史使命，习近平守正创新，在坚持党性和

---

168)《十六大以来重要文献选编》（下），中央文献出版社，2008，第535、873页。

169) 中共中央文献研究室编《论群众路线——重要论述摘编》，中央文献出版社、党建读物出版社，2013，第102、112页。

170)"四大考验"，指执政考验、改革开放考验、市场经济考验、外部环境考验；"四种危险"，指精神懈怠危险、能力不足危险、脱离群众危险、消极腐败危险。

发展人民性方面做出了巨大贡献。

一是突出阐释信仰、初心使命与党的人民性建设的联系与重要性。习近平指出"党坚强有力,党同人民保持血肉联系,国家就繁荣稳定,人民就幸福安康","密切党群、干群关系,保持同人民群众的血肉联系,始终是我们党立于不败之地的根基。一个政党,一个政权,其前途和命运最终取决于人心向背。如果我们脱离群众,失去人民拥护和支持,最终也会走向失败","我们党来自人民、植根人民、服务人民,一旦脱离群众,就会失去生命力","人民是党执政的最大底气,也是党执政最深厚的根基","不忘初心、牢记使命,说到底是为什么人、靠什么人的问题。以百姓心为心,与人民同呼吸、共命运、心连心,是党的初心,也是党的恒心"。[171]

二是突出强调党的作风建设问题,并做出新的概括。他指出"工作作风上的问题绝对不是小事,如果不坚决纠正不良风气,任其发展下去,就会像一座无形的墙把我们党和人民群众隔开,我们党就会失去根基、失去血脉、失去力量","密切联系群众,是党的性质和宗旨的体现,是中国共产党区别于其他政党的显著标志,也是党发展壮大的重要原因;能否保持党同人民群众的血肉联系,决定着党的事业的成败",[172]"一个政党,一个政权,其前途命运取决于人心向背。人民群众反对什么、痛恨什么,我们就要坚决防范和纠正什么",[173]"为什么人、靠什么人的问题,是检验一个政党、一个政权性质的试金石",[174]"党的初心和使命是党的性质宗

171)《习近平谈治国理政》,外文出版社,2014,第14-16页。
172)《习近平谈治国理政》,外文出版社,2014,第366-367、387页;《习近平谈治国理政》第3卷,外文出版社,2020,第135、137、138页。
173)《习近平谈治国理政》第3卷,外文出版社,2020,第48页。
174)《习近平谈治国理政》第3卷,外文出版社,2020,第520页。

旨、理想信念、奋斗目标的集中体现，越是长期执政，越不能丢掉马克思主义政党的本色，越不能忘记党的初心使命，越不能丧失自我革命的勇气"。175)

三是提出以人民为中心的改革观。习近平指出"做到老百姓关心什么、期盼什么，改革就要抓住什么、推进什么，通过改革给人民群众带来更多获得感"；176)提出"时代是出卷人，我们是答卷人，人民是阅卷人"，177)把人民作为党的改革事业的衡量尺度。

四是把从严治党提高到新的历史高度，将"人民为中心"的思想提升至"人民至上"的最高境界，开创了党性建设的全新局面。他指出"办好中国的事情，关键在党，关键在全面从严治党。只要大力弘扬伟大建党精神，不忘初心使命，勇于自我革命，不断清除一切损害党的先进性和纯洁性的有害因素，不断清除一切侵蚀党的健康肌体的病原体，我们就一定能够确保党不变质、不变色、不变味"，178)并进一步阐释"人民至上"就是"党在任何时候都把群众利益放在第一位"，紧紧依靠人民，不断造福人民，牢牢植根人民。179)

习近平以"我将无我，不负人民"的饱满精神状态和厚重的人民情怀，180)把党的性质宗旨和人民性建设紧密结合，作出最新的概括和发展，实现了时代化的飞跃，极大推进了新时代党的建设与发展事业。

回眸历史，历经100多年风雨洗礼，中国共产党已成长为世界第一大党，曾经贫穷积弱的中国已发展为综合国力和经济实力位居

175)《习近平谈治国理政》第3卷，外文出版社，2020，第48页。
176)《习近平谈治国理政》第2卷，外文出版社，2017，第103、30页。
177)《习近平新时代中国特色社会主义思想三十讲》，学习出版社，2018，第89页。
178)《习近平谈治国理政》第4卷，外文出版社，2022，第53-56页。
179)《习近平谈治国理政》第4卷，外文出版社，2022，第35页。
180)《习近平谈治国理政》第3卷，外文出版社，2020，第529页。

世界第二的国家，何以如此？其中的缘由，习近平作了科学总结，他指出中国共产党"领导人民取得一个又一个伟大成就，战胜一个又一个艰难险阻，历经千锤百炼仍朝气蓬勃，得到人民群众支持和拥护，原因就在于党敢于直面自身存在的问题，勇于自我革命，始终保持先进性和纯洁性，不断增强创造力、凝聚力、战斗力，永葆马克思主义政党本色"。[181]中国共产党能保持马克思主义政党的本色，如上述内容所述，从毛泽东、邓小平、江泽民、胡锦涛到今天的习近平，都持续接力做出了极为重要的努力。他们从历史逻辑与理论逻辑层面，与时俱进为党的性质宗旨和人民性建设排除干扰，清除前进道路上的荆棘，解除思想和精神困惑，坚定理想信念，树立了历史和思想的灯塔，指明了努力和前进的方向，从而奠定了党性与人民性建设的坚实基石。

二、实现好、发展好、维护好最广大人民的根本利益

马克思主义最鲜明的特征是实践性，马、恩一再强调"共产主义不是教义，而是运动""无产阶级的运动是绝大多数人的，为绝大多数谋利益的独立的运动"。[182]要把马克思主义政党的人民性变成实践性，即在历史运动中把人民群众的意愿变成现实，这是无产阶级政党力量之所在。中国共产党人精辟地将近代以来中国人民的意愿凝练为"中国梦"。实现国家富强、民族振兴、人民幸福的"中国梦"，是近代以来最广大中国人民最根本的利益。中国共产党将这一梦想，熔铸在领导人民取得百年辉煌伟大历史成就的进程中。就

181)《习近平谈治国理政》第4卷，外文出版社，2022，第32页。
182)《马克思恩格斯选集》第1卷，人民出版社，2012，第291、411页。

是党的理论、路线、纲领、方针、政策和各项工作，以人民的根本利益作为出发点和归宿，并在社会不断发展进步的基础上，使人民群众不断获得切实的经济、政治、文化利益。[183]

（一）"中国梦"是中华民族最伟大的梦想

2012年11月，党的十八大刚闭幕不久，习近平带领新一届中央政治局常委参观中国国家博物馆举办的《复兴之路》展览时，首次提出了"中国梦"，指出"实现中华民族伟大复兴，就是中华民族近代以来最伟大的梦想"。2013年，他又深刻揭示其内涵，指出"实现中华民族伟大复兴的中国梦，就是要实现国家富强、民族振兴、人民幸福"。[184]

拉长历史的视角，从历史纵向的角度来考察"中国梦"，就不难发现，它是对1840年以来中华民族奋斗历史的总结和追寻的概括。

1840年的鸦片战争，打破中国清王朝"天朝上国"的迷梦，西方资本主义列强用"坚船利炮"迫使其签订丧权辱国的不平等的《南京条约》。从此，处于封建社会阶段的中国被迫沦为半殖民地半封建社会，中华民族和中国人民成为西方列强奴役、剥削和压迫的对象，大片领土被割占，国家四分五裂，"华人与狗不得入内"、"东亚病夫"就是旧中国的写照。

中华民族和中国人民不甘屈服，起而抗争。为挽救民族危亡、实现民富国强，无数仁人志士，开始了不屈不挠的各种探索，即寻求救国救民的真理和道路。

魏源是近代倡导开眼看世界的第一人，通过《海国图志》，他第一次向东方社会系统地、大量地介绍外国史地和铁路、银行、保

---

183)《江泽民文选》第3卷，人民出版社，2006，第279页。
184)《习近平谈治国理政》，外文出版社，2014，第36、39页。

险等各方面知识，突破了传统学术"严夷夏之防"，对外国闭塞无知的旧格局。魏源尖锐地揭露统治集团对外国昏聩无知，是造成战争惨败的重要原因："以通市二百年之国，竟莫知其方向，莫悉其离合，尚可谓留心边事乎？"[185]因而他大声疾呼："欲制外夷者，必先悉夷情始。"[186]魏源明确提出"师夷之长技以制夷"的口号，成为近代先进的中国人向西方学习的起点。

洪秀全则通过领导一场波澜壮阔的太平天国农民起义的方式，试图通过改朝换代，实现中国农民式革命的理想："有田同耕，有饭同食，有衣同穿，有钱同使，无处不均匀，无人不饱暖也。"[187]这种农民反封建的未来社会和国家图案，存在着极大的时代局限性，但却是那个时代中国农民对于未来美好向往的最高体现。不过，此时中国沿海一些地方在西方殖民势力的影响下，资本主义已渐趋发展，作为太平天国运动的下篇，《资政新篇》应运而生，实际上提出了一个新设想：要建设一个新国家，不应当再走中国传统的老路，而应该向西方学习，发展资本主义。[188]只是随着太平天国运动的失败，都已成为历史的烟云。

1858-1860年英法发动第二次鸦片战争，清王朝都城北京被攻破，英法联军抢劫和火烧"万园之园"圆明园。再次遭受浩劫的清王朝和中国民众，不得不真正开始正视西方的挑战。与此同时，借助西方力量镇压太平天国运动过程中，也令清王朝统治者对西方的力量有了深刻认识。正是在这样的历史背景下，出于保持统治大厦存在和稳定的需要，自1860年起，清政府以"富国强兵"为目的，推动

---

185) 魏源：《海国图志：筹海篇二》，岳麓书社，1998，第26页。
186) 魏源：《海国图志：筹海篇二》，岳麓书社，1998，第26页。
187) 胡绳：《从鸦片战争到五四运动》上，上海人民出版社，1983，第153页。
188) 参见中国史学会编《中国近代史资料丛刊：太平天国资料》第2册，神州国光社，1952，第523-541页。

了"洋务运动"。伴随着"洋务运动"的发展，19世纪70至80年代中国社会形成了早期维新改革思想和潮流，要求变革腐朽的专制政体，从制度上学习西方，在国内发展资本主义。但1894-1895年甲午中日战争，中国被一向所看不起的"蕞尔小国"日本打得惨败，被迫签订了奇耻大辱的《马关条约》，列强更掀起瓜分狂潮。清朝统治极度腐朽的实质彻底暴露，亡国灭种的危险迫在眉睫。在举国群情激愤、思变思强的情势下，康有为领导的维新派走上政治舞台，发动了戊戌维新运动。虽然，"百日维新"被以西太后为首的顽固派残酷地绞杀了，但它作为挽救民族危亡、要求发展资本主义的爱国改革运动却在历史上产生了巨大的影响，同时也是中国近代知识分子的一次思想解放运动。

1898年戊戌维新变法运动遭清王朝顽固派镇压，标志着统治阶级内部的维新派推动中国社会变革的努力遭遇重大历史性挫折。而中国社会进一步陷入全面危机，外部的帝国主义瓜分中国狂潮，引发中国内部反抗的义和团运动，西方列强借此发动八国联军侵华战争，最终将中国推入半殖民地半封建社会深渊。内忧外患，中国向何处去？残酷的社会现实促使中国出现了寻找救国道路的潮流。

中国以孙中山为代表的一部分仁人志士，意识到靠清王朝自身的变革发展资本主义，实现国家近代化的目标是不现实的。于是，转而采取推翻清王朝统治的革命方式。

1911年辛亥革命发生，清王朝被推翻，"皇帝倒了，辫子割了"，中华民国创立，实现了改朝换代。中国实现了历史性的变革，开启了中华民国的新时代。但新创立的中华民国政府是孙中山革命派与满清王朝实力派妥协的产物，因而北洋政府时期新与旧、保守与激进呈现出激烈的斗争局面，于是北洋军阀混战、民不聊生、政治腐败黑暗成为那个时代的写照。

但是，由辛亥革命所唤起的中国社会的希望，同民国初年中国社会的黑暗现实之间形成一种巨大的落差，结果催生出"新文化运动。"梁启超在1922年所撰《五十年中国进化概论》中曾正确地指出说："革命成功将近十年，所希望的件件都落空，渐渐有点废然思返，觉得社会文化是整套的，要拿旧心理运用新制度，决计不可能，渐渐要求全人格的觉悟。"[189]于是，"五四"新文化运动不可阻挡地蓬勃发展起来。

正是在五四运动的发展中，中国知识分子将世界各种思潮传入中国，试图找到救国救民的真理。苦难的中国人民通过巴黎和会终于认清了西方"强权战胜公理"的逻辑，向西方学习的惨痛教训促使中国知识分子转移学习的对象，于是，正如毛泽东所说："十月革命一声炮响，给中国送来了马克思列宁主义"，"以俄为师"成为时代的最强音和社会的新取向。

孙中山在反思中选择了正确的方向，他提出了"联俄联共扶助农工"主张，判明了中国实现国家独立、民族解放的最大敌人是"列强"与"军阀"。但在国民大革命的高潮中，蒋介石却背叛了孙中山的正确主张，转而与"列强"与"军阀"合作。因而蒋介石的南京国民政府最终成为大地主、大资产阶级和帝国主义的代理工具，不能代表大多数中国人民的利益。于是，历史再次做出了选择，承担实现中华民族解放、国家独立历史使命的中国共产党人带领中国人民，经过艰苦卓绝的努力，战胜内外敌人，创建了中华人民共和国。

近代中国历史的演进，昭示近代中国是一个沉沦的时代，也是一个抗争的时代；是一个中国人民不断选择救国救民真理的时期，也是各种思想激荡扬弃的时期；是一个中国仁人志士不断奋起为实现中华民族复兴的"中国梦"不断筹谋的时代，更是追寻先进思

---

189) 梁启超：《五十年中国进化概论》，《饮冰室合集》文集之三十九，第45页。

想改造中国的时代。所有这一切最终的目的就是实现国家独立、民族解放与复兴、人民幸福，换言之，解决中华民族的生存与发展问题，这就是"中国梦"的历史逻辑。因此，"中国梦"是对近现代中华民族发展历程的深刻总结，是近代中国革命和历史运动的必然结果。

(二) 中国共产党是"中国梦"的忠实践行者

实现民族与人民解放、国家独立与统一、社会稳定，这是实现"中国梦"的根本政治前提，也是中国最广大人民的根本利益。然而，过去由于缺乏科学理论武装的正确政治力量的领导，没能找到正确科学的解放道路，所以革命大多夭折或者失败，"未能改变旧中国的社会性质和中国人民的悲惨命运"。

中国共产党诞生，"这是开天辟地的大事变，中国革命的面貌从此焕然一新。"[190]为什么只有中国共产党"能"，归根到底是因为马克思主义"行"！马克思主义为中国共产党插上思想的翅膀，"拥有了科学的世界观和方法论，拥有了认识世界、改造世界的强大思想武器"。[191]从此，在马克思主义旗帜下，中国共产党领导中国人民把"中国梦"一步一步变成现实。如图17所示，仅从中国出口所占全球比重与其他世界大国比较视角，即可见中国发展速度之快，足以令世界震惊中国共产党的领导力之强大。

---

190)《中共中央关于党的百年奋斗重大成就和历史经验的决议》，人民出版社，2021，第4页。

191) 本报评论员：《归根到底是因为马克思主义行》，《人民日报》2021年7月4日第1版。

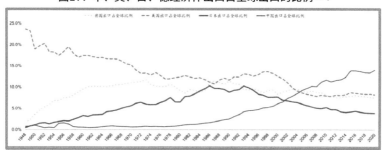

图17：中、美、日、德经济体出口占全球出口的比例[192]

1．新民主主义革命时期

在中华民族选择的过程中，外部世界的影响发挥了极大的作用，正如人类学家博厄斯所阐明的那样："人类的历史证明，一个社会集团，其文化的进步往往取决于它是否有机会吸取邻近社会集团的经验。一个社会集团所有的种种发现可以传给其他社会集团；彼此之间的交流愈多样化，相互学习的机会也就愈多。"[193]中国从"向西方学习"，转向"以俄为师"，就是这一规律发挥作用的结果。

中国共产党成立，就立即投身于中国革命的洪流中。用马克思主义思想武装起来的中国共产党人，首先正确认识中国半殖民地半封建社会的国情，找到了其根源是帝国主义、封建主义，明确了革命的对象是"列强"及其代理人封建军阀。在领导工人运动斗争中，明确了要战胜强大的帝国主义、封建主义势力，就必须要建立统一战线，联合其他革命阶级。

中国共产党从实现中华民族伟大复兴的利益出发，选择走国共

192) 阿旦：《他们是选择中国，还是选择美国？》，2023-07-13，http://hanfeng1918.com/baijia/66368.html。
193) 【美】斯塔夫里阿诺斯：《全球通史——1500年以后的世界》，吴象婴、梁赤民译，上海社会科学院出版社，2004，第6页。

合作的革命道路。然而，1927年国共合作推动的国民大革命蓬勃发展时，以孙中山继承人自居的蒋介石却转而与革命的敌人"帝国主义"与"军阀"合作，疯狂屠杀共产党人和革命群众，因而成为革命的敌人与对象。在革命的危机转折关头，毛泽东为代表的中国共产党人毅然举起自己的旗帜，走上了武装夺取政权的革命道路。在1927年至1937年的土地革命战争时期，中国共产党人发动城市、农村的各种革命斗争，寻找正确的革命道路，壮大革命队伍，选择能承担带领人民取得新民主主义革命胜利、实现民族复兴历史使命的领导人——马克思主义革命家。经过探索和实践，最终找到了"农村包围城市，武装夺取政权"的正确革命道路。1935年遵义会议后，确立毛泽东在党中央事实上的领导地位。形成以毛泽东同志为核心的党中央领导集体，标志着中国共产党人在政治上已完全成熟。

中国共产党人始终以中华民族和中国人民利益为最高利益，在日本发动侵华的"九一八"事变后，就高举抗日旗帜。在胜利完成北上抗日的伟大长征之后，就以陕北革命根据地为依托，呼吁和发动建立广泛的抗日民族统一战线。以中华民族根本利益为原则，推动西安事变和平解决，释放蒋介石，促使其不再发动内战，消耗中华民族抗日力量。中国共产党正确抗日策略的实践，推动抗日民族统一战线初步形成。

1937年日本帝国主义发动全面侵华战争，中华民族到了亡国灭种的生死存亡关头。中国共产党人以抗日的民族大业为己任，接受蒋介石国民党政权的条件，将红军改编为八路军、新四军，推动形成第二次国共合作，建立全国性的抗日民族统一战线。抗日战争时期，是中国共产党人在思想、政治、组织、军事、文化、政权建设、党的建设等全面发展和全面成熟的时期。其最终成果就是1945

年党的七大提出"毛泽东思想"，成为指导中国革命取得胜利的科学武器，标志着实现了马克思主义中国化的历史性飞跃。1945年抗日战争取得伟大胜利，是中华民族和中国人民近代以来前所未有战胜外国侵略者的胜利，中国共产党发挥了中流砥柱的作用。

抗日战争胜利后，蒋介石为抢占抗战胜利果实，再次向共产党人挥舞起屠刀，最终全面发动内战。由毛泽东思想武装、已走向全面成熟、力量发展壮大的中国共产党人，用革命的战争反对反革命的战争，在三年多的时间中，打败蒋介石反动军队，推翻国民党政权。

1949年中华人民共和国宣告成立，标志着新民主主义革命取得伟大胜利，建立了工农联盟为基础、小资产阶级、民族资产阶级联合专政的国家政权，实现了人民当家作主的愿望，"彻底结束了旧中国半殖民地半封建社会的历史，彻底结束了旧中国一盘散沙的局面，彻底废除了列强强加给中国的不平等条约和帝国主义在中国的一切特权，为实现中华民族伟大复兴创造了根本社会条件"。[194]

2．社会主义革命和建设时期

1840年鸦片战争之后，中国被西方资本主义列强强行拖入半殖民地的漩涡，被迫走上了近代化的艰难转型之路。然而，当中国不断向西方学习资本主义时，世界社会主义运动又在蓬勃发展。走资本主义道路，还是走社会主义道路？成为摆在中国人民面前的选择难题。这也正是近代中国社会新陈代谢节奏奇快，何以爆发太平天国运动为代表的农民起义、孙中山领导的资产阶级民主革命和毛泽东为代表的中国共产党人领导的新民主主义革命前后承继、螺旋式

---

194)《习近平谈治国理政》第4卷，外文出版社，2022，第5页。

发展的根源，体现了世界历史发展的逻辑。

1949年10月1日，中华人民共和国宣告成立，开启了新中国的历史新纪元，为中华民族实现伟大复兴奠定根本的政治前提。正如新中国成立前，9月21日毛泽东在中国人民政治协商会议第一届全体会议开幕式致辞时，充满豪情所表示的"中国人从此站立起来了"。[195]然而，正如在七届二中全会毛泽东所告诫的，新民主主义革命的胜利"只是万里长征走完了第一步"。其中的历史逻辑就是，旧中国由于三座大山的反动统治，积弱积贫的中国极端落后和贫瘠，几乎是"一穷二白"。要真正实现站起来，就要通过开创性的工作，为新中国奠定更坚实的基础。于是，在实现站起来的第一步奋斗目标后，已在全国范围内执政的中国共产党，围绕"建设什么样的新中国、怎样建设新中国"的主题，又担负起领导中国人民实现第二步奋斗目标，就是为建设新生活，确立符合我国实际的先进社会制度，巩固站起来的成果，为真正立足于世界民族之林奠定坚实的基础。

首先，进行社会主义革命，建立社会主义社会，确立社会主义制度。夺取政权建立新中国后，中国共产党人面临内外反动势力的颠覆和破坏。如何巩固新生的人民当家作主的政权？如何快速建设新生活？就是毛泽东所指出的"当人民推翻了帝国主义、封建主义和官僚资本主义的统治之后，中国要向哪里去？向资本主义，还是向社会主义？"，[196]就成为必须回答的问题。其实，毛泽东早在《新民主主义论》中就阐释清楚，中国共产党领导的革命历史进程分两步走，即第一步新民主主义革命，第二步社会主义革命。[197]新

---

195) 中共中央党史和文献研究院：《中国共产党的一百年：新民主主义革命时期》，中共党史出版社，2022，第338页。
196)《毛泽东文集》第7卷，人民出版社，1999，第214页。
197)《毛泽东选集》第2卷，人民出版社，1991，第665页。

中国建立，就标志着新民主主义革命取得胜利。于是，在完成全国土改、清除国民党残余势力、打赢抗美援朝立国之战、恢复国民经济任务之后，就开启了社会主义革命的历史进程。

1952年9月，毛泽东提出"中国怎样从现在逐步过渡到社会主义去"的方针，到1953年提出党在过渡时期的总路线："从中华人民共和国成立，到社会主义改造基本完成，这是一个过渡时期。党在这个过渡时期的总路线和总任务，是要在一个相当长的时期内，逐步实现国家的社会主义工业化，并逐步实现国家对农业、对手工业和对资本主义工商业的社会主义改造。这条总路线是照耀我们各项工作的灯塔，各项工作离开它，就要犯右倾或'左'倾的错误。" 198)在这条总路线指引下，全国上下在党的领导下，经过短短三年时间，就完成了社会主义革命的历史任务。从此，中国成为社会主义社会。这是一场广泛、深刻而伟大的历史变革，在中国彻底消灭了剥削制度和剥削阶级，"基本上实现生产资料公有制和按劳分配，建立起社会主义经济制度"。199)与此同时，1954年毛泽东领导制定《中华人民共和国宪法》，召开第一届全国人民代表大会，确认了新中国的各项制度。就意味着完全确立了社会主义政治制度的"四梁八柱"，即人民代表大会制度、中国共产党领导的多党合作制度、民族区域自治制度。

社会主义基本制度的确立，使广大劳动人民彻底解除了私有制的经济、政治、文化压迫和束缚，成为真正的国家主人，极大地巩固了工人阶级领导的、以工农联盟为基础的人民民主专政的国家政

---

198) 中共中央文献研究室编《建国以来文献选编》第4册，中央文献出版社，2011，第602-603页。

199)《中共中央关于党的百年奋斗重大成就和历史经验的决议》，人民出版社，2021，第10页。

权。"为当代中国一切发展进步奠定了根本政治前提和制度基础，实现了中华民族由近代不断衰落到根本扭转命运、持续走向繁荣富强的伟大飞跃"。[200]

其次，制定实施"五年计划"，提出四个现代化的奋斗目标，加快社会主义建设步伐。实现国家工业化，是近代以来无数仁人志士的梦想，是国家独立和富强、自立于世界民族之林的"必由之路"。[201]建国后，中国共产党人借鉴苏联建设经验，制定实施了第一个五年计划（1953-1957）。以苏联援建的156项大型工业项目为中心，共施工建设1万多个项目，全部建成投产428个，部分建成投产109个，涉及诸如飞机、汽车、发电设备、重型机械、石化、新式机床、精密仪表、电解铝、无缝钢管、合金钢、塑料、无线电等，[202]完全改变建国初毛泽东所说"现在我们能造什么？能造桌子椅子，能造茶碗茶壶，能种粮食，还能磨成面粉，还能造纸，但是，一辆汽车、一架飞机、一辆坦克、一辆拖拉机都不能造"的状况，[203]为建立独立完整的工业体系、实现工业化奠定初步基础。至1978年十一届三中全会前，共制定和实施5个五年计划，成为我国工业化历史进程的推动器。实践证明，"只有社会主义能够救中国。社会主义制度促进了我国生产力的突飞猛进的发展"，"只有社会主义才能发展中国"。[204]

在探索和实践工业化建设路线过程中，毛泽东等为代表的中国

200)《习近平谈治国理政》第3卷，外文出版社，2020，第11-12页。

201) 中共中央党史和文献研究院：《中国共产党的一百年：社会主义革命和建设时期》，中共党史出版社，2022，第413页。

202) 中共中央党史和文献研究院：《中国共产党的一百年：社会主义革命和建设时期》，中共党史出版社，2022，第471-472页。

203)《毛泽东文集》第6卷，人民出版社，1999，第329页。

204)《毛泽东文集》第7卷，人民出版社，1999，第214页；《中共中央关于党的百年奋斗重大成就和历史经验的决议》，人民出版社，2021，第14页。

共产党人逐步形成"四个现代化"的建设战略。1964年在第三届全国人大一次会议上，周恩来代表党中央正式宣布："在不太长的历史时期内，把我国建设成为一个具有现代农业、现代工业、现代国防和现代科学技术的社会主义强国，赶上和超过世界先进水平"，并制定分两步走的战略构想，即第一步，建立独立的比较完整的工业体系和国民经济体系；第二步，全面实现农业、工业、国防和科学技术的现代化，使中国经济走在世界前列。205)

以"五年计划"和"四个现代化"为代表的规划和战略部署的制定实施，是中国共产党人对社会主义建设和发展规律把握和认识的重要成果，成为推进我国大规模全面建设社会主义的战略抓手。在上述战略推动下，到1976年，已成功实现"两步走"的第一步战略目标，使农业、教育、科学、文化、卫生、体育事业有很大发展。以"两弹一星"为代表的国防和科技事业迈入世界先进行列，"国防工业从无到有逐步发展起来"，"为巩固新生人民政权、确立中国大国地位、维护中华民族尊严提供了坚强后盾"。206)外交上恢复在联合国的合法席位，推动形成一个中国的国际局面，"三个世界"划分战略促进世界多极化，中国作为发展中国家代表赢得国际社会尊重，已完全屹立于世界民族之林。

总之，从新中国成立到十一届三中全会前夕，中国共产党领导人民找到了通过社会主义实现中华民族伟大复兴的正确道路，走出适合自己国情的工业化道路，虽然曾出现长达10年的"文化大革命"内乱，党和人民的事业遭受了"最严重的挫折和损失"，留下"极其

---

205) 中共中央党史和文献研究院：《中国共产党的一百年：社会主义革命和建设时期》，中共党史出版社，2022，第526-527页。
206) 《中共中央关于党的百年奋斗重大成就和历史经验的决议》，人民出版社，2021，第11页。

惨痛"的教训，但成就是最主要的，已实实在在站立于世界，成为不可忽视的世界五大力量中心之一，也为实现"中国梦""提供了宝贵经验、理论准备"，奠定"物质基础"。[207]

3. 改革开放和社会主义现代化建设新时期

1976年，党中央顺民心党心军心，粉碎江青、王洪文、张春桥、姚文元"四人帮"篡党夺权的阴谋，结束"文化大革命"这一全局性的错误。但中国往哪里去？再次成为时局的焦点和关键。此时，外部世界正在发生巨大的变化。

20世纪70年代末，人类社会迎来第三次科技革命推动的经济全球化时代潮流。面对汹涌澎湃的时代潮流带来的生产力发展、生活富足、社会现代化的发展前景，处在十字路口的中国共产党人，在以邓小平同志为核心的党中央领导下，毅然恢复毛泽东实事求是的思想路线。1978年，党的十一届三中全会果断结束"以阶级斗争为纲"的路线方针，将党和国家的工作重心转到改革开放和社会主义现代化建设上，实现了历史性的大转折。由此，"中国梦"的历史逻辑，就是"解放和发展生产力，使人民摆脱贫困、尽快富裕起来，为实现中华民族伟大复兴提供充满新的活力的体制保证和快速发展的物质条件"。[208]于是，围绕"什么是社会主义，怎样建设社会主义""建设一个什么样的党，怎样建设党""实现什么样的发展，怎样发展"的时代主题，邓小平、江泽民、胡锦涛等为代表的中国共产党

---

207)《中共中央关于党的百年奋斗重大成就和历史经验的决议》，人民出版社，2021，第13-14页。
208)《中共中央关于党的百年奋斗重大成就和历史经验的决议》，人民出版社，2021，第15页。

人，为实现好、维护好、发展好最广大人民的根本利益，进行了开拓性的工作。

一是邓小平等为核心的党中央，恢复党的八大关于社会主要矛盾是人民对于物质文化的需要和落后生产不能满足需要的正确认识，就为把党和国家的工作重心转移到社会主义现代化建设上来提供了理论支撑。要解决社会主要矛盾必然要解放和发展生产力，而解放和发展生产力的唯一正确途径就是改革开放。邓小平以"改革是中国的第二次革命"[209]的高度自觉，并提出"是否有利于发展社会主义社会的生产力，是否有利于增强社会主义国家的综合国力，是否有利于提高人民的生活水平"标准，为改革开放保驾护航。[210]始终扭住"发展"这一"牛鼻子"，邓小平提出并强调"发展才是硬道理"，江泽民秉持"发展是执政兴国的第一要务"，胡锦涛提出要"坚持以人为本，树立全面、协调、可持续的发展观，促进经济社会和人的全面发展"，[211]一脉相承，就是不断推进改革开放进程，加快发展步伐。

二是走出了中国特色社会主义道路。邓小平认为中国的国情就是"处在社会主义的初级阶段，就是不发达阶段。一切都要从这个实际出发，根据这个实际来制定规划"。[212]基于这一实际，党的十三大提出社会主义初级阶段总路线，明确奋斗目标是"把我国建设成为富强、民主、文明的社会主义现代化国家而奋斗"，[213]首次从经济、政治、文化三个层面勾勒了社会主义现代化建设的图景，不仅全面体现了实现民富国强、民族振兴的要求，而且是党和国家的

209)《邓小平文选》第3卷，人民出版社，1993，第113页。
210)《邓小平文选》第3卷，人民出版社，1993，第372页。
211)《邓小平文选》第3卷，人民出版社，1993，第377页；《江泽民文选》第3卷，人民出版社，2006，第538页。
212)《邓小平文选》第3卷，人民出版社，1993，第252页。
213)《十三大以来重要文献选编》上册，中央文献出版社，2011，第13页。

生命线、人民的幸福线。此后，邓小平又进一步揭示社会主义的本质是"解放生产力，发展生产力，消灭剥削，消除两极分化，最终达到共同富裕"，[214]把对社会主义的认识提高到了历史的新高度。江泽民、胡锦涛为代表的中国共产党人一以贯之，始终坚守这一路线，并依据认识的不断丰富，增添了"和谐"的新内容。在初级阶段总路线指引下，在发展方向与道路问题上，由邓小平创造性提出的"建设有中国的特色社会主义"的新路，成为党的全部理论和实践的主题。其后在江泽民、胡锦涛为代表的中国共产党人持续接力开拓中，这条新路越走越宽阔，成为国家富强、民族振兴、人民幸福之路。"道路关乎党的命脉，关乎国家前途和民族命运、人民幸福"，党的十八大做了最完善的概括："在中国共产党领导下，立足基本国情，以经济建设为中心，坚持四项基本原则，坚持改革开放，解放和发展社会生产力，建设社会主义市场经济、社会主义民主政治、社会主义先进文化、社会主义和谐社会、社会主义生态文明，促进人的全面发展，逐步实现全体人民共同富裕，建设富强民主文明和谐的社会主义现代化国家。"[215]它为党和国家事业发展指明了方向，奠定了"道路自信"的根基。

三是在发展战略规划和部署上，在继承"五年计划"和"两步走"战略基础上，邓小平创造性提出中国式现代化建设新战略——"三步走"战略："本世纪走两步，达到温饱和小康，下个世纪用三十到五十年时间再走一步，达到中等发达国家水平"。[216]邓小平成功实现解决"温饱"问题的第一步战略，江泽民在着力推动实现"小康"

---

214)《邓小平文选》第3卷，人民出版社，1993，第373页。
215)《胡锦涛文选》第3卷，人民出版社，2016，第621页。
216)《邓小平文选》第3卷，人民出版社，1993，第251页。

的战略目标后，于1997年党的十五大，对邓小平第三步战略作了更精细地规划，提出"新三步走"战略，即：第一步，21世纪头十年GDP翻一番，人民生活更加宽裕，形成比较完善的社会主义市场经济体制；第二步，2011-2020年，GDP再翻一番，国民经济更加发展，各项制度更加完善；到21世纪中叶，基本实现现代化，建成富强民主文明的社会主义国家。[217)]胡锦涛接续推进这一发展战略，实现新三步战略第一步目标，并顺利开启第二步战略目标。除此之外，这一时期还制定了人才强国、西部大开发、科教兴国、可持续发展等战略，极大地推动了各项事业的发展和进步。

毫无疑问，新时期党的路线、方针、政策都是开创性的。由温饱、小康到全面小康，阶梯性发展目标一一实现，取得GDP跃居世界第二，人民生活更加殷实，1978年至2012年城镇居民人均可支配收入增长70倍、农村居民可支配收入增长62.8倍、城乡居民存款余额增长1896倍、就业人数从4亿人增加到7.6亿人，[218)]经济、政治、文化等各方面事业大踏步发展进步，并实现赶上时代的飞跃。辉煌成就意义非凡，揭示和反映了"富起来"的"中国梦"实现的状况和鲜明特征。

4．中国特色社会主义新时代

党的十八大之后，以习近平同志为核心的党中央，依据中国社会主要矛盾已转化为人民日益增长的美好生活需要和不平衡、不充分发展之间矛盾的实际，推动实现由富起来到强起来飞跃的梦

217)《江泽民文选》第2卷，人民出版社，2006，第4页。
218) 中共中央党史和文献研究院：《中国共产党一百年：改革开放和社会主义现代化建设新时期》，中共党史出版社，2022，第911页。

想，由此中国特色社会主义进入新时代。为实现新时代中国人民的梦想，习近平为代表的中国共产党人，围绕"新时代坚持和发展什么样的中国特色社会主义、怎样坚持和发展中国特色社会主义，建设什么样的社会主义现代化强国、怎样建设社会主义现代化强国，建设什么样的长期执政的马克思主义政党、怎样建设长期执政的马克思主义政党"等重大时代课题，创造性地进行探索和实践，为实现好、维护好、发展好最广大人民的根本利益做出了历史性的突出贡献。

一是在顶层设计提出内外双轮驱动的国家新战略，为党和国家事业发展指明方向、注入动力。针对中国与外部世界的关系，特别是美国以"亚太再平衡"战略遏制、打压中国，创造性地提出国际新战略，由新型国际关系、"一带一路"和"人类命运共同体"三环构成的外交战略，从国家、区域、世界三个向度的三个层级关系，构筑起中国与世界关系的格局，有效维护了发展的外部环境和国际地位与影响力。内部战略上，以"全面建成小康社会、全面深化改革、全面依法治国、全面从严治党"的"四个全面"战略布局为抓手和切入点，全面推动党和国家各项事业发展。双轮驱动国家战略的实施与实践，全面塑造国家发展的版图，是新时代最靓丽的成就与成果。

二是为全面推进中国特色社会主义事业发展增添了新内容。"五位一体"布局呈现全新局面，在经济建设上，提出并全面贯彻"创新、协调、绿色、开放、共享"理念，全面推动实施区域协调发展、京津冀协同发展、长江经济带发展、粤港澳大湾区建设、长三角一体化发展、黄河流域生态保护和高质量发展等战略，推动雄安新区高标准高质量建设、西部大开发形成新格局、东北振兴取得新突破，全面推动经济高质量发展；在政治建设上，明确目标是坚持和完善中国特色社会主义制度、推进国家治理体系和治理能力现代化，创造性地提出"中国新型政党制度"话语体系，形成"中国特色协商民主体系"，全面重构党和国家机构和职能，提出和贯彻"总体国家安全观"，全面建设法治体系、法治中国；在文化建设上，明确马克思主义在意识形态领域指导地位的根本制度，以社会主义核心价值体系引领文化建设，实施中华优秀传统文化传承发展工程，奠定文化自信的根基；在社会建设上，以保障和改善民生为重点，在"幼有所育、学有所教、劳有所得、病有所医、老有所养、住有所居、弱有所扶"上持续发力，打赢脱贫攻坚战、疫情防控战，构筑平安中国治理体系；在生态文明建设上，提出和贯彻"绿水青山就是金山银山"和"山水林田湖草沙一体化保护和系统治理"理念，建立以国家公园为主体的自然保护地体系，打赢污染防治攻坚战，打好蓝天、碧水、净土保卫战，让生产发展、生活富裕、生态良好的文明发展道路更宽敞。

"五位一体"建设成效显著，经济领域GDP总量翻了一番多，人均超过1.2万美元，综合国力跃上新台阶，平衡性、协调性、可持续性明显增强，已迈上"更高质量、更有效率、更加公平、更可持续、更为安全的发展之路"，为"强起来"奠定坚实物质基础；政治领域，全面推进民主政治制度化、规范化、程序化，中国特色社会主义制度"更加成熟更加定型"，国家治理体系和治理能力现代化水平"不断提高"，基础性制度框架"基本建立"，许多领域实现"历史性变革、系统性重塑、整体性重构"，政治制度优越性更加彰显，法治体系、法治中国、法治政府建设"迈出坚实步伐"，依法治国总体格局"基本形成"，生动活泼、安定团结的政治局面得到"巩固和发展"；文化领域，意识形态领域形势发生"全局性、根本性转变"，全党全国各族人民文化自信"明显增强"，文化日益繁荣，国际影响力日益提高；社会领域，人民生活"全方位改善"，建成世界上最大规模的"教育体系、社会保障体系、医疗卫生体系"，社会治理社会化、法治化、智能化、专业化水平"大幅度提升"，人民群众获得感、幸福感、安全感"更加充实、更有保障、更可持续"，续写社会长期稳定"奇迹"；生态文明领域，生态文明制度体系"更加健全"，生态环境保护发生"历史性、转折性、全局性变化"，美丽中国建设取得更大进展。[219]

　　三是提出了"两步走"发展新战略，开创实现中华民族伟大复兴"中国梦"新局面。在2020年实现全面建成小康社会奋斗目标后，及时规划和提出"新三步走"第三步奋斗目标，即：第一步，从2020年到2035年基本实现社会主义现代化；第二步，从2035年到本世纪中叶，把我国建成富强民主文明和谐美丽的社会主义现代化强国，为未来规划了新的发展蓝图。[220]2022年党的二十大又再次明确党的中心任务是"团结带领全国各族人民全面建设社会主义现代化强国、实现第二个百年奋斗目标，以中国式现代化全面推进中华民族伟大复兴"，[221]进一步为未来几十年的发展指明方向，规划了实践路径和路线图。据此，在全面建成小康社会目标实现后，"四个全面"中

219)《中共中央关于党的百年奋斗重大成就和历史经验的决议》，人民出版社，2021，第34-52页；习近平：《高举中国特色社会主义伟大旗帜，为全面建设社会主义 现代化国家而团结奋斗——在中国共产党第二十次全国代表大会上的报告（2022年10月16日）》，人民出版社，2022，第9-11页。
220)《习近平谈治国理政》第3卷，外文出版社，2020，第22-23页。
221) 习近平：《高举中国特色社会主义伟大旗帜，为全面建设社会主义现代化国家而团结奋斗——在中国共产党第二十次全国代表大会上的报告（2022年10月16日）》，人民出版社，2022，第21、24页。

的第一个全面顺理成章调整为"全面建设社会主义现代化国家"，实现了与时俱进和时代化。

总之，"强起来"是全方位的，内政外交国防、治党治国治军，诸多方面实现"一系列突破性进展，取得一系列标志性成果"，并经受住诸如美国挑起的贸易战、科技战、金融战、舆论战以及百年世纪疫情等各种风险挑战，使党和国家事业取得"历史性成就、发生历史性变革"，迈上全面建设社会主义现代化国家新征程。222)"强起来"的梦想是历史赋予新时代党的使命与任务，是"中国梦"的实践要求。前述内容既体现了强起来的内涵和特征，也反映了"中国梦"在新时代的实现程度和状况。"强起来"奋斗目标的不断实现，就意味着站在时代发展的山巅，已能远望承载中国人民最根本利益的中华民族复兴号巍巍巨轮，已出现在历史地平线上，中华民族伟大复兴已进入不可逆转的历史进程。

三、明确打江山守江山守的是人民的心

中国共产党和人民群众同呼吸共命运，一路前行，100多年历程，风云跌宕起伏，时代大潮起起伏伏，获得赢得民心实属不易。世界历史也昭示，许多大党、老党丧失民心，人亡政息，强如苏共也为人民所抛弃，解散时竟然"竟无一人是男儿"。中国共产党何以能避免上述状况？这是因为，从历史深处走来的中国共产党人，懂得一个道理："江山就是人民、人民就是江山，打江山、守江山，守的

---

222) 习近平：《高举中国特色社会主义伟大旗帜，为全面建设社会主义现代化国家而团结奋斗——在中国共产党第二十次全国代表大会上的报告（2022年10月16日）》，人民出版社，2022，第6页。

是人民的心"。223)

（一）在实现站起来的历史进程中，播下思想火种，敢为人先，赢得民心

如前所述，如何摆脱被压迫、奴役和剥削的半殖民地半封建社会命运，实现"站起来"，是近代以来中华民族和中国人民最伟大的"梦想"。中国仁人志士选择接受马克思主义，就是因为它能帮助中国人民解决问题。中国共产党应运而生，是中国历史发展和人民选择的必然结果。一是五四运动时曾经领导中国革命的国民党已然落伍，不敢、不能承担革命的领导责任。据蔡和森回忆，北京、上海的学生代表曾找过国民党，但其领导人"竟以无力参加拒绝"，"故此次运动中的一般新领袖对于国民党均不满意"，表明国民党已"不能领导革命了，客观的革命势力发展已超过他的主观力量了"。224)中国迫切需要成立新的革命政党，来领导中国革命运动和社会进步发展潮流，已是当时社会的共识。二是在五四运动中首次登上历史舞台的中国工人阶级，就以不妥协的斗争姿态引人注目，就为马克思主义的传播奠定阶级基础。于是，以李大钊、陈独秀等为代表的马克思主义者，分别在北京、上海等地组织"马克思主义学说研究会"、"马克思主义研究会"组织，聚拢同志，创办《新青年》、《共产党》等刊物，传播马克思主义，并同非马克思主义思潮展开论战。同时，共产党的各地早期组织，牢记《共产党宣言》中"共产党人为工人阶级的最近的目的和利益而斗争，但是他们在当前的运动中同时代表运动的未来"的教导，225)深入工人阶级之中，创办通

---

223)《习近平谈治国理政》第4卷，外文出版社，2022，第9页。
224) 中央档案馆编《中共党史报告选编》，中共中央党校出版社，1982，第17-18页。

436

俗易懂的刊物，诸如上海《劳动界》、北京《劳动音》、济南《济南劳动周刊》、广州《劳动者》等；创办各种形式的工人学校，诸如邓中夏等在北京长辛店开办的"劳动补习学校"、李启汉在上海沪西开办的工人半日学校等。通过思想启蒙，由共产党早期组织领导的中国第一个工会组织——上海机器工会，于1920年11月宣告成立。此后，上海、北京、武汉、长沙、广州、济南的部分产业工人和手工业工人纷纷组织工会。[226] 革命运动的发展，就为中国共产党的诞生准备了条件。1921年3月，李大钊发表文章公开呼吁创建工人阶级政党。[227] 由此可见，1921年7月中国共产党创立，是中国历史发展和中国工人运动发展的产物。换言之，它既是思想传播的产物，在工人阶级中播下革命的火种，又是思想传播的源动力。

中国共产党成立后，立即投身于工人运动当中，领导掀起了以香港海员罢工、安源路矿罢工、京汉铁路工人罢工等为代表的中国工人运动第一个高潮（1922.01-1923.02）。为提高工人工资、保障工人政治权利、改良工人待遇等，一些共产党员，诸如京汉铁路总工会江岸分会委员长林祥谦（共产党员）宁死不屈，以"头可断，血可流，工不可复！"回答反动军阀的复工要求，京汉铁路工会法律顾问施洋（共产党员）牺牲时高呼"劳工万岁"，时刻站在群众斗争的前列，敢于奋斗、敢于牺牲，在社会和民众中留下深刻的印象。

第一次工人运动高潮的失败，也使幼年的中国共产党认识到，要战胜强大的敌人"帝国主义"和"封建主义"，必须寻找同盟者，建立革命统一战线。

225)《马克思恩格斯选集》第1卷，人民出版社，2012，第434页。

226) 中共中央党史和文献研究院：《中国共产党一百年：新民主主义革命时期》，中共党史出版社，2022，第32页。

227)《李大钊全集》第3卷，人民出版社，2013，第350页。

恰在此时，孙中山东山再起，认识到中国共产党是"一支新兴的、生机勃勃的革命力量"，提出"联俄联共扶助农工"三大政策，下决心进行"国共合作"。[228]于是，中国共产党以参加国民党的"党内合作"方式，参加国民革命运动。在1924-1927年的国民大革命时期，中国共产党积极推动国民革命运动的发展。一是积极推动黄埔军校的发展，树立起共产党的旗帜。以政治部主任周恩来、副主任鲁易、政治部秘书兼政治教官聂荣臻、总教官孙炳文、政治主任教官恽代英、政治教官萧楚女等共产党员为核心，在学员中传播马克思主义，仅第一期就有徐向前、左权、王尔琢、许继慎等加入或由中国社会主义青年团员转为共产党员，共产党员和青年团员已占该期学员总数1/10左右。[229]二是已认识到"中国革命问题就是农民问题"的毛泽东，与"农民王"澎湃等，在广州举办农民运动讲习所，培养农民运动骨干。[230]毛泽东还深入农村调查，为农民运动正名，号召支持农民运动发展。三是积极推动北伐战争，由中国共产党直接领导的叶挺独立团率先出动北伐，以身先士卒的作战作风在北伐战争中屡建奇功，声名远播中外，树立了一面光辉旗帜。四是共产党领导的五卅运动、省港大罢工、上海三次工人武装起义等工人运动蓬勃发展，特别是省港大罢工和上海第三次武装起义胜利，为国民革命作出重要贡献。顺应民心推动国民革命，使党的力量快速发展，到1927年4月党的五大举行时，党员人数已达57967名。[231]

228) 中共中央党史和文献研究院：《中国共产党一百年：新民主主义革命时期》，中共党史出版社，2022，第49页。

229) 中共中央党史和文献研究院：《中国共产党一百年：新民主主义革命时期》，中共党史出版社，2022，第57页。

230) 王伟红：《1926年毛泽东〈农民问题〉记录稿"农民问题，就是革命问题"》，《中国档案报》2019年8月30日第1版。

231) 中共中央党史和文献研究院：《中国共产党一百年：新民主主义革命时

然而，北伐战争即将取得全国胜利前夕，以蒋介石为代表的国民党右派势力，却背叛革命，发动四一二政变，疯狂屠杀共产党人和革命志士，致使国民大革命运动失败。

国民大革命的惨痛教训，促使毛泽东提出枪杆子里面出政权的著名思想，也迫使中国共产党探寻生存发展和救国救民的新道路。秋收起义失败后，毛泽东带领残余部队上了井冈山，他为中国革命找到了新路。对此，毛泽东后来曾回忆指出，国民党杀人太多，逼上梁山。232)一是通过三湾改编，确立党指挥枪的原则，树立三大纪律八项注意、官兵一致原则，将红军真正塑造成党领导的人民军队，为人民服务和谋利益的军队。二是以土地问题为中心，解决红军生存与发展问题。三是探索形成农村包围城市武装夺取政权的新民主主义革命正确道路。

土地革命战争时期，中国共产党人为何能够在乡村立足？星星之火，为何能够燎原？毛泽东留下的"一口井"、"朱德的扁担"等都很好地诠释了共产党就是人民的"心"。毛泽东讲透了共产党人如何、怎样才能获得民心，他指出："我们现在的中心任务是动员广大群众参加革命战争，以革命战争打倒帝国主义和国民党，把革命发展到全国去，把帝国主义赶出中国去。谁要是看轻了这个中心任务，谁就不是一个很好的革命工作人员。我们的同志如果把这个中心任务真正看清楚了，懂得无论如何要把革命发展到全国去，那么，我们对于广大群众的切身利益问题，群众的生活问题，就一点也不能疏忽，一点也不能看轻。因为革命战争是群众的战争，只有动员群众才能进行战争，只有依靠群众才能进行战争。……我们要胜

期》，中共党史出版社，2022，第85页。

232) 张迪杰主编《毛泽东全集》第48卷，润东出版社，2013，第354页。

利，一定还要做很多的工作。领导农民的土地斗争，分土地给农民；提高农民的劳动热情，增加农业生产；保障工人的利益；建立合作社；发展对外贸易；解决群众的穿衣问题，吃饭问题，住房问题，柴米油盐问题，疾病卫生问题，婚姻问题。总之，一切群众的实际生活问题，都是我们应当注意的问题。假如我们对这些问题注意了，解决了，满足了群众的需要，我们就真正成了群众生活的组织者，群众就会真正围绕在我们周围，热烈地拥护我们。……把革命当作他们的生命，把革命当作他们无上光荣的旗帜。" 233)这样一个兢兢业业、事无巨细为人民群众谋利益的党，就是火种，不仅在井冈山立足，也犹如熊熊之火，成燎原之势，迅速燃遍全国。至1933年，全国大小革命根据地已有十余块，红军规模已近30万人。

然而，"左"倾教条主义错误领导下，中国革命遭受重大挫折，被迫进行长征。直到1935年遵义会议，才转危为安，最终取得二万五千里长征伟大胜利。即便如此，中国共产党人不改初心，长征途中留下诸如"半条被子"、"红军鞋"、"歃血为盟"等许多红军与民众心连心的感人故事，因而毛泽东高度评价"长征是宣言书，长征是宣传队，长征是播种机"。234)

在中国共产党人探索新道路的过程中，1931年日本发动九一八事变，侵占东三省，灭亡中国的野心昭然若揭。自此，中国人民揭开长达14年的从东北局部抗战到全面抗战的抗日战争历史。显然，中华民族和中国人民最大的心愿，就是将日本帝国主义侵略者赶出中国。这就是最大的民心，是历史赋予中国各政党的使命。然而，在民族危亡时刻，作为执政者的国民党政府当局却采取妥协退

233)《毛泽东选集》第1卷，人民出版社，1991，第136-139页。
234)《毛泽东选集》第1卷，人民出版社，1991，第150页。

让方针，任由日本长驱直入。中国共产党以中华民族根本利益为己任，毅然率先举起武装抗日的旗帜，1932年4月15日以中华苏维埃共和国临时中央政府名义，发表对日宣战宣言，宣布"领导全中国工农红军和广大被压迫民众，以民族革命战争驱逐日本帝国主义出中国"。在东北创建抗日游击队，展开武装抗日斗争。[235]1935年中国共产党率领红军战略转移落脚陕北后，便顺应民意和时代潮流，确定革命的任务就是"争取国内和平，停止国内的武装冲突，以便团结一致，共同抗日"，呼吁"中国人不打中国人"、"停止内战，一致对外"。[236]此时正值日本肆无忌惮策动侵占华北的"华北事变"，中华民族到了亡国灭种的危急关头。而蒋介石国民党政府依然执行错误政策，对日妥协退让，签订丧权辱国条约"何梅协定"，醉心于"剿共战争"，削弱中华民族抗日力量。蒋介石倒行逆施的行径，激起"剿共"主力的张学良"东北军"、杨虎城"西北军"强烈不满，采取"兵谏"扣押蒋介石。中国共产党从中华民族抗日大局出发，促使张、杨释放蒋介石，推动"西安事变"和平解决，结束了内耗的"剿共"战争，推动初步建立起抗日民族统一战线。

1937年7月7日日本进攻卢沟桥，全面发动侵华战争。中国共产党人立即行动，致电蒋介石，表示红军将士愿意"为国效力，与敌周旋，以达保土卫国之目的"。9月22日国民党中央通讯社发表《中共中央为公布国共合作宣言》，23日蒋介石发表庐山谈话，标志着国共第二次合作和中国抗日民族统一战线正式形成。在此之前，红军已改编为八路军、新四军，并开赴抗日前线，9月25日取得"平型

---

235) 中共中央党史和文献研究院：《中国共产党一百年：新民主主义革命时期》，中共党史出版社，2022，第138页。

236)《毛泽东选集》第1卷，人民出版社，1991，第254-255页。

关大捷"的胜利，打破日军不可战胜的"神话"，极大振奋中国抗日军民士气。

中国共产党人根据敌强我弱的特点，提出抗日战争是持久战，战争结局是中国必胜日本必败，而且兵民是胜利之本。确定游击战是八路军、新四军主要作战形式，积极回应日军占领下的沦陷区人民不甘做亡国奴的要求，承担起动员日军占领区人民起来抗日的游击战争历史责任。于是，陷日军于汪洋大海之中的敌后抗日根据地建立起来。敌后武工队、平原游击队、铁道游击队等活跃于敌后，百团大战、交通战、破袭战、地道战、地雷战、麻雀战等抗日军民战法遍地开花。到抗战结束时，中国共产党领导的抗日根据地，已成为中国人民抗日战争的主战场，发挥了中流砥柱的作用。正是在抗日战争中，中国共产党通过自己的政治主张、坚定意志和模范行动，为广大人民群众所了解和认识，赢得人民的支持和拥护。

抗战胜利后，人民渴望和平，以便休养生息，恢复生产生活。毛泽东顺应民心民意，为揭露蒋介石国民党政府假和平、真内战的面目，不顾个人安危，前往国民政府陪都重庆，与国民党斗智斗勇，经43天谈判，于1945年10月10日签署制止内战的"双十协定"。然而，蒋介石国民党政府却违背民意，悍然撕毁"停战协定"，于1946年6月发动全面内战，叫嚣三个月消灭共产党领导的解放军。

但是，横征暴敛、腐败透顶的国民党政权，早已丧尽人心。中国共产党领导人民进行的解放战争，仅仅三年多时间，就推翻南京国民党政府。历史表明，中华民族和中国人民推翻压在头上的"三座大山"，这是最广大中国人民的根本利益，是民心所向，更是历史潮流。只有顺应这个历史潮流，才能获得民心，这就是中国共产党领导新民主主义革命成功的原因。

新中国的建立，实现了人民当家作主的梦想。但是，新生的共和国时刻面临美蒋反动势力颠覆和破坏的压力，内部民生凋敝、百废待兴。一句话，贫穷落后的面貌不改变，"站起来"的根基就不稳，新政权就不能稳固。于是，中国共产党人领导中国人民又开始了新的伟大长征。

为消除外部世界的威胁，营造良好的生存环境，中国共产党人发扬无产阶级国际主义精神，以"抗美援朝，保家卫国"相号召，参加并打赢了制止美帝国主义侵略的立国之战——"抗美援朝"战争。以此为契机，在全社会发起"抗美援朝"爱国运动和"时事教育"运动，清除了盘踞在中国人民头脑中的亲美、崇美、恐美的思想，彻底解除了近代以来帝国主义对中国人民的精神压迫和统治。

在内政建设上，在完成土地改革、镇压反革命、民主改革以及恢复国民经济任务后，顺应人民群众的要求和社会主义的人类社会发展潮流，中国共产党人带领人民通过"三大改造"的社会主义革命，基本实现了把资本主义私有制转变为社会主义公有制，从此中国进入社会主义社会。一个人人平等，没有阶级剥削和压迫的新社会的建立，极大地解放了社会生产力，也极大地激发了广大人民群众建设社会主义国家的热情。

走上社会主义道路和确立社会主义基本制度之后，中国共产党领导人民迅速掀起社会主义工业化国家建设高潮。工业战线上，涌现出以铁人王进喜等为代表的模范共产党员和大庆油田等先进典型，铸就爱国、创业、求实、奉献的铁人精神（大庆精神），全国掀起"工业学大庆"运动。农业战线上，涌现出以陈永贵等为代表的模范共产党员和大寨大队的先进典型，全国掀起"农业学大寨"运动。解放军队伍中，涌现出雷锋等为代表的模范共产党员，"甘当螺丝钉"，勇于奉献、乐于助人，全社会掀起"向雷锋同志学习"的运动。干部队伍中，涌现出县委书记焦裕禄等为代表的模范共产党员，诠释着亲民爱民、艰苦奋斗、科学求实、迎难而上、无私奉献焦裕禄精神，全社会掀起争做焦裕禄式好干部、全心全意为人民服务热潮。在科技战线上，以钱学森、李四光、钱三强等为代表的千千万万科技人员，他们很多长期隐姓埋名，为研制"两弹一星"等国防尖端武器，付出了巨大心血。[237]这些鲜活的典型人物和榜样，代表了中国人民改变贫穷落后面貌，实现农业、工业、国防和科学技术现代化，使我国走在世界前列的强烈心愿。

一个时代有一个时代的历史任务和使命。毛泽东为代表的中国共产党人，主动担当作为、敢为人先，播撒思想的种子，顺民心、聚民意，敢于斗争、艰苦创业，获得了民心，创造了历史的奇迹，实现了人民群众"站起来"的梦想，也为后来者奠定坚实的基础。

然而，由于毛泽东担忧苏共"变修"的历史在中国重演，不断改变党的八大关于社会主要矛盾的正确判断，突出强调阶级斗争，以致酿成长达十年的"文化大革命"，使"党、国家、人民遭到新中国成立以来最严重的挫折和损失"，全国陷入"严重的政治危机和社会危机"。[238]1976年4月发生的"天安门事件"，表明广大干部和人民群众已极度憎恶"文革"，渴望结束不正常的状态。毛泽东去世后，主持中央日常工作的中共中央第一副主席华国锋，尊民意、顺民心，率领党中央一举粉碎"四人帮"反革命集团，实现了党和人民的共同意愿。这场"自我革命"，挽救了党、挽救了国家以及中国的社

237) 参见中共中央党史和文献研究院：《中国共产党一百年：社会主义革命和建设时期》，中共党史出版社，2022，第545-547页。

238) 中共中央党史和文献研究院：《中国共产党一百年：社会主义革命和建设时期》，中共党史出版社，2022，第618页。

会主义事业。

随后，中国共产党人通过深入揭批"四人帮"和林彪反革命集团，实现拨乱反正，恢复社会秩序，党和国家工作重新走上健康发展的轨道，进入新的历史发展时期。

（二）在实现富起来的历史进程中，尊重人民群众首创精神，为民谋利获得民心

1978年党的十一届三中全会通过决议，决定"从1979年起，把全党的工作重点和全国人民的注意力转移到社会主义现代化建设上来"。[239]邓小平在讲话中提出一个"大政策"，就是"要允许一部分地区、一部分企业、一部分工人农民，由于辛勤努力成绩大而收入先多一些，生活先好起来。一部分人生活先好起来，就必然产生极大的示范力量，……就会使整个国民经济不断地波浪式地向前发展，使全国各族人民都能比较快地富裕起来"。[240]由邓小平开启的这一历史进程，经江泽民、胡锦涛接续发力，至2012年党的十八大，最终实现"富起来"的历史性飞跃。

"富起来"的历史进程是由国情决定的，这是中国最大的民意和民心。办好中国的事情，首要的就是要解决好农业的发展问题。1978年，中国总人口9.6亿，农村人口就有7.9亿，其中2.5亿人口还没有解决温饱问题。如何发展农业生产，解决温饱问题？1978年安徽凤阳县梨园公社小岗村农民，冒着风险，大胆尝试，打破集体经济管理模式，通过"包干到户"实现增产，附近农民纷纷仿效。此举引

---

239) 中共中央文献研究室编《三中全会以来重要文献选编》（上），中央文献出版社，2011，第10页。
240)《邓小平文选》第2卷，人民出版社，1983，第142页。

发争议，1980年邓小平谈话给予肯定，他指出"农村政策放宽后，一些适宜搞包产到户的地方搞了包产到户，效果很好，变化很快"。[241]1982年中共中央一号文件，明确指出包括包产到户、包干到户等各种责任制，都是社会主义集体经济的生产责任制，就把农民的首创精神变为国家的家庭联产承包责任制的宏观政策，从而推动农村面貌发生巨变。1978年粮食总产量为3.05亿吨，到1984年就猛增到4.07亿吨，[242]7.9亿农民在增产中向致富的目标迈进。第二项重大的富国富民举措，就是兴办经济特区，推动形成对外开放格局。1980年正式批准设立深圳、珠海、汕头、厦门设置经济特区，邓小平表示"中央没有钱，可以给些政策，你们自己去搞，杀出一条血路来"。[243]深圳、汕头、珠海等这些昔日贫穷落后的边陲小镇、荒滩渔村，迅速成长为现代化的工业城市。四大经济特区的成功，促使中央进一步扩大改革开放的步伐，将其经验复制到全国。1984年5月，为进一步吸收外资，引进国外先进的科学技术，决定开放沿海十四个港口城市：大连、秦皇岛、天津、烟台、青岛、连云港、南通、上海、宁波、温州、福州、广州、湛江、北海。1985年，将长江三角洲、珠江三角洲和闽南厦漳泉三角地区划为沿海经济开放区。1988年，设立海南省并设立为海南经济特区。至此，初步形成点、面结合的对外开放格局，吸引外资的"窗口"，在沿海形成包括两个直辖市、25个省辖市、67个县，约1.5亿人口的对外开放地带，迅速使其发展成为先富地区。[244]惠民生的第三个举措是为个体

241)《邓小平文选》第2卷，人民出版社，1983，第275页。
242)《中华人民共和国国史全鉴（1976-1988）》第5卷，团结出版社，1996，第5990页。
243) 中共中央党史和文献研究院：《中国共产党的一百年：改革开放和社会主义现代化建设新时期》，中共党史出版社，2022，第686页。
244) 中共中央党史和文献研究院：《中国共产党的一百年：改革开放和社会主义现代化建设新时期》，中共党史出版社，2022，第710页。

经济保驾护航，提出"三个有利于"判断标准。1979年12月安徽省芜湖市个体户年广久注册"傻子瓜子"，1980年邓小平在安徽考察时就提及并做了肯定，1984年再次提及帮助解决雇工问题，1991年年广久因雇工经营被判刑入狱，1992年邓小平南方谈话第三次提及"傻子瓜子"，指出不能"动他"，动他"得不偿失"。随即，年广久被无罪释放。被誉为"中国第一商贩"的年广久因"傻子瓜子"而致富，是异军突起的个体经济和乡镇企业发展的一个缩影，是中国实现富起来的一个重要体现。245)正是在邓小平主导的一系列改革开放政策推动下，1990年中国经济成功实现翻一番的目标，解决了温饱问题。作为致富道路的开拓者，邓小平为代表的中国共产党人也赢得了民心。1984年建国35年庆典游行仪式上，学生们高举"小平您好！"横幅走过天安门广场，为《人民日报》报道，就反映了全国人民的共同心声。246)

江泽民为代表的中国共产党人在带领中国人民实现致富过程中，顺民心、尊民意，与时俱进，取得新突破。一是坚持十一届三中全会以来的路线方针政策不动摇，他明确表示："一句是坚定不移，毫不动摇；一句是全面执行，一以贯之"。247)在推动改革开放方面，1990年开发开放上海浦东，1990、1991年分别设立上海证券交易所、深圳证券交易所。1992年，以浦东为龙头，开放芜湖、九江、岳阳、武汉、重庆沿江城市和三峡库区；开放哈尔滨、长春、呼和浩特、石家庄边境沿海省会城市；开放珲春、绥芬河、黑河、满洲里、二连浩特、伊宁、塔城、博乐、瑞丽、畹町、河口、凭祥、东兴沿边城市；开放太原、合肥、南昌、郑州、长沙、成都、

245) 刘志新：《"中国第一商贩"的跌宕人生》，《共产党员》2020年第1期，第54-55页；《邓小平年谱（1981-1997）》第5卷，中央文献出版社，2019，第640页。
246) 栾晓峰：《我们喊出了心声："小平您好"》，《奋斗》2018年第24期，第59-60页。
247)《江泽民文选》第1卷，人民出版社，2006，第57页。

贵阳、西安、兰州、西宁、白银内陆省会城市，此后又扩大到内陆市县，2000年以后，扩大至全国广大腹地，使其走上改革开放致富的道路。[248]二是确立社会主义市场经济体制的改革方向，使市场在资源配置中发挥基础性作用；把公有制为主体、多种所有制经济共同发展与按劳分配为主体、多种分配方式并存，正式确立为社会主义基本经济制度和基本分配制度，针对性地回答了改革开放以来经常困扰和束缚人们思想的诸如计划和市场的关系等重大理论和实践问题，为多种所有制经济平等竞争和发展、鼓励一部分地区和一部分人先富起来，逐步走共同富裕的道路，解决了致富的根本途径和方向问题，提供了制度和政策保障。在市场机制作用下，劳动力、土地、资本、技术等生产要素市场迅速发展，为个体、私营等非公有制企业快速发展创造条件，不仅促进增长、扩大就业、繁荣市场，而且使中国逐步摆脱商品匮乏的短缺经济时代。三是确立国有企业建立"现代企业制度"的改革方向，推动国有企业成为自主经营、自负盈亏、自担风险的生产者和经营者。不仅企业活力不断增强，也提高了国有经济的控制力、影响力和带动力。[249]四是推动中国于2001年成功加入"世界贸易组织"（WTO），为实现中国企业"走出去"打开大门，进一步拓宽了致富的道路。到2000年底，农村贫困人口（按1978年贫困标准）减少到3209万人，实现小康目标，居民人均收入有了大幅度增长，群众家庭财产普遍增多。江泽民为中国人民"建立了永不磨灭的功勋，赢得了全党全军全国各族人民衷心爱戴和国际社会广泛赞誉"。[250]

---

248) 中共中央党史和文献研究院：《中国共产党的一百年：改革开放和社会主义现代化建设新时期》，中共党史出版社，2022，第803-804页。
249) 曾培炎：《伟大的历程，辉煌的成就，宝贵的经验》，《北京周报》2013年第9期，第3-4页。

2002年党的十六大之后，以胡锦涛为代表的中国共产党人接续发展。2003年2月，面对突如其来的非典型性肺炎疫情（简称非典），党中央、国务院始终坚持把人民群众身体健康和生命安全放在第一位，决策部署一手抓防治非典不放松、一手抓经济建设中心不动摇，上下动员、齐抓共管、群防群治、众志成城，最终取得抗击非典重大胜利。[251]战胜非典，赢得了民心，增强了信心。为推动"富起来"的进程，解决区域协调发展、贫富差距拉大等问题，以胡锦涛为代表的中国共产党人，承前启后，采取重大举措。

一是以青藏铁路、西气东输等重点工程为抓手，扎实推进西部大开发战略，着眼东北地区老工业基地、中部地区发展滞后问题，提出和实施东北振兴战略、中部崛起战略，扭转了经济增长、收入增长缓慢的局面。

二是针对农村、农业、农民"三农"问题，2004年直接对种粮农民实行补贴制度；2005年提出并实施建设社会主义新农村战略；2006年全面取消农业税，使延续2600年的"皇粮国税"成为历史。仅此一项，与1999年相比，每年减轻农民负担1250亿元，人均减负140多元；2011年，确定以农民纯收入2300元（2010年不变价格）作为国家扶贫标准，比2009年的1196元提高92%，将1.22亿农村低收入人口纳入扶贫范围。到2011年底，向农村倾斜的广播电视村村通工程、"县有图书馆、文化馆，乡有综合文化站"的目标基本完成，文化教育惠民生取得重要进展。

三是在社会领域，2008年实现城乡义务教育全部免费，惠及1.6

250)《江泽民伟大光辉的一生》，《人民日报》2022年12月3日第1版。

251) 中共中央党史和文献研究院：《中国共产党的一百年：改革开放和社会主义现代化建设新时期》，中共党史出版社，2022，第879页。

亿学生，减轻亿万家庭经济负担；推动建立社会保障体系，至2011年末，已建成世界上覆盖人口最多的社会保障网，初步形成覆盖超过近14亿人口的全民医疗保障体系，最低生活保障实现全覆盖，基本建立城乡社会救助体系，减轻城乡居民负担，增强了城乡居民的幸福感、尊严感和安全感。252)

四是2007年制定"物权法"，从法律制度上明确物权，确立对物权的保护，为实现富起来的人民群众提供法制保障，接续推进改革开放和社会主义现代化建设事业。253)2008年5月12日，我国发生震惊世界的汶川特大地震。254)胡锦涛为代表的中国共产党人，第一时间部署展开最大规模救援行动，举全国之力抗震救灾，从废墟中抢救出84017名群众，解救受困群众149万名，紧急救治430万名伤病员，向全国20个省区市375家医院紧急转移重伤员1万多名，紧急转移安置受灾群众1510万名，救助灾区困难群众881万名，确保了灾后无大疫，切实做到了灾区人民有饭吃、有衣穿、有干净水喝、有住处、有病能得到及时医治。充分体现了中国共产党人以人为本、人民利益高于一切的理念，展现了与人民心连心、同呼吸、共命运的精神风貌。255)随后部署灾后重建，以"家家有房住、户户有就业、人人有保障、设施有提高、经济有发展、生态有改善"为目标，历经

252) 中共中央党史和文献研究院：《中国共产党的一百年：改革开放和社会主义现代化建设新时期》，中共党史出版社，2022，第893-894、908、927、932页。
253)《胡锦涛文选》第2卷，人民出版社，2016，第585-586页。
254) 汶川特大地震，震级达里氏八级，最大烈度达11度，余震3万多次，涉及四川、甘肃、陕西、重庆等10个省区市417个县（市、区）、4667个乡（镇）、48810个村庄。灾区总面积约50万平方公里，受灾群众4625万人，其中极重灾区、重灾区面积13万平方公里，造成69227人遇难、17923人失踪，直接经济损失8523亿元。
255)《胡锦涛文选》第3卷，人民出版社，2016，第120-123页。

三年、在19省市对口支援下，使"灾区旧貌换新颜"，成就历史性的民心工程，书写守护民心新篇章。

至2012年，由邓小平开辟，江泽民、胡锦涛为代表的中国共产党人接续发展，最终实现"富起来"飞跃。一些数字和变化最具有说服力，国内生产总值2012年比1978年增长23倍，世界排名由第12位跃升至世界第二，人均增长16倍，外汇储备增长1.98万倍，财政收入增长103倍。至2011年，城镇居民人均可支配收入21427元，比2002年增长1.8倍；农村居民人均可支配收入7394元，比2002年增长1.9倍。[256] 从国家统计口径上，在社会消费零售额主要指标中，1978年的"三大件"是自行车、缝纫机、手表，2002年已转换为"五大件"，即家用电冰箱、彩色电视机、家用洗衣机、房间空调器、家用电脑，城镇居民每百户家庭拥有量2002年分别为87.38台、126.38台、92.9台、51.1台、20.63台，2012年已增长到98.48台、136.07台、98.02台、126.81台、87.03台。[257] 上述数字一定程度上反映和揭示了中国社会实现富裕的状况与水平，创造了世界史上的奇迹，是中国共产党赢得和收获民心，获得人民拥护和广泛支持的最大依仗和奥秘。

[256] 中共中央党史和文献研究院：《中国共产党的一百年：改革开放和社会主义现代化建设新时期》，中共党史出版社，2022，第917、931页。

[257] 《中华人民共和国国史全鉴（1976-1988）》第5卷，团结出版社，1996，第5323页；中华人民共和国国家统计局编《中国统计年鉴：2003》，http://www.stats.gov.cn/tjsj/ndsj/yearbook2003_c.pdf；中华人民共和国年鉴编辑部编《中华人民共和国年鉴2013》，中华人民共和国年鉴社，2013，第953页。

（三）在实现强起来的历史进程中，以人民至上的精神情怀，守护民心

2012年11月，新当选的中共中央总书记习近平在中外记者见面会上，满怀深情地表示："我们的人民热爱生活，期盼有更好的教育、更稳定的工作、更满意的收入、更可靠的社会保障、更高的医疗卫生服务、更舒适的居住条件、更优美的环境"，"人民对美好生活的向往，就是我们的奋斗目标"。[258]他用最朴实的语言、最接地气的方式，将中国共产党人的情怀和奋斗目标表达出来，揭示了中国共产党何以能办成世界上许多政党办不成的大事、何以能持续取得成功并长期执政的奥秘。2017年再次强调："我们的目标很宏伟，但也很朴素，归根结底就是让全体中国人都过上更好的日子"。[259]2021年在庆祝建党100周年大会讲话中，他又将上述朴素的言语，浓缩凝练为诗化的语言"江山就是人民、人民就是江山，打江山、守江山，守的是人民的心"，再次明确指出了"中国共产党为什么能"的成功密码。

新时代，为守护民心，实现"强起来"的梦想，习近平带领中国共产党人踔厉奋发，锐意进取，做出了历史性的贡献。

第一，接力推进，打赢脱贫攻坚战。"反贫困"问题是人类社会古老而又难以解决的顽疾，在此之前没有任何国家能彻底解决这一难题。承继以往扶贫开发成果，2012年12月习近平明确表示"没有农村的小康，特别是没有贫困地区的小康，就没有全面建成小康社会"。[260]以"民之所忧，我必念之；民之所盼，我必行之"的精神状态，[261]

---

258)《习近平谈治国理政》，外文出版社，2014，第4页。
259)《习近平谈治国理政》第3卷，外文出版社，2020，第134页。
260)《习近平谈治国理政》，外文出版社，2014，第127页。

全力推动脱贫工作。2015年专门召开扶贫开发工作会议，明确提出脱贫目标为："实现农村贫困人口不愁吃、不愁穿，农村贫困人口义务教育、基本医疗、住房安全有保障；同时实现贫困地区农民人均可支配收入增长幅度高于全国平均水平、基本公共服务主要领域指标接近全国平均水平"，发出"动员全国全社会力量，齐心协力打赢脱贫攻坚战"总攻令。[262]2020年底，脱贫攻坚战取得全面胜利，人民生活水平大幅度提高。贫困人口人均纯收入由2015年的2982元增加到2020年的10740元，960万贫困群众完成易地搬迁，改善790万户、2568万贫困人口危房，行路难、吃水难、用电难、通信难、上学难、就医难等问题得到历史性解决，贫困地区整体面貌发生历史性巨变，是中国农村的"又一次伟大革命"，几千年来困扰中华民族的绝对贫困问题不复存在，书写彪炳史册的伟大篇章。同时，"走出一条中国特色减贫道路，形成了中国特色反贫困理论"，"创造了人类减贫史上的奇迹"。脱贫事业的成功，赢得了民心，进一步巩固了中国共产党在农村的执政基础。[263]全党全国全社会动员，集全国之力，东西协同、城乡联动的脱贫攻坚，也是对"三农"问题的革命性重塑，城乡融合发展、区域协调发展、人和自然和谐共生发展取得历史性成就，大幅度提升农村的现代化发展水平，有力推动农村"强起来"的历史进程。中国共产党减贫的成功经验，不仅为人类减贫事业贡献了中国力量，也给世界各国政党建设带来启示，提供中国智慧。

第二，贯彻落实"两山"理念，推动实现农村美、农业强、农

261)《习近平谈治国理政》第4卷，外文出版社，2022，第65页。
262)《习近平谈治国理政》第2卷，外文出版社，2014，第83页。
263) 中共中央党史和文献研究院：《中国共产党的一百年：中国特色社会主义新时代》，中共党史出版社，2022，第1259-1260页；《习近平谈治国理政》第4卷，外文出版社，2022，第130-131、139页。

民富的目标。如果说脱贫攻坚是补"三农"问题"短板",那么习近平提出的"两山"理念则是彻底解决"三农"问题的"灵丹妙药"。它激活了资源(包括自然和人文)、土地、资本、人力活力,是乡村发展的"提质增效",在此基础上,结合国家地质公园、文化廊带等工程建设,为中国式现代化注入新内容,是中国式现代化发展的新路径。仅以贵州省为例,践行"两山"理念以来,2020年其森林生态系统服务功能价值就达到每年8783亿元;2021年林下经济全产业链产值达560亿元,林业产业总产值已达3719亿元,走上百姓富、生态美、产业兴的可持续发展之路。264)"两山"理念着眼全国一盘棋,推动城乡融合、区域协调、人与自然和谐共生实现均衡发展,实现农民增收、农业发展、农村面貌改变、城乡居民休闲旅游、人文景观与自然生态保护等多方面的效益,促进共同富裕,已取得实质性进展,是中国共产党守护民心的重要体现。它向世界政党表明,民心要写在山川大地上,刻在历史进程中,不是宣传得来的。

第三,以民生为重点,促进社会和谐。顺应人民过上更美好生活的期待,把让老百姓过上好日子作为出发点和落脚点,着力解决人民群众急难愁盼问题,补齐民生短板。一是千方百计扩大就业。就业是民生之本,关系着亿万人民群众的切身利益,是民心工程。面对"三期叠加"、百年大变局和疫情冲击等多重因素对就业的影响,以习近平同志为核心的党中央,实施就业优先战略,在2013年至2017年间,实现城镇新增就业每年1300万人以上,使登记失业率处在较低水平;2018年至2021年,则出台金融、社保等优惠政

---

264) 丁瑶瑶:《践行"两山"理念,书写"绿色答卷"》,《环境经济》2022年第11期,第21页;尚宇杰:《绿富同兴——"两山"理念的贵州实践》,《当代贵州》2022年第17期,第36页。

策，加大援企稳岗保就业力度，城镇平均就业每年新增1292万人，略有下降。二是提高人民群众收入水平。2013年至2021年间，通过改革调整完善收入分配制度，实现居民收入与经济发展同步增长，全国居民人均可支配收入由2013年的18311元增长到2021年的35128元，接近翻了一番。[265]三是为人民提供更好、更公平的教育。实施教育优先发展战略，改善办学条件，推动教育高质量发展。同时，完善形成了从学前教育到研究生教育的中国特色学生资助体系，年资助人次从2012年的近1.2亿人次，增加到2021年的1.5亿人次，全国累计资助学生近13亿人次，为打赢脱贫攻坚战，促进教育公平作出了重要贡献。[266]四是筑牢社会保障"安全网"。推动全面建立全国统一的城乡居民基本养老、医疗保险制度、大病保险制度，使社会保障覆盖面由城镇扩大至乡村，从就业群体扩大至非就业群体或不稳定就业群体。至2022年底，全国基本养老保险参保人数已达10.5亿人，失业、工伤保险参保人数分别为2.4亿人、2.9亿人；[267]建立起以最低生活保障、特困人员供养、受灾人员救助、医疗救助、教育救助、住房救助、就业救助、临时救助等为主体的中国特色社会救助制度体系，建成世界上最大的社会保障体系，并不断提高保障水平。[268]五是深入实施健康中国战略、积极应对人口老

265) 中华人民共和国国家统计局：《中华人民共和国2017年国民经济和社会发展统计公报（2018年2月28日）》，http://www.stats.gov.cn/sj/zxfb/202302/t20230203_1899855.html；中华人民共和国年鉴编辑部编《中华人民共和国年鉴2022》，中华人民共和国年鉴社，2022，第429、435页。

266) 金正波：《我国10年来累计资助学生近13亿人次》，《人民日报》2022年9月5日第1版。

267) 邱玥：《全国基本养老保险参保人数达10.5亿人》，《光明日报》2023年1月26日第1版。

268) 中共中央党史和文献研究院：《中国共产党的一百年：中国特色社会主义新时代》，中共党史出版社，2022，第1042-1043页。

龄化国家战略、全民健身国家战略，推动平安中国建设，为增进人民群众健康福祉，满足老年人养老需求，提高全体人民身体素质，保障人民群众生命与财产安全，提供强有力的政策保证和制度支撑。六是坚持"房子是用来住的，不是用来炒的"定位，大力推进惠民生的住房工程。2013年至2021年间，加大城市保障房、住房租赁建设力度，城镇棚户区改造完成3860多万套，农村危房改造完成2038万多户，显著改善了弱势群体的住房状况。[269]此外，随着民主政治、文化强国、法治中国、美丽中国建设进程，人民群众多样化的需要，已逐步得到了更好的满足。

第四，促开放发展，满足人民美好生活愿望。顺应人民对美好生活的愿望，以开放促发展谋共享之福，让发展成果更多更公平惠及中国与世界各国人民。2013年8月正式批准设立中国上海自由贸易试验区，以负面清单方式管理来华外商投资企业，随后扩大至21个省（自治区、直辖市），成为对外开放新标志。2018年4月设立建设海南岛自由贸易试验区，2020年又升级建设海南自由贸易港。特别是2017年5月，习近平向国际社会宣布，中国将举办世界上第一个以进口为主题的国际进口博览会。以2022年第五届中国国际进口博览会为例，共有145个国家、地区和国际组织，127个国家和地区2800多家企业参加，意向成交金额达创纪录的735.2亿美元，在世界经济低迷背景下交上了一份亮丽的成绩单。[270]

269) 中共中央党史和文献研究院：《中国共产党的一百年：中国特色社会主义新时代》，中共党史出版社，2022，第1044页；国家统计局：《中华人民共和国2019年国民经济和社会发展统计公报》（2020年2月28日），http://www.stats.gov.cn/tjsj/zxfb/202002/t20200228_1728913.html；国家统计局：《中华人民共和国2020年国民经济和社会发展统计公报》（2021年2月28日），http://www.stats.gov.cn/tjsj/zxfb/202102/t20210227_1814154.html；中华人民共和国年鉴编辑部编《中华人民共和国年鉴2022年》，中华人民共和国年鉴社，2022，第433页。

疫情是一场大考，也是"试金石"。新冠肺炎流行全世界，以美国为代表的西方发达国家选择"躺平"，与中国形成鲜明对比。谁才是真正代表人民、为人民谋利益的政党，一目了然。中国共产党为什么能？就因为人民利益是其最根本的利益，所以将人民生命放在第一位，不惜财力、国力，全力救治人民群众生命，为人民防控疫情提供全方位的保障。号称全世界最发达、以全球民主自由"灯塔"国家自诩的美国，截至2022年12月23日，却交上了死亡111万多人、确诊1亿人的成绩单。相反，中国是防控疫情最成功的国家，与美国存在天壤之别。迄今全国累计报告确诊病例39.7万例，累计死亡病例5241例。2022年11月之后，又诊治2亿多人，有效救治近80万重症患者，取得新冠死亡率保持全球最低水平疫情防控重大决定性胜利，"创造了人类文明史上人口大国成功走出疫情大流行的奇迹"。271)中国共产党以在统筹经济发展和疫情防控中，取得世界上最好的成果，交上世界上最好的答卷，向世界上众多国家提供防疫资源和疫情防控"中国方案"，有力彰显负责任大党的担当与作为，不仅守住了民心、获得了民心，也赢得了民心。

第五，生命至上，在疫情防控中守护民心。古话说"患难见真情"。2020年1月，新冠肺炎骤然在武汉爆发，严重威胁人民群众生命与身体健康。面对凶险异常的疫情，危急关头，习近平果断决策、亲自部署、亲自指挥，不惜一切代价挽救每一个生命，打响武汉保卫

270)《习近平谈治国理政》第3卷，外文出版社，2020，第198、199页；欧阳洁、王珂等：《凝聚开放共识，增强发展动能——写在第五届中国国际进口博览会闭幕之际》，《人民日报》2022年11月11日第1、6版。

271)《全球疫情实时动态》，截止2022年12月23日09：00，https://news.ifeng.com/c/special/7uLj4F83Cqm；《截至12月23日24时新型冠状病毒肺炎疫情最新情况》，http://www.nhc.gov.cn/xcs/yqtb/202212/cb666dbd11864171b6586887c964791c.shtm；《中共中央政治局常务委员会召开会议，听取近期新冠疫情防控工作情况汇报》，《人民日报》2023年2月17日第1版。

战、湖北保卫战。历经3个月左右时间，54万武汉与湖北省医护人员与病毒短兵相接，全国军地346支国家医疗队、4.26万名医务人员、900多名公共卫生人员驰援湖北。同时，习近平决策部署病毒试剂、医疗物资、疫苗等科研攻关和生产事宜，为全国人民筑牢"安全网"。本着"不遗漏每一个感染者，不放弃每一位病患"，决策全部治疗费用由国家承担，武汉16家方舱医院累计收治患者1.2万余人，治愈出院8000余人、转院3500余人，实现"零感染、零死亡、零回头"；湖北成功救治3000余位80岁以上、7位百岁以上患者。为阻隔病毒传染，全国数百万名医务人员战斗在抗疫一线，几十人以身殉职；460多万个基层党组织、400多万名社区工作者、180万名环卫工人，日夜奋战，130多人牺牲在工作岗位。在抗击疫情中，全国3900多万名党员、干部奋战第一线，1300多万名党员参加志愿服务，其中近400名党员、干部献出了宝贵生命。在全国上下协同、万众一心战斗下，最终取得疫情防控人民战争、总体战、阻击战的伟大胜利。272)此后，又及时决策推进常态化疫情防控和统筹推进疫情防控与经济社会发展。在持续3年多的抗疫斗争中，有效应对全球五波疫情冲击，处置国内100多起聚集性疫情，相继取得大连疫情防控阻击战、西安疫情防控阻击战、石家庄疫情防控阻击战、郑州疫情防控阻击战、上海疫情防控阻击战、云南省边境疫情防控阻击战等诸多战役的胜利。273)2022年12月7日，为最大限度减少疫情对群众生产生活秩序和经济社会发展影响，决定优化调整"严防死守"的"动态清零"模式为实行"快封快解"，2023年1月8日起又将新冠病毒

272) 中华人民共和国国务院新闻办公室：《抗击新冠肺炎疫情的中国行动（2020年6月）》，《光明日报》2020年6月8日第9-12版。

273)《始终坚持人民至上、生命至上——我国三年抗疫实践系列述评之一》，http://www.chinanews.com.cn/sh/2023/01-13/9933987.shtml。

感染从"乙类甲管"调整为实施"乙类乙管",恢复社会正常秩序,"创造了人类同疾病斗争史上的防控奇迹"。[274]至此,疫情防控进入新阶段,也标志着中国抗疫斗争取得阶段性重大胜利。[275]疫情防控战中,中国共产党人始终坚持人民至上、生命至上,"每一个生命都得到全力护佑,人的生命、人的价值、人的尊严都得到细心呵护",[276]深刻诠释了中国共产党执政为民的理念。

总之,强起来是一个时代符号,是民心所望。以习近平同志为核心的党中央,带领全国各族人民"撸起袖子加油干",书写了气吞山河的壮丽诗篇,实现了人民的美好生活愿望,收获了民心,守住了民心,赢得了"人民领袖"的赞誉。

百余年间,世界历史风云激荡,中华大地百舸争流,谁主沉浮?历史和人民选择了中国共产党。不负人民,不负历史。从毛泽东到习近平,中国共产党不忘初心使命,以"人民,只有人民,才是创造历史的动力"的坚定信心,深刻回答"为了谁",始终以"人民"为中心坐标和最高指标;牢记"依靠谁","人民"是共产党人安身之根、立命之本,人民群众的信任和支持是中国共产党一次次从胜利走向胜利的最强底气;时刻明晰"我是谁",坚持宗旨,不忘初心,不断创造历史的辉煌,书写人类历史的奇迹。在短短七十余年间走过西方三百多年的发展历程,实现站起来、富起来到强起来的

---

274) 国务院应对新型冠状病毒肺炎疫情联防联控机制综合组:《关于进一步优化落实新冠肺炎疫情防控措施的通知(联防联控机制综发〔2022〕113号)》(2022年12月7日),《关于印发对新型冠状病毒感染实施"乙类乙管"总体方案的通知(联防联控机制综发〔2022〕144号)》(2022年12月26日),http://www.nhc.gov.cn/xcs/zhengcwj/202212/8278e7a7aee34e5bb378f0e0fc94e0f0.shtml、http://www.nhc.gov.cn/xcs/zhengcwj/202212/e97e4c449d7a475794624b8ea12123c6.shtml。

275)《国家主席习近平发表二〇二三年新年贺词》,《人民日报》2023年1月1日第1版。

276)《习近平谈治国理政》第4卷,外文出版社,2022,第99页。

历史性飞跃。中国共产党的成功，给世界政党带来重大启示："得民心者得天下"，"得民"的本质是民心向背，欲得民心必以民为本。明确只有为了人民、依靠人民，才是政党存在和发展的根本。

第三节　明确了政党建设的根本途径就在于勇于自我革命[277]

政党作为政治组织，是有其历史任务和历史使命的。在完成历史任务和使命的过程中，要保证整个队伍"不变质、不变色、不变味"却极其艰难。古今中外，多少政党忽聚忽散，成为历史烟云，就因为没有找到正确的途径，在跌宕起伏、风云变幻的历史风云中，解决好"历史周期率问题"。[278]不断实现自我革命，这是中国共产党成功破解"历史周期率问题"的重要秘诀。政党建设这一世界性的难题，在中国共产党人的持续探索中，找到了问题的答案。从中国共产党的百年历史进程看，在自我学习、理论创新和全面从严治党三个维度上进行的自我革命极为重要，构成"自我革命"的三大秘诀。不仅为自身建设提供了强有力的保障，也为世界政党建设贡献

---

[277] "自我革命"就是补钙壮骨、排毒杀菌、壮士断腕、去腐生肌，不断清除侵蚀党的健康肌体的病毒，不断提高自身免疫力，防止人亡政息。——习近平：《全面从严治党探索出依靠党的自我革命跳出历史周期率的成功路径》，《求是》2023年第3期，http://www.qstheory.cn/dukan/qs/2023-01/31/c_1129323988.htm。

[278] 历史周期率问题，是指1945年抗日战争胜利前夕，中国民主建国会领导人黄炎培访问延安时，当面向毛泽东提出的问题。黄炎培问毛泽东，中国共产党能不能跳出历史上"其兴也勃，其亡也忽"的历史周期率。毛泽东回答说：可以。我们已经找到一条新路，这就是民主。只要人民监督政府，才不会人亡政息。——陈先达：《中国特色社会主义理论与历史周期率问题》，《马克思主义研究》2008年第1期，第5页。

了中国智慧，指明了方向。

一、强化学习，增强自身本领

中国共产党自创立到走到今天，就是通过学习，不断掌握和运用马克思主义的科学理论并实现中国化时代化，完成中国革命、建设和改革开放历史任务的过程。通过"头脑风暴"，革自身知识和经验的命，不断实现与时俱进，跟上世界和时代潮流，强化自身本领，应对各种风险和挑战，特别是避免发生颠覆性的错误，这是中国共产党的一条成功经验。

（一）实现"站起来"进程中，依靠学习，增强革命和建设本领

中国共产党是由一部分先进知识分子，学习掌握运用马克思列宁主义这一先进思想武器后秘密创立的。因此，其本身就是学习的产物。而且，根本的问题就是要用马列主义解决中国革命的实际问题。然而，幼年时期的中国共产党，马列主义的理论水平不高，应对中国革命复杂问题的能力不强，因而党内频繁发生左右倾错误，使党的革命事业遭受巨大挫折，造成巨大损失。直到1935年遵义会议，才结束这一局面，形成以毛泽东同志为核心的党中央的正确领导力量。

失败与挫折是中国共产党人缴纳的学费，也是学习经验和提高马克思列宁主义水平的过程。毛泽东强调"从战争学习战争"、"干起来再学习，干就是学习"，[279] 揭示了学习的逻辑与本质。为彻底清除党内产生左右倾错误思想的根源，1941年中国共产党发起"延安

---

279)《毛泽东选集》第1卷，人民出版社，1991，第181页。

整风运动"，毛泽东在动员大会所做报告《改造我们的学习》直抵问题的核心，他认为是党的"学风"问题，导致党内错误思潮泛滥。如何改变？就是要反对主观主义、教条主义，做到实事求是，注重研究现状、研究历史，注重马克思列宁主义的学习与应用。[280]延安整风是"是一场马克思主义理论学习运动"，[281]其揭示和总结的"学习"经验，成为毛泽东为代表的中国共产党战胜敌人，实现推翻"三座大山"新民主主义革命历史任务的重要法宝。

新中国成立前后，面对管理城市、管理国家各项事务的严峻挑战，毛泽东再次号召全党，增强学习本领，提高马克思主义理论水平，应对出现的各种问题。为此，中共中央专门修订出版了一套"干部必读"书目。1956年针对苏共二十大出现的新情况新问题，毛泽东提出要以苏为鉴、以苏为戒，主张"在全党开展一个新的学习运动"。[282]从1958年末至1960年初，为探索适合中国国情的社会主义建设道路，实现马克思列宁主义基本原理和中国实际的"第二次结合"，毛泽东带头深入学习研读斯大林的《苏联社会主义经济问题》和《政治经济学教科书》，在全党掀起了一场影响深远的学习运动。毛泽东的大量批注和谈话，丰富了毛泽东思想关于社会主义建设的理论。[283]

上述内容说明，每到重要时刻和关键时期，毛泽东就不断倡导学习，由此确立了中国共产党重视学习、善于学习的制度和经验，并通过从群众中来、到群众中去的思想路线，揭示了实践学习与理论学习结合的重要性和规律，为党的建设找到了一个重要秘诀。

---

280) 《毛泽东选集》第3卷，人民出版社，1991，第795-803页。
281) 周利生：《延安整风：一场马克思主义理论学习的伟大创举》，《理论与评论》2022年第3期，第50页。
282) 《建国以来重要文献选编》第14册，中央文献出版社，1997，第608页。
283) 参见王树荫、张程程：《中国共产党理论学习的典型案例——党内〈政治经济学教科书〉学习活动探析》，《思想教育研究》2020年第7期，第120-125页。

(二) 实现"富起来"进程中，依靠学习，增强改革开放和社会主义现代化建设本领

1976年，中国共产党内的一场"自我革命"，一举粉碎"四人帮"，结束了"左倾"错误发展的产物"文化大革命"。随后通过"真理标准问题"的大讨论，恢复毛泽东实事求是的思想路线。1978年处在十字路口的中国共产党人，毅然走上改革开放的道路。然而，这是一条前无古人的新路，如何成功驾驭改革开放和社会主义现代化建设的航船，是一个巨大的全新挑战。怎么办？邓小平为代表的中国共产党人再次高举"学习"的旗帜，要求"全党同志一定要善于学习、善于重新学习"。至于"学习"的内容，他提出"根本的是要学习马列主义、毛泽东思想，要努力把马克思主义的普遍原则同我国实现四个现代化的具体实践结合起来"，目前最主要的是抓好经济学、科学技术和管理三方面的学习。[284]1991年，他总结学习的经验，谆谆告诫党的领导干部："我们搞改革开放，把工作重心放在经济建设上，没有丢马克思，没有丢列宁，也没有丢毛泽东。老祖宗不能丢啊！"[285]正是他倡导的实事求是的马克思主义学习作风，帮助中国共产党人成功开辟了中国特色社会主义的发展新道路。

20世纪90年代，面对苏东巨变、两极格局瓦解，以及美国等西方资本主义国家打压带来的巨大压力和严峻国际环境挑战，以江泽民为代表的中国共产党人，为开创新局面，首要的就是高举和倡导学习的旗帜。1995年，他在全党发起"讲学习、讲政治、讲正气"的"三讲"教育运动，强调"自我改造也是一种重要的学习"，号召党员干部"都要学习、学习、再学习"，以掌握知识、增强本领、提高精神

---

284) 《邓小平选集》第2卷，人民出版社，1983，第143页。
285) 《邓小平选集》第3卷，人民出版社，1993，第369页。

境界。286)1999年，他围绕"学习"专门作《论加强和改进学习》的报告，阐述学习的重要性和内容。他明确指出"全面加强和改进党的学习"，"这是我们党永葆生机和活力的一个重要保证"，而且"三讲"为什么要将"讲学习"摆在第一位，因为它是"前提和基础"。针对学习的内容，他强调应注重理论、现代经济知识、科技知识和历史四方面的学习。针对学习的方法，他强调要端正学风，要坚持以研究中国的实际问题为中心、坚持理论联系实际、坚持在改造客观世界的努力改造我们的主观世界、坚持学习一般知识和学习专门知识的统一、坚持在研究中国特点的基础上借鉴外国的有益知识和经验。他甚至认为，只要"全社会的学习风气大大加强了，中华民族就大有希望"。287)江泽民对学习的高度重视，进一步确立和揭示了"学习"在党的建设中的重要地位，也为解决党和国家各项事业的发展问题找到了办法。

进入21世纪，以胡锦涛为主要代表的中国共产党人，利用美西方"反恐战争"和我国加入WTO带来的战略机遇期，着力推动党和国家各项事业发展。首先，继续高举"学习"的旗帜，2002年12月26日胡锦涛在主持中央政治局第一次集体学习时指出："为了适应当前国家事业发展的需要，为了更好地承担起党和人民所赋予的重任，我们必须进一步加强学习。除了自学以外，中央政治局还要进行集体学习。今天这次学习活动，是新一届中央政治局集体学习的第一次，开了个头。这要作为一项制度长期坚持。"288)从此，这一形式作为一项学习制度确立下来，2003至2012年10年间，中共中央政治局共进行了77次集体学习，内容涵盖经济、政治、法律、文化、社

286)《江泽民文选》第1卷，人民出版社，2006，第483-484页。
287)《江泽民文选》第2卷，人民出版社，2006，第279-309页。
288)《胡锦涛文选》第2卷，人民出版社，2016，第14页。

会、国际问题、军事、党建、意识形态、历史、卫生、体育等各方面的重大问题。[289]其次，把"不断学习、善于学习"，提高到前所未有的高度，指出"是党始终走在时代前列的决定性因素，直接关系巩固党的执政地位、实现党的执政使命"，进而明确提出"建设马克思主义学习型政党"的时代命题，号召领导干部"努力作不断学习、善于学习的表率"。[290]

正是通过学习，中国共产党发展成为马克思主义学习型政党，提高和增强了领导水平和执政水平，从而成功应对内外各种风险挑战，领导人民实现由"站起来"到"富起来"的伟大飞跃。

(三) 实现"强起来"进程中，依靠学习，增强新时代中国特色社会主义建设本领

党的十八大以来，中国进入新时代。美西方对华遏制、围堵、打压骤然加速，世界进入百年未有之大变局动荡变革期，加上世纪疫情冲击影响，世界黑天鹅、"灰犀牛"事件层出不穷，传统与非传统安全危机与挑战交织，在危机四伏、充满不确定性的世界如何自处？国内发展任务同样十分艰巨，各类矛盾交织叠加，推动改革、发展、稳定极为不易。面临迎接新科技革命，实现由"富"变"强"，打赢"三大攻坚战"，如期全面建成小康社会，以及突如其来的疫情防控等全新挑战。而且，内外交织，具有联动性。与此同时，中国共产党面临跳出历史周期率的严峻挑战。因此，要精准识变、谋变、促变，战胜各种困难挑战，突破险滩甚至应对惊涛骇浪，就需要高

---

289)《媒体盘点十六大以来中共中央政治局历次集体学习》，http://www.china.com.cn/news/18da/2012-11/06/content_27023284.htm。

290)《胡锦涛文选》第3卷，人民出版社，2016，第254-255页。

强的本领。高强的本领从何而来？以习近平为代表的中国共产党人，驾轻就熟，充分运用"学习"这一千锤百炼的"拿手好戏"，写出了精彩篇章，使其成为"自我革命"的重要法宝。

首先，习近平高度重视"学习"。在党的十八大之后的2013年初，他在《依靠学习走向未来》的报告中，就明确指出中国共产党"历来重视抓全党特别是领导干部的学习，这是推动党和人民事业发展的一条成功经验"，号召全党"一定要善于学习，善于重新学习"，并且提出鲜明的结论："中国共产党人依靠学习走到今天，也必然要依靠学习走向未来"。291)在党的十九大报告中阐述全面从严治党的"全面增强执政本领"方略，其中首要的就是强调"要增强学习本领，在全党营造善于学习、勇于实践的浓厚氛围，建设马克思主义学习型政党，推动建设学习大国"。而且，明确指出，在近14亿人口的大国执政，中国共产党如果"缺乏理论思维，是难以战胜各种风险和困难的，也是难以不断前进的"。首要的是"加强理论学习"，就是用马克思主义理论、特别是新时代中国特色社会主义思想武装自己。292)

其次，习近平带领中共中央政治局继承和发扬重视学习、善于学习的优良传统，坚持和完善中央政治局集体学习的重要制度。自2012年11月至2023年7月，党的第十八届、十九届中央委员会先后共进行了84次集体学习，党的第二十届中央委员会已进行6次集体学习。学习内容紧紧围绕党和国家事业发展的重大理论和实践问题，涵盖：一是马克思主义基本理论、党的路线方针政策；二是经济建设、政治建设、社会建设、文化建设、生态文明建设以及党的

291)《习近平谈治国理政》，人民出版社，2014，第401-407页。
292)《习近平谈治国理政》第3卷，人民出版社，2020，第53、518-519页。

建设、国防与军队建设；三是科技前沿领域新知识新方向；四是走和平发展道路、"一带一路"、全球治理等；五是考古学、抗日战争史等历史学以及党史为重点的"四史"学习；六是法律法规和体制机制制度建设等。293)中央政治局以上率下，坚持不断学习、带头学习，极大推动全党形成浓厚的学习风气与氛围。

再次，以习近平为代表的中国共产党人，还创新学习方式，先后部署开展诸如党的群众路线教育实践活动、"三严三实"专题教育、"两学一做"学习教育、"不忘初心、牢记使命"主题教育、党史学习教育、学习贯彻习近平新时代中国特色社会主义思想主题教育等6次党内集中学习教育。294)以前所未有的频度来着力提高党员的理论素养，不断强化和筑牢党员干部的理想信念之基。集中学习教育有力促进了全党思想上的统一、政治上的团结、行动上的一致，为实现"两个一百年"奋斗目标作了思想上政治上组织上作风上的有力动员。295)

正是依靠扎实的不断学习积累，新时代的中国共产党人治国理政的本领不断增强，马克思主义学习型政党的建设取得突出成就，不仅推动党和国家各项事业取得历史性成就、发生历史性变革，而且在实现富起来到强起来飞跃的历史进程中，成功创立习近平新时代中国特色社会主义思想，实现马克思主义中国化第三次历史性飞跃。不仅如此，习近平还从开辟马克思主义中国化时代化新

---

293)《第十八届中央政治局集体学习》、《第十九届中央政治局集体学习》、《第二十届中央政治局集体学习》，https://www.12371.cn/special/lnzzjjtxx/。

294) 本报记者：《牢记总书记嘱托，走好新的赶考之路》，《人民日报》2023年7月1日第1、2版。

295) 温红彦、杜尚泽、廖文根等：《牢记中国共产党是什么、要干什么这个根本问题——以习近平同志为核心的党中央扎实开展党内集中学习教育述评》，《人民日报》2022年6月27日第1版。

境界的重大历史任务与责任出发，深刻阐述"学习"在推进党的理论创新中重要性，他号召中国共产党人："要拓宽理论视野，以海纳百川的开放胸襟学习和借鉴人类社会一切优秀文明成果，在'人类知识的总和'中汲取优秀思想文化资源来创新和发展党的理论，形成兼容并蓄、博采众长的理论大格局大气象"。296)

因此，历史和现实充分证明，"学习"是中国共产党人成功实现马克思主义中国化三次历史性飞跃的第一把钥匙，换言之，是中国共产党人"自我革命"找到的第一个秘诀，正如习近平所高度凝练概括的中国共产党"依靠学习走到了今天"，"依靠学习也必然走向未来"。百年大党通过不断"学习"成功实现"自我革命"，不断创造历史和人间的奇迹，这是中国共产党带给世界政党的重要启示。

二、守正创新，实现指导思想的与时俱进

中国共产党自创立之日起，就把马克思主义牢牢镌刻在自己的旗帜上，百年来毫不褪色。马克思主义作为科学理论，从来不是教条，它要求要随时随地依据不同的情况进行科学化的发展。中国共产党人是一面光辉旗帜，通过不断地理论创新，成功将马克思主义推进到了21世纪，实现了指导思想上的"自我革命"。

（一）实现"站起来"的过程中，形成毛泽东思想

从1921年至1949年的28年间，以毛泽东同志为代表的中国共产

---

296)《习近平在中共中央政治局第六次集体学习时强调，不断深化对党的理论创新的规律性认识，在新时代新征程上取得更为丰硕的理论创新成果》，《人民日报》2023年7月2日第1版。

党人以巨大的理论勇气，探明了中国革命的性质是反帝、反封建、反官僚资本主义的新民主主义革命，中国革命的道路是农村包围城市、武装夺取政权，中国革命的前途是社会主义。他总结出了中国革命的三大法宝——统一战线、党的建设、武装斗争，提出了新民主主义革命总路线，指明了中国人民推翻三座大山获得解放的正确前进方向。他开创性的理论探索，解决了中国革命前进道路上的一系列理论问题，并经抗日战争的实践检验，形成马克思主义中国化第一次飞跃的伟大理论成果——毛泽东思想。正如在党的七大上，刘少奇所总结的："在中国共产党产生以来，产生了、发展了我们这个民族的突出的、完整的关于中国人民革命建国的正确理论。这个理论，已经指导我们党与我国人民得到了极大的胜利，并将继续指导我们党与我国人民得到最后的彻底的胜利和解放。……这个理论，就是毛泽东思想，就是毛泽东同志关于中国历史、社会与中国革命的理论与政策。" [297] 此后，中国共产党人在毛泽东思想指引下，又经过解放战争，推翻南京国民党政府，建立了新中国，彻底完成了民主革命的历史使命，为党继续深入推进自我革命开拓了全新空间。

新中国成立后，围绕"建设什么样的新中国、怎样建设新中国"的主题，又进行了开创性的探索和实践。毛泽东创造性地提出"过渡时期总路线"，推进社会主义革命，实现了"中华民族有史以来最为广泛而深刻的社会变革"和"迈进社会主义社会的伟大飞跃"。[298] 又在探索社会主义建设道路中，推动马列主义基本原理同中国具体实际的"第二次结合"，提出"论十大关系"、"正确处理人民内部

---

297) 中共中央文献编辑委员会编《刘少奇选集》（上），人民出版社，1981，第333页。
298)《习近平谈治国理政》第4卷，外文出版社，2022，第5页。

矛盾"、"两步走战略"与"四个现代化"等关于社会主义建设的一系列重要思想，使毛泽东思想进一步得到丰富和发展。

历史表明，毛泽东思想是在克服马列主义与中国实际结合中出现的"左"、"右"倾错误中产生的正确的科学理论，本质上就是"自我革命"的产物与结晶。它丰富了马克思主义的理论宝库，奠定了中国化马克思主义理论大厦的根基。

(二) 实现"富起来"的过程中，形成中国特色社会主义理论体系

1978年党的十一届三中全会之后，中国进入改革开放和社会主义现代化建设的新时期。以邓小平为代表的中国共产党人，通过拨乱反正，彻底否定"文化大革命"，恢复毛泽东实事求是的思想路线；围绕"什么是社会主义、怎样建设社会主义"的首要问题，开创性提出"建设有中国特色的社会主义"的理论与实践主题，299)提出社会主义初级阶段基本路线、"三步走"战略、"一国两制"等关于社会主义建设的一系列重要思想，形成"邓小平理论"，开创了马克思主义中国化的新境界。

党的十三届四中全会之后，以江泽民为代表的中国共产党人，面对苏东剧变、两极格局瓦解的严峻局面，在接续推进中国特色社会主义事业发展中，紧紧围绕"建设一个什么样的党、怎样建设党"的时代课题，开创性地推动党的建设新的伟大工程，提出"三个代表"重要思想："我们党必须始终代表中国先进生产力的发展要求，代表中国先进文化的前进方向，代表中国最广大人民的根本利益"，300)开创党和国家事业发展新局面，续写中国特色社会主义理

299)《邓小平文选》第3卷，人民出版社，1993，第3、116页。
300)《江泽民文选》第3卷，人民出版社，2006，第44、536页。

论体系新篇章，"成功把中国特色社会主义推向二十一世纪"。[301]

2002年党的十六大之后，以胡锦涛为主要代表的中国共产党人，在推动全面建设小康社会的进程中，围绕"实现什么样的发展、怎样发展"的时代课题，进行理论、实践与制度创新，形成"科学发展观"。科学发展观强调"第一要义是发展，核心是以人为本，基本要求是全面协调可持续，根本方法是统筹兼顾"，[302]再次续写中国特色社会主义理论体系新篇章，"成功在新形势下坚持和发展了中国特色社会主义"。[303]

改革开放新时期，中国共产党人历经艰辛，坚持与时俱进，"勇于变革、勇于创新，永不僵化、永不停滞"，坚持和发展马克思列宁主义、毛泽东思想，既一脉相承又与时俱进，在邓小平理论、"三个代表"重要思想、科学发展观的接续发展中，形成"中国特色社会主义理论体系"，成功实现马克思主义中国化的第二次历史性飞跃。中国特色社会主义理论体系承上启下，是中国共产党人勇于自我革命的辉煌成就，充分展现了中国共产党人"实践永无止境，创新永无止境"的独特品格，[304]推进中华民族实现"从站起来到富起来的伟大飞跃"，使"中国大踏步赶上了时代"。[305]

301) 《中共中央关于党的百年奋斗重大成就和历史经验的决议》，人民出版社，2021，第16页。
302) 《胡锦涛文选》第2卷，人民出版社，2016，第623页。
303) 《中共中央关于党的百年奋斗重大成就和历史经验的决议》，人民出版社，2021，第17页。
304) 《胡锦涛文选》第2卷，人民出版社，2016，第621页。
305) 《中共中央关于党的百年奋斗重大成就和历史经验的决议》，人民出版社，2021，第22-23页。

（三）实现"强起来"的过程中，形成习近平新时代中国特色社会主义思想

2012年党的十八大之后，中国特色社会主义进入新时代。面对百年未有之大变局加速演进、多重矛盾叠加的国内外复杂形势，以习近平为代表的中国共产党人，在着力推进"实现第一个百年奋斗目标，开启实现第二个百年奋斗目标新征程"中，紧紧围绕"坚持和发展什么样的中国特色社会主义，怎样坚持和发展中国特色社会主义"、"建设什么样的社会主义现代化强国，怎样建设社会主义现代化强国"、"建设什么样的长期执政的马克思主义政党，怎样建设长期执政的马克思主义政党"等重大时代课题，不断回答历史之问、人民之问、时代之问、世界之问，提出诸如中国特色社会主义最本质特征、新时代总任务和"两步走"战略、新时代社会主要矛盾、"五位一体"总体布局和"四个全面"战略布局、全面深化改革总目标、全面依法治国总目标、新发展理念、强军目标、构建新型国际关系和人类命运共同体、新时代党建新要求等一系列原创性的新理念新思想新战略，形成习近平新时代中国特色社会主义思想。[306]

习近平新时代中国特色社会主义思想具有非凡的理论和实践意义。在理论上，一是在继承基础上实现创新性发展，让马克思主义永葆青春活力，彰显出更强大、更有说服力的真理力量，成为引领中国、影响世界的当代中国马克思主义、21世纪马克思主义；二是极大推进了马克思主义中国化时代化进程，实现了马克思主义中国化新的飞跃，从而在马克思主义中国化进程中树立起新的里程碑；三是以全新视野深化了对共产党执政规律、社会主义建设规律、人类社会发

---

306)《中共中央关于党的百年奋斗重大成就和历史经验的决议》，人民出版社，2021，第23-25页。

展规律的认识，建立了理论发展的新高峰。307)在实践上，一是推动党和国家事业取得历史性成就、发生历史性变革；二是推动实现第一个百年奋斗目标，开启全面建设社会主义现代化强国的新征程。308)

从毛泽东思想、中国特色社会主义理论体系再到习近平新时代中国特色社会主义思想，中国共产党人在不断推进马克思主义中国化的进程中，实现了指导思想上的与时俱进，其中蕴含的规律就是"自我革命"。习近平找到并揭示了这一规律，而且这把金钥匙开启的理论自新之路，越走越宽广，正不断书写理论发展新的篇章，为马克思主义理论宝库增添新内容。

三、全面从严治党，勇于自我革命

中国共产党是一个使命型政党，这就决定了党必须保持旺盛的战斗力、强大的组织力和凝聚力以及号召力，才能完成自己的使命。随着长期执政，也无法回避历史周期率问题，"齐好步、开好局"，解决"跳出历史周期率"问题始终伴随着中国共产党的事业发展。苏共等诸多马克思主义政党的命运，不断警示中国共产党人，如果不能打破历史周期率，亡党亡国就是最终的结局。于是，中国共产党人在持续地探索奋斗中，不断寻找解决问题的答案。

307)《习近平新时代中国特色社会主义思想的重大意义》，http://theory.people.com.cn/n1/2019/0827/c40531-31318713.html。
308) 习近平：《高举中国特色社会主义伟大旗帜，为全面建设社会主义现代化国家而团结奋斗——在中国共产党第二十次全国代表大会上的报告（2022年10月16日）》，人民出版社，2022，第6页。

（一）毛泽东的答案：民主

如前所述，在革命和建设的历史进程中，在事业发展的关键点上，毛泽东为代表的中国共产党人通过"延安整风运动"，实现了对党的队伍的重塑，团结在毛泽东思想的旗帜下，为抗日战争和解放战争的胜利奠定了坚实的基础。新中国建立前夕，毛泽东向全党发出警示"因为胜利，党内的骄傲情绪，以功臣自居的情绪，停顿起来不求进步的情绪，贪图享乐不愿再过艰苦生活的情绪，可能生长。因为胜利，人民感谢我们，资产阶级也会出来捧场。资产阶级的捧场则可能征服我们队伍中的意志薄弱者。……经不起人们用糖衣裹着的炮弹的攻击"。不过，毛泽东充满自信，认为："我们有批评与自我批评这个马克思列宁主义的武器"，"能够去掉不良作风，保持优良作风"。[309]但是，新中国成立后1951年出现的刘青山、张子善腐败案，[310]引发毛泽东的忧虑与警惕。"延安整风运动"的成功经验，让毛泽东形成路径依赖，不断发动"三反"、"五反"、"四清"等整风运动，发挥党内"批评与自我批评"民主方式的监督作用，就是毛泽东常用的办法与途径，也是他在"窑洞对"中所指出的"这条新路，就是民主。只有让人民来监督政府，政府才不敢松懈。只有人人起来负责，才不会人亡政息"路径运用的精髓。另一方面，为实现"人人起来负责"，即人民参政议政，毛泽东领导人民创建人民代表大会制度这一根本政治制度以及中国共产党领导的多党合作和政治协商制度。再次，通过发展党外监督的方式，让民主党派作为参

---

309)《毛泽东选集》第4卷，人民出版社，1991，第1438-1439页。

310) 刘青山，1951年8月担任石家庄市委第一副书记，张子善担任天津地委书记，1952年2月10日因贪污腐败被枪决。——《新中国"反腐第一刀"——刘青山、张子善腐败案》，《当代党员》2021年第13期，第31-34页。

474

政党与共产党"长期共存、互相监督"。然而，"文化大革命"这一极端方式使其走向了反面，实践证明运用不当，也难以正确解决党的肌体存在的问题。

进入改革开放和社会主义现代化建设新时期后，打开国门，新情况、新问题层出不穷。社会全面转型，新的制度体制机制尚未确立，旧的制度体制机制需要改革，于是消极腐败问题日渐凸显。1989年以江泽民同志为核心的新一届中央领导集体产生后，邓小平就叮嘱："做几件使人民满意的事情。主要是两个方面：一个是更大胆地改革开放，另一个是抓紧惩治腐败"，还一针见血指出："中国要出问题，还是出在共产党内部"。[311]这是苏联解体、苏共垮台留给中国共产党人最刻骨铭心的教训。沿着上述思路，江泽民与其后的胡锦涛，做了许多探索与努力，一方面，沿用毛泽东"民主"的途径，推动民主政治建设，扩大党外与党内民主监督；另一方面，从"关系党和国家生死存亡"的高度认识党风廉政建设和反腐败斗争，推动惩治和预防腐败的体制机制建设。[312]

从毛泽东开始的这些实践和探索，为其后全面从严治党奠定重要基础和留下丰富实践经验与启示。

(二) 习近平的答案：自我革命

党的十八大之后，以习近平同志为核心的党中央，以更加奋发有为的进取精神，接续推进党的建设新的伟大工程，以全新的布局推动党要管党、从严治党的事业。在10年实践探索奋斗中，成功找

---

311)《邓小平文选》第3卷，人民出版社，1993，第313、380页。
312)《中共中央关于党的百年奋斗重大成就和历史经验的决议》，人民出版社，2021，第22页。

到了一条新路，为党的建设做出了里程碑式的贡献。

1．明确了党自身存在的问题及其危害

2012年十八大习近平新当选党的总书记之后，12月初即制定通过"八项规定"，以整顿党的作风。[313]2014年党的十八届四中全会上，习近平便在对党内政治生态全方位思考与分析后，精准把脉，对党内存在的问题与危害做出了判断，他认为：改革开放以来，"由于一度出现管党不力、治党不严问题，有些党员、干部政治信仰出现严重危机，一些地方和部门选人用人风气不正，形式主义、官僚主义、享乐主义和奢靡之风盛行，特权思想和特权现象较为普遍存在"。特别强调指出：搞任人唯亲、排斥异己；搞团团伙伙、拉帮结派；搞匿名诬告、制造谣言；搞收买人心、拉动选票；搞封官许愿、弹冠相庆；搞自行其是、阳奉阴违；搞尾大不掉、妄议中央，而且"政治问题和经济问题相互交织，贪腐程度触目惊心"。上述"七个"问题"严重影响党的形象和威信，严重损害党群干群关系，引起广大党员、干部、群众强烈不满和义愤"。[314]习近平的讲话振聋发聩，敢于自曝病状，体现了中国共产党立党为公、执政为民，没有自己特殊利益的政党的本色。问题是清楚的，但如何破解、能否破解、是否敢于破解？是否意味着我们党无法跳出历史周期率？诸如此类的问题，横亘在习近平为代表的中国共产党人面前。

---

313) 本刊编辑部：《中共中央出台关于改进工作作风、密切联系群众的八项规定》，《党史文苑》2012年第24期，第1页。
314)《中共中央关于党的百年奋斗重大成就和历史经验的决议》，人民出版社，2021，第29页。

2．找到了标本兼治彻底解决问题的途径：自我革命

历史周期率犹如魔咒，关系党的生死存亡与中国社会主义制度的兴衰成败。自古华山一条道，狭路相逢勇者胜。中国共产党人不信邪，习近平为核心的党中央，本着对党和人民高度负责的态度，以"得罪千百人、不负十四亿"、"我将无我、不负人民"的大无畏使命担当和牺牲精神，以高超的政治智慧、前所未有的勇气，带领全党刀刃向内、刮骨疗伤，把全面从严治党纳入"四个全面"战略布局做抓手，对全党进行了一次革命性的重塑，从而找到了成功破解"历史周期率"难题的途径。习近平高屋建瓴，将其探索成功的这条途径称为"自我革命"，是跳出历史周期率的第二个途径。全面从严治党是新时代中国共产党自我革命的伟大实践，其具体举措是：第一，坚持以党的政治建设为统领，坚守自我革命根本政治方向；第二，坚持把思想建设作为党的基础性建设，淬炼自我革命锐利思想武器；第三，坚决落实中央八项规定精神、以严明纪律整饬作风，丰富自我革命有效途径；第四，坚持以雷霆之势反腐惩恶，打好自我革命攻坚战、持久战；第五，坚持增强党组织政治功能和组织力凝聚力，锻造敢于善于斗争、勇于自我革命的干部队伍；第六，坚持构建自我净化、自我完善、自我革新、自我提高的制度规范体系，为推进伟大自我革命提供制度保障。315)

惩治腐败是最彻底的自我革命，以此为例，如表22所示，2012年十八大以来至2022年4月底，规模与力度都是空前的，正如习近平所总结的"当今世界没有其他哪个政党、哪个国家能够像我们这样大规模、大力度、坚持不懈惩治腐败"。316)与美国1985-2004年的20年间，总

---

315) 习近平：《全面从严治党探索出依靠党的自我革命跳出历史周期率的成功路径》，《求是》2023年第3期，http://www.qstheory.cn/dukan/qs/2023-01/31/c_1129323988.htm。

共仅查处17945位美国联邦、州和地方政府官员，形成鲜明对比。[317)

表22：2012年12月—2022年4月全国纪检监察工作反腐败成就统计一览表[318)

类别 成果	反腐败取得成果
查处案件与 人员	全国纪检监察机关共立案审查调查 464.8 万余件、处分 457.3 万人，其中立案审查调查中管干部 553 人，处分厅局级干部 2.5 万多人、县处级干部 18.2 万多人。运用"四种形态"批评教育帮助和处理 1134.4 万人次
天网行动	2014 年以来，"天网行动"（原"猎狐行动"）共从 120 多个国家和地区追回外逃人员 10668 人，追回赃款 447.9 亿元，"百名红通人员"已有 61 人归案
投案自首	在高压震慑和政策感召下，8.1 万人主动投案，2020 年以来共有 21.6 万人主动交代问题

经过10年持之以恒、坚持不懈斗争，这场新时代"自我革命"取得历史性、开创性巨大成就：一是刹住了一些长期未刹住的歪风邪气；二是纠治了一些多年未除的顽瘴痼疾；三是反腐败斗争取得压倒性胜利并全面巩固；四是清除了党、国家、军队内部存在的严重隐患；五是管党治党宽松软状况得到根本扭转，已初步形成"全面推进党的政治建设、思想建设、组织建设、作风建设、纪律建设，把制度建设贯穿其中，深入推进反腐败斗争"的全面全面从严治党体系。[319)实践证明，上述举措行之有效，走出了新时代从严治党

316) 习近平：《论党的自我革命》，中国方正出版社，2023，第326页。
317) 张宇燕、富景筠：《当代美国的腐败——数据、案例与机理》，《国际经济评论》2006年第6期，第19页。
318) 肖培：《坚持不敢腐、不能腐、不想腐一体推进》，《人民日报》2023年1月16日第9版；孟祥夫：《坚持党的全面领导和全面从严治党——党在革命性锻造中更加坚强有力》，《人民日报》2022年7月1日第4版。
319)《习近平谈治国理政》第3卷，外文出版社，2020，第48页；习近平：《高举中国特色社会主义伟大旗帜，为全面建设社会主义现代化国家而团结奋斗——

的成功之路，也构成自我革命路径的主要内容和经验。

基于全面从严治党的成就与伟大实践，中国共产党人在破解"历史周期率"难题的过程中，围绕"建设什么样的长期执政的马克思主义政党、怎样建设长期执政的马克思主义政党"的主题，进一步形成了中国共产党自身建设的规律性认识，将党的建设推进到新的历史境界，达到新的历史高度。对此，习近平做了归纳与概括：

> （一）坚持党中央集中统一领导。（二）坚持党要管党、全面从严治党，以伟大自我革命引领伟大社会革命。（三）坚持以党的政治建设为统领，保证全党在政治立场、政治方向、政治原则、政治道路上同党中央保持高度一致。（四）坚持严的主基调不动摇，提高纪律建设的政治性、时代性、针对性。（五）坚持发扬钉钉子精神加强作风建设，以优良党风带动社风民风向上向善。（六）坚持以零容忍态度惩治腐败，坚定不移走中国特色反腐败之路。（七）坚持纠正一切损害群众利益的腐败和不正之风，让人民群众感到公平正义就在身边。（八）坚持抓住"关键少数"以上率下，压紧压实全面从严治党政治责任。（九）坚持完善党和国家监督制度，形成全面覆盖、常态长效的监督合力。[320]

以上九条内容揭示了新时代中国共产党建设的本质内涵与要求，体现了自我革命的方向性要求。经由自我革命途径的洗礼，形成新时代中国共产党自身建设的"九条"经验，贯穿着马克思主义的真理光芒，具有深远的历史影响与意义。

在中国共产党第二十次全国代表大会上的报告（2022年10月16日）》，人民出版社，2022，第13-14页。

320) 习近平：《全面从严治党探索出依靠党的自我革命跳出历史周期率的成功路径》，《求是》2023年第3期，http://www.qstheory.cn/dukan/qs/2023-01/31/c_1129323988.htm。

走过100多年历程的中国共产党，已经创造了许多历史性的辉煌成绩，实现了"第一个百年"奋斗目标，正在开启实现社会主义现代化强国建设、以中国式现代化实现中华民族伟大复兴中国梦的第二个百年进程。历史已经证明，中国共产党是一个伟大、光荣、正确的马克思主义政党，今后还将如此，因为中国共产党已经找到了跳出历史周期率的两条正确途径"民主"与"自我革命"。特别是"自我革命"，这是中国共产党区别于世界上任何其他政党的显著标志。习近平为代表的中国共产党人将这一独有"特质"凝练出来，上升为规律性的认识，指出"勇于自我革命，是我们党最鲜明的品格，也是我们党最大的优势"。321)2023年4月，他再次明确指出"放眼全世界，没有哪个国家和政党，能有这样的政治气魄和历史担当，敢于大刀阔斧、刀刃向内、自我革命"，并且以"治国必先治党，党兴才能国强"的历史自觉与清醒，全力推进全面从严治党，初步构建起全面从严治党体系，"使党在革命性锻造中变得更加坚强有力"。322)

　　"自我革命"贯穿了中国共产党革命、建设、改革全部的历史进程。作为一个长期执政的马克思主义政党，中国共产党为解决保持党自身的先进性和纯洁性问题，以及长期执政所产生的"懈怠"问题，主要通过加强自我学习、不断推进马克思主义中国化时代化、全面从严治党三条路径来实现的，概括起来就是"自我革命"。它是党的自我净化、自我完善、自我革新、自我提高。而且三者之间存在严密的逻辑关系：中国共产党犹如是冲锋陷阵的英勇战士，通过

321) 张晓松、朱基钗等：《跳出历史周期率的新时代答案——习近平总书记引领百年大党推进自我革命纪实》，《人民日报》2022年6月30日第1版。

322)《一刻不停推进全面从严治党，保障党的二十大决策部署贯彻落实》，《人民日报》2023年1月10日第1版；《守正创新真抓实干，在新征程上谱写改革开放 新篇章》，《人民日报》2023年4月22日第1版。

不断在实践中学习，增强本领，以应对革命、建设和改革中面临的各种挑战和问题；在学习与实践中，中国共产党不断实现历史与理论自觉，推动马克思主义中国化时代化进程，实现两次历史性飞跃和新时代新的飞跃，成为自己的旗帜与方向；中国共产党人通过全面从严治党，治病救人，清除侵入体内的病菌，维护党的肌体健康，以永葆青春和党的宗旨与性质不变。三者"三位一体"，共同构成"自我革命"的主体内容与框架，揭示与反映自我革命的本质内涵，从而成为习近平党建思想的重要组成部分。

"自我革命"这一中国共产党自身建设规律的发现，为中国共产党自身建设做出了巨大的历史性贡献。不仅成功破解了"跳出历史周期率"的密码，而且为世界上的马克思主义政党和非马克思主义政党的建设贡献了中国智慧，带来历史性的经验与启示，并指明了建设方向。已突破政党"历史周期率"困厄的中国共产党，以世界第一大党9804.1万名党员的蓬勃力量，[323]将不断书写中华民族辉煌的历史篇章，创造中国历史上真正的千秋伟业，并一定能为实现世界大同作出历史性的巨大贡献。

---

323) 中共中央组织部：《中国共产党党内统计公报》，《人民日报》2023年7月1日第2版。

结语

世界潮流，浩浩荡荡。数千年来的人类历史文明之舟将驶向何方？这需要高举人类命运大旗的思想来指引航向。能承接人类文明之光、照亮人类文明前行道路的思想，是从历史深处走来的，是在与各类思想和思潮的博弈中走出来的，更在承载一个民族乃至全人类命运的历史担当里，深刻改变着民族国家和人民的面貌与命运，宛如让世界充满光明与正义的"思想之舟"。它渡己渡人，其思想光辉早已照亮大地，正在书写着载入人类史册的恢宏篇章。毋庸置疑，习近平新时代中国特色社会主义思想，正是具有这般特质和强大精神力量的思想之光。其思想伟力在多个维度，不仅深刻重塑了中国，更以磅礴之势深刻影响并改变着当今世界的面貌。

概括而言，习近平新时代中国特色社会主义思想的世界意义主要体现在：

第一，为世界社会主义发展开辟了道路，指明了发展方向。人类的前途命运在哪里？世界历史的逻辑与启示是走社会主义道路，最终实现共产主义。作为资本主义对立物的社会主义，要实现取代资本主义的历史进程，自身发展状况起着决定性作用。而社会主义究竟该呈现何种样态？历史实践证明，这取决于其指导思想——马克思主义的发展水平与境界。在理论层面，习近平新时代中国特色社会主义思想，将马克思主义基本原理同中国具体实际相结合、同中华优秀传统文化相结合，实现了马克思主义中国化时代化的新飞跃。[1]它不仅代表着马克思主义在中国的最新发展水平，而且代表了世界社会主义的最新发展高度；不仅深刻改变了中国的面貌，而且也深刻改变了世界社会主义的格局。在实践方面，在习近平新时代中国特色社会主义思想的引领下，中国特色社会主义事业蒸蒸日上，蓬勃发展，已实现从富起来到强起来的飞跃，经济实力位居世界第二，以更为雄伟的姿态屹立于世界东方，同时也将人类社会主义事业带入全新发展境界。自此，世界社会主义事业焕发出勃勃生机与活力，为世界上更多国家建设和迈向社会主义指明了方向，注入了强劲动力。

第二，为世界现代化提供了中国样本，推动了世界现代化事业的发展。如何实现现代化、实现什么样的现代化？是世界众多发展中国家亟待破解的"现代化之问"难题。然而，世界历史告诉我们，唯有西方发达国家成功实现了现代化，可这是一条充斥着血腥与掠夺的道路。如今，以美国为代表的西方发达国家深陷衰落困境难以自拔，这预示着西方现代化道路已走入死胡同。与西方现代化道路截然不同，作为曾饱受欺凌的半殖民地半封建社会，中国经过70余年的不懈奋斗，成功探索出习近平新时代中国特色社会主义思想所揭示的中国特色社会主义现代化道路。这条崭新道路注重物质文明、政治文明、精神文明、社会文明、生态文明"五位一体"协调发展，具有人口规模巨大、全体人民共同富裕、物质文明与精神文明相协调、人与自然和谐共生、走和平发展道路等显著特质。实践证明，它既契合中国国情，又揭示并体现了社会主义建设规律、人类社会发展规律。不仅有力推动了中华民族伟大复兴的进程，也为世界上渴望实现现代化的广大发展中国家指明了方向，提供了可资借鉴的宝贵经验。其蕴含的世界意义与时代价值，正借助构建人类

---

1)《中共中央关于党的百年奋斗重大成就和历史经验的决议》，《人民日报》2021年11月17日第5版。

命运共同体绽放出耀眼光芒。

第三，为世界政党制度提供了新范式，拓展了世界政党制度发展的道路。当今世界，政党治理已成为各国政治发展的主流模式。国家治理成效如何，取决于政党制度与政党政治的优劣，而实现良治和善治并非国家治理的常态。当前，世界上绝大多数国家效仿西方三权分立、多党制的政党政治与制度。然而，以美国为代表的西方发达国家却陷入衰落，经济持续低迷，社会两极分化严重，尤其在面对疫情挑战时，西方国家选择"躺平"，治理"失能""失效"。可以说，诸多"世界之问"正是由以美国为代表的西方国家造成的，这充分表明西方模式的政党制度已丧失"范式"价值，沦为当今世界矛盾与问题的根源。与之形成鲜明对比的是，中国迅速崛起为中等收入国家，"五位一体"建设成果举世瞩目、令人惊叹。特别是中国在全球率先彻底解决绝对贫困问题，创造了人类历史上的伟大奇迹。追根溯源，中国共产党走出的独特政党政治发展道路，以及领导创立的多党合作和政治协商的新型政党制度，奠定了坚实基础，营造了良好发展环境。与西方竞争型政党制度不同，中国形成的是具有强大合力的协商型政党制度，为世界政党制度的发展贡献了中国智慧。

第四，为世界实现和平繁荣发展注入了强劲动力，贡献了中国价值。自2020年以来，突如其来的世纪疫情绵延三年之久，百年未有之大变局加速演进，世界经济增长陷入停滞、俄乌冲突、社会危机、政治危机、能源危机、粮食危机等传统与非传统威胁交织袭来，伴随着各类"世界之问"，全球进入剧烈动荡期。曾经作为世界经济增长发动机的中、美、欧"三驾马车"，如今美欧动力熄火，唯有中国保持正增长，每年为世界贡献约30%的增长率，成为世界和平繁荣发展的"定盘星"与"火车头"。中国全力推动"一带一路"倡议全面实施、深入发展，促使覆盖亚太地区的区域全面经济伙伴关系（Regional Comprehensive Economic Partnership，RCEP）落地生根，从周边到区域，再到全世界，逐步形成双循环发展新格局。在以习近平同志为核心的党中央高瞻远瞩的布局推动下，中国实力不断增强，不仅成为维护世界和平、促进繁荣发展的根本力量，而且在以中国方案牵引和推动世界实现和平繁荣发展的同时，毫无保留地将自身发展经验分享给世界，进一步彰显了中国价值。

第五，为人类的文明进步注入强大正能量。2022年2月，俄罗斯与乌克兰冲突骤然爆发，2023年10月，巴以冲突突然打响，这使得因新冠肺炎疫情而加速演进的人类百年未有之大变局进一步深化，世界动荡期急剧加速。以美国为首的西方国家，借俄乌冲突对俄罗斯发起全面制裁，将世界拖入"价值观冲突"和"新冷战"的危机边缘。"世界怎么了、人类向何处去"的"世界之问、人类之问、时代之问"愈发凸显。一方面，美国霸权和冷战思维肆意横行，霸道作风与强权政治大行其道，凭借零和博弈、单边主义制造"修昔底德陷阱""金德尔伯格陷阱"，成为世界文明进步的阻碍；另一方面，中国倡导平等、互鉴、对话、包容的新型文明观，以及和平、发展、公平、正义、民主、自由的全人类共同价值观，主张走和平发展、合作共赢的人间正道；坚决反对以大欺小、以强凌弱，倡导构建相互尊重、公平正义、合作共赢的新型国际关系；反对动辄使用武力或以武力相威胁，主张秉持多边主义、维护联合国宪章宗旨与权威、通过协商解决国际争端；主张尊重别国主权和领土完整，尊重别国政治制度与发展道路，坚决反对干涉别国内政。显然，中国的主张顺应了人类文明发展的趋势与潮流，代表了世界上大多数国家的共同心声，中国不仅是世界人类文明的坚定践行者、积极推动者和有力维护者，尤其是中国特色社会主义现代化道路，以人类文明新形态的强大力量为世界注入了强大正能量，正深刻改变和影响着世界的面貌。

第六，为世界各国政党建设指明了方向。毫无疑问，当今世界各国的国家治理是通过政党来实施和推进的。显然，政党建设的成效关乎能否执政或长期执政、执政质量高低等关键问题。中国共产党不仅通过自身实践交出了一份优异答卷，还探索出了独具特色的政党建设中国道路与宝贵经验。这就是以全面从严治党为引领的建设方略，被誉为新时代党的建设新的伟大工程。这一工程以党的执政能力、先进性和纯洁性建设为主线，以政治建设、思想建设、组织建设、作风建设、纪律建设"五位一体"为总体布局，将制度建设贯穿其中，同时深入推进反腐败斗争，²⁾形成"七位一体"的严密逻辑体系。尤其突出强调学习、理论创新和自我革命，进而形成"三位一体"的自我革命路径。基于自身建设实践，中国共产党为世界各国政党建设贡献了智慧，提供了经验借鉴，明确了政党建设的目标与方向在于实现人民对美好生活的向往；政党执政的力量源泉与根基在于人民；政党必须勇于自我革命，才能纠正错误，清除自身肌体的"病毒"，达成执政或长期执政的目标。历史与实践证明，中国共产党把促进全体人民共同富裕作为为人民谋幸福的着力点，不仅成功开启了实现社会主义现代化的第二个百年奋斗目标新征程，而且正引领世界政党建设书写新的历史篇章，为世界政党建设指明方向、注入强劲动力。

历史持续演进，时代不断发展。习近平新时代中国特色社会主义思想这艘思想巨轮，在破浪前行的实践进程中，持续为马克思主

---

2)《习近平著作选读》第2卷，人民出版社，2023，第50-51页。

义发展增添新的光辉。作为人类思想发展的新高峰，它不仅深刻改变着中国，更深刻改变着世界；不仅正引领着以中国式现代化实现中华民族伟大复兴的中国梦，也在不断引领人类突破"时代之问"的桎梏，迈向光明未来，在实现构建人类命运共同体宏伟目标的历史征程中，创造人类历史更为辉煌的成就。

一、经典文献类

1.《马克思恩格斯全集》第 1-50 卷，北京：人民出版社，1958-2016.

2.《马克思恩格斯文集》第 1-10 卷，北京：人民出版社，2009.

3.《列宁全集》第 36、40 卷，北京：人民出版社，1985、1986.

4.《列宁选集》第 2、4 卷，北京：人民出版社，1995.

5.《毛泽东选集》第 1-4 卷，北京：人民出版社，1991.

6.《毛泽东文集》第 7 卷，北京：人民出版社，1999.

7.《毛泽东年谱（1949-1976）》第 5 卷，北京：中央文献出版社，1997.

8.《毛泽东外交文选》，北京：中央文献出版社、世界知识出版社，1994.

9.《李大钊全集》第 4 卷，北京：人民出版社，2006.

10.《邓小平文选》第 2、3 卷，北京：人民出版社，1994、1993.

11.《邓小平年谱（1981-1997）》第 5 卷，北京：中央文献出版社，2019.

12.《江泽民文选》第 1-3 卷，北京：人民出版社，2006.

13.《胡锦涛文选》第 1-3 卷，北京：人民出版社，2016.

14.《论群众路线——重要论述摘编》，北京：中央文献出版社、党建读物出版社，2013.

15.《毛泽东、邓小平、江泽民、胡锦涛关于中国共产党历史论述摘编》，北京：中央文献出版社，2021.

16.《习近平总书记系列重要讲话读本》，北京：学习出版社、人民出版社，2014.

17.《习近平谈治国理政》第 1-4 卷，北京：外文出版社，2014、2017、2020、2022.

18.《习近平关于实现中华民族伟大复兴的中国梦论述摘编》，北京：中央文献出版社，2014.

19.《习近平关于全面深化改革论述摘编》，北京：中央文献出版社，2014.

20.《习近平关于党的群众路线教育实践活动论述摘编》，北京：党建读物出版社、中央文献出版社，2014.

21.《习近平关于协调推进"四个全面"战略布局论述摘编》，北京：中央文献出版社，2015.

22.《习近平关于全面依法治国论述摘编》，北京：中央文献出版社，2015．

23.《习近平关于党风廉政建设和反腐败斗争论述摘编》，北京：中央文献出版社，2015．

24.《习近平总书记重要讲话文章选编》，北京：中央文献出版社，2016．

25.《习近平关于全面建成小康社会论述摘编》，北京：中央文献出版社，2016．

26.《习近平关于严明党的纪律和规矩论述摘编》，北京：中央文献出版社、中国方正出版社，2016．

27.《习近平关于科技创新论述摘编》，北京：中央文献出版社，2016．

28.《习近平总书记系列重要讲话读本》（2016 年版），北京：学习出版社、人民出版社，2016．

29.《习近平关于社会主义经济建设论述摘编》，北京：中央文献出版社，2017．

30.《习近平关于社会主义政治建设论述摘编》，北京：中央文献出版社，2017．

31.《习近平关于社会主义文化建设论述摘编》，北京：中央文献出版社，2017．

32.《习近平关于社会主义社会建设论述摘编》，北京：中央文献出版社，2017．

33.《习近平关于社会主义生态文明建设论述摘编》，北京：中央文献出版社，2017．

34.《习近平关于总体国家安全观论述摘编》，北京：中央文献出版社，2018．

35. 习近平：《论坚持推动构建人类命运共同体》，北京：中央文献出版社，2018．

36. 习近平：《论坚持全面深化改革》，北京：中央文献出版社，2018．

37. 习近平：《论坚持推动构建人类命运共同体》，北京：中央文献出版社，2018．

38.《习近平谈"一带一路"》，北京：中央文献出版社，2018．

39. 习近平：《论坚持党对一切工作的领导》，北京：中央文献出版社，2019．

40.《习近平关于"不忘初心、牢记使命"论述选编》，北京：党建读物出版社、中央文献出版社，2019．

41.《习近平关于"三农"工作论述摘编》，北京：中央文献出版社，2019．

42. 习近平：《论坚持全面依法治国》，北京：中央文献出版社，2020．

43. 习近平：《论党的宣传思想工作》，北京：中央文献出版社，2020．

44.《习近平关于中国特色大国外交论述摘编》，北京：中央文献出版社，2020．

45.《习近平关于防范风险挑战、应对突发事件论述摘编》，北京：中央文献出版社，2020．

46.《习近平关于统筹疫情防控和经济社会发展重要论述选编》，北京：中央文献出版社，2020．

47.《习近平新时代中国特色社会主义思想基本问题》，北京：人民出版社、中共中央党校出版社，2020．

48. 习近平：《论中国共产党历史》，北京：中央文献出版社，2021．

49. 习近平：《论把握新发展阶段、贯彻新发展理念、构建新发展格局》，北京：中央文献出版社，2021．

50. 习近平：《论党的自我革命》，北京：中国方正出版社，2023．

51.《习近平关于全面从严治党论述摘编》（2021年版），北京：中央文献出版社，2021．

52.《习近平重要讲话单行本》（2020年合订本），北京：人民出版社，2021．

53.《习近平关于网络强国论述摘编》，北京：中央文献出版社，2021．

54.《习近平外交演讲集》第1-2卷，北京：中央文献出版社，2022．

55.《习近平著作选读》第1-2卷，北京：人民出版社，2023．

56. 王文锦：《礼记译解》上册，北京：中华书局，1991．

57. 程俊英、姜见元：《诗经注析》下册，北京：中华书局，1999．

58. 何晏集解，皇侃义疏，高尚榘点校：《论语义疏》，北京：中华书局，2013．

59.《古兰经——中阿文对照详注译本》，闪目氏·仝道章编译，南京：译林出版社，1989．

60.【英】托马斯·莫尔：《乌托邦》，戴镏龄译，北京：商务印书馆，1996．

61.【英】达尔文：《物种起源》，北京：北京大学出版社，2005．

62.【美】路易斯·亨利·摩尔根：《古代社会》，杨东莼、马雍、马巨译，北京：中央编译出版社，2007．

63. 魏源：《海国图志：筹海篇二》，长沙：岳麓书社，1998．

64.【德】伯恩施坦：《一个社会主义者的发展过程》，殷叙彝编：《伯恩施坦文选》，北京：人民出版社，2008．

65.《建党以来重要文献选编》（第1-26册），北京：中央文献出版社，2011．

66.《中共中央文件选集（1949-1966）》第1-50册，北京：人民出版社，2013．

67.《建国以来重要文献选编（1949-1965）》（第1-20册），北京：中央文献出版社，1992-1998．

68.《改革开放三十年重要文献选编》上、下册，北京：中央文献出版社。2008．

69.《十二大以来重要文献选编》（上、中、下），北京：中央文献出版社，2011．

70.《十三大以来重要文献选编》（上、中、下），北京：中央文献出版社，2011．

71.《十四大以来重要文献选编》（上、中、下），北京：中央文献出版社，2011．

72.《十五大以来重要文献选编》（上、中、下），北京：中央文献出版社，2011．

73.《十六大以来重要文献选编》（上、中、下），北京：中央文献出版社，2011．

74.《十七大以来重要文献选编》（上、中、下），北京：中央文献出版社，2009-2013．

75.《十八大以来重要文献选编》（上、中、下），北京：中央文献出版社，2014-2018．

76.《中国共产党第十九次全国代表大会文件汇编》，北京：人民出版社，2017．

77.《十九大以来重要文献选编》（上），北京：中央文献出版社，2019．

78. 中华人民共和国国务院新闻办公室：《新时代的中国与世界（白皮书）》，北京：人民出版社，2019．

79. 中华人民共和国国务院新闻办公室：《新时代的中国绿色发展（白皮书）》，北京：人民出版社，2023．

80. 中华人民共和国国务院新闻办公室：《携手构建人类命运共同体：中国的倡议与行动（白皮书）》，北京：人民出版社，2023．

二、著作类

1. 胡绳：《从鸦片战争到五四运动》上，上海：上海人民出版社，1983．

2. 关达：《第二次世界大战后拉丁美洲政治》，北京：中国社会科学出版社，1987．

3. 胡德坤、罗志刚：《第二次世界大战与战后世界性社会进步》，武汉：湖北人民出版社，1993．

4.【英】罗素：《中国问题》，秦悦译，上海：学林出版社，1996．

5.【英】霍布斯鲍姆：《极端的年代》，郑明萱译，南京：江苏人民出版社，1999．

6. 朱庭光主编：《法西斯体制研究》，上海：上海人民出版社，1995．

7.《中华人民共和国国史全鉴(1976-1988)》第1-6卷，北京：团结出版社，1996．

8.【美】弗兰西斯·福山：《历史的终结》，本书翻译组译，呼和浩特：远方出版社，1998．

9. 【美】麦克斯.J.斯基德摩等：《美国政府简介》，张帆、林琳译，北京：中国经济出版社，1998．

10. 阎照祥：《英国政治制度史》，北京：人民出版社，1999．

11. 高放：《.政治学与政治体制改革》，北京：中国书籍出版社，2002．

12. 【美】福山：《历史的终结及最后之人》，黄胜强、许铭原译，北京：中国社会科学出版社，2003．

13. 王长江主编《世界政党比较概论》，北京：中共中央党校出版社，2003．

14. 周淑真：《政党和政党制度比较研究》，北京：人民出版社，2004．

15. 【美】斯塔夫里阿诺斯：《全球通史——1500年以后的世界》，吴象婴、梁赤民译，上海：上海社会科学院出版社，2004．

16. 汪青松：《马克思主义中国化与中国化的马克思主义》，北京：中国社会科学出版社，2004．

17. 黄宗良、孔寒冰主编：《世界社会主义史论》，北京：北京大学出版社，2004．

18. 赵天成、李娟芬：《马克思的幽灵与现实——运用当代阐释学对科学社会主义的新解读》，北京：社会科学文献出版社，2004．

19. 庄福龄：《马克思主义中国化的伟大理论成果》，北京：人民出版社，2004．

20. 郑必坚：《思考的历程》，北京：中共中央党校出版社，2006．

21. 柳国庆：《马克思主义中国化历史经验研究》，浙江：浙江大学出版社，2006．

22. 田克勤：《马克思主义中国化的理论轨迹》，北京：中共党史出版社，2006．

23. 何继龄：《马克思主义中国化问题研究》，北京：中国社会科学出版社，2006．

24. 钱时惕：《科技革命的历史、现状与未来》，广州：广东教育出版社，2007．

25. 梅荣政：《中国特色社会主义基本问题研究》，武汉：武汉大学出版社，2007．

26. 傅治平：《观念的聚变——新世纪新阶段党的理论与实践创新》，北京：人民出版社，2007．

27. 费宗慧、张荣华编：《费孝通论文化自觉》，呼和浩特：内蒙古人民出版社，2009．

28. 倪德刚：《马克思主义中国化研究》，北京：中央文献出版社，2009．

29. 师吉金：《马克思主义中国化科学体系研究》，北京：中共中央党校出版社，2009．

30. 王浩斌：《马克思主义中国化动力机制研究》，北京：中国社会科学出版社，2009．

31. 何传启：《现代化科学：国家发达的科学原理》，北京：科学出版社，2010．

32. 侯惠勤：《马克思的意识形态批判与当代中国》，中国社会科学出版社，2010．

33. 吴汉全：《中国马克思主义学术史概论》（上、中、下），吉林：吉林人民出版社，2010．

34. 陈运普：《邓小平与马克思主义大众化》，北京：社会科学文献出版社，2011．

35. 沈云锁、潘强恩主编：《共产党通史》第 1-3 卷，北京：人民出版社，2011．

36. 【英】艾伦·韦尔：《政党与政党制度》，谢峰译，北京：北京大学出版社，2011．

37. 李慎明主编：《居安思危——苏共亡党二十年的思考》，北京：社会科学文献出版社，2011．

38. 李君如：《中国特色社会主义道路研究》，北京：人民出版社，2012．

39. 何秉孟、李千：《新自由主义评析》，北京：社会科学文献出版社，2012．

40. 【意】洛丽塔·纳波利奥尼：《中国道路：一位西方学者眼中的中国模式》，孙豫宁译，北京：中信出版社，2013．

41. 袁银传：《中国特色社会主义理论体系的基本特征研究》，武汉：武汉大学出版社，2014．

42. 中共中央对外联络部研究室：《当今世界政党政治研究报告（2013 年）》，北京：中央编译出版社，2014．

43. 周新城：《社会主义在探索中不断前进》，北京：人民出版社，2015．

44. 柳诒徵：《中国文化史》（下），北京：中国文史出版社，2015．

45. 王伟光：《马克思主义中国化的最新成果——习近平治国理政思想研究》，北京：中国社会科学出版社，2016．

46. 《中国共产党的九十年》（三卷本），北京：中共党史出版社、党建读物出版社，2016．

47. 俞良早：《经典作家探索理想社会与实现中国梦》，北京：人民出版社，2017．

48. 季正聚、孙来斌等：《马克思主义经典作家关于经济文化落后国家社会发展道路的基本观点研究》，北京：人民出版社，2017．

49. 马仲良：《中国特色社会主义的历史方位》，北京：中国人民大学出版社，2017．

50. 任晓伟：《中国特色社会主义的思想起源：近代以来中国社会主义思想的演进研究》，北京：中国社会科学出版社，2017．

51. 梁琴、钟德涛：《中外政党制度比较》，北京：商务印书馆，2017.

52. 孔寒冰、项佐涛：《世界社会主义：理论、运动和制度》，北京：北京大学出版社，2017.

53. 李建国：《中国特色社会主义国际影响力研究》，北京：中国社会科学出版社，2017.

54. 【英】唐纳德·萨松：《欧洲社会主义百年史——二十世纪的西欧左翼》（上），姜辉、于海青、庞晓明译，北京：社会科学文献出版社；重庆：重庆出版社，2017.

55. 《习近平新时代中国特色社会主义思想三十讲》，北京：学习出版社、人民出版社，2018.

56. 季正聚：《马克思主义和世界社会主义若干重要问题研究》，北京：中国出版集团、中华书局出版社，2018.

57. 顾海良：《马克思与世界》，北京：中国人民大学出版社，2018.

58. 蒲国良：《社会主义思想:从乌托邦到科学的飞跃》，北京：北京师范大学出版社，2018.

59. 顾海良：《人间正道是沧桑——世界社会主义五百年》，北京：中国人民大学出版社，2018.

60. 郭业洲主编《当代世界政党形势（2017）》，北京：党建读物出版社，2018.

61. 闫志民，王炳林等：《社会主义 500 年编年史》（上、下），北京：北京出版集团公司、北京人民出版社，2018.

62. 高放：《社会主义运动：从理论到实践的转变（1848-1917）》，北京：北京师范大学出版社，2018.

63. 周向军：《马克思主义理论与马克思主义观发展研究》，北京：中国人民大学出版社，2018.

64. 陈先达：《中国百年变革的重大问题》，北京：人民出版社，2019.

65. 韩庆祥：《中国道路及其本源意义》，北京：中国社会科学出版社，2019.

66. 王炳林等：《从站起来、富起来到强起来：中国为什么行》，北京：人民出版社，2019.

67. 肖贵清等：《十八大以来中国特色社会主义理论创新研究》，北京：中国人民大学出版社，2019.

68. 《习近平新时代中国特色社会主义思想学习纲要》，北京：学习出版社、人民出版社，2019．

69. 李培林：《坚持以人民为中心的新发展理念》，北京：中国社会科学出版社，2019．

70. 孙代尧：《源远流长：科学社会主义与中国特色社会主义理论体系源流关系研究》，北京：中国人民大学出版社，2019．

71. 张宇燕：《习近平新时代中国特色社会主义外交思想研究》，北京：中国社会科学出版社，2019．

72. 曾峻等：《坚持和加强党的全面领导研究》，北京：人民出版社，2019．

73. 石建国：《马克思主义中国化理论发展新境界与中国发展变革研究》，上海：上海三联书店，2019．

74. 石建勋：《新时代我国社会发展的主要矛盾研究》，北京：人民出版社，2019．

75. 方松华、马丽雅：《社会主义现代化强国目标及建设方略研究》，北京：人民出版社，2019．

76. 王公龙：《构建人类命运共同体思想研究》，北京：人民出版社，2019．

77. 方松华、马丽雅：《社会主义现代化强国目标及建设方略研究》，北京：人民出版社，2019．

78.【德】埃贡·克伦茨：《我看中国新时代》，王建政译，北京：世界知识出版社，2019．

79. 刘同舫：《马克思人类解放思想史》，北京：人民出版社，2019．

80.【美】格雷厄姆·艾莉森：《注定一战：中美能避免修昔底德陷阱吗？》，陈定定、傅强译，上海：上海人民出版社，2019．

81. 郑谦、潘松主编：《中华人民共和国通史》第1-7卷，广州：广东人民出版社，2020．

82. 余潇枫：《非传统安全概论》（下卷）（第3版）.北京：北京大学出版社，2020．

83. 成龙：《新时代中国特色社会主义的思想逻辑研究》，北京：人民出版社，2020．

84. 姜辉：《当代社会主义通论》，北京：中国社会科学出版社，2020．

85. 张蕴岭：《百年大变局：世界与中国》，北京：中共中央党校出版社，2020．

86. 李君如：《人类命运共同体：中国人的世界梦》，北京：人民日报出版社，2020．

87. 陶文昭：《马克思主义时代化基本问题》，北京：中国社会科学出版社，2020．

88. 辛向阳：《马克思主义方法论研究》，北京：中国社会科学出版社，2020.

89. 辛向阳：《中国特色社会主义新时代》，北京：人民日报出版社，2020.

90. 郭建宁主编：《马克思主义如何中国化》（第二辑），北京：中国人民大学出版社，2020.

91. 王怀超等：《中国特色社会主义基本问题论纲》，北京：中共中央党校出版社，2020.

92. 陈培永：《道路何以自信》，北京：中国人民大学出版社，2020.

93. 秦宣：《理论何以自信》，北京：中国人民大学出版社，2020.

94. 肖贵清等：《制度何以自信》，北京：中国人民大学出版社，2020.

95. 魏晓文等：《中国特色社会主义理论创新发展研究》，北京：人民出版社，2020.

96. 张维为：《新时代中国特色社会主义》，上海：上海人民出版社，2020.

97. 秦刚：《中国特色社会主义制度研究》，北京：中共中央党校出版社，2020.

98. 李琨：《中国特色社会主义制度自信：历史逻辑与当代建构》，北京：社会科学文献出版社，2020.

99. 郝立新：《底线思维：中国共产党人的实践辩证法》，北京：人民出版社，2020.

100. 吴家庆：《新时代中华民族伟大复兴之路探索研究》，北京：中国社会科学出版社，2020.

101. 曹鹏飞：《中国特色社会主义与人类文明发展道路研究》，北京：人民出版社，2020.

102. 韩庆祥：《中国特色社会主义的发展逻辑》，北京：中国人民大学出版社，2020.

103. 钟小武：《中国特色社会主义理论自信的内在逻辑研究》，北京：人民出版社，2020.

104. 《中共中央关于党的百年奋斗重大历史成就和历史经验的决议》，北京：人民出版社，2021.

105. 张蕴岭主编：《百年大变局：世界与中国》，北京：中共中央党校出版社，2020.

106. 何传启主编：《中国现代化报告2021》，北京：北京大学出版社，2021.

107. 《中国共产党简史》，北京：人民出版社、中共党史出版社，2021.

108. 《习近平外交思想学习纲要》，北京：人民出版社、学习出版社，2021．

109. 《习近平新时代中国特色社会主义思想学习问答》，北京：学习出版社、人民出版社，2021．

110. 许耀桐等：《社会主义在世界和中国的发展》，北京：人民出版社，2021．

111. 曲青山：《中国共产党百年辉煌》，北京：人民出版社，2021．

112. 李捷：《奋斗与梦想：近代以来中国人的百年追梦历程》，北京：中国社会科学出版社，2021．

113. 刘同舫：《马克思主义的时代表达》，北京：中国人民大学出版社，2021．

114. 陈晋：《百年正道》，北京：人民出版社，2021．

115. 薛萍：《中国特色社会主义的世界意义》，北京：人民出版社，2021．

116. 徐锋、高国升：《正谊明道：中国新型政党制度何以为新》，北京：人民出版社，2021．

117. 尚同编著：《中国新型政党制度概论》，上海：上海人民出版社，2021．

118. 【美】理查德·S.卡茨、威廉·克罗蒂编《政党政治指南》上、下册，吴辉译，南京：江苏人民出版社，2021．

119. 欧阳松：《中国共产党党的建设基本问题研究》，北京：人民出版社，2021．

120. 【法】魏柳南：《时代之问：中国共产党如何领导新的社会革命》，池宗华译，北京：党建读物出版社，2021．

121. 《党的二十大报告辅导读本》，北京：人民出版社，2022．

122. 程竹汝：《政治发展的中国逻辑》，北京：经济科学出版社，2022．

123. 中共中央党史和文献研究院：《中国共产党的一百年：新民主主义革命时期》《中国共产党的一百年：社会主义革命和建设时期》《中国共产党的一百年：改革开放和社会主义现代化建设新时期》《中国共产党的一百年：中国特色社会主义新时代》，北京：中共党史出版社，2022．

三、外文著作类

1. John Maynard Keynes , *Collected Writings of John Maynard Keynes* , New York: Palgrave Macmillan , 2000.

2. Mary L.Duziak , *Cold War Civil Rights: Race and the Image of American*

Democracy , Princeton University Press , 2000.

3. Thomas Borstelmann , *The Cold War and the Cold Line: American Race Relations in the Global Arena* , Cambridge Press , 2002.

4. Georg Hegel , *Lectures on the Philosophy of World History: Introduction* , translated by H.B.Nisbet , Cambridge: Cambridge University Press , 1975.

5. Richard Bensel , *Sectionalism and American Political Development , 1889-1990* , Madison: University of Wisconsin Press , 1984.

6. Robert Blake , *The Conseroative Party from Peel to Thatcher* , Masson Company , 1985.

7. Robert Skidelsky , John Maynard Keynes , *The Economist As Saviour , 1920-1937* , Philadelphia: Trans-Atlantic Publications , 1994.

8. K.Brown , U. A. Bērziņa-Čerenkova , "Ideology in the Era of Xi Jinping" , *Journal of Chinese Political Science* , 23 February 2018.

四、期刊论文类

1. 山边健太郎，竹村英辅：《十月革命对日本的影响》，《历史教学》1958 年 6 月号。

2. 钱根禄：《第一讲：社会主义的由来和发展》，《唯实》1982 年第 2 期。

3. 周以光：《法西斯主义运动在法国——与德、意法西斯主义运动的比较研究》，《世界历史》1987 年第 4 期。

4. 隋学芳：《第二次世界大战的人员损失》，《国防》1988 年第 7 期。

5. 李宗耀：《东、西方法西斯主义评述——德、意、日法西斯主义的比较》，《延边大学学报（社会科学版）》1990 年第 3 期。

6. 古林：《几经曲折的德国工人阶级政党》，《世界知识》1990 年第 12 期。

7. 王双金、孙秀艳：《列宁与德国十一月革命》，《齐齐哈尔师范学院学报（哲学社会科学版）》1994 年第 4 期。

8. 彭训厚：《苏德战场是打败德国法西斯的主战场》，《世界历史》1995 年第 4 期。

9. 安少康：《法国政党简介及综析》，《法国研究》1997 年第 1 期。

10. 郑寅达：《20 世纪的法西斯》，《华东师范大学学报（哲学社会科学版）》1998 年第 5 期。

11. 吴友法：《德国法西斯的兴起与第二次世界大战》，《历史教学》1998 年第 7 期。

12. 张定河：《英美两党制特征比较》，《山东师大学报（社会科学版）》1999 年第 3 期。

13. 金灿荣：《克林顿弹劾案落幕后的思考》，《瞭望》1999 年第 9 期。

14. 彭训厚、周弘：《福利国家向何处去》，《中国社会科学》2001 年第 3 期。

15. 王新刚：《阿拉伯复兴社会党及其理论与实践》，《西北大学学报（哲学社会科学版）》2002 年第 3 期。

16. 李珍：《"华盛顿共识"与发展中国家"新自由主义"改革》，《世界经济与政治》2002 年第 5 期。

17. 陈晓律：《关于英国自由党百年沉浮的几点思考》，《世界历史》2004 年第 5 期。

18. 殷叙彝：《伯恩施坦的生平和思想发展过程》，《当代世界社会主义问题》2005 年第 1 期。

19. 【俄】B.B.阿列克谢耶夫：《关于 20 世纪俄国现代化问题的若干思考》，《吉林大学社会科学学报》2005 年第 5 期。

20. 赵家祥：《对质疑"五种社会形态理论"的质疑——与段忠桥教授商榷》，《北京大学学报（哲学社会科学版）》2006 年第 2 期。

21. 张宇燕、富景筠：《当代美国的"隐性腐败"》，《学习月刊》2006 年第 11 期。

22. 张宇燕、富景筠：《当代美国的腐败——数据、案例与机理》，《国际经济评论》2006 年第 6 期。

23. 王志连、姬文刚：《十月革命道路与东欧国家的社会主义选择》，《当代世界与社会主义》2007 年第 6 期。

24. 金永丽：《十月革命对印度民族运动影响评析》，《世界历史》2007 年第 5 期。

25. 陈先达：《中国特色社会主义理论与历史周期率问题》，《马克思主义研究》2008 年第 1 期。

26. 伍慧萍：《德国政党体制的变迁》，《德国研究》2008 年第 1 期。

27. 吴晓明：《论中国的和平主义发展道路及其世界历史意义》，《中国社会科学》2009 年第 5 期。

28. 林尚立：《政党、政党制度与现代国家——对中国政党制度的理论反思》，《中国延安干部学院学报》2009 年第 5 期。

29. 李捷：《毛泽东对新中国建立与发展的历史贡献》，《当代中国史研究》2009 年第 6 期。

30. 刘仁营、裘白莲：《评福山的"历史终结论"》，《红旗文稿》2009 年第 18 期。

31. 孙晓翔、刘金源：《韩国现代化进程中的腐败问题》，《东北亚论坛》2010 年
    第 1 期。

32. 蔡永飞：《论革命党、建设党、执政党》，《中国延安干部学院学报》2010 年
    第 3 期。

33. 蒋立文：《甲午战争赔款数额问题再探讨》，《历史研究》2010 年第 3 期。

34. 刘博：《苏联的现代化发展模式及其启示》，《知识经济》2011 年第 2 期。

35. 金振杰：《韩国为何难跳出腐败怪圈》，《人民论坛》2012 年第 30 期。

36. 赵干城：《印度民主为何治不了腐败》，《人民论坛》2012 年第 31 期。

37. 【德】阿尔伯特·施魏因贝格尔、孙彦红：《欧债危机：一个德国视角的评
    估》，《欧洲研究》2012 年第 3 期。

38. 颜晓峰：《中国特色社会主义:理论逻辑与历史逻辑的辩证统一》，《中国
    特色社会主义研究》2013 年第 2 期。

39. 周丽娅：《文明交往视角下的纳赛尔社会主义》，《宁夏大学学报（人文
    社会科学版）》2013 年第 2 期。

41. 王泽壮、郗慧：《十月革命对埃及早期共产主义运动的影响》，《安徽史学》
    2014 年第 4 期。

42. 沈丹：《伯恩施坦的功与过——对伯恩施坦的总体评价》，《理论界》2014 年
    第 5 期。

43. 徐剑锋：《试析意大利的政党制度》，《广州社会主义学院学报》2015 年
    第 2 期。

44. 郭春生：《论反法西斯战争与世界社会主义运动的互动发展》，《中国特
    色社会主义研究》2015 年第 4 期。

45. 李燕：《男儿为何不抗争——苏联解体前苏共基层党组织与党员思想状
    况分析》，《红旗文稿》2015 年第 18 期。

46. 赵卫涛：《正确评估"第三波民主化"》，《红旗文稿》2015 年第 23 期。

47. 程恩富、谢长安：《"历史终结论"评析》，《政治学研究》2015 年第 5 期。

48. 苏伟：《论科学社会主义理论逻辑和中国社会发展历史逻辑的内涵及其
    辩证统一》，《探索》2015 年第 10 期。

49. 于向东：《习近平中国同周边外交理念的丰富内涵》，《马克思主义与现实》

2016 年第 2 期。

50. 李淑清：《21 世纪初期发达资本主义国家共产党的现状、问题与前景》，《国外社会科学》2016 年第 3 期。

51. 倪玉珍：《圣西门的新宗教：实业社会的道德守护者》，《学海》2017 年第 5 期。

52. 徐世澄：《十月革命后拉美共产主义运动发展》，《唯实》2017 年第 5 期。

53. 贺新元：《从现代化路径视角比较 "苏联道路" 与 "中国道路" ——谨以此文纪念伟大的俄国十月革命胜利 100 周年》，《中国矿业大学学报（社会科学版）》2017 年第 5 期。

54. 徐世澄：《十月革命后拉美共产主义运动发展》，《唯实》2017 年第 5 期。

55. 顾保国：《准确把握习近平新时代中国特色社会主义思想的历史定位》，《今日海南》2018 年第 1 期。

56. 李辉：《 "水门事件" 是丑闻，更是腐败》，《廉政瞭望》2018 年第 3 期。

57. 胡振良：《开创科学社会主义理论的新境界——从〈共产党宣言〉到习近平新时代中国特色社会主义思想》，《马克思主义与现实》2018 年第 3 期。

58. 王聪聪：《激进左翼政治的回归：德国左翼党的政治发展与走向》，《社会主义研究》2019 年第 4 期。

59. 肖宗志、唐旭旺、徐艳红：《改革开放以来中国政治发展历程、特点及其基本经验》，《南华大学学报（社会科学版）》2019 年第 6 期。

60. 顾佳赟：《柬埔寨政党政治演进与洪森政权长期执政》，《东南亚研究》2020 年第 3 期。

61. 李少斐：《中国政治发展道路何以越走越宽广》，《理论视野》2020 年第 4 期。

62. 杨长湧、刘栩鹏等：《百年未有大变局下的世界经济中长期走势》，《宏观经济研究》2020 年第 8 期。

63. 仝联勃、吴笑谦：《中国特色社会主义 "自我" 主张的三重叙事逻辑》，《社会科学战线》2021 年第 9 期。

64. 杜红娟、余涛：《空想社会主义的产生、发展、贡献与局限再论》，《湖北社会科学》2020 年第 3 期。

65. 翁铁慧：《深入研究习近平新时代中国特色社会主义思想的时代意义、理论意义、实践意义、世界意义》，《中国高校社会科学》2020 年第 4 期。

66. 王树荫、张程程：《中国共产党理论学习的典型案例——党内〈政治经济学教科书〉学习活动探析》，《思想教育研究》2020 年第 7 期。

67. 蒲俜：《多边主义的困境及其转型》，《教学与研究》，2020 年第 11 期。

68. 时殷弘：《美国及其他主要国家对华政策与未来世界格局》，《国家安全研究》2020 年第 6 期。

69. 李小云、徐进：《消除贫困：中国扶贫新实践的社会学研究》，《社会学研究》，2020 年第 6 期。

70. 唐爱军：《中国道路的文明逻辑——基于历史唯物主义的解读》，《哲学研究》2020 年第 6 期。

71. 姜国敏：《习近平新时代中国特色社会主义思想的世界意义》，《马克思主义研究》2021 年第 1 期。

72. 吴汉勋、孙来斌：《现代化道路的中国逻辑及其世界意义》，《湘潭大学学报（哲学社会科学版）》2021 年第 1 期。

73. 陆燕：《精准把握世界经济发展形势》，《国际经济合作》2021 年第 1 期。

74. 孙冰岩：《2020 年美国大选：决胜因素、选举特点与政治困局》，《国际关系研究》2021 年第 1 期。

75. 陈宗海：《世界处于百年未有之大变局的丰富内涵》，《人民论坛》2021 年第 2 期。

76. 林利民：《后疫情时代的大国变局、全球治理与中国对外战略》，《当代世界》2021 年第 2 期。

77. 张淑兰、黄靖媛：《印度议会左翼：发展历程、衰落原因与前景展望》，《当代世界》2021 年第 2 期。

78. 夏方波：《政治转型、权力结构与政党制度化发展——以印度尼西亚为例》，《东南亚研究》2021 年第 2 期。

79. 习近平：《把握新发展阶段，贯彻新发展理念，构建新发展格局》，《求是》2021 年第 9 期。

80. 田鹏颖：《全面建成小康社会的世界历史意义》，《马克思主义研究》2021 年第 4 期。

81. 徐秦法、左云天：《老挝人民革命党引领国家治理的逻辑理路》，《科学社会主义》2021 年第 4 期。

82. 樊建武、晁博红：《后疫情时代构建人类命运共同体的逻辑理路、现实境遇与赓续发展》,《理论探讨》2021 年第 5 期。

83. 郇雷：《共产主义者同盟与马克思恩格斯建党实践》,《科学社会主义》2021 年第 5 期。

84. 蔡丽丽：《深刻认识中国特色社会主义进入新时代的三重维度》,《中南民族大学学报（人文社会科学版）》2021 年第 10 期。

85. 李明、张阳萍：《新时代坚持和发展中国特色社会主义"十题"》,《长白学刊》2021 年第 6 期。

86. 王义桅、江洋：《人类命运共同体如何通"三统"?》,《拉丁美洲研究》2022 年第 1 期。

87. 靳晓霞：《我国新型政党制度的特征优势及其传统文化根源与创新发展》,《科学社会主义》2022 年第 1 期。

88. 孔庚：《中国新型政党制度的历史考察与基本经验》,《海南大学学报（人文社会科学版）》, 2022 年第 1 期。

89. 郇雷：《习近平新时代中国特色社会主义思想的世界意义探析》,《当代世界与社会主义》2022 年第 2 期。

90. 燕连福：《中国式现代化新道路的五个特征》,《北京联合大学学报（人文社会科学版）》2022 年第 2 期。

91. 李维意、闫淑珊：《构建人类命运共同体的理论源泉——基于马克思恩格斯社会共同体三元结构论视角》,《中国地质大学学报（社会科学版）》2022 年第 3 期。

92. 杨通进、宋文静：《人类命运共同体视域下的世界主义全球正义及其核心理念》,《湖北大学学报（哲学社会科学版）》2022 年第 3 期。

93. 焦兵：《构建人类命运共同体的理论逻辑、历史逻辑与实践逻辑》,《北京行政学院学报》2022 年第 3 期。

94. 姚中秋：《现代政党演进逻辑中的中国共产党：世界体系视角的解释》,《江西社会科学》2022 年第 3 期。

95. 党锐锋、李斌：《构建人类命运共同体理念对于创造人类文明新形态的原创性贡献和方法论启示》,《宁夏社会科学》2022 年第 3 期。

96. 陈艳波、王奕霖：《人类文明新形态的世界历史意涵》,《云南师范大学学报（哲学社会科学版）》2022 年第 3 期。

97. 丁立群、黄佳彤：《人类命运共同体、共同价值与人类文明新形态》,

《理论探讨》2022 年第 3 期。

98. 周利生：《延安整风：一场马克思主义理论学习的伟大创举》，《理论与评论》2022 年第 3 期。

99. 段妍：《比较视域下中国式现代化道路的世界意义》，《东岳论丛》2022 年第 4 期。

100. 董德福、齐培全：《论中国式现代化道路的独特性与超越性》，《思想教育研究》2022 年第 4 期。

101. 郑玉琳：《越南共产党如何领导国家治理》，《社会主义论坛》2022 年第 7 期。

102. 余海秋：《巴育与泰国的政治运程》，《世界知识》2022 年第 19 期。

103. 徐小涵、袁群：《古巴共产党第八次代表大会以来古巴社会主义发展的新态势及其前景》，《西南科技大学学报（哲学社会科学版）》2022 年第 5 期。

104. 张添：《缅甸政治"轮回"：合法性竞争与政治共识的瓦解》，《东南亚研究》2022 年第 5 期。

105. 李捷：《关于中国式现代化道路和理论的思考》，《马克思主义理论学科研究》2023 年第 5 期。

五、报纸类

1. 《人民日报》

2. 《光明日报》

3. 《环球时报》

4. 《经济日报》

5. 《参考消息》

6. 《学习时报》

六、主要网络资源

1. 中国政府网：http://www.gov.cn/.

2. 中华人民共和国外交部：https://www.fmprc.gov.cn/web/.

3. 国家统计局网站：http://www.stats.gov.cn/.

4. 人民网：http://www.people.com.cn/.

5. 新华网：http://www.xinhuanet.com/.

6. 光明网：http://www.gmw.cn/.

7. 环球网：https://www.huanqiu.com/.

8. 观察者网：https://www.guancha.cn/.

9. 中国一带一路网：https://www.yidaiyilu.gov.cn.

后记

岁月如梭。

对中国共产党人历史足迹的研究，始终是笔者学术生涯中重要的研究方向。回溯学术起点，1992年6月发表于《张掖师专学报（综合版）》的首篇论文《对红西路军在河西失败原因的探讨》，便已初显这一学术志趣。如今重读旧作，当年以青年学者之姿直面学术禁区的胆识，仍令今天的我感慨不已。

随着学术积累的深化与工作职责的转变，笔者逐渐从单纯的兴趣驱动转向系统性的研究，成为中国共产党历史足迹的阐释者与研究者。在这一过程中，有两个阶段尤为关键：

2001年9月，因工作调动，笔者进入青岛经济技术开发区工委党校从事教学工作。作为党校教员，向基层党员干部宣讲党的理论政策是核心职责所在。这一时期恰逢中国共产党筹备召开第十六次全国代表大会的重要历史节点。为准确传达"5·31讲话"和党的十六大报告精神，在工委党校的统一安排下，笔者先后赴中共中央党校、北京市委党校参加专题培训。这段宝贵的学习经历使笔者的理论视野得到显著拓展，思想认识实现质的飞跃，整体理论素养和思维深度都获得了突破性提升。

第二个重要阶段始于2003年8月，笔者调入青岛科技大学政法部从事思想政治理论课教学工作。相较于党校时期，高校更为宽松的学术环境为深入研究提供了有利条件。2005年，笔者考入上海师范大学攻读世界史专业博士学位，这一学习经历不仅从全球史视角拓展了学术视野，更与此前（1994-1997年）在复旦大学攻读中国近现代史专业的硕士学习形成互补，从而构建起贯通中西的学术知识体系。基于这一知识背景，此后的教学与研究工作主要围绕三个方向系统展开。此后的教学与学术研究，也围绕三个方向展开。一是教学相长，主要向大学生、研究生讲授《毛泽东思想和邓小平理论概论》（后来改为《毛泽东思想和中国特色社会主义理论体系概论》）、《习近平新时代中国特色社会主义思想概论》、《当代世界经济与政治》（笔者主编教材，中国质检出版社2011年版）、《当代中国国际战略与外交》；二是在原有民国外交官与外交史研究基础上，不断向后延伸和拓展，并承担了国家新闻出版署"十三五"重点图书出版规划项目、2022年国家出版基金资助项目《中华人民共和国周边外交大事编年》的编撰任务；三是围绕"一带一路"倡议的提出与实践，开展相关研究工作。在此基础上，于2018年申报了山东省社会科学规划党的创新理论与实践问题研究专项《习近平新时代中国特色社会主义思想的世界意义》，项目获准立项（批准号18CDCJ14）。在课题推进进程中，笔者将前期研究成果连同以往成果一并结集出版了著作《马克思主义中国化理论发展新境界与中国发展变革研究》（上海三联书店2019年版）。山东省课题项目结项后，笔者即于2022年以《习近平新时代中国特色社会主义思想的世界意义研究》为题，申报了国家社科基金后期资助项目并获准立项（22FKSB001）。2024年9月，课题《习近平新时代中国特色社会主义思想的世界意义研究》顺利结项（结项证书编号：F20240741）。

与课题研究工作的顺利推进有所不同，成果的出版进程则出现瓶颈。自2024年2月《习近平新时代中国特色社会主义思想的世界意义研究》的书稿完成修改并进入出版程序后，即因无法克服的原因最终停顿。显然该书的出版将遥遥无期，在此种状况下，为防止心血付诸东流，笔者决定探索出版的途径。

2024年7月，笔者迎来了职业生涯的重要节点——正式从工作岗位荣休。这既标志着一段学术耕耘岁月的圆满收官，也预示着新的人生篇章的开启。值此甲子轮回之际，谨以此书的出版作为对过往学术生涯的总结，亦是对未来生活的美好期许。

六十一甲子，感念常相随。值此人生重要时刻，谨以致谢铭记那些温暖岁月的师友亲朋：

首当感念青岛开发区工委党校时期，孙兆旭、王艳、张延华等领导同事的关怀支持，助我迈出象牙塔，融入时代洪流；难忘青岛科技大学岁月，牟宗荣、曲建英、丁东铭等同仁相伴同行，更有研究生张丽、井震、宋婷婷等学子襄助研究，使学术人生愈显丰盈，为本书奠定根基；永志师恩，硕士导师石源华教授、博士导师裔昭印教授，以渊博学识启我茅塞，拓我视野，乃学术道路之明灯；浙江越秀外国语学院常务副校长魏小琳教授、东北亚研究中心主任金健人教授、马克思主义学院院长赵海峰教授等慧眼识人，为本书的出版提供了契机和动力，青岛理工大学韩红花副教授热心引荐，上海三联书店殷亚平总编倾力支持，韩国学古房出版社秋允祯编辑团队精心策划，方使此书得见天日；最是家眷情深，贤妻赵艳萍操持家务，爱女石莹勤学上进，使我得以潜心学问，驰骋书海。此般温暖，乃毕生精神所系。

是为记！

2024年12月

于绍兴

508

| 저자소개 |

석건국 石建国

石建国，1964 年出生，历史学博士、韩国首尔国立大学博士后，现为浙江越秀外国语学院马克思主义学院特聘教授，兼任中国朝鲜史研究会副秘书长、中国中外关系史学会理事、韩国国史编纂委员会海外研究员等，主要研究方向为民国外交史、韩国独立运动史、新中国与周边国家关系史、马克思主义中国化研究等。目前已出版《陆征祥传》、《卜舫济传记》、《《共和！共和！晚清风云与民国志士》、中国境内韩国反日独立复国运动研究》、《马克思主义中国化理论发展新境界与中国发展变革研究》等 8 部著作，主持和参与国家社科基金项目 5 项，在《世界历史》《抗日战争研究》《史学理论研究》等国内外刊物发表论文 190 余篇。

习近平新时代中国特色社会主义
思想的世界意义研究

초판 인쇄 2025년 4월 10일
초판 발행 2025년 4월 30일

지 은 이 Ⅰ 석건국石建国
펴 낸 이 Ⅰ 하운근
펴 낸 곳 Ⅰ 學古房

주   소 Ⅰ 경기도 고양시 덕양구 통일로 140 삼송테크노밸리 A동 B224
전   화 Ⅰ (02)353-9908 편집부(02)356-9903
팩   스 Ⅰ (02)6959-8234
홈페이지 Ⅰ www.hakgobang.co.kr
전자우편 Ⅰ hakgobang@naver.com
등록번호 Ⅰ 제311-1994-000001호
글 자 수 Ⅰ 356,526자

ISBN 979-11-6995-680-2 93300

값 : 35,000원